Die Aktiengesellschaft

Philip Stein

Die Aktiengesellschaft

Gründung, Organisation,
Finanzverfassung

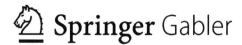

Philip Stein
Flick Gocke Schaumburg
Bonn
Deutschland

ISBN 978-3-658-09378-5   ISBN 978-3-658-09379-2 (eBook)
DOI 10.1007/978-3-658-09379-2

Die Deutsche Nationalbibliothek verzeichnet diese Publikation in der Deutschen Nationalbibliografie; detaillierte bibliografische Daten sind im Internet über http://dnb.d-nb.de abrufbar.

Springer Gabler
© Springer Fachmedien Wiesbaden 2016
Das Werk einschließlich aller seiner Teile ist urheberrechtlich geschützt. Jede Verwertung, die nicht ausdrücklich vom Urheberrechtsgesetz zugelassen ist, bedarf der vorherigen Zustimmung des Verlags. Das gilt insbesondere für Vervielfältigungen, Bearbeitungen, Übersetzungen, Mikroverfilmungen und die Einspeicherung und Verarbeitung in elektronischen Systemen.
Die Wiedergabe von Gebrauchsnamen, Handelsnamen, Warenbezeichnungen usw. in diesem Werk berechtigt auch ohne besondere Kennzeichnung nicht zu der Annahme, dass solche Namen im Sinne der Warenzeichen- und Markenschutz-Gesetzgebung als frei zu betrachten wären und daher von jedermann benutzt werden dürften.
Der Verlag, die Autoren und die Herausgeber gehen davon aus, dass die Angaben und Informationen in diesem Werk zum Zeitpunkt der Veröffentlichung vollständig und korrekt sind. Weder der Verlag noch die Autoren oder die Herausgeber übernehmen, ausdrücklich oder implizit, Gewähr für den Inhalt des Werkes, etwaige Fehler oder Äußerungen.

Gedruckt auf säurefreiem und chlorfrei gebleichtem Papier

Springer Fachmedien Wiesbaden ist Teil der Fachverlagsgruppe Springer Science+Business Media
(www.springer.com)

Vorwort

Dieses Fachbuch soll vor allem Praktikern eine Orientierungshilfe sein, die über rechtliche Grundkenntnisse verfügen und im beruflichen Alltag hin und wieder mit Aktiengesellschaften in Berührung kommen. Angesprochen sind bei Aktiengesellschaften tätige Unternehmensjuristen sowie Organmitglieder oder Aktionäre, die sich über ihre gesetzlichen Rechte und Pflichten informieren wollen, sowie Mitglieder der steuerberatenden oder wirtschaftsprüfenden Berufe. Nicht zuletzt richtet sich das Buch an interessierte Leser mit juristischem Hintergrund, die einen Einstieg in die Rechtsmaterie *Aktiengesellschaft* suchen. Das Buch gibt einen Überblick über das Aktiengesetz (AktG) als rechtlichen Regelungsrahmen für die Rechtsform der AG. Die Gliederung der einzelnen Abschnitte lehnt sich dabei an die Gesetzessystematik des AktG an. Aus konzeptionellen Gründen beschränkt sich die Darstellung bestimmter Einzelprobleme auf den Hinweis, dass es in Rechtsprechung und Wissenschaft Kontroversen gibt. Ziel ist es insoweit, lediglich ein Problembewusstsein zu schaffen; für eine belastbare Problemlösung ist auf weiterführende Kommentarliteratur verwiesen. Den „Klassikern" des Aktienrechts, die sich durch eine erhöhte Zahl höchstrichterlicher Entscheidungen und oftmals durch eine kaum zu überblickende Meinungsvielfalt in der Fachliteratur auszeichnen, wird jedoch auch in der vorliegenden kompakten Darstellungsweise besondere Aufmerksamkeit gewidmet. Beispielhaft genannt seien nur die „Holzmüller/Gelatine"-Rechtsprechung des BGH zu ungeschriebenen Hauptversammlungszuständigkeiten, die kontroversen Entscheidungen zur materiellen Beschlusskontrolle im Rahmen eines Bezugsrechtausschlusses („Kali und Salz", „Holzmann", „Adidas") sowie die inhaltlichen Vorgaben an einen von der Hauptversammlung zu fassenden Ermächtigungsbeschluss zur Schaffung genehmigten Kapitals („Siemens/Nold").

Nachgewiesene Gerichtsentscheidungen sowie Literatur befinden sich durchweg auf dem Stand von Dezember 2015. Soweit für die vorliegende Darstellung relevant, sind auch bereits die Neuerungen der vom Bundestag am 21. November 2015 endlich verabschiedeten Aktienrechtsnovelle 2016 eingearbeitet.

Ich widme dieses Buch meiner geliebten Frau Christin Stein, die mir bei der Erstellung stets den notwendigen Rückhalt gegeben und, falls nötig, für willkommene Ablenkung gesorgt hat.

Bonn, im Dezember 2015   Dr. Philip Stein

Inhaltsverzeichnis

Teil I Einleitung

1 Strukturmerkmale der AG 3
   1.1 Gesellschaft mit eigener Rechtspersönlichkeit 3
   1.2 Beschränkte Haftung und Grundkapital 3
   Literatur 4

2 Aktienbegriff 5
   2.1 Bruchteil des Grundkapitals 5
   2.2 Verkörperung der Mitgliedschaft 5
   2.3 Aktienregister und Beteiligungstransparenz 7
   Literatur 8

Teil II Gründung der Aktiengesellschaft

3 Umwandlungsgründung 11

4 Gründung nach dem AktG 13
   4.1 Gesellschaftsvertrag und Satzung 13
   4.2 Vor-AG und Handelndenhaftung 15
   4.3 Kapitalaufbringung und Gründungsprüfung 16
      4.3.1 Bareinlagen und Sacheinlagen 16
      4.3.2 Gründungsbericht und Gründungsprüfung 18
      4.3.3 Verdeckte Sacheinlagen und Hin- und Herzahlen 18
      4.3.4 Nachgründung 20
   4.4 Unterbilanzhaftung und Verlustdeckungspflicht 20
   Literatur 21

5 Mantelgründung und Mantelverwendung 23

6 Gründungsmängel und Gründungshaftung 25
    6.1   Errichtungsmängel 25
    6.2   Gründungshaftung 26
    Literatur 26

Teil III   Die Rechtsstellung des Aktionärs

7 Erwerb und Verlust der Aktionärsstellung 29
    7.1   Erwerb der Aktionärsstellung 29
    7.2   Verlust der Aktionärsstellung 30
        7.2.1   Austrittsrecht 30
        7.2.2   Ausschlussrecht 31
        7.2.3   Beendigung der AG 31
    Literatur 32

8 Die Rechte des Aktionärs 33
    8.1   Grundrechtsschutz des Aktionärs 33
    8.2   Die Zwangsbeendigung der Aktionärsstellung 34
        8.2.1   Eingeschränkter Bestandsschutz für Minderheitsaktionäre 34
        8.2.2   Intensivierter Schutz im finanziellen Bereich durch
                volle Kompensation 35
        8.2.3   Kontrollmechanismus 35
    8.3   Überblick: Mitgliedsrechte 36
        8.3.1   Verwaltungsrechte 36
        8.3.2   Vermögensrechte 36
    8.4   Kontrollrechte 37
        8.4.1   Minderheitsverlangen nach § 122 AktG 37
        8.4.2   Sonderprüfung 39
        8.4.3   Klageverfolgungsrechte 41
        8.4.4   Abwehrklage gegen rechtswidriges Verwaltungshandeln 43
    8.5   Deliktischer Schutz der Mitgliedschaft 45
    Literatur 45

9 Die Pflichten des Aktionärs 47
    9.1   Die Einlagepflicht 47
    9.2   Die Treuepflicht des Aktionärs 48
    Literatur 49

Teil IV   Die Organisationsverfassung der AG

10 Grundlagen 53
    Literatur 54

11 Vorstand ... 55
11.1 Organisation und Verfahren ... 55
11.2 Bestellung und Abberufung ... 57
11.3 Anstellung und Vergütung ... 58
11.3.1 Der Anstellungsvertrag ... 58
11.3.2 Vergütung ... 61
11.4 Rechtsstellung und Befugnisse ... 68
11.4.1 Vertretungsmacht und Wissenszurechnung ... 68
11.4.2 Geschäftsführungsbefugnis ... 69
11.5 Vorstandspflichten ... 72
11.5.1 Sorgfaltspflichten ... 72
11.5.2 Treuepflichten ... 79
11.6 Haftung und Sanktionen ... 82
11.6.1 Innenhaftung ... 82
11.6.2 Abberufung und Kündigung ... 85
11.6.3 Straf- und Bußgeldvorschriften ... 86
Literatur ... 86

12 Aufsichtsrat ... 89
12.1 Zusammensetzung und Anzahl ... 90
12.2 Persönliche Voraussetzungen ... 91
12.3 Geschlechterquote ... 95
12.4 Bestellung der Aufsichtsratsmitglieder ... 95
12.4.1 Aktionärsvertreter ... 96
12.4.2 Arbeitnehmervertreter ... 98
12.4.3 Beendigung des Aufsichtsratsamts ... 98
12.5 Anstellung und Vergütung ... 99
12.6 Innere Ordnung ... 101
12.7 Rechte und Pflichten ... 104
12.7.1 Befugnisse des Aufsichtsrats ... 105
12.7.2 Rechtspflichten des Aufsichtsrats ... 109
12.8 Haftung und Sanktionen ... 111
12.8.1 Innenhaftung ... 111
12.8.2 Abberufung ... 112
12.8.3 Straf- und Bußgeldvorschriften ... 112
Literatur ... 113

13 Hauptversammlung ... 115
13.1 Zuständigkeit der Hauptversammlung ... 116
13.1.1 Grundsätzliches ... 116
13.1.2 Geschriebene Mitverwaltungsrechte der Hauptversammlung ... 117

   13.1.3 Ungeschriebene Mitverwaltungsrechte (Holzmüller/
      Gelatine-Rechtsprechung) 122
   13.1.4 Kontrollrechte der Hauptversammlung 125
 13.2 Einberufung der Hauptversammlung 126
   13.2.1 Überblick 126
   13.2.2 Einberufungsgründe 127
   13.2.3 Einberufungsberechtigte 127
   13.2.4 Inhalt der Einberufung/Informationen für die Aktionäre 128
   13.2.5 Einberufungsverfahren 130
   13.2.6 Anmeldung 131
 13.3 Recht zur Teilnahme an der Hauptversammlung 132
 13.4 Ablauf der Hauptversammlung 134
 13.5 Auskunftsrecht 135
   13.5.1 Auskunftsberechtigte und Auskunftsverpflichtete 136
   13.5.2 Gegenstand des Auskunftsrechts 137
   13.5.3 Beschränkungen des Frage- und Rederechts
      (§ 131 Abs. 2 Satz 2 AktG) 138
   13.5.4 Auskunftsverweigerungsrechte (§ 131 Abs. 3 AktG) 140
   13.5.5 Rechtsfolgen bei Verstößen gegen Auskunftsanspruch 141
 13.6 Hauptversammlungsbeschlüsse und Stimmrecht 142
   13.6.1 Beschluss 142
   13.6.2 Stimmrecht 143
 13.7 Stimmverbote 145
   13.7.1 Gesetzliche Stimmverbote 145
   13.7.2 Interessenkollisionen 145
 13.8 Stimmbindungsverträge 148
 13.9 Stimmvollmacht, Legitimationsübertragung und
   Bankenstimmrecht 149
 Literatur 153

14 Beschlussmängelrecht 155
 14.1 Überblick 155
 14.2 Nichtige Beschlüsse 156
   14.2.1 Nichtigkeitsgründe 157
   14.2.2 Heilung 158
   14.2.3 Prozessuale Besonderheiten 160
 14.3 Schwebend unwirksame Beschlüsse 160
 14.4 Anfechtbare Beschlüsse 161
   14.4.1 Anfechtungsgründe 161
   14.4.2 Anfechtungsklage 165
   14.4.3 Schwebezustand und Freigabeverfahren 169

		14.4.4 Wirkungen des stattgebenden Anfechtungsurteils	171
		14.4.5 Missbrauch der Anfechtungsbefugnis	172
	Literatur	174

Teil V Die Finanzverfassung

15 Der Grundsatz der Vermögensbindung 177
  15.1 Vermögensbindung und Verbot der Einlagenrückgewähr 177
       15.1.1 Anwendungsbereich 177
       15.1.2 Verbotene Leistungen 178
       15.1.3 Ausnahmen 179
       15.1.4 Rechtsfolgen 181
  15.2 Erwerb eigener Aktien 182
       15.2.1 Chancen des Aktienrückkaufs 182
       15.2.2 Risiken des Aktienrückkaufs 183
       15.2.3 Zulässige Erwerbstatbestände 184
  Literatur 188

16 Die Finanzierung durch Eigenkapital 191
  16.1 Die reguläre Kapitalerhöhung gegen Bareinlagen 192
       16.1.1 Hauptversammlungsbeschluss 193
       16.1.2 Durchführung der Kapitalerhöhung 194
       16.1.3 Fehlerhafte Kapitalerhöhung 195
  16.2 Die reguläre Kapitalerhöhung gegen Sacheinlagen 197
       16.2.1 Sacheinlage und Erhöhungsbeschluss 197
       16.2.2 Sacheinlagevereinbarung 198
       16.2.3 Prüfung der Sacheinlage 198
       16.2.4 Rechtsfolgen bei Überbewertung der Sacheinlage 201
       16.2.5 Sachkapitalerhöhung ohne Prüfungserfordernis
              (§ 183a AktG) 201
       16.2.6 Rechtsfolgen bei Verstößen gegen § 183 Abs. 1
              und Abs. 2 AktG 202
  16.3 Bezugsrecht und Bezugsrechtsausschluss 202
       16.3.1 Inhalt und Umfang des Bezugsrechts 203
       16.3.2 Ausübung des Bezugsrechts 204
       16.3.3 Ausschluss des Bezugsrechts 204
  16.4 Genehmigtes Kapital 208
       16.4.1 Schaffung des genehmigten Kapitals 209
       16.4.2 Ausnutzung des genehmigten Kapitals 211
       16.4.3 Fehler bei der Schaffung und der Ausnutzung
              des genehmigten Kapitals 212
  16.5 Die bedingte Kapitalerhöhung 213

16.6 Die Kapitalerhöhung aus Gesellschaftsmitteln 214
16.7 Kapitalherabsetzung 215
Literatur 216

17 Die Finanzierung durch Fremdkapital 217
17.1 Gewinnschuldverschreibungen 217
17.2 Wandel- und Optionsanleihen 218
17.3 Genussrechte 218
17.4 Aktionärsschutz 219
Literatur 220

18 Rechnungslegung und Gewinnverwendung 221
18.1 Aufstellung des Jahresabschlusses 221
18.2 Abschlussprüfung 222
18.3 Feststellung des Jahresabschlusses 222
18.4 Die Entscheidung über die Gewinnverwendung 223
Literatur 223

Anhang 225

Teil I
Einleitung

Strukturmerkmale der AG

1.1 Gesellschaft mit eigener Rechtspersönlichkeit

Die Aktiengesellschaft ist nach § 1 Abs. 1 AktG eine **Gesellschaft mit eigener Rechtspersönlichkeit**. Die Bezeichnung als „Gesellschaft" ist historisch gewachsen, aber missverständlich, da es sich nicht um eine Gesellschaft i. S. d. § 705 BGB handelt.[1] Sie ist vielmehr eine Körperschaft, die gesetzessystematisch eher an den bürgerlich-rechtlichen Verein als an die Personengesellschaft angelehnt ist. Als juristische Person genießt die Aktiengesellschaft eine eigene Rechtspersönlichkeit. Das bedeutet, dass sie Trägerin von Rechten, Pflichten und Vermögen ist und klagen und verklagt werden kann.[2] Über das Vermögen der AG findet bei Zahlungsunfähigkeit oder Überschuldung ein selbstständiges Insolvenzverfahren statt. Auch gegenüber ihren Aktionären ist sie ein autonomes Rechtssubjekt; der Erwerb von Aktien begründet Rechtsbeziehungen zwischen der AG und ihren Aktionären.

1.2 Beschränkte Haftung und Grundkapital

Für ihre Verbindlichkeiten haftet – von Ausnahmen abgesehen – nur die Aktiengesellschaft selbst mit ihrem Gesellschaftsvermögen, nicht hingegen ihre Aktionäre oder Verwaltungsmitglieder. Diese **Haftungsbeschränkung** ist eines der wesentlichen Merkmale der Aktiengesellschaft und wesentliche Funktionsvoraussetzung gerade für große Publikumsgesellschaften. Notwendiges Korrelat der Haftungsbeschränkung ist das Erfordernis eines Grundkapitals als ein in der Satzung festgesetztes Mindestvermögen der

---

[1] *Raiser/Veil*, § 8 Rn. 2.
[2] Näher Hüffer/*Koch*, § 1 Rn. 4 f.

Gesellschaft. Es dient den Gläubigern als Haftungssubstrat und stellt gerade für kleinere Unternehmen durch die in § 7 AktG vorgegebene Mindestgröße in Höhe von 50.000 € eine Seriositätsschwelle dar. Das zur Deckung der Grundkapitalziffer erforderliche Vermögen ist auch nach der erstmaligen Einzahlung zu erhalten und darf nicht an die Aktionäre ausgeschüttet werden.

Literatur

Raiser/Veil, Recht der Kapitalgesellschaften, 6. Auflage, 2015.

Aktienbegriff

2.1 Bruchteil des Grundkapitals

Nach § 1 Abs. 2 AktG hat die Aktiengesellschaft ein **in Aktien zerlegtes Grundkapital**. § 8 Abs. 1 AktG lässt die Ausgabe entweder als **Nennbetragsaktien** oder als **Stückaktien** zu. Der Anteil einer Aktie am Grundkapital bestimmt sich bei Nennbetragsaktien nach dem Verhältnis ihres Nennbetrags zum Grundkapital und bei Stückaktien nach der Zahl der Aktien im Verhältnis zu sämtlichen ausgegeben Aktien. Aus diesem Grund ist die Gesamtzahl der Aktien auch zwingender Satzungsbestandteil (§ 23 Abs. 3 Nr. 4 AktG). Bei Nennwertaktien ist folgerichtig der Nennbetrag jeder Aktie festzulegen. Der Mindestnennwert muss dabei auf einen Euro lauten, höhere Nennbeträge müssen auf volle Euro lauten (§ 8 Abs. 2 AktG). Bei Stückaktien muss der rechnerisch auf die einzelne Aktie entfallende Anteil am gesamten Grundkapital ebenfalls mindestens einen Euro betragen.

Wegen des Prinzips der Kapitalaufbringung ist eine sog. **Unterpariemission**, also eine Ausgabe von Aktien unter Nennbetrag bzw. unter dem auf die einzelne Stückaktie entfallenden Betrag **verboten** (§ 9 Abs. 1 AktG). Eine Ausgabe über Nennwert (Überpariemission) ist indes problemlos möglich. Der Betrag, um den dadurch das Gesellschaftsvermögen das Grundkapital übersteigt (das sog. Agio), ist als gesetzliche Rücklage gemäß § 272 Abs. 2 Nr. 1 HGB zu bilanzieren.

2.2 Verkörperung der Mitgliedschaft

Die Aktie verkörpert die **Mitgliedschaft** in der AG. Damit sind sämtliche mit der Aktionärsstellung zusammenhängenden Rechte verbunden. Jede Aktie gewährt grundsätzlich eine Stimme in der Hauptversammlung (§§ 12 Abs. 1 Satz 1, 134 Abs. 1 AktG). Das Stimmgewicht bemisst sich deshalb – anders als bei Personengesellschaften und dem bürgerlich-rechtlichen Verein – nach Kapitalbeiträgen und nicht nach Personen. Das Gesetz sieht indes auch die Möglichkeit vor, stimmrechtslose Vorzugsaktien auszugeben, die als Ausgleich für fehlendes Stimmgewicht einen Vorzug bei der Gewinnverteilung vorsehen (§§ 12 Abs. 1 Satz 2, 139 ff. AktG).

Während die Ausgestaltung als Nennbetrags- oder Stückaktie regelt, wie die Beteiligungshöhe in der Aktie zum Ausdruck kommt, betrifft die Ausgestaltung als **Inhaber- oder Namensaktie** nach § 10 Abs. 1 AktG die Frage, wie der berechtigte Aktionär durch die Aktie ausgewiesen wird. Die **wertpapiermäßige Verbriefung** der Mitgliedschaft in der AG in Form einer Aktie ist nach h. M. nicht zwingend. Die Gesellschaft und damit die Mitgliedschaft entstehen auch dann, wenn eine Verbriefung weder vorgesehen noch tatsächlich erfolgt ist.[1] Die Übertragung der Mitgliedschaft erfolgt in diesem Fall durch Abtretung eines Rechts nach §§ 398, 413 BGB.[2] Der Aktionär hat jedoch einen mitgliedschaftlichen Anspruch auf Verbriefung,[3] der sich in erster Linie damit begründen lässt, dass die Verbriefung Garant der Verkehrsfähigkeit von Aktien und damit ein wesentliches Strukturmerkmal der AG ist.[4] Der Grundsatz der freien Übertragbarkeit wird lediglich durch Vinkulierung von Namensaktien i. S. d. §§ 68 Abs. 2, 180 Abs. 2 AktG durchbrochen. Praktisch erfolgt die Verbriefung durch Unterzeichnung der Aktienurkunde durch den Vorstand.

Ist, wie in aller Regel, eine Verbriefung vorgesehen, legt die Satzung fest (§ 23 Abs. 3 Nr. 5 AktG), ob die Aktien auf den Inhaber oder auf den Namen lauten (§ 10 Abs. 1 AktG). Auch eine Kombination aus beiden Alternativen ist möglich. Solange die Einlage und, falls vereinbart, zusätzlich das Agio nicht vollständig geleistet sind, dürfen gemäß § 10 Abs. 2 AktG jedoch nur Namensaktien ausgegeben werden. In der Vergangenheit war die Namensaktie wenig verbreitet; sie wurde etwa aufgrund der gesetzlichen Möglichkeit zur Vinkulierung gezielt von Familiengesellschaften zur Sicherung eines geschlossenen Aktionärskreises[5] oder von Versicherungsunternehmen wegen der dort verbreiteten Teileinzahlung verwendet. Einer flächendeckenden Verwendung stand unter anderem entgegen, dass vor allem vinkulierte Namensaktien nur in Sonderverwahrung genommen werden konnten.[6]

Die Ausgabe von Inhaberaktien ist auch heute noch die häufigere Ausgabeform. Allerdings lässt sich ein Trend zur Namensaktie beobachten, der auf die Einbeziehung blankoindossierter Namensaktien in die **Girosammelverwahrung** zurückgeht. Mitte der 1990er Jahre hatte die Finanzwirtschaft die technischen Voraussetzungen für den elektronischen Handel und Datenaustausch zwischen den Buchungen im Sammelbestand und den Einträ-

---

[1] MüKo-AktG/*Heider*, § 10 Rn. 4 f.; Spindler/Stilz/*Vatter*, § 10 Rn. 27.
[2] RGZ 86, 154 f. m. w. N.; LG Berlin AG 1994, 378, 379; *Mülbert*, in: FS Nobbe, 2009, S. 691, 699.
[3] RGZ 94, 61, 64; GroßKomm-AktG/*Brändel*, § 10 Rn. 23; KölnKomm-AktG/*Dauner-Lieb*, § 10 Rn. 10; MüKo-AktG/*Heider*, § 10 Rn. 11; Spindler/Stilz/*Vatter*, § 10 Rn. 29.
[4] Hüffer/*Koch*, § 10 Rn. 3.
[5] Spindler/Stilz/*Vatter*, § 10 Rn. 11.
[6] *Than/Hannöver*, in: v. Rosen/Seifert, Die Namensaktie, 2000, S. 279, 283.

gen in dem von einem Dienstleister geführten elektronischen Aktienregister ermöglicht.[7] Der Gesetzgeber hat mit dem KonTraG den Ausschluss des Einzelverbriefungsanspruchs durch die Satzung gemäß § 10 Abs. 5 AktG zugelassen und den Vormarsch der Namensaktie durch weitere Gesetzesänderungen zum Aktienregister, der Stimmrechtsausübung und dem Einsatz moderner Kommunikationsmittel flankiert.[8] Die letzte Maßnahme zur Förderung der Namensaktie findet sich in der **Aktienrechtsnovelle 2016**. Zum Zwecke der Erhöhung der Beteiligungstransparenz geht § 10 Abs. 1 Satz 1 AktG nunmehr von der Namensaktie als dem gesetzlichen Regelfall aus. Nach § 10 Abs. 1 Satz 2 AktG können Aktien nur noch auf den Inhaber lauten, wenn die Gesellschaft börsennotiert ist oder wenn der Anspruch auf Einzelverbriefung ausgeschlossen ist und die Sammelurkunde bei einer Wertpapiersammelbank oder bei einem sonstigen zugelassenen Zentralverwahrer hinterlegt wird.[9]

Ein Vorteil an Namensaktien vor allem im Bereich der Publikumsgesellschaften ist die Transparenz der Aktionärsstruktur auf der Grundlage des Aktienregisters. Dadurch kann die AG ihre Aktionäre direkt ansprechen („Investor Relations") und zudem Erkenntnisse über Mehrheitsverhältnisse, konzernrechtliche Abhängigkeiten oder bevorstehende Übernahmeversuche gewinnen. Ebenfalls erleichtert wird der Einsatz von Namensaktien als international anerkannte Akquisitionswährung. Publikumsgesellschaften steht die Möglichkeit offen, sich an in- und ausländischen Börsen gleichzeitig notieren zu lassen.[10]

2.3 Aktienregister und Beteiligungstransparenz

Namensaktien werden gemäß § 67 Abs. 1 AktG in einem **Aktienregister** erfasst. Nach den Änderungen durch die Aktienrechtsnovelle 2016 ist es unerheblich, ob die Aktien verbrieft sind oder nicht (§ 67 Abs. 1 Satz 1 AktG). Bei einer Übertragung haben nach § 67 Abs. 3 AktG eine Mitteilung, ein Nachweis und schließlich die Umschreibung der Aktien zu erfolgen.

Nach § 67 Abs. 1 Satz 2 AktG müssen Aktionäre der Gesellschaft die in Satz 1 bestimmten Angaben mitteilen, die dann in das Aktienregister eingetragen werden. Ziel ist ein möglichst vollständiges Aktienregister, das zu einer möglichst hohen **Beteiligungstransparenz** führt. Intermediäre, vor allem Kreditinstitute, die in aller Regel die depotgestützte Abwicklung von Aktientransaktionen vornehmen und aus diesem Grund anstelle des eigentlichen Aktionärs im Aktienregister stehen, haben zudem gemäß § 67 Abs. 4 Satz 2 und 3 AktG weitere Angaben zu machen. Auf Verlangen der Gesellschaft haben Kreditinstitute der Gesellschaft mitzuteilen, ob sie Eigen- oder Fremdbesitzer der Aktien sind,

---

[7] *Than/Hannöver*, in: v. Rosen/Seifert, Die Namensaktie, 2000, S. 279, 282 ff.; Spindler/Stilz/*Vatter*, § 10 Rn. 11.
[8] *Kölling*, NZG 2000, 631 ff.; Spindler/Stilz/*Vatter*, § 10 Rn. 11.
[9] Näher zu den gesetzgeberischen Motiven Begr. RegE BT-Drs. 18/4349, S. 15 ff.
[10] *Noack,* in: FS Bezzenberger, 2003, S. 291, 292 ff.

für die sie im Register eingetragen sind; sind sie Fremdbesitzer, müssen sie wiederum auf Verlangen der Gesellschaft die Angaben gemäß § 67 Abs. 1 Satz 1 AktG zu der Person übermitteln, für die sie die Aktien halten.[11] Bei längeren Verwahrketten führt dieses Verfahren im Idealfall zum sog. *ultimate shareholder* und garantiert, dass die Gesellschaft tatsächlich ihre wahren Aktionäre kennt (*„know your shareholder"*). Für Investmentfonds gelten hingegen die Sonderregeln des § 67 Abs. 1 Satz 4 AktG.

Bei Verstößen gegen die Mitteilungs- oder Auskunftspflichten nach Abs. 1 und Abs. 4 hält § 67 Abs. 2 Satz 2, Satz 3 AktG mit einem vorübergehenden Verlust des Stimmrechts eine schwerwiegende Sanktion bereit.

Literatur

Kölling, Namensaktien im Wandel der Zeit – „NaStraG", NZG 2000, 631
Mülbert, Die Aktie zwischen mitgliedschafts- und wertpapierrechtlichen Vorstellungen, FS Nobbe, 2009, S. 691
Noack, Die Umstellung von Inhaber- auf Namensaktien, FS Bezzenberger, 2000, S. 291
Raiser/Veil, Recht der Kapitalgesellschaften, 6. Auflage, 2015
Rosen/Seifert, Die Namensaktie, 2000, 279.

---

[11] Spindler/Stilz/*Cahn*, § 67 Rn. 85.

Teil II
Gründung der Aktiengesellschaft

Es gibt verschiedene Wege, auf denen eine rechtsfähige Aktiengesellschaft entstehen kann. Ein grobes Raster bildet die Differenzierung zwischen **Neugründungen** nach den §§ 23 ff. AktG sowie **Gründungen nach Maßgabe des Umwandlungsgesetzes**.

Umwandlungsgründung 3

Eine Gründung nach den Vorgaben des Umwandlungsgesetzes bietet sich an, wenn bereits ein Unternehmen in einer anderen Rechtsform betrieben wird und der Inhaber dieses Unternehmens (sei es eine GmbH, eine Personenhandelsgesellschaft oder ein Einzelkaufmann) nicht den umständlichen Weg einer Auflösung und Liquidation der alten Gesellschaft, Neugründung einer Aktiengesellschaft und Einbringung des Vermögens im Wege der Einzelrechtsnachfolge beschreiten möchte. Zwar verweisen die umwandlungsrechtlichen Vorschriften auf die Gründungsvorschriften der §§ 23 ff. AktG, sofern es sich um Umwandlungen zur Neugründung handelt und Zielrechtsträger eine AG sein soll; immerhin sind aber an einigen Stellen, so z. B. bei der Verschmelzung zur Neugründung, Erleichterungen im Gründungsverfahren vorgesehen (vgl. §§ 58 Abs. 2, 75 Abs. 2 UmwG).

Außerdem entfällt bei einer AG, die im Wege der Verschmelzung oder Spaltung nach dem Umwandlungsgesetz gegründet wird, das sachenrechtliche Bestimmtheitserfordernis bei der Vermögensumschichtung von der alten auf die neue Gesellschaft sowie – bei Verschmelzungen oder Spaltungen, bei denen der übertragende Rechtsträger nach der Maßnahme nicht mehr benötigt wird – das Auflösungs- und Liquidationserfordernis. Das Vermögen des übertragenden Rechtsträgers geht im Wege der **Gesamtrechtsnachfolge** automatisch auf den übernehmenden Rechtsträger über (§ 20 Abs. 1 Nr. 1 UmwG, bei Spaltungen i. V. m. § 125 Satz 1 UmwG). Bei Verschmelzungen oder Spaltungen, bei denen der übertragende Rechtsträger nach der Maßnahme nicht mehr benötigt wird, vollzieht sich die Auflösung mit der Eintragung der Umwandlung im Handelsregister von selbst (§ 20 Abs. 1 Nr. 2 UmwG, bei Spaltungen i. V. m. § 125 Satz 1 UmwG). Beim Formwechsel schließlich gibt es wegen der Rechtsträgeridentität keine Vermögensübertragung und keinen aufzulösenden und abzuwickelnden Rechtsträger.

Gründung nach dem AktG 4

Der „klassische" Weg der Gründung einer AG ist indes die **Neugründung nach dem Aktiengesetz**. Die §§ 23 ff. AktG regeln Voraussetzungen und Verfahren der Gründung sehr umfänglich; dadurch sollen Aktionäre, Gläubiger und die Allgemeinheit vor unseriösen Gründungen geschützt werden. Das AktG kennt heute nur noch die Einheitsgründung, bei der die Gründer sämtliche Aktien zeichnen müssen. Sollen die Aktien dem Publikum angeboten werden, muss sich eine Emissionsbank an der Gründung beteiligen, die Aktien übernehmen und sie dann verkaufen.[1]

4.1 Gesellschaftsvertrag und Satzung

Vor der eigentlichen Gründung der Aktiengesellschaft werden die künftigen Gründer häufig eine Abrede treffen, in der sie sich zur gemeinsamen Gründung der AG verpflichten. In der Regel wird es sich dabei um eine Gesellschaft bürgerlichen Rechts handeln, deren Zweck auf Gründung der AG gerichtet ist, die sog. **Vorgründungsgesellschaft**.[2] Tritt die Vorgründungsgesellschaft bereits im Rechtsverkehr in Erscheinung, greift die akzessorische Gesellschafterhaftung analog § 128 Satz 1 HGB.[3] Die Vertretung richtet sich nach den Regeln des Personengesellschaftsrechts.[4] Weder die Vor-AG[5] noch die AG können als Körperschaften in die Rechtsposition der Vorgründungsgesellschaft eintreten.[6] Stattdessen

---

[1] *Raiser/Veil*, § 10 Rn. 3.
[2] BGHZ 22, 240, 244 = NJW 1957, 218; BGHZ 91, 148, 151 = NJW 1984, 2164; BGH NJW 1983, 2822.
[3] BGH WM 1984, 1507 f.
[4] OLG Stuttgart NZG 2002, 910, 911 ff.
[5] Vgl. dazu 2. Teil 4.2.
[6] BGHZ 91, 148, 151 = NJW 1984, 2164.

wird sie bei Erreichung ihres Gesellschaftszweckes, der Gründung einer AG, nach § 726 BGB unmittelbar aufgelöst.[7]

Nach zunächst nur vorvertraglichen Abreden folgt die **Feststellung eines Gesellschaftsvertrags**; die AG gibt sich damit eine Satzung (§ 2 AktG). Die Satzung ist die Verfassung der Aktiengesellschaft, die einem strengen gesetzlichen Regime unterliegt, von dem – ganz anders als bei der GmbH oder im Personengesellschaftsrecht – nur in sehr begrenztem Umfang abgewichen werden darf. Die Privatautonomie wird insoweit durch § 23 Abs. 5 AktG, den Grundsatz der aktienrechtlichen **Satzungsstrenge**, verdrängt. Von den Vorschriften des Aktiengesetzes darf die Satzung deshalb nur abweichen, wenn es durch das Aktiengesetz selbst ausdrücklich zugelassen ist. Enthält das Aktiengesetz indes für einen Teilbereich keine abschließende Regelung, sind Ergänzungen der Satzung insoweit zulässig, § 23 Abs. 5 Satz 2 AktG. Die Satzungsstrenge dient dem Schutz von Gläubigern und zukünftigen Aktionären.

Formelles Wirksamkeitserfordernis für die Satzung ist ihre **Feststellung in notarieller Form**, § 23 Abs. 1 AktG. Die Gründer i. S. d. § 28 AktG müssen dazu gleichzeitig oder nacheinander ihre Beitrittserklärungen vor dem anwesenden Notar abgeben, der hierüber ein einheitliches Protokoll erstellt. Die Zeichnung der Aktien als Übernahmeakt ist ebenfalls notariell zu beurkunden und wird mit der Satzungsfeststellung verbunden.[8]

§§ 23 Abs. 2 AktG trifft Bestimmungen zum **Inhalt der Übernahmeerklärung**, mit der sich Gründer zur Übernahme von Aktien und damit zur Leistung der Einlagen (§ 54 AktG) verpflichten. Die Einlageverpflichtung ist notwendig materieller Satzungsbestandteil.[9] Die Aktienübernahmeerklärung wird nur rein körperlich aus der Satzungsurkunde ausgegliedert, um die Satzung nicht mit Angaben zu belasten, die nur im Gründungsstadium von öffentlichem Interesse sind.[10]

§ 23 Abs. 3 AktG enthält den **Mindestinhalt der Satzung**. Neben Firma und Sitz der Gesellschaft (Nr. 1) ist der Unternehmensgegenstand anzugeben (Nr. 2). Zweck der Angabe ist, die Grenzen der Geschäftsführungsbefugnis des Vorstands (§ 82 Abs. 2 AktG) abzustecken und außenstehende Dritte über den Schwerpunkt der Geschäftstätigkeit der Gesellschaft zu informieren.[11] Hilfsgeschäfte zur Verfolgung des Unternehmensgegenstandes werden dadurch nicht ausgeschlossen.[12] Nach h. M. sind zur Individualisierung des Unternehmensgegenstandes auch Angaben darüber zu machen, ob sich die Gesellschaft auf ihrem Tätigkeitsgebiet unmittelbar oder auch mittelbar durch Beteiligung an anderen Unternehmen betätigen will.[13] Deshalb sollte der Unternehmensgegenstand um

---

[7] MüKo-AktG/*Pentz*, § 41 Rn. 21.
[8] *Langenbucher*, § 2 Rn. 13.
[9] Hüffer/*Koch*, § 23 Rn. 3; vgl. BGHZ 45, 338, 342=NJW 1966, 1311.
[10] *Hüffer*, NJW 1979, 1065, 1066; Hölters/*Solveen*, § 23 Rn. 15; Hüffer/*Koch*, § 23 Rn. 16.
[11] BGH WM 1981, 163, 164; BayObLG NJW-RR 1996, 413.
[12] Hüffer/*Koch*, § 23 Rn. 24.
[13] KölnKomm-AktG/*Koppensteiner*, Vor § 291 Rn 62 f.; GroßKomm-AktG/*Wiedemann*, § 179 Rn. 64; Spindler/Stilz/*Holzborn*, § 179 Rn. 69; MüKo-AktG/*Stein*, § 179 Rn. 113.

eine **Konzernklausel** erweitert werden. Vom Unternehmensgegenstand zu unterscheiden ist der Gesellschaftszweck. Während der Unternehmensgegenstand die Art und Weise der Tätigkeit der AG näher umschreibt, gibt der Gesellschaftszweck das Ziel dieser Tätigkeit an, das bei Aktiengesellschaften zumeist in der Gewinnerzielung liegen sollte, aber auch in der Verfolgung ideeller oder gemeinnütziger Zwecke liegen kann.[14] Der Gesellschaftszweck kann analog § 33 Abs. 1 Satz 2 BGB nur mit Zustimmung aller Gesellschafter geändert werden, während Änderungen des Unternehmensgegenstands lediglich der qualifizierten satzungsändernden Mehrheit des § 179 Abs. 2 Satz 1 AktG bedürfen, sofern nicht die Satzung dafür ein höheres Mehrheitserfordernis aufstellt (§ 179 Abs. 2 Satz 2 AktG).

4.2 Vor-AG und Handelndenhaftung

Nach Feststellung der Satzung (§ 23 AktG) und Errichtung durch Übernahme sämtlicher Aktien durch die Gründer (§ 29 AktG) ist das Gründungsverfahren noch nicht abgeschlossen. Auf dem Weg zur Aktiengesellschaft müssen noch die Gründungsprüfung, das Anmeldeverfahren und die Eintragung durchlaufen werden. Es ist aber in diesem Stadium bereits eine Vorform der AG entstanden, die als **Vor-AG** bezeichnet wird und nach h. M. eine körperschaftlich strukturierte Gesellschaft sui generis ist.[15] Im Gegensatz zur Vorgründungsgesellschaft ist die Vor-AG notwendiges Durchgangsstadium zur AG.[16] Mit der endgültigen Entstehung der AG als juristischer Person endet die Vor-AG. Ihre Organisationsstruktur, die Mitgliedschaftsrechte, die an ihr bestehen und sämtliche Forderungen und Verbindlichkeiten gehen von selbst auf die entstandene Aktiengesellschaft über.

Das Recht der Vor-AG ist in § 41 Abs. 1, 4 AktG nur fragmentarisch geregelt. Die im GmbH-Recht erzielten Ergebnisse der Rechtsfortbildung der Vorgesellschaft sind wegen der Wesensgleichheit der Kapitalgesellschaften weitgehend auf die Aktiengesellschaft übertragbar.[17] Die Vor-AG ist danach eine Gesamthandsgesellschaft eigener Art („Organisationsform sui generis"), für die das Aktienrecht und die Regelungen der Satzung für die Aktiengesellschaft Geltung beanspruchen, sofern sie nicht die Eintragung der Gesellschaft voraussetzen.[18] Die Vor-AG ist Inhaberin eines schon vorhandenen Gesellschaftsvermögens. Hierzu gehören auch die Ansprüche auf Leistung der Einlagen auf die übernomme-

---

[14] MünchKomm-AktG/*Stein*, § 179 Rn. 114; ausführlich zur Abgrenzung MüKo-AktG/*Pentz*, § 23 Rn 70 ff.; *Tieves*, Der Unternehmensgegenstand der Kapitalgesellschaft, 1998, S. 11 ff.
[15] Zuletzt BGHZ 169, 270 = NJW 2007, 589; MüKo-AktG/*Pentz*, § 41 Rn. 24 m. w. N.
[16] Hüffer/*Koch*, § 41 Rn. 3.
[17] MüKo-AktG/*Pentz*, § 41 Rn. 23; K. Schmidt/Lutter/*Drygala*, § 41 Rn. 3; Hölters/*Solveen*, § 41 Rn. 6.
[18] BGHZ 22, 242, 246 = NJW 1956, 1435; BGHZ 45, 338, 347 = NJW 1966, 1311; BGHZ 117, 323, 326 f. = NJW 1992, 1824; BGHZ 143, 314, 319 = NJW 2000, 1193; BGHZ 169, 270 Rn. 10 = NJW 2007, 589; MüKo-AktG/*Pentz*, § 41 Rn. 24; KölnKomm-AktG/*M. Arnold*, § 41 Rn. 17; a. A. K. Schmidt/Lutter/*Drygala*, § 41 Rn. 4: juristische Person.

nen Aktien.[19] Die Vor-AG haftet mit ihrem Vermögen für ihre Verbindlichkeiten. Scheitert die Eintragung der Gesellschaft kommt es zur Auflösung analog § 726 BGB und – falls bereits Gesellschaftsvermögen existiert – auch zur Abwicklung als notwendige Voraussetzung zur Vollbeendigung.[20]

Personen, die für die Vor-AG rechtsgeschäftlich in deren Namen auftreten, also etwa schon bestellte Verwaltungsmitglieder, haften der Gesellschaft gemäß § 41 Abs. 1 Satz 2 AktG persönlich für hierbei entstandene Verbindlichkeiten (sog. **Handelndenhaftung**). Allerdings erlischt die Haftung, sobald die Gesellschaft eingetragen wird.[21] Das Vorhaben des historischen Gesetzgebers, das ursprünglich darin bestand, das Auftreten im Rechtsverkehr namens einer noch unfertigen Gesellschaft zu sanktionieren (sog. Straffunktion)[22] und später Geschäftspartner vor dem Risiko bewahren sollte, ohne Schuldner dazustehen (sog. Sicherungsfunktion)[23], widerspricht dem heute allgemein anerkannten Bedürfnis der Gesellschaft, schon vor der Eintragung handlungsfähig zu sein.[24] Üblicherweise wird § 41 Abs. 1 Satz 2 AktG deshalb eng ausgelegt[25] und hat deshalb praktisch keine allzu große Bedeutung.

4.3 Kapitalaufbringung und Gründungsprüfung

Zum Schutz des Rechtsverkehrs gilt im Aktienrecht der **Grundsatz der realen Kapitalaufbringung**. Das Grundkapital der AG muss auf einen Nennbetrag von mindestens 50.000 € lauten (§§ 6 f. AktG). Die Gründer müssen in der Satzung die Aktien übernehmen (§§ 2, 28, 29 AktG).

4.3.1 Bareinlagen und Sacheinlagen

Die Satzung bestimmt die Höhe der zu leistenden Bareinlagen. Eine erfolgreiche Anmeldung der Gesellschaft setzt voraus, dass der eingeforderte Betrag auf jede Aktie ordnungsgemäß gezahlt worden ist und zur freien Verfügung des Vorstands steht (§ 36 Abs. 2 AktG). Dabei muss nach § 36a Abs. 1 AktG bei Bareinlagen der eingeforderte Betrag mindestens ein Viertel des Nennbetrags bzw. des auf die einzelnen Stückaktien entfallenden anteiligen Betrags des Grundkapitals (geringster Ausgabebetrag gemäß § 9 Abs. 1 AktG) zuzüglich eines bei Überpariemissionen vereinbarten Aufgeldes (Agio gemäß § 9 Abs. 2 AktG) betragen. Ordnungsgemäße Einzahlung ist in § 54 Abs. 3 AktG näher definiert

---

[19] BGHZ 45, 338, 347=NJW 1966, 1311; Spindler/Stilz/*Heidinger*, § 41 Rn. 30.
[20] GroßKomm-AktG/*K. Schmidt*, § 41 Rn. 124; Spindler/Stilz/*Heidinger*, § 41 Rn. 43.
[21] *K. Schmidt*, GesR, § 27 II 3 b.
[22] Vgl. RGZ 55, 302, 304.
[23] RGZ 159, 33, 44; BGHZ 53, 210, 214=NJW 1970, 806.
[24] Zum Forstbestand der Sicherungsfunktion vgl. aber BGH NJW 2004, 2519.
[25] Hüffer/*Koch*, § 41 Rn. 19; OLG Köln NZG 2002, 1066, 1067.

und umfasst gesetzliche Zahlungsmittel und Gutschrift auf dem bei einem Kreditinstitut geführten Gesellschaftskonto. Eine Ausgabe vor der vollständigen Leistung des Nennbetrags bzw. anteiligen Grundkapitals ist jedoch nur bei Namensaktien zulässig (§ 10 Abs. 2 Satz 1 AktG). Werden trotz unvollständiger Leistung Inhaberaktien ausgegeben, haftet der Vorstand gemäß § 93 Abs. 3 Nr. 4 AktG.

Nach § 27 AktG dürfen Aktionäre ihre Einlageverpflichtung auch durch die Erbringung von **Sacheinlagen** erfüllen. Ebenfalls zulässig ist die Übernahme von bestehenden oder herzustellenden Anlagen oder anderer Vermögensgegenstände durch die AG. Dies wird als **Sachübernahme** bezeichnet. Bei der Übernahme von Vermögensgegenständen durch die Gesellschaft gegen eine Vergütung, die auf die Einlageverpflichtung des Aktionärs angerechnet wird, geht das Gesetz ebenfalls von einer Sacheinlage (fingierte Sacheinlage) aus, § 27 Abs. 1 Satz 2 AktG.

Die Zulässigkeit von Sacheinlagen und Sachübernahmen ist naturgemäß riskanter als Bareinlagen und deshalb an weitere gesetzliche Voraussetzungen geknüpft. Die einzubringenden Gegenstände müssen zunächst einlagefähig sein, das heißt ihr wirtschaftlicher Wert muss feststellbar sein, § 27 Abs. 2 AktG. Dies ist nach dem Gesetz nicht der Fall, wenn es sich um Dienstleistungsverpflichtungen handelt, gleichgültig ob die Dienste nach dem Inhalt der Verpflichtung von den Gründern selbst[26] oder durch Einlage von Dienstleistungsansprüchen gegen Dritte[27] erbracht werden sollen. Auch eigene Aktien sind nach Rechtsprechung des BGH nicht einlagefähig.[28]

Die Erbringung von Sacheinlagen setzt weiter eine **Sacheinlagevereinbarung** zwischen Gesellschaft und dem Einlageschuldner (Inferenten) voraus, deren Abwicklung sich nach den allgemeinen zivilrechtlichen Regeln richtet. Der Wert des Sacheinlagegegenstandes hat stets die gesamte Einlageschuld, die aus der Summe von geringstem Ausgabebetrag und Aufgeld besteht, abzudecken (§ 36a Abs. 2 AktG). Handelt es sich bei der Sacheinlage um eine schuldrechtliche Verpflichtung zur Einbringen eines Vermögensgegenstandes, so ist dieser binnen fünf Jahren seit Eintragung tatsächlich zu leisten. Dem Gebot der realen Kapitalaufbringung ist auch während dieser Zeit genüge getan, solange die in der Bilanz aktivierte Forderung der Gesellschaft gegen den Aktionär werthaltig ist. Eine werthaltige Forderung, die auf die Einlage eines Gegenstands gerichtet ist, ist mithin nicht minder wertvoll als der Gegenstand selbst.

§ 27 Abs. 1 AktG verlangt, dass der Sacheinlagegegenstand, die Person, von der die Gesellschaft den Gegenstand erwirbt und der Nennbetrag bzw. bei Stückaktien die Anzahl der zu gewährenden Aktien in der **Satzung festgesetzt** werden. Fehlende Festsetzungen begründen einen Errichtungsmangel i. S. d. § 38 Abs. 1 AktG und führen zur Ablehnung der Eintragung, es sei denn der Mangel wird durch nachträgliche Aufnahme der fehlenden

---

[26] Einhellig, vgl. BGHZ 180, 38 Rn. 9 („Qivive"); KölnKomm-AktG/*A. Arnold*, § 27 Rn. 66; MüKo-AktG/*Pentz*, § 27 Rn. 33; GroßKomm-AktG/*Röhricht*, § 27 Rn. 70.
[27] So die h. M., vgl. Hüffer/*Koch*, § 27 Rn. 22; KölnKomm-AktG/*A. Arnold*, § 27 Rn. 66; MüKo-AktG/*Pentz*, § 27 Rn. 33; GroßKomm-AktG/*Röhricht*, § 27 Rn. 78; a. A. Spindler/Stilz/*Heidinger/Benz*, § 27 Rn. 10 ff.
[28] BGH NZG 2011, 1271 Rn. 14 („Ision").

Festsetzungen in die Satzung beseitigt.[29] Trägt das Registergericht die Gesellschaft trotz fehlender Festsetzung ein, entsteht sie wirksam. Der Inferent ist dann zur Leistung der Einlage in bar verpflichtet[30], wenn eine tatsächlich erbrachte Sachleistung nach Maßgabe des § 27 Abs. 3 Sätze 3 bis 5 AktG nicht zur Deckung der Einlageverpflichtung ausreicht. Nach Auffassung des BGH ist die zu deckende Einlageverpflichtung auch nicht beim geringsten Ausgabebetrag gedeckelt, sondern muss auch das in der Satzung versprochene Aufgeld einbeziehen.[31]

4.3.2 Gründungsbericht und Gründungsprüfung

§ 32 Abs. 1 AktG verpflichtet die Gründer zur Erstattung eines **Gründungsberichts**. Auf der Grundlage dieses Berichts entscheidet das Registergericht, ob der Wert der Sacheinlage den Nennwert der übernommenen Aktien erreicht. Nach Erstattung des Gründungsberichts haben die Mitglieder des ersten Vorstands und Aufsichtsrats den **Hergang der Gründung** zu prüfen und darüber schriftlich zu berichten (§§ 33 Abs. 1, 34 Abs. 1, 2 AktG). Zusätzlich ordnet § 33 Abs. 2 AktG für die dort in Nr. 1 bis 4 genannten Gründungskonstellationen eine **Prüfung durch externe Prüfer** an.

Für den in § 33 Abs. 2 Nr. 4 AktG genannten Fall der Sachgründung sieht **§ 33a AktG Ausnahmen** vor, wenn Vermögensgegenstände eingelegt werden, für die es entweder einen zuverlässigen Marktpreis gibt (an organisierten Märkten gehandelte Wertpapiere, § 33a Abs. 1 Nr. 1 AktG) oder deren Wert innerhalb der letzten sechs Monate schon einmal von einem unabhängigen Sachverständigen nach allgemein anerkannten Bewertungsmethoden ermittelt wurden (§ 33a Abs. 1 Nr. 2 AktG). Findet eine Gründungsprüfung nach § 33a AktG nicht statt, verlangt § 37a AktG bei der Anmeldung zum Handelsregister Angaben, die sonst Gegenstand des Gründungsberichts wären, sowie eine besondere Erklärung des Anmeldenden.

Stellt das **Registergericht** im Rahmen der von ihm durchzuführenden **Werthaltigkeitsprüfung** eine Unterdeckung fest, muss es die Eintragung ablehnen, § 38 Abs. 2 Satz 2 AktG. Kann nach § 33a AktG ausnahmsweise von einer externen Gründungsprüfung abgesehen werden, prüft auch das Registergericht die Werthaltigkeit des Sacheinlagegegenstandes nicht, sondern nur, ob die in diesem Fall gegebenen besonderen Anmeldevoraussetzungen des § 37a AktG vorliegen.

4.3.3 Verdeckte Sacheinlagen und Hin- und Herzahlen

§ 27 Abs. 3 AktG erfasst den Versuch der Gründer, die Sacheinlagevorschriften in Form einer sog. **verdeckten Sacheinlage** zu umgehen. Eine verdeckte Sacheinlage liegt vor,

---

[29] K. Schmidt/Lutter/*Bayer*, § 27 Rn. 38.
[30] K. Schmidt/Lutter/*Bayer*, § 27 Rn. 37; Spindler/Stilz/*Heidinger/Benz*, § 27 Rn. 77.
[31] BGH NZG 2012, 69 Rn. 16 („Babcock").

wenn der Inferent zwar bei formaler Betrachtung eine Geldeinlage leistet, die bei wirtschaftlicher Betrachtung jedoch ganz oder teilweise als Sacheinlage zu bewerten ist.[32] Der verdeckten Sacheinlage liegt eine Vereinbarung zwischen Inferent und Gesellschaft zugrunde, nach der der Inferent zwar eine Bareinlage erbringt, die er jedoch danach umgehend als Gegenleistung für einen der Gesellschaft zur Verfügung gestellten Vermögensgegenstand zurückerhält.[33] Gleichsam als verdeckte Sacheinlage hat der BGH Fälle behandelt, in denen die Gegenleistung zwar einem Dritten zufließt, dies dem Inferenten aber auf gleiche Weise zugutekommt.[34]

Die von § 27 Abs. 3 Satz 1 AktG angeordnete Rechtsfolge ist das Fortbestehen der Einlageverpflichtung des Aktionärs. Die Begleitrechtsgeschäfte, also etwa der Kaufvertrag und die sachenrechtliche Übereignung des Vermögensgegenstandes bleiben jedoch gemäß § 27 Abs. 3 Satz 2 AktG wirksam. Die Gesellschaft wird also Eigentümerin der verdeckt eingebrachten Vermögensgegenstände und muss sie auch nicht aus Bereicherungsrecht herausgeben, weil etwa der zugrundeliegende Kaufvertrag nichtig wäre. Immerhin wird der Wert des hingegebenen Gegenstandes nach Maßgabe des § 27 Abs. 3 Satz 3 AktG auf die verbliebene Einlageverpflichtung des Aktionärs angerechnet. Die Beweislast für die Werthaltigkeit trägt allerdings der Aktionär (§ 27 Abs. 3 Satz 5 AktG). Korporationsrechtlich ist die verdeckte Sacheinlage heilbar; dazu bedarf es einer Satzungsänderung, mit der die Bar- in eine Sacheinlageverpflichtung umgewandelt wird, sowie der Nachholung der Werthaltigkeitskontrolle und schließlich der Eintragung des Heilungsbeschlusses in das Handelsregister.[35] Eine nach der Werthaltigkeitskontrolle verbleibende Unterdeckung ist vom Aktionär durch Barzahlung auszugleichen.[36]

Von der verdeckten Sacheinlage sind die Fälle des sog. **Hin- und Herzahlens** zu unterscheiden, deren Behandlung in § 27 Abs. 4 AktG geregelt sind. Beim Hin- und Herzahlen wird dem Aktionär der Bareinlagebetrag auf Grundlage einer vorherigen Absprache umgehend nach erfolgter Einlageleistung im Rahmen eines Darlehens ausgereicht.[37] Damit steht der Einlagebetrag der Gesellschaft nie zur freien Verfügung.[38] § 27 Abs. 4 AktG ordnet als Rechtsfolge befreiende Wirkung an, wenn die Gesellschaft aus dem Rückzahlungsvorgang (dem „Herzahlen") einen vollwertigen und liquiden Rückgewähranspruch erlangt hat. Ferner fordert der BGH, dass auch die in § 27 Abs. 4 Satz 2 AktG vorgeschriebene Offenlegung in der Anmeldung vorzunehmen ist, um in den Genuss der eintretenden Befreiungswirkung zu kommen.[39]

---

[32] Hüffer/*Koch*, § 27 Rn. 26.
[33] Vgl. zu möglichen Fallkonstellationen z. B. BGHZ 28, 314, 319 f.; 96, 231, 239 ff.; 110, 47, 52 ff.; 155, 329, 334; K. Schmidt/Lutter/*Bayer*, § 27 Rn. 51 ff.; Spindler/Stilz/*Heidinger/Benz*, § 27 Rn. 103 ff.
[34] BGHZ 184, 158 Rn. 13 = NZG 2010, 343, 344 („Eurobike").
[35] *Langenbucher*, § 2 Rn. 27.
[36] Hüffer/*Koch*, § 27 Rn. 46.
[37] BGHZ 165, 113, 116 ff.; BGHZ 165, 332, 356.
[38] BGHZ 153, 107, 109 f.; BGHZ 165, 113, 116 f.
[39] BGHZ 180, 38 Rn. 16 = NJW 2009, 2375; BGHZ 192, 103 Rn. 25 = NJW 2012, 1800; KölnKomm-AktG/*A. Arnold*, § 27 Rn. 147; a. A. *Altmeppen*, ZIP 2009, 1545, 1548.

4.3.4 Nachgründung

Die Vorschriften zur Sicherung der realen Kapitalaufbringung werden durch die Bestimmungen über die **Nachgründung** flankiert (§ 52 f. AktG). Im Unterschied zur verdeckten Sacheinlage kommt es bei Nachgründungssachverhalten nicht auf die Einlagefähigkeit der Leistung an.[40] Erfasst werden nach § 52 Abs. 1 AktG Verträge zwischen der Gesellschaft einerseits und andererseits Gründern oder Aktionären mit einer Beteiligungsquote von mehr als zehn Prozent, sofern sie in den ersten zwei Jahren nach der Eintragung abgeschlossen werden. Nachgründungsrelevant sind auch Verträge mit Gründern, die zum Zeitpunkt des Abschlusses des Nachgründungsvertrages nicht mehr an der Gesellschaft beteiligt sind, sofern sie bei Eintragung der Gesellschaft noch beteiligt waren.[41]

Von § 52 Abs. 1 AktG angesprochene Verträge bedürfen zu ihrer Wirksamkeit der Schriftform (Abs. 2 Satz 1 AktG), der Zustimmung der Hauptversammlung mit qualifizierter Dreiviertelmehrheit (Abs. 5 Satz 1) sowie der Anmeldung (Abs. 6) und Eintragung im Handelsregister (Abs. 1). Außerdem sind sie vor der Einberufung zur Einsicht der Aktionäre im Geschäftsraum der Gesellschaft auszulegen (Abs. 2 Satz 2 AktG), in der Hauptversammlung zugänglich zu machen (Abs. 2 Satz 5) und vom Vorstand zu erläutern (Abs. 2 Satz 6). Schließlich haben eine Nachgründungsprüfung mit anschließendem Nachgründungsbericht (Abs. 3) durch den Aufsichtsrat sowie grundsätzlich eine externe Gründungsprüfung (Abs. 4) stattzufinden. § 52 Abs. 9 AktG suspendiert die Anwendung der Nachgründungsvorschriften, wenn der Erwerb von Vermögensgegenständen im Rahmen der laufenden Geschäfte der Gesellschaft, in der Zwangsvollstreckung oder an der Börse erfolgt.

4.4 Unterbilanzhaftung und Verlustdeckungspflicht

Um verbleibende Schutzlücken des Gründungsrechts im Hinblick auf das Prinzip der vollständigen Kapitalaufbringung zu schließen, wurde – ausdrücklich nur für die GmbH – im Wege richterlicher Rechtsfortbildung das Rechtsinstitut der **Unterbilanzhaftung**[42] geschaffen, das auch als Vorbelastungshaftung oder allgemeine Differenzhaftung bezeichnet wird. Sie ist ein auch im Schrifttum weithin anerkannter Bestandteil des Gründungsrechts der GmbH[43] und bildet dort das dogmatisch unverzichtbare Gegenstück für die Aufgabe des Vorbelastungsverbots.

---

[40] MüKo-AktG/*Pentz*, § 52 Rn. 16 f.; K. Schmidt/Lutter/*Bayer*, § 52 Rn. 20; Hölters/*Solveen*, § 52 Rn. 7.

[41] Hölters/*Solveen*, § 52 Rn. 6; K. Schmidt/Lutter/*Bayer*, § 52 Rn. 15; GroßKomm-AktG/*Priester*, § 52 Rn. 31; KölnKomm-AktG/*M. Arnold*, § 52 Rn. 15.

[42] Erstmals in BGHZ 80, 129, 140 ff. = NJW 1981, 1373.

[43] *K. Schmidt*, in Scholz, GmbHG, 11. Aufl. 2012, § 11 Rn. 139 ff.; *Ulmer/Habersack*, in Ulmer/Habersack/Winter, GmbHG, 2. Aufl., 2013, § 11 Rn. 98 ff.

Die Unterbilanzhaftung ist nach zutreffender h. M. wegen der parallelen Rechtslage auf das Aktienrecht zu übertragen.[44] Danach sind Gesellschafter, die mit der Geschäftsaufnahme vor Eintragung der Gesellschaft einverstanden waren, der Gesellschaft für den Betrag, um den das tatsächliche Gesellschaftsvermögen im Eintragungszeitpunkt hinter dem Betrag des Nennkapitals zurückbleibt, verantwortlich.[45] Die Haftung ist als reine Innenhaftung ausgestaltet und trifft jeden Gesellschafter, der der Aufnahme der Geschäftstätigkeit zugestimmt hat, persönlich und unbeschränkt, jedoch nur entsprechend seiner Beteiligungshöhe.[46]

Scheitert die Eintragung so kommt die sog. **Verlustdeckungspflicht** als Seitenstück zur Unterbilanzhaftung zum Zuge. Die Gründer haften hier genau wie bei der Unterbilanzhaftung für Anlaufverluste der Gesellschaft. Jedoch kommt dogmatisch gesehen die Unterbilanzhaftung nicht in Frage, weil sie die Eintragung der Gesellschaft voraussetzt. Scheitert die Eintragung, greift die Verlustdeckungspflicht, die ebenfalls als Innenhaftung ausgestaltet ist, persönlich und unbeschränkt; sie trifft die der Geschäftsaufnahme zustimmenden Gesellschafter anteilig in der Höhe ihrer Beteiligung.[47]

Literatur

Altmeppen, Cash-Pool, Kapitalaufbringungshaftung und Strafbarkeit der Geschäftsleiter wegen falscher Versicherung, ZIP 2009, 1545
Hüffer, Harmonisierung des aktienrechtlichen Kapitalschutzes, NJW 1979, 1065
Langenbucher, Aktien- und Kapitalmarktrecht, 3. Auflage, 2015
Hoffmann-Becking, Münchener Handbuch des Gesellschaftsrechts, 4. Auflage, 2015
Raiser/Veil, Recht der Kapitalgesellschaften, 6. Auflage, 2015
Schmidt, K., Gesellschaftsrecht, 4. Auflage, 2002
Tieves, Der Unternehmensgegenstand der Kapitalgesellschaft, 1998.

---

[44] Vgl. KölnKomm-AktG/*M. Arnold*, § 41 Rn. 49; MüKo-AktG/*Pentz*, § 41 Rn. 23, 113 f.; MünchHdB- AG/*Hoffmann-Becking*, § 3 Rn. 44; offengelassen in BGHZ 119, 177, 186=NJW 1992, 3300.
[45] BGHZ 80, 129, 140 ff.=NJW 1981, 1373.
[46] BGHZ 80, 129, 141=NJW 1981, 1373; BGH WM 1982, 40; KölnKomm-AktG/*M. Arnold*, § 41 Rn. 51.
[47] BGHZ 134, 333, 339=NJW 1997, 1507; zur AG LG Heidelberg AG 1998, 197, 198 f.

Mantelgründung und Mantelverwendung 5

In der Praxis ist häufig das Phänomen der Gründung und Verwendung von **Mantel-AGs**, auch **Vorratsgesellschaften** genannt, zu beobachten. Bei der Gründung ist darauf zu achten, dass eine offene Mantelgründung erfolgt. Dazu ist notwendig, dass als Unternehmensgegenstand die Verwaltung und Erhaltung des eigenen, vor allem durch Einlagen gebildeten Vermögens offengelegt wird.[1] Die Angabe eines unzutreffenden Unternehmensgegenstandes ist nach § 117 BGB nichtig und lässt eine Eintragung nicht zu (sog. **verdeckte Mantelgründung**). Ziel einer Mantelgründung ist die Verringerung der mit langwierigem Eintragungsverfahren verbundenen Haftungsrisiken nach den Regeln der Vor-AG.[2] Durch gesetzliche Liberalisierung des Gründungsvorgangs in den letzten Jahren wurde jedoch das Eintragungsverfahren beschleunigt. Das Bedürfnis nach Mantelgründungen hat sich somit theoretisch relativiert; dennoch sind Vorratsgründungen in der Praxis immer noch weit verbreitet.[3]

Die **Verwendung einer Vorrats-AG** zu einem bestimmten Geschäftszweck setzt den Erwerb ihrer Geschäftsanteile und eine Satzungsänderung voraus. An die Aufnahme einer operativen Geschäftstätigkeit sind in erster Linie die Firma der Vorratsgesellschaft (§ 23 Abs. 3 Nr. 1 AktG) und der Unternehmensgegenstand (§ 23 Abs. 3 Nr. 2 AktG) anzupassen. Soweit Kapitalaufbringungsgesichtspunkte betroffen sind, sind nach der Rechtsprechung des BGH auf den Vorgang der wirtschaftlichen Neugründung die Gründungsvorschriften der §§ 23 ff. AktG analog anzuwenden.[4] Die nach § 181 AktG erforderliche Anmeldung der Satzungsänderung muss deshalb eine die ordnungsgemäße Kapitalaufbringung be-

---

[1] BGHZ 117, 323, 325 f. = NJW 1992, 1824.
[2] Hüffer/*Koch*, § 23 Rn. 25a.
[3] Hölters/*Solveen*, § 23 Rn. 44.
[4] BGHZ 117, 323, 336.

treffende Versicherung nach § 37 Abs. 1 AktG enthalten.[5] Die registergerichtliche Kontrolle der ordnungsgemäßen Kapitalausstattung wird ergänzt durch die Anwendung der Unterbilanzhaftung.[6] Zeitlich ist die Unterbilanzhaftung nach der Rechtsprechung indes beschränkt auf den Zeitpunkt, in dem die wirtschaftliche Neugründung durch Anmeldung der erforderlichen Satzungsänderungen oder Aufnahme der neuen Geschäftstätigkeit erstmals nach außen hin in Erscheinung tritt.[7] Streitig ist, ob in der Zeit zwischen Beginn der Verwendung der Vorratsgesellschaft und Eintragung der Satzungsänderung die Handelndenhaftung nach § 41 Abs. 1 Satz 2 AktG zum Tragen kommt.[8]

---

[5] BGHZ 153, 158, 162=NJW 2003, 892; Hölters/*Solveen*, § 23 Rn. 50.
[6] BGHZ 155, 318, 326 f.=NJW 2003, 3198; BGH NZG 2008, 147 Rn. 4; BGH NZG 2012, 539 Rn. 19; Hölters/*Solveen*, § 23 Rn. 52; Hüffer/*Koch*, § 23 Rn. 27b.
[7] BGHZ 192, 341 Rn. 23.
[8] Zur Darstellung des Streitstands vgl. Hüffer/*Koch*, § 23 Rn. 27c m. w. N.

Gründungsmängel und Gründungshaftung 6

6.1 Errichtungsmängel

Das Registergericht muss gemäß § 38 Abs. 1 Satz 2 AktG die Eintragung der Aktiengesellschaft ablehnen, wenn sie nicht ordnungsgemäß errichtet und angemeldet ist. Aufgrund der ihnen obliegenden Treuepflicht können Gründer gehalten sein, bei evidenten Fehlern entsprechenden Satzungsänderungen zur Fehlerkorrektur zuzustimmen.[1] Wird der Errichtungsmangel nicht behoben, verbleibt ein dauerndes Eintragungshindernis. Solange keine Eintragung erfolgt, die Gesellschaft aber trotz Mängeln bei der Feststellung der Satzung in Vollzug gesetzt wird, gilt die **Lehre von der fehlerhaften Gesellschaft**.[2] Die AG kann dann nur noch ab sofort für die Zukunft aufgelöst werden. Eine *ex tunc*-Nichtigkeit mit Rückabwicklung des Gesellschaftsverhältnisses kommt nicht in Betracht.[3]

Wird die AG versehentlich eingetragen, kommt sie zur Entstehung. Die Eintragung ins Handelsregister vermittelt einen hohen Bestandsschutz und entfaltet heilende Wirkung. Lediglich gravierende Mängel, nämlich wenn die Satzung keine Regelung zur Höhe des Grundkapitals enthält oder keine wirksamen Bestimmung zum Gegenstand des Unternehmens aufweist, führen zur Möglichkeit, eine Klage auf Nichtigerklärung der Gesellschaft nach den §§ 275 ff. AktG zu erheben. Auch das Nichtigkeitsurteil erzeugt keine Wirkung *ex tunc,* sondern bewirkt die Auflösung der Gesellschaft gemäß § 277 AktG.[4]

---

[1] OLG Karlsruhe AG 1999, 131.
[2] Spindler/Stilz/*Limmer*, § 23 Rn. 37; MüKo-AktG/*Pentz*, § 23 Rn. 167 ff.
[3] RGZ 166, 51, 58 f.; BGHZ 13, 320, 323.
[4] Hüffer/*Koch*, § 275 Rn. 27.

6.2 Gründungshaftung

Zeitlich vor der Eintragung der Gesellschaft liegen die Fälle, die von den **Vorschriften zur Gründungshaftung** in den §§ 46 ff. AktG erfasst werden. Die Vorschriften bilden die praktisch wichtigste Sanktion im Zusammenhang mit der Gründung der Aktiengesellschaft.[5] Die Gründerhaftung greift ein, wenn durch Rechtsgeschäfte, die im Namen der Vorgesellschaft, also vor Eintragung der AG in das Handelsregister, geschlossen werden, das Gesellschaftsvermögen mit Verbindlichkeiten belastet wird und dadurch das Grundkapital im Zeitpunkt der Eintragung nicht mehr ungeschmälert zur Verfügung steht. Potenzielle Haftungsschuldner sind die Gründer selbst (§ 46 AktG), deren Hintermänner und Personen, die sich an unredlichen Machenschaften bei der Gründung beteiligen (§§ 46 Abs. 5, 47 Nr. 1 und 2 AktG) sowie Emittenten der Aktien, mithin in erster Linie Emissionsbanken, wenn sie unrichtige oder unvollständige Angaben der Gründer kannten oder kennen mussten (§ 47 Nr. 3 AktG). Bei der Verletzung ihrer Pflichten im Zusammenhang mit der Gründung trifft die Mitglieder des Vorstands und des Aufsichtsrats (§ 48 AktG) sowie die externen Gründungsprüfer (§ 49 AktG) eine ähnliche Haftung. In § 399 Abs. 1 Nr. 1 bis 3 AktG sind schließlich falsche Angaben und das Verschweigen erheblicher Umstände im Zusammenhang mit der Gründung für Gründer und Mitglieder des Vorstands und des Aufsichtsrats mit Strafe bewehrt.

Literatur

Raiser/Veil, Recht der Kapitalgesellschaften, 6. Auflage, 2015.

---

[5] *Raiser/Veil*, § 10 Rn. 38.

Teil III
Die Rechtsstellung des Aktionärs

7 Erwerb und Verlust der Aktionärsstellung

7.1 Erwerb der Aktionärsstellung

Aktionär wird man durch **Übernahme** oder **Erwerb** von Aktien. Bei der Gründung oder später bei einer Kapitalerhöhung werden Aktien durch die Gründer oder die an der Kapitalerhöhung beteiligten Aktionäre übernommen. Die Übernahme der Aktien lässt originär Aktionärsrechte entstehen und begründet umgekehrt die Pflicht zur Erbringung der versprochenen Einlage.

Der Erwerb von Aktien vollzieht sich im Wege der Gesamt- oder der Einzelrechtsnachfolge, wobei der rechtsgeschäftliche Erwerb wegen der bewusst als verkehrs- und umlauffähig ausgestalteten Aktien der weitaus häufigere Fall ist. Allein im DAX als größtem deutschen Börsenindex werden täglich rund 4 Mrd. Aktien umgesetzt.[1] Namensaktien werden nach § 929 BGB, § 68 Abs. 1 Satz 1 AktG durch schriftliche Abtretungserklärung auf dem die Aktie verkörpernden Wertpapier (Indossament) sowie Übereignung der Urkunde übertragen. Für die Übertragung durch Indossament bringt § 68 Abs. 1 Satz 2 AktG die Vorschriften des Wechselgesetzes zur Anwendung. Die Umschreibung im Aktienregister nach § 67 AktG hat keine konstitutive Bedeutung für den Eigentumsübergang, sondern erfolgt lediglich zu Legitimationszwecken gegenüber der Gesellschaft. Ohne Umschreibung kann die Gesellschaft dem Aktionär die Teilnahme an Hauptversammlungen, die Ausübung des Stimmrechts und sogar die Beteiligung an der Dividende verweigern.

Inhaberaktion werden grundsätzlich durch Einigung und Übergabe nach den sachenrechtlichen Vorschriften der §§ 929 ff. BGB übereignet.[2] Allerdings kommt dies in der Praxis nur noch selten vor, da die meisten Inhaberaktien heute girosammelverwahrt sind.

---

[1] http://www.boerse-frankfurt.de/de/aktien/indizes/dax+DE0008469008/kurs_und_umsatzhistorie, abgerufen am 30.08.3015.
[2] MüKo-AktG/*Heider*, § 10 Rn. 36 f.; KölnKomm-AktG/*Lutter/Drygala*, Anh. § 68 Rn. 16 ff.; Spindler/Stilz/*Vatter*, § 10 Rn. 49 ff.

Es gibt dann nur noch eine Globalurkunde, an der alle Aktionäre Miteigentum haben und die von der Clearstream Banking AG, der mit Abstand bedeutendsten Zentralverwahrbank in Deutschland, verwahrt wird. Die aus den einzelnen Aktien folgenden Rechte leiten sich aus dieser Globalurkunde ab. Zur Übertragung von Aktien werden die Miteigentumsanteile an der Globalurkunde oder an einem Sammelbestand von Wertpapieren übereignet. Wie bei der Übereignung ganzer Aktienurkunden ist auch hier ein gutgläubiger Erwerb möglich.[3] Rechtsscheinträger ist die Buchung im Aktiendepot.

Bei Aktien handelt es sich um verbriefte Rechte. Möglich ist daher sowohl bei Namens- als auch bei Inhaberaktien die Übertragung durch Abtretung der in dem Wertpapier verkörperten Rechte nach §§ 398, 413 BGB.[4] Die für Namensaktien geltende Regelung des § 68 Abs. 1 Satz 1 AktG erlaubt zwar die Übertragung durch Indossament, schreibt diese aber nicht vor. Gibt es eine Aktienurkunde, folgt nach § 952 BGB das Eigentum an dem Papier dem Mitgliedsrecht aus dem Papier.[5]

7.2 Verlust der Aktionärsstellung

Spiegelbildlich zum Erwerb der Aktionärsstellung kann auch deren Verlust durch Rechtsgeschäft oder im Wege der Gesamtrechtsnachfolge erfolgen. Die Gesamtrechtsnachfolge kommt typischer Weise durch Erbgang oder durch eine Maßnahme nach dem UmwG zum Tragen. Freilich führt auch die Beendigung der Aktiengesellschaft als solcher zur Beendigung der Aktionärsstellung. Interessant sind schließlich die Konstellationen, in denen ein Aktionär gegen seinen Willen aus der Gesellschaft ausgeschlossen werden soll und in denen er die Gesellschaft verlassen will, ohne dass er einen Erwerber für seine Aktien findet oder diese aufgrund einer Vinkulierung nicht ohne Zustimmung der Gesellschaft und/oder der Gesellschafter veräußern darf.

7.2.1 Austrittsrecht

Grundsätzlich verbietet das im Aktienrecht geltende Prinzip des festen Grundkapitals ein Kündigungsrecht zugunsten von Gesellschaftern. Im Gegensatz zum GmbH-Recht (§ 27 GmbHG) kennt das Aktienrecht auch keine Möglichkeit, das Anteilsrecht der Gesellschaft zur Verfügung zu stellen und dadurch die Mitgliedschaft zu beenden.[6] Kann oder darf der Aktionär seine Anteile nicht veräußern, hilft lediglich eine **Kapitalherabsetzung** mit anschließender Einziehung der Aktien weiter. Hierzu bedarf es indes einer Beschlussfassung der Hauptversammlung sowie einer satzungsändernden Mehrheit. Von diesem Grundsatz

---

[3] MünchHdb-AG/*Sailer-Coceani*, § 14 Rn. 5.
[4] Vgl. RGZ 77, 268, 276; RGZ 86, 154, 157; BGHZ 160, 253, 256 f.
[5] MüKo-AktG/*Bayer*, § 68 Rn. 30; KölnKomm-AktG/*Lutter/Drygala*, § 68 Rn. 35.
[6] MüKo-AktG/*Bungeroth*, § 55 Rn. 45.

macht das Gesetz jedoch an verschiedener Stelle Ausnahmen und erlaubt dem Aktionär beim Vorliegen bestimmter Anlässe, gegen Abfindung aus der Gesellschaft auszuscheiden. Gemeinsam ist diesen Anlässen, dass es sich um **Strukturmaßnahmen** handelt, die für den Aktionär von einschneidender Wirkung sind, weil sie seine aus der Aktie folgenden Mitverwaltungs- oder Vermögensrechte beeinträchtigen oder vollends aushöhlen. Möglichkeiten des vermögensneutralen Ausstiegs bietet das Gesetz im Falle der Konzernbildung (§ 305 AktG) oder bei der Eingliederung (§ 319 f. AktG), sowie in einigen umwandlungsrechtlichen Konstellationen (§ 29 UmwG). Relativ austrittsfreundlich sind indes die kapitalmarktrechtlichen Vorschriften des Wertpapiererwerbs- und Übernahmegesetzes (WpÜG), die es dem Aktionär etwa erlauben, beim Kontrollwechsel die Gesellschaft zu angemessenen Bedingungen zu verlassen, indem er das Pflichtangebot zum Erwerb seiner Anteile durch den Kontrollaktionär annimmt.

7.2.2 Ausschlussrecht

Die gegenläufige Frage, ob man einen Aktionär gegen seinen Willen aus der Gesellschaft ausschließen darf, ist ebenfalls grundsätzlich zu verneinen. Kommt jedoch ein Aktionär seinen Einlageverpflichtungen nicht oder nicht rechtzeitig nach, erlaubt § 64 Abs. 1 AktG die Einziehung seiner Aktien (**Kaduzierung**).

Daneben setzt § 237 AktG als dritte Form der Kapitalherabsetzung[7] die Möglichkeit der **Zwangseinziehung** voraus. Einziehungsgründe können die Verletzung von Nebenpflichten im Rahmen des § 55 AktG oder Veränderungen in der Person des Aktionärs sein. Die Voraussetzungen für die Zulässigkeit der Zwangseinziehung müssen indes vorher explizit und unzweideutig in der Satzung niedergelegt sein,[8] und zwar schon vor der Übernahme der Aktien durch den betroffenen Aktionär (§ 237 Abs. 1 Satz 2 AktG).

7.2.3 Beendigung der AG

Schließlich und selbstverständlich führt auch die Beendigung der Gesellschaft zum Verlust der Aktionärsstellung. § 262 AktG enthält verschiedene Auflösungsgründe. Den Aktionären steht es nach § 262 Abs. 1 Nr. 2 AktG frei, mit satzungsändernder Mehrheit die Auflösung der Gesellschaft zu beschließen; die Satzung selbst kann eine größere Mehrheit und weitere Erfordernisse aufstellen, sie kann indes die Möglichkeit der Auflösung nicht ausschließen.

Tritt einer der in § 262 AktG genannten Auflösungsgründe ein, wandelt sich die Gesellschaft zunächst von einer werbenden in eine abwickelnde. Unternehmenszweck ist dann

---

[7] Die anderen beiden Formen sind die ordentliche (§ 222 AktG) und die vereinfachte Kapitalherabsetzung (§ 229 AktG), vgl. dazu unten 5. Teil 16.7.
[8] Hüffer/*Koch*, § 237 Rn. 10.

nicht mehr die Erzielung von Gewinn, sondern die Beendigung aller Geschäfte der Gesellschaft sowie die Liquidierung und Verteilung des Gesellschaftsvermögens.[9] Nach der obligatorischen Anmeldung des Vorliegens eines Auflösungsgrundes gemäß § 263 AktG trägt die Gesellschaft bis zur Vollbeendigung den Zusatz „i. L." für „in Liquidation". Nach Abschluss des Liquidationsprozesses wird die Gesellschaft im Handelsregister gelöscht (§ 273 AktG).[10]

Literatur

Hoffmann-Becking, Münchener Handbuch des Gesellschaftsrechts, 4. Auflage, 2015
Raiser/Veil, Recht der Kapitalgesellschaften, 6. Auflage, 2015.

---

[9] RGZ 118, 337, 340; BGHZ 14, 163, 168=NJW 1954, 1682; MüKo-AktG/*Koch*, § 262 Rn. 12 f.
[10] Spindler/Stilz/*Bachmann*, § 273 Rn. 9.

Die Rechte des Aktionärs

8.1 Grundrechtsschutz des Aktionärs

Ein spezifisches Merkmal des Aktieneigentums ist seine Marktbezogenheit. Die Stabilität von Rechtsverhältnissen, die im Bereich des Sach- bzw. Grundeigentums erstes Anliegen des grundrechtlichen Eigentumsschutzes ist, kann im Umfeld flexibler Märkte nicht zum alleinigen Maßstab erhoben werden. Beteiligungsverhältnisse und Organisationsbedürfnisse insbesondere der börsennotierten Aktiengesellschaften sind stetigen Wandlungen unterworfen.[1] Dieser Schnelllebigkeit muss der Gesetzgeber entsprechen, indem er die notwendigen gesellschafts- und kapitalmarktrechtlichen Funktionsbedingungen schafft.

Das Bundesverfassungsgericht hat bereits in einer frühen Entscheidung die Doppelrolle des Aktionärs konstatiert.[2] Er sei zum einen Inhaber des gesellschaftsrechtlich mediatisierten Unternehmenseigentums, zum anderen aber auch unmittelbarer Inhaber der quotalen Unternehmensbeteiligung, die durch die Aktien verkörpert ist. Beiden Gesichtspunkten hat das BVerfG den eigentumsrechtlichen Schutz des Art. 14 GG zuteil werden lassen. Die Rolle als mittelbarer Inhaber des Unternehmenseigentums findet Ausdruck in **den Mitverwaltungs- und Vermögensrechten** der Aktionäre, die Rolle des unmittelbaren Inhabers eines Unternehmensanteils in der Möglichkeit der **jederzeitigen Verwertbarkeit**. In dieser Doppelrolle kann sich der Aktionär auf den im Einzelfall beeinträchtigten Gesichtspunkt seines Eigentumsrechts berufen.[3]

---

[1] *Schmidt-Aßmann*, in: FS Badura, S. 1009, 1015.
[2] BVerfGE 14, 263, 276 („Feldmühle").
[3] *Schön*, in: FS Ulmer, S. 1359, 1371; vgl. auch BGH ZIP 2001, 734, 736 ff. zur Bewertung nach dem jeweils günstigeren anteiligen Fundamentalwert des Unternehmens oder dem individuellen Verkehrswert des verbrieften Anteils; ferner zum Meistbegünstigungsprinzip: *Stilz*, ZGR 2001, 875, 901 ff.

8.2 Die Zwangsbeendigung der Aktionärsstellung

Den schwerstmöglichen Eingriff in die Aktionärsrechte stellen die aktien- und unwandlungsrechtlichen Strukturmaßnahmen dar, in deren Rahmen die Aktionärsstellung einzelner Aktionäre gegen deren Willen beendet wird. Die Vorschriften des AktG beschränken sich in großem Umfang auf den organisatorisch-formalen Bereich. Maßstab der Entscheidungsfindung und Konfliktbewältigung ist grundsätzlich das **Mehrheitsprinzip**, zu dessen praktischer Umsetzung sich der Gesetzgeber auf die Schaffung eines organisatorisch-formalen Rahmens beschränkt.[4] Es ist also nicht erforderlich, dass jede einzelne Maßnahme am Maßstab des Art. 14 GG zu rechtfertigen wäre; stattdessen ist der Gesetzgeber gehalten, typisierte „Gattungen" von Strukturmaßnahmen einer Abwägung zu unterziehen, in der die berechtigten Interessen eines ebenfalls typisierten Kleinaktionärs Berücksichtigung finden. Eine derartige Berücksichtigung kann sich schon auf der Tatbestandsseite niederschlagen, wird aber regelmäßig eher in einer angemessenen Kompensationspflicht und effektiven verfahrensrechtlichen Absicherung im Rahmen der Rechtsfolge münden.

8.2.1 Eingeschränkter Bestandsschutz für Minderheitsaktionäre

Schon den frühen Entscheidungen des BVerfG zum Anteilseigentum wohnt eine Tendenz inne, dem Schutz der vermögensrechtlichen Seite des Anteilseigentums eine größere Bedeutung zuzumessen als dem Schutz des Bestands der Mitgliedschaft.[5] In der „Feldmühle"-Entscheidung[6] billigte das BVerfG die Hinausdrängung von Minderheitsaktionären im Rahmen einer „übertragenden Umwandlung" mit der Begründung, das Eigentumsrecht der Minderheitsaktionäre müsse hinter den aus Art. 2 Abs. 1 GG folgenden Interessen des Mehrheitsaktionärs und der Allgemeinheit auf eine freie Entfaltung unternehmerischer Initiative im Konzern zurücktreten.[7] Der Minderheitsaktionär sei zumeist weitgehend auf das Interesse an Rendite und Kurs beschränkt. Daraus folgert das BVerfG, dass die Aktie für Minderheitsaktionäre eher Kapitalanlage als unternehmerische Beteiligung sei.[8]

In jüngerer Vergangenheit hat das BVerfG in zwei Entscheidungen die Anforderungen an ein „Gemeinwohlinteresse" zur Rechtfertigung legislativer Eingriffe in das Aktieneigentum erheblich herabgesetzt,[9] im Ergebnis sogar völlig in den Hintergrund gerückt[10] und stattdessen die Legitimität von Strukturmaßnahmen schon dann als gegeben angesehen, wenn die Existenz von Minderheitsaktionären für den Mehrheitsaktionär eine

---

[4] BVerfGE 14, 263, 275 („Feldmühle"); *Schön*, in FS Ulmer, S. 1359, 1384.
[5] *Tonner*, in FS K. Schmidt, S. 1581, 1583.
[6] BVerfGE 14, 263 („Feldmühle").
[7] BVerfGE 14, 263, 282 („Feldmühle").
[8] BVerfGE 14, 263, 283 („Feldmühle").
[9] Vgl. schon BVerfG ZIP 2000, 1670, 1671 („Moto Meter").
[10] BVerfG NZG 2007, 587, 589.

gewisse Lästigkeit mit sich bringt. Im „Squeeze-out"-Beschluss führt das BVerfG aus, dass Aktionäre mit Kleinstbeteiligung ihre Aktien meist als Kapitalanlage halten und im Hinblick auf unternehmerische Entscheidungen kein verstärktes Interesse, in jedem Fall aber keine aktive Gestaltungsmöglichkeit haben. Was ihnen jedoch offen stehe, sei die Blockademöglichkeit im Wege der aktienrechtlichen Anfechtungsklage.[11] Angesichts der Vielgestaltigkeit der denkbaren Konstellationen, die einen Ausschluss von Minderheitsaktionären gerechtfertigt erscheinen ließen, habe der Gesetzgeber jedenfalls seinen weiten Spielraum bei der Gestaltung privatrechtlicher Beziehungen[12] nicht dadurch überschritten, dass er den Squeeze-out allein an ein quantitatives Kriterium geknüpft habe.[13]

8.2.2 Intensivierter Schutz im finanziellen Bereich durch volle Kompensation

Die vermögensrechtliche Seite muss im Bereich des Aktieneigentums vom Gesetzgeber besonders stark und effektiv ausgestaltet sein, um die soeben dargelegten Beschränkungen beim Nutzungs- und Gebrauchsrecht inklusive dem Bestandsschutz auszugleichen.

Die Forderung eines „vollen" Ausgleichs hat schon die „Feldmühle"-Entscheidung bestimmt und behält ihre Gültigkeit bis heute. Die „DAT-Altana"-Entscheidung erweitert den grundrechtlich gewährten Schutz des Aktieneigentums durch eine wesentliche Präzisierung der Kategorie „voller Wert". Eine volle Abfindung darf nicht unter dem Verkehrswert liegen, der bei börsennotierten Unternehmen nicht ohne Rücksicht auf den Börsenkurs festzustellen ist.[14] Die Abfindung muss so bemessen sein, dass die Minderheitsaktionäre den Gegenwert ihrer Gesellschaftsbeteiligung erhalten. Jedenfalls dürfen sie nicht weniger erhalten, als sie bei einer freien Deinvestitionsentscheidung zum Zeitpunkt des Beschlusses der Hauptversammlung über die Strukturmaßnahme erhalten hätten.[15]

8.2.3 Kontrollmechanismus

Aus verfassungsrechtlichen Gründen muss die Abfindungshöhe einer gerichtlichen Kontrolle unterliegen. Diese Kontrolle erfolgt entweder im Rahmen einer Anfechtungsklage oder im Spruchverfahren.[16]

---

[11] BVerfG NZG 2007, 587, 589.
[12] Vgl. BVerfGE 53, 257, 293; 77, 308, 332.
[13] BVerfG NZG 2007, 587, 589.
[14] BVerfGE 100, 289, 305 („DAT/Altana").
[15] BVerfGE 100, 289, 306 („DAT/Altana").
[16] BVerfG NJW 2001, 279, 281 („Moto Meter").

8.3 Überblick: Mitgliedsrechte

8.3.1 Verwaltungsrechte

Die Mitgliedsrechte der Aktionäre lassen sich in Verwaltungs- und Vermögensrechte gliedern. Die Verwaltungsrechte dienen dazu, Einfluss auf die Willensbildung der Gesellschaft zu nehmen und andererseits nachteilige Einflussnahme Dritter abzuwehren. Von besonderer Bedeutung sind die **Rechte der Aktionäre, die nur während der Hauptversammlung ausgeübt werden können**. Dazu zählen das Teilnahme-, Rede- und Auskunftsrecht (§§ 118, 131 AktG), das Stimmrecht (§ 134 AktG) und das Recht, Widerspruch zu Protokoll einzulegen, um sich das Anfechtungsrecht in Bezug auf gefasste Hauptversammlungsbeschlüsse zu erhalten. Hinzu kommen Befugnisse, deren Ausübung an eine qualifizierte Minderheit gebunden ist (Widerspruchsrecht nach §§ 93 Abs. 3 Satz 3, 116 Satz 1, §§ 309 Abs. 3 Satz 1, 310 Abs. 4, 317 Abs. 4, 318 Abs. 4 AktG).

Neben den genannten Verwaltungsrechten, deren Ausübung an die Hauptversammlung anknüpft, gibt es weitere, **nicht-versammlungsgebundene Verwaltungsrechte**, wie die Anfechtungsbefugnis (§ 245 AktG), das Recht auf Erhebung der Nichtigkeitsklage (§ 249 AktG), Ansprüche auf Mitteilung nach § 125 Abs. 2 und Abs. 4 AktG sowie das Recht auf Einsichtnahme und Erteilung von Abschriften (z. B. §§ 175 Abs. 2, 293 f. AktG). Verwaltungsrechte, die auf den Schutz von Minderheitsaktionären abzielen, sind das Recht auf Einberufung der Hauptversammlung (§ 122 Abs. 1 AktG) und auf Ergänzung der Tagesordnung (§ 122 Abs. 2 AktG) sowie Rechte auf Sonderprüfung (§ 142 Abs. 2 und 4 AktG) und zur Geltendmachung von Ersatzansprüchen der Gesellschaft durch besondere Vertreter (§ 147 Abs. 2 Satz 2 AktG). Ein wichtiges Recht des Mehrheitsaktionärs ist das Recht zur Bestellung des Aufsichtsrats (§ 101 AktG).

8.3.2 Vermögensrechte

Die zweite Säule der aktienrechtlichen Mitgliedsrechte bilden die Vermögensrechte. Der **Dividendenanspruch** als jährlich wiederkehrender Anspruch auf die Beteiligung am Bilanzgewinn entsteht nach Maßgabe des nach § 58 Abs. 4 AktG zu fassenden Gewinnverwendungsbeschlusses. Dabei ist das Dividendenrecht zunächst ein abstraktes Beteiligungsrecht, das auf die Herbeiführung eines Gewinnverwendungsbeschlusses gerichtet ist. Erst dieser Beschluss gibt den Aktionären einen konkreten Zahlungsanspruch, der als schuldrechtliche Forderung unabhängig von der Aktie abgetreten und für den Fall, dass er verbrieft wird (Kupon), durch sachenrechtliche Übertragung veräußert werden kann. Das in dem Kupon verkörperte Recht folgt nach § 952 BGB analog dem sachenrechtlichen Recht an dem Papier.

Neben der Dividende kommen **weitere Auszahlungen** an die Aktionäre in Betracht, deren Höhe sich pro rata nach der Höhe ihrer Beteiligung bemisst. Zu nennen sind der Rückzahlungsanspruch bei einer Kapitalherabsetzung (§ 225 Abs. 2 AktG), ein Liquidationserlös (§ 271 AktG) sowie Kompensationsleistungen im Zusammenhang mit Strukturmaßnahmen (§§ 304 f., 320b AktG) oder dem Ausschluss von Minderheitsaktionären (§ 327b AktG) sowie im Zusammenhang mit umwandlungsrechtlichen Maßnahmen (§§ 15, 29, 125, 196, 207 UmwG). Der Sache nach stellt auch die Berücksichtigung bei einem Rückkauf eigener Aktien durch die Gesellschaft ein Vermögensrecht dar, weil den Aktionären auf diesem Wege die Einlagen zuzüglich etwaiger zwischenzeitlich eingetretener Wertsteigerungen zufließen. Schließlich ist auch das Recht auf den Bezug junger Aktien nach den §§ 186 Abs. 1, 212 AktG ein Vermögensrecht, weil das Bezugsrecht sicherstellt, dass der Aktionär nicht durch das Hinzutreten neuer Investoren im Zuge von Kapitalerhöhungen in seiner Beteiligung verwässert wird.

Schließlich handelt es sich auch bei dem Schadensersatzanspruch des einzelnen Aktionärs wegen schädigender Einflussnahme auf das Gesellschaftsunternehmen gemäß § 117 Abs. 1 Satz 2 AktG um ein Vermögensrecht. Der haftungsausfüllende Tatbestand dieses Schadensersatzanspruchs deckt indes nur direkte Schäden der Aktionäre, nicht hingegen reine Reflexschäden, die aus der Wertminderung der Beteiligung herrühren.[17]

8.4 Kontrollrechte

Aufgrund der Kompetenzordnung in der AG, die die Leitung der Gesellschaft durch den Vorstand vorsieht und diesem dabei ein weites Ermessen einräumt, ist ein großer Teil der Aktionärsrechte lediglich auf die Ausübung im Rahmen von Hauptversammlungen ausgelegt. Diese grundsätzliche Beschränkung auf nur eine Kontrollmöglichkeit im Geschäftsjahr wird durch den Gesetzgeber durch weitere Minderheitsrechte ergänzt. Eine Aktionärsminderheit kann, wenn sie ein bestimmtes Quorum erreicht, die Einberufung einer Hauptversammlung oder nur die Ergänzung der Tagesordnung um bestimmte Beschlussgegenstände erzwingen. Daneben besteht für eine Aktionärsminderheit die Möglichkeit eine Sonderprüfung herbeizuführen.

8.4.1 Minderheitsverlangen nach § 122 AktG

§ 122 AktG ist eine **minderheitsschützende Vorschrift** und ermöglicht an erster Stelle die Ausübung des Teilnahmerechts[18], mittelbar aber auch die Ausübung des Anfechtungsrechts sowie des Rechts zur Erhebung einer Nichtigkeitsklage.[19] Gerade diese förmlichen Beanstandungsmöglichkeiten setzten eine Beschlussfassung voraus, die wiederum eine

---

[17] Hüffer/*Koch*, § 117 Rn. 9; K. Schmidt/Lutter/*Witt*, § 117 Rn. 23; Spindler/Stilz/*Schall*, § 117 Rn. 20.
[18] OLG München WM 2010, 517, 518.
[19] BGH ZIP 2012, 1313, 1314; MüKo-AktG/*Kubis*, § 122 Rn. 1; Spindler/Stilz/*Rieckers*, § 122 Rn. 1; Hüffer/*Koch*, § 122 Rn. 1.

Hauptversammlung mit ordnungsgemäß bekannt gemachten Beschlussanträgen erfordert. Hier knüpft § 122 AktG an. Abs. 1 enthält das Recht einer Minderheit von fünf Prozent des Grundkapitals, die Einberufung der Hauptversammlung zu verlangen, Abs. 2 das Recht der gleichen Minderheit, aber auch von Aktionären, die Aktien zu einem Nennbetrag von 500.000 Euro halten, Gegenstände zur Beschlussfassung bekannt machen zu lassen.

In der Praxis werden die Rechte des § 122 AktG typischer Weise zum Vertrauensentzug gegenüber Vorstand (§ 84 Abs. 3 Satz 1 AktG), zur Abberufung und Neuwahl von Aufsichtsratsmitgliedern (§§ 103 Abs. 1, 101 Abs. 1 AktG) sowie in jüngerer Zeit auch häufiger zur Bestellung eines besonderen Vertreters (§ 147 Abs. 2 AktG) genutzt.[20]

Der **Nachweis** der für das Verlangen nach § 122 AktG **erforderlichen Mindestbeteiligung** erfolgt durch Vorlage der Aktienurkunden (bei Einzelverbriefung) oder einer Bankbescheinigung (bei Globalverbriefung und depotmäßiger Verwahrung). Im Fall von Namensaktien dient gemäß § 67 AktG die Eintragung in das Aktienregister als Legitimationsnachweis. § 122 Abs. 1 Satz 3 AktG in der Fassung der **Aktienrechtsnovelle 2016** enthält nicht mehr den missglückten Verweis auf § 142 Abs. 2 Satz 2 AktG, wonach Antragsteller für mindestens drei Monate vor dem Tag der Hauptversammlung und bis zur Entscheidung über den Antrag den Besitz von Aktien der Gesellschaft nachzuweisen haben. Die überwiegende Auffassung legte den Verweis teleologisch so aus, dass es entgegen dem Wortlaut von § 142 Abs. 2 Satz 2 AktG auf den Zeitpunkt des Einberufungsverlangens ankomme, da der Tag der Hauptversammlung noch gar nicht feststeht.[21] Diese Zweifelsfrage hat der Gesetzgeber durch die Ersetzung des Verweises auf § 142 Abs. 2 Satz 2 AktG durch eine eigenständige Regelung zur Vorbesitzzeit in § 122 Abs. 1 Satz 3 AktG gelöst. Diese bezieht die (nunmehr) 90-tägige Vorbesitzzeit der bislang h. M. folgend auf den Tag des Zugangs des Einberufungsverlangens.[22] Das Erfordernis einer hinreichend langen Vorbesitzzeit soll verhindern, dass sich Personen Aktien nur kurzfristig und möglicherweise ausschließlich zum Zwecke der Schaffung eines Lästigkeitspotenzials für die Gesellschaft beschafft haben.[23]

Das Einberufungsverlangen muss nach § 122 Abs. 1 Satz 1 AktG **schriftlich** erfolgen und gegenüber dem Vorstand als Einberufungsorgan eindeutig formuliert werden; andernfalls kann dieser nicht tätig werden. In dem Verlangen sind der Zweck und die Gründe der Einberufung anzugeben, wobei der Einberufungszweck durch die jeweiligen Beschlussgegenstände definiert wird.[24] Das Verlangen hat zudem den Grund für die Befassung der Hauptversammlung darzulegen und vor allem, warum mit der Beschlussfassung nicht bis zur nächsten ordentlichen Hauptversammlung gewartet werden kann.[25]

---

[20] Hüffer/*Koch*, § 122 Rn. 1; *Heeg*, NZG 2012, 1056.
[21] MüKo-AktG/*Kubis*, § 122 Rn. 8; Hüffer/*Koch*, § 122 Rn. 3a; *Florstedt* ZIP 2010, 761, 765.
[22] Vgl. Begr. RegE BT-Drs. 18/4349, 21 f.
[23] Begr. RegE BT-Drs. 13/9712 S. 17.
[24] Hüffer/*Koch*, § 122 Rn. 4.
[25] MüKo-AktG/*Kubis*, § 122 Rn. 13; KölnKomm-AktG/*Noack/Zetzsche*, § 122 Rn. 55.

Die Aktionärsminderheit kann nicht nur die Einberufung der Hauptversammlung, sondern gemäß § 122 Abs. 2 Satz 1 AktG auch die **Ergänzung der Tagesordnung** einer bereits einberufenen Hauptversammlung verlangen. Das Ergänzungsverlangen umfasst nach richtiger Auffassung auch das Recht auf eine sachliche Auseinandersetzung mit dem ergänzten Beschlussgegenstand durch die Hauptversammlung.[26] Die Darlegung einer besonderen Dringlichkeit ist im Rahmen des § 122 Abs. 2 AktG in der Regel nicht erforderlich.[27]

Nach § 122 Abs. 3 AktG kann das **Gericht** Aktionäre, die das Mindestquorum erreichen, ermächtigen, die Hauptversammlung selbst einzuberufen oder die Beschlussgegenstände bekanntzumachen, wenn ein jeweiliges Verlangen gegenüber dem Vorstand erfolglos geblieben ist. Nach dem in § 122 Abs. 3 AktG durch die Aktienrechtsnovelle 2016 neu angefügten Satz 5 müssen die Antragsteller die Aktien bis zur Entscheidung des Gerichts halten und damit die Haltefrist in Höhe des Quorums für die gesamte Dauer des Verfahrens erfüllen.[28]

8.4.2 Sonderprüfung

Die in § 142 AktG geregelte Sonderprüfung ist eines der zentralen Aktionärsrechte zur Überprüfung der Geschäftsführung der Gesellschaft.[29] Den Aktionären ist systembedingt nur beschränkt ein Einblick in die internen Vorgänge der Verwaltung möglich. Die Aufdeckung von Unregelmäßigkeiten kann deshalb häufig nur durch eine Sonderprüfung erfolgen. Dies gilt umso mehr, wenn Aufsichtsrat und Vorstand kollusiv zusammenwirken und ein wesentlicher Kontrollmechanismus (vgl. § 111 Abs. 1 AktG) dadurch keine Wirkung entfalten kann.[30]

Die Sonderprüfung stellt häufig einen wesentliche Zwischenschritt auf dem Weg zur Geltendmachung von Ersatzansprüchen gegen die Verwaltungsmitglieder nach §§ 147 ff. AktG dar.[31] Die Anordnung der Sonderprüfung und die Bestellung eines Sonderprüfers stehen nach § 142 Abs. 1 AktG in der Kompetenz der Hauptversammlung, die mit einfacher Mehrheit entscheidet. Der Hauptversammlungsbeschluss muss inhaltlich den Prüfungsgegenstand umschreiben und den Prüfer namentlich nennen.[32]

---

[26] MüKoAktG/*Kubis*, § 122 Rn. 141; *Hüffer/Koch*, § 122 Rn. 9a; *Kemmerer*, BB 2011, 3018, 3020; a. A. *Butzke*, Die Hauptversammlung der Aktiengesellschaft, 5. Aufl. 2011, D 83; *Austmann*, in: FS Hoffmann-Becking, 2013, S. 45, 53; *Wilsing/von der Linden*, ZIP 2010, 2321, 2323.
[27] GroßKomm-AktG/*Werner*, § 122 Rn. 51; Spindler/Stilz/*Rieckers*, § 122 Rn. 45.
[28] Vgl. Begr. RegE BT-Drs. 18/4349, S. 22.
[29] MüKoAktG/*Schröer*, § 142 Rn. 6; Spindler/Stilz/*Mock*, § 142 Rn. 1.
[30] Spindler/Stilz/*Mock*, § 142 Rn. 1.
[31] Spindler/Stilz/*Mock*, § 142 Rn. 1.
[32] OLG Hamm, AG 2011, 90, 92; MüKo-AktG/*Schröer*, § 142 Rn. 36.

Prüfungsgegenstände im Zusammenhang mit der Gründung i. S. d. § 142 Abs. 1 Satz 1 AktG können Maßnahmen bis zur Eintragung nach § 41 AktG sowie Nachgründungsvorgänge nach § 52 AktG sein. Eine Sonderprüfung bestimmter Vorgänge kann auch nach durchgeführter Gründungsprüfung beschlossen oder angeordnet werden.[33] Vorgänge bei der Geschäftsführung i. S. d. § 142 Abs. 1 Satz 1 AktG umfassen den Verantwortungsbereich des Vorstands genauso wie die gesamte geschäftsführungsbezogene Tätigkeit des Aufsichtsrats.[34] Das sind Vorgänge, die die Überwachung des Vorstands nach § 111 Abs. 1 AktG, die Zustimmungskompetenz nach § 111 Abs. 4 Satz 2 AktG sowie alle Maßnahmen betreffen, die sich auf Angelegenheiten des Vorstands beziehen.[35] Eine Sonderprüfung des Jahresabschlusses als solchem ist nach h. M. nicht zulässig, da insoweit die Abschlussprüfung nach §§ 316 ff. HGB abschließenden Charakter hat.[36]

Als weitere sonderprüfungsfähige Gegenstände nennt § 142 Abs. 1 Satz 1 AktG ausdrücklich **Kapitalbeschaffung und Kapitalherabsetzung**. Prüfungsgegenstände sind jeweils die vorbereitende und ausführende Verwaltungstätigkeit, nicht jedoch die den Kapitalmaßnahmen zugrundeliegenden Hauptversammlungsbeschlüsse.[37]

Wird die Hauptversammlungsmehrheit nach § 142 Abs. 1 AktG nicht erreicht, kann nach § 142 Abs. 2 AktG auch eine qualifizierte Aktionärsminderheit eine **gerichtliche Anordnung und Bestellung** erreichen. Es müssen Tatsachen vorliegen, die den Verdacht rechtfertigen, dass es bei dem zu prüfenden Vorgang zu Unredlichkeiten oder groben Verletzungen des Gesetzes oder der Satzung gekommen ist. Das Verfahren bezweckt die Aufklärung der tatsächlichen Grundlagen für die Verfolgung möglicher Ansprüche, die Klärung von zwischen den Beteiligten umstrittenen Rechtsfragen kann indes nicht Gegenstand einer Sonderprüfung sein.[38]

Sind die vom Antragssteller behaupteten Tatsachen unstreitig, fehlt es an dem für den Antrag nach § 142 Abs. 2 AktG erforderlichen Rechtsschutzbedürfnis.[39] Die Tatsachen müssen weder bewiesen noch glaubhaft gemacht, sondern lediglich behauptet werden.[40] Das Gericht wird bei hinreichenden Indizien von der Amtsermittlung nach § 26 FamFG Gebrauch machen und dem Antrag stattgeben, wenn nach seiner Überzeugung hinreichende Tatsachen vorliegen, die den Verdacht von Unredlichkeiten oder groben Verletzungen

---

[33] Spindler/Stilz/*Mock*, § 142 Rn. 44.
[34] OLG Düsseldorf ZIP 2010, 28, 29; Hüffer/*Koch*, § 142 Rn. 5.
[35] OLG Düsseldorf ZIP 2010, 28, 29; MüKo-AktG/*Schröer*, § 142 Rn. 21; KölnKomm-AktG/*Kronstein/Zöllner*, § 142 Rn. 9.
[36] Spindler/Stilz/*Mock*, § 142 Rn. 50; KölnKomm/*Kronstein/Zöllner*, § 142 Rn. 10.
[37] MüKo-AktG/*Schröer*, § 142 Rn. 24; Spindler/Stilz/*Mock*, § 142 Rn. 53.
[38] KG ZIP 2012, 672 f.
[39] KG ZIP 2012, 672 f.
[40] OLG München ZIP 2010, 1127, 1128.

des Gesetzes oder der Satzung begründen, wobei an die Überzeugung des Gerichts hohe Anforderungen zu stellen sind.[41]

Das Antragsrecht nach § 142 Abs. 2 AktG wird nach h.M. auch durch eine allgemeine Verhältnismäßigkeitsprüfung begrenzt.[42] Die in der Regel mit einer Sonderprüfung verbundenen hohen Kosten und sonstigen Beeinträchtigungen des Gesellschaftsunternehmens müssen in angemessenem Verhältnis zu dem durch das Fehlverhalten ausgelösten Schaden stehen.[43] Der Antrag ist als unbegründet abzuweisen, wenn er eine illoyale, grob eigennützige Rechtsausübung darstellt[44] oder von vorne herein zweck- und folgenlos ist.[45]

Ergänzt wird das Minderheitsrecht nach Abs. 2 schließlich durch die Möglichkeit einer gerichtlichen Ersetzung des von der Hauptversammlung bestellten Sonderprüfers nach § 142 Abs. 4 AktG.

8.4.3 Klageverfolgungsrechte

8.4.3.1 Klagezulassungsverfahren

Die Minderheitsrechte des § 142 AktG werden durch ein **Klageverfolgungsrecht** nach § 148 AktG ergänzt und vervollständigt. Anders als bei § 147 AktG klagt hier nicht die Gesellschaft, sondern die Aktionäre in eigenem Namen auf Leistung an die Gesellschaft.[46] Zivilprozessual handelt es sich um einen Fall der **gesetzlichen Prozessstandschaft**.

Nach § 148 Abs. 1 Satz 1 AktG kann eine Aktionärsminderheit, wenn ihr Anteil ein Prozent des Grundkapitals oder einen anteiligen Betrag von 100.000 Euro erreicht, einen Antrag stellen, die in § 147 Abs. 1 Satz 1 AktG bezeichneten Ersatzansprüche der Gesellschaft geltend zu machen. Das Quorum entspricht § 142 Abs. 2 Satz 1 AktG. Es genügt, wenn dass Quorum im Zeitpunkt der Antragstellung vorhanden ist.[47]

Nach § 148 Abs. 1 Satz 2 **Nr. 1** AktG müssen antragstellende Aktionäre nachweisen, dass sie die Aktien zeitlich vor der erlangten oder möglichen Kenntnis von der behaupteten Pflichtverletzung und des Schadens erworben haben. Der Nachweis kann durch Depotauszüge oder Kaufunterlagen geführt werden.[48] Derjenige, der aus einer Veröffent-

---

[41] OLG Frankfurt a. M., AG 2011, 755, 756; OLG Stuttgart NZG 2010, 864, 865; Begr. RegE, BT-Drs. 15/5092, S. 18.
[42] OLG Düsseldorf ZIP 2010, 28, 30; K. Schmidt/Lutter/*Spindler*, § 142 Rn. 52; Spindler/Stilz/*Mock*, § 142 Rn. 129 m. w. N.; a. A. *Fleischer*, NJW 2005, 3525, 3527; Bürgers/Körber/*Holzborn/Jänig*, § 142 Rn. 15b.
[43] Begr. RegE, BT-Drs. 15/5092, S. 18.
[44] OLG Düsseldorf AG 2010, 126; AG Düsseldorf WM 1988, 1668 f.; Spindler/Stilz/*Mock*, § 142 Rn. 134.
[45] OLG München ZIP 2010, 1127, 1129.
[46] Hüffer/*Koch*, § 148 Rn. 15; Spindler/Stilz/*Mock*, § 148 Rn. 3.
[47] Spindler/Stilz/*Mock*, § 148 Rn. 50; K. Schmidt/Lutter/*Spindler*, § 148 Rn. 11; *Schröer*, ZIP 2005, 2081, 2083; a. A. *Bezzenberger/Bezzenberger*, in: FS K. Schmidt, 2009, S. 105, 112 f.
[48] BR-Drs. 3/2005, S. 43.

lichung der Gesellschaft etwa in der Wirtschaftspresse mit gewissem Verbreitungsgrad oder weit verbreiteten Online-Diensten Kenntnis hatte oder haben musste, findet in dem Quorum keine Berücksichtigung.[49] Der Gesetzgeber will damit Aktienankäufe mit dem Zweck missbräuchlicher Klagen verhindern.[50]

Nach § 148 Abs. 1 Satz 2 **Nr. 2** AktG müssen die Aktionäre nachweisen, dass sie die Gesellschaft unter Fristsetzung vergeblich zur Geltendmachung der Ersatzansprüche aufgefordert haben.

Die in § 148 Abs. 1 Satz 2 **Nr. 3** AktG aufgestellten Voraussetzungen entsprechen denen des § 142 Abs. 2 Satz 1 AktG. Es müssen Tatsachen vorliegen, die den Verdacht eines Schadens der Gesellschaft durch Unredlichkeit oder grobe Verletzung des Gesetzes oder der Satzung rechtfertigen. Eine Abschwächung der Darlegungslast, die früher aus der Zuordnung des Klagezulassungsverfahrens zur freiwilligen Gerichtsbarkeit herrührte, hat mit der Umwandlung in ein reguläres ZPO-Verfahren keine Grundlage mehr und wäre auch mit Blick auf die Kostenverteilung nicht sachgerecht.[51]

Bei Vorliegen der Voraussetzungen des § 148 Abs. 1 Satz 2 Nr. 1 bis 3 AktG ist die **Klage im Regelfall zuzulassen.** § 148 Abs. 1 Satz 2 **Nr. 4** AktG enthält jedoch eine Einschränkung, wenn eine Abwägung ergibt, dass überwiegende Gründe des Gesellschaftswohls einer Klagezulassung entgegenstehen. Im Unterschied zu der „ARAG/Garmenbeck"-Entscheidung des BGH[52] greift das Korrektiv nicht schon bei „gewichtigen", sondern erst bei „überwiegenden" Gründen des Gesellschaftswohls. Überwiegende Gründe des Gesellschaftswohls können im Einzelfall sehr geringe Schadenssummen, die ausgeschlossene Beitreibbarkeit der Forderung oder Mehrfachklagen sein.[53] Betriebs- oder Geschäftsgeheimnisse bilden hingegen keine ausreichenden überwiegenden Gründe des Gesellschaftswohls im Sinne von § 148 Abs. 1 Satz 2 Nr. 4 AktG.[54] Ohnehin wird man von hohen Begründungsanforderungen für das Vorliegen überwiegender Gründe des Gesellschaftswohls ausgehen müssen.[55]

8.4.3.2 Klageverfahren

Nach Zulassung zum Klageverfahren klagen die Aktionäre im Wege der gesetzlichen Prozessstandschaft im eigenen Namen auf Leistung an die Gesellschaft. Die **Klagefrist** beträgt 3 Monate und beginnt mit Rechtskraft des Zulassungsbeschlusses. Der Gesellschaft muss vorher jedoch eine erneute angemessene Frist zur Klageerhebung gesetzt werden.

---

[49] BR-Drs. 3/2005, S. 43.
[50] BR-Drs. 3/2005, S. 43.
[51] GroßKomm-AktG/*Bezzenberger/Bezzenberger*, § 148 Rn. 149; MüKo-AktG/*Schröer*, § 148 Rn. 41; K. Schmidt/Lutter/*Spindler*, § 148 Rn. 28; Marsch-Barner/Schäfer/*Mimberg*, § 40 Rn. 40; Hüffer/*Koch*, § 148 Rn. 8.
[52] BGHZ 135, 244, 252 ff. = NJW 1997, 1926 („ARAG/Garmenbeck").
[53] BR-Drs. 3/2005, S. 45.
[54] Spindler/Stilz/*Mock* Rn. 83.
[55] K. Schmidt/Lutter/*Spindler*, § 148 Rn. 29; *Langenbucher*, DStR 2005, 2083, 2089.

Klagebefugt sind nur die Aktionäre, die im Zulassungsverfahren erfolgreich waren. Ein klageabweisendes Urteil bindet jedoch nach § 148 Abs. 5 AktG auch Aktionäre, die nicht beteiligt waren.

Zuständig für das Klageverfahren ist nach § 148 Abs. 4 Satz 1 i. V. m. Abs. 2 AktG das Gericht des Zulassungsverfahrens, also das Landgericht am Sitz der Gesellschaft.[56] Beklagte sind die in § 147 Abs. 1 AktG genannten Personen. Eine Nebenintervention durch Aktionäre ist nach § 148 Abs. 4 Satz 3 AktG nach Zulassung der Klage ausgeschlossen, da diese nicht das gerichtliche Zulassungsverfahren durchlaufen haben. Ein Beitritt vor Klagezulassung ist aber möglich, wenn der Beitretende die Voraussetzung des § 148 Abs. 1 Satz 2 Nr. 1 AktG nachweisen kann.[57] Klagen verschiedener Aktionärsgruppen sind nach § 148 Abs. 4 Satz 4 AktG zur gemeinsamen Verhandlung und Entscheidung zu verbinden.

Sowohl während des Zulassungsverfahrens als auch während des Klageverfahrens ist die Gesellschaft nach § 148 Abs. 3 Satz 1 AktG jederzeit berechtigt, ihren Ersatzanspruch selbst gerichtlich geltend zu machen. Dazu kann sie entweder die Klage in dem Stadium übernehmen, in dem sie sich gerade befindet oder eine eigenständige (neue) Klage erheben, was zur Unzulässigkeit des anhängigen Klagezulassungs- bzw. Klageverfahrens führt. In beiden Fällen sind gemäß § 148 Abs. 3 Satz 3 AktG aus Gründen des Minderheitenschutzes die Antragsteller bzw. die Kläger notwendig beizuladen.

8.4.4 Abwehrklage gegen rechtswidriges Verwaltungshandeln

Mit der Abwehrklage macht der Aktionär keinen Anspruch der Gesellschaft, sondern einen eigenen Anspruch aus seinem Mitgliedschaftsrecht gegenüber der Gesellschaft geltend. Nach § 118 Abs. 1 AktG ist der Aktionär grundsätzlich darauf beschränkt, seine Mitgliedschaftsrechte in der Hauptversammlung auszuüben. Mit der Anfechtungs- und Nichtigkeitsklage steht ihm die Befugnis zu, die Wirksamkeit von Beschlüssen der Hauptversammlung überprüfen zu lassen. Seine Klagebefugnis dient der objektiven Kontrolle des gesetzes- und satzungskonformen Verhaltens der Hauptversammlung, an deren Willensbildung er selbst teilnimmt. Verletzen Vorstand und Aufsichtsrat indes die Kompetenzen der Hauptversammlung, indem sie ihr grundlegende Strukturentscheidungen als zustimmungspflichtige Maßnahmen nicht zur Entscheidung vorlegen, können die Aktionäre ihrer Kontrollaufgabe nicht gerecht werden.[58] Das AktG sieht hier lediglich Schadensersatzansprüche der Gesellschaft (§ 93 Abs. 2 AktG) oder – in Ausnahmefällen – der Aktionäre selbst (§ 117 Abs. 1 Satz 2 AktG) vor, die aber nur nachlaufenden Rechtsschutz gewähren; Aktionäre müssten demnach jedes rechtswidrige Verwaltungshandeln hinneh-

---

[56] Abweichendes gilt, wenn die jeweilige Landeregierung auf Grundlage des § 148 Abs. 2 Satz 3 AktG eine Zuständigkeitskonzentration verordnet hat.

[57] BR-Drs. 3/05, S. 46.

[58] *Adolff*, ZHR 169 (2005), 310, 315.

men und könnten es selbst dann nicht verhindern, wenn sie rechtzeitig von rechtswidrigen Plänen der Verwaltung Kenntnis erlangen würden.

Um diese Schutzlücke zu schließen, hat der BGH in der „Holzmüller"-Entscheidung[59] die Klagebefugnis des Aktionärs zu einer Leistungs- oder Unterlassungsklage damit begründet, dass er „durch eine unzulässige Ausschaltung der Hauptversammlung in seiner eigenen Mitgliedsstellung betroffen" ist.[60] Damit hat der BGH einen **mitgliedschaftlichen Abwehranspruch** anerkannt, der sich auf Unterlassung bzw. nach Vollzug der rechtswidrig vorgenommenen Maßnahme auf Rückgängigmachung richtet und unabhängig von einem Verschulden der handelnden Verwaltungsorgane entsteht.[61] Der Unterlassungsanspruch kann auch im Wege der einstweiligen Verfügung geltend gemacht werden.[62]

Im Anschluss an die „Holzmüller"-Entscheidung hat der BGH den verbandsrechtlichen Abwehranspruch in der „Siemens/Nold"-Entscheidung auf die rechtswidrige Ausnutzung einer Ermächtigung zum Bezugsrechtsausschluss beim genehmigten Kapital erstreckt.[63] In einer Folgeentscheidung hat der BGH klargestellt, dass der in seinen Mitgliedschaftsrechten beeinträchtigte Aktionär pflichtwidriges, kompetenzüberschreitendes Handeln der Verwaltungsorgane bei der Ausnutzung eines genehmigten Kapitals auch zum Gegenstand einer gegen die Gesellschaft gerichteten allgemeinen Feststellungsklage nach § 256 ZPO machen kann.[64] Bedeutsam ist insofern, dass das Feststellungsinteresse des klagenden Aktionärs auch fortbesteht, wenn die Kapitalerhöhung durch Eintragung wirksam geworden ist.[65]

Umstritten ist, ob der Abwehranspruch über die genannten Fälle hinaus auch bei anderen Verletzungen von Mitgliedschaftsrechten durch rechtswidriges Handeln der Verwaltungsorgane zur Entstehung gelangt.[66] Nach zutreffender Auffassung besteht ein mitgliedschaftlicher Abwehranspruch jedoch nur bei Nichtbeachtung des Kompetenzbereichs der Hauptversammlung und bei dem der „Siemens/Nold"-Entscheidung zugrundeliegenden Sonderfall der Überschreitung einer Ermächtigung zur Schaffung genehmigten Kapitals. Die abweichenden Auffassungen stellen einen systemwidrigen Eingriff in die aktienrechtliche Kompetenzordnung dar. Die Auffassung, die eine weitgehende

---

[59] BGHZ 83, 122, 135 = NJW 1982, 1702.
[60] Zustimmend die hM, vgl. nur GroßKomm-AktG/*Hopt*, § 93 Rn. 458; *Bayer*, NJW 2000, 2609; *Habersack*, DStR 1998, 553.
[61] BGHZ 83, 122, 135; *Bayer*, NJW 2000, 2609, 2612.
[62] LG Duisburg NZG 2002, 643 f. („Babcock Borsig"); K. Schmidt/Lutter/*Spindler*, § 119 Rn. 47.
[63] BGHZ 136, 133, 141 = NJW 1997, 2815 („Siemens/Nold"); bestätigt durch BGHZ 164, 249, 254 ff. = NJW 2006, 374 („Mangusta/Commerzbank II").
[64] BGHZ 164, 249, 254 ff. („Mangusta/Commerzbank II").
[65] BGHZ 164, 249, 257 („Mangusta/Commerzbank II").
[66] So *Paefgen*, AG 2004 245, 250 f.; in Ansätzen auch *Knobbe-Keuk*, in: FS Ballerstedt, 1975, S. 239; nur bei Verletzung aktionärsschützender Normen: *Bayer*, NJW 2000, 2609, 2611; *Baums*, Gutachten F. zum 63. DJT, 2000, F 212 ff.; Spindler/Stilz/*Casper*, Vor § 241 Rn. 17; *Hoffmann-Becking*, ZHR 167 (2013), 357; enger: *Krieger*, ZHR 163 (1999), 343, 357; noch enger: *Habersack*, DStR 1998, 533, 537.

Rechtmäßigkeitskontrolle befürwortet, steht im Widerspruch zur gesetzlichen Systematik der §§ 84 Abs. 3, 93 Abs. 2, 117 Abs. 1 Satz 2 AktG und geht über das bloße Schließen von Schutzlücken hinaus, indem sie die aktienrechtliche Kompetenzordnung modifizieren will.[67] Aber auch die Differenzierung zwischen aktionärsschützenden und nicht-aktionärsschützenden Rechten ist systemfremd und deshalb abzulehnen. Abwehransprüche kommen nur in Betracht, wenn ein Eingriff in die Kompetenzzuweisung an die Hauptversammlung vorliegt.[68]

8.5 Deliktischer Schutz der Mitgliedschaft

Auch bei Eingriffen durch Dritte bedarf die Mitgliedschaft des Schutzes. Sie ist als solche ein absolut geschütztes Rechtsgut i. S. d. § 823 Abs. 1 BGB.[69] Beeinträchtigt ein Dritter die Mitgliedschaft oder droht eine solche Beeinträchtigung, kann sich der Aktionär mit der Feststellungs- oder Unterlassungsklage aus §§ 823 Abs. 1, 1004 BGB schützen.

Literatur

Adolff, Zur Reichweite des verbandsrechtlichen Abwehranspruchs des Aktionärs gegen rechtswidriges Verwaltungshandeln, ZHR 169 (2005), 310
Austmann, Verfahrensanträge in der Hauptversammlung, FS Hoffmann-Becking, 2013, S. 45
Bayer, Aktionärsklagen de lege lata und de lege ferenda, NJW 2000, 2609
Baums, Gutachten F. zum 63. DJT, 2000, F 212
Bezzenberger/Bezzenberger, Aktionärskonsortien zur Wahrnehmung von Minderheitsrechten, FS K. Schmidt, 2009, S. 105
Butzke, Die Hauptversammlung der Aktiengesellschaft, 5. Auflage, 2011
Fleischer, Das Gesetz zur Unternehmensintegrität und Modernisierung des Anfechtungsrechts, NJW 2005, 3525
Florstedt, Fristen und Termine im Recht der Hauptversammlung, ZIP 2010, 761
Heeg, Zum Verlangen einer Aktionärsminderheit auf Einberufung einer Hauptversammlung, NZG 2012, 1056
Hoffmann-Becking, Grenzenlose Abwehrklagen für Aktionäre?, ZHR 167 (2003), 357
Kemmerer, Vertagung von Tagesordnungspunkten als taktisches Instrument der Verwaltung, BB 2011, 3018
Krieger, Aktionärsklagen zur Kontrolle des Vorstands- und Aufsichtsratshandelns, ZHR 163 (1999), 343
Langenbucher, Vorstandshandeln und Kontrolle, DStR 2005, 2083

---

[67] Ablehnend BGHZ 159, 30, 33; *Adolff*, ZHR 169 (2005), 310, 319 ff.; *Bayer*, NJW 2000, 2609, 2611; *Baums*, Gutachten F. zum 63. DJT, 2000, F 212 ff.; Spindler/Stilz/*Casper*, Vor § 241 Rn. 17; *Lutter*, JZ 2000, 837, 841; GroßKomm-AktG/*Hopt*, § 93 Rn. 459; *K. Schmidt*, GesR, § 21 V 3.
[68] *Adolff*, ZHR 169 (2005), 310, 326 f.; *Lutter*, JZ 2000, 837, 841.
[69] RGZ 158, 248, 255; OLG Stuttgart ZIP 2006, 511, 515; GroßKomm-AktG/*Habersack*, § 92 Rn. 27.

Lutter, Aktionärs-Klagerechte, JZ 2000, 837
Paefgen, Dogmatische Grundlagen, Anwendungsbereich und Formulierung einer Business Judgment Rule im künftigen UMAG, AG 2004, 245
Schön, Der Aktionär im Verfassungsrecht, FS Ulmer, 2003, S. 1359
Schröer, Geltendmachung von Ersatzansprüchen gegen Organmitglieder nach UMAG, ZIP 2005, 2081
Stilz, Börsenkurs und Verkehrswert, ZGR 2001, 875
Tonner, Die Maßgeblichkeit des Börsenkurses bei der Bewertung des Anteilseigentums – Konsequenzen aus der Rechtsprechung des Bundesverfassungsgerichts, FS K. Schmidt, 2009, S. 1581
Wilsing/von der Linden, Debatte und Abstimmung über Geschäftsordnungsanträge in der Hauptversammlung der Aktiengesellschaft, ZIP 2010, 2321.

Die Pflichten des Aktionärs 9

9.1 Die Einlagepflicht

Die Einlagepflicht nach § 54 AktG ist Kardinalpflicht des Aktionärs. Sie entsteht bei der Gründung der Gesellschaft für den Übernehmer der Aktien und bei der Kapitalerhöhung für den Zeichner der jungen Aktien. Im Falle der Bareinlage beläuft sich die Einlagepflicht mindestens auf den geringsten Ausgabebetrag, ggf. zuzüglich eines (korporativen) Agios, und ist – außer bei Sachgründungen bzw. Sachkapitalerhöhungen – in bar oder durch Kontogutschrift zu erbringen (§ 54 Abs. 3 AktG). Eine andere Form der Leistung ist in Abweichung zu § 362 Abs. 2 BGB nicht zulässig. So soll die reale Kapitalerhöhung sichergestellt werden.[1] Aktionäre, die trotz Aufforderung des Vorstands ihre Einlage nicht fristgerecht leisten, machen sich gemäß § 63 Abs. 2 Satz 2 AktG gegenüber der Gesellschaft schadensersatzpflichtig. Die Satzung kann gemäß § 63 Abs. 3 AktG daneben Vertragsstrafen für säumige Einlageschuldner festsetzen. Als letzte Sanktion für den Fall der Nicht- oder Spätleistung der Einlage sieht das Gesetz in § 64 Abs. 1 AktG den Verlust der Aktionärsstellung vor. Erwerber von Aktien haften gemäß § 65 Abs. 1 AktG für die Einlageverpflichtung des ursprünglichen Übernehmers oder Zeichners. Nach § 66 Abs. 1 AktG kann die Einlageverpflichtung dem Aktionär nicht erlassen werden; zudem besteht ein Aufrechnungsverbot.

Eine Nachschusspflicht trifft den Aktionär nicht. Die Nebenleistungs-AG, die in § 55 AktG geregelt ist, erlegt dem Aktionär über die Einlagepflicht hinaus weitere Pflichten auf, ist jedoch in der Praxis vereinzelt geblieben.[2]

---

[1] OLG Frankfurt AG 1991, 402 f.; Hüffer/*Koch*, § 54 Rn. 12.
[2] Spindler/Stilz/*Cahn/v. Spannenberg*, § 55 Rn. 2; Hüffer/*Koch*, § 55 Rn. 1.

9.2 Die Treuepflicht des Aktionärs

Das Aktiengesetz enthält eine Handvoll Vorschriften zur Regelung typischer Konflikte zwischen Gesellschaft und Aktionären (§§ 117, 243 Abs. 2, 309, 317, 323 AktG). Diese Regeln sind jedoch nicht in der Lage, die vielgestaltige Rechtswirklichkeit hinreichend zu erfassen. Die dogmatische Grundlage der Treuepflicht ist umstritten. Zunächst wurden – auch in der Rechtsprechung des Reichsgerichts – Konflikte zwischen Verwaltung und Aktionären bzw. Konflikte zwischen Aktionären untereinander lediglich mit den allgemeinen zivilrechtlichen Generalklauseln (§§ 242, 826 BGB) zu lösen versucht.[3] Später erkannte das Reichsgericht jedenfalls eine Treuepflicht im Verhältnis der Aktionäre zur Gesellschaft an.[4] Diese Linie wählte auch der BGH lange[5], bis er sich schließlich zunächst für eine Treuepflicht der Mehrheitsaktionäre zugunsten der Minderheit[6] und schließlich auch der Minderheitsaktionäre[7] aussprach.

Der **Inhalt der Treuepflicht** erfährt in Anlehnung an das Personengesellschaftsrecht und das Recht der GmbH eine dreifache Ausprägung. Der Aktionär hat zunächt den gemeinsamen Zweck des Gesellschaftsunternehmens zu fördern, dessen Schädigung zu unterlassen und seine Mitgliedschaftsrechte im Interesse der Mitaktionäre verantwortungsvoll und nicht missbräuchlich auszuüben.[8] Bei der Ausübung uneigennütziger Mitgliedschaftsrechte (z. B. Stimmrecht) erlangt die Treuepflicht eine größere Bedeutung als bei der Ausübung eigennütziger Rechte (z. B. Dividendenanspruch), weil uneigennützige Rechte dem Gesellschafter nicht zur Förderung seiner privaten Interessen eingeräumt werden, sondern zur Förderung der Interessen des gemeinsamen Gesellschaftsunternehmens, denen der Aktionär demzufolge einen absoluten Vorrang einzuräumen hat.[9]

Die inhaltliche Ausformung der Treuepflicht richtet sich stets nach den **Umständen des Einzelfalls**. Vor allem kommt es auf die strukturellen Besonderheiten des in Frage stehenden Gesellschaftsunternehmens und des Aktionärskreises an. Ein **Mehrheitsaktionär** verstößt gegen die mitgliedschaftliche Treuepflicht, wenn er für die Auflösung der Gesellschaft stimmt, nachdem er im Vorfeld der Beschlussfassung mit dem Vorstand Absprachen über die Übernahme wesentlicher Teile des Gesellschaftsvermögens getroffen hat.[10] Ebenfalls „treuepflichtwidrig" kann es sein, den Abschlussprüfer gegen den Willen der

---

[3] RGZ 107, 72, 76; RGZ 107, 202, 204; RGZ 112, 14; RGZ 119, 248, 255; *Hennrichs*, AcP 195 (1995), 221, 228 (§ 242 BGB).

[4] RGZ 146, 71, 76 f.; RGZ 146, 385, 395 ff.; RGZ 158, 248, 254.

[5] BGHZ 18, 350, 365; BGH JZ 1976, 561 m. Anm. *Lutter*.

[6] BGHZ 103, 184=NJW 1988, 1579 („Linotype").

[7] BGHZ 129, 136=NJW 1995, 1739 („Girmes").

[8] *Raiser/Veil*, § 11 Rn. 61; *Hüffer*, in: FS Steindorff, 1990, S. 59, 69; vgl. auch BGHZ 103, 184, 195; BGHZ 129, 136, 143 f.; BGHZ 142, 167, 170=NJW 1999, 3197 („Hilgers").

[9] *Ulmer/C. Schäfer*, in MüKo-BGB, 3. Aufl. 2013, § 705 Rn. 224, 226.

[10] BGHZ 103, 184, 193 („Linotype").

Minderheit auszutauschen, wenn hierfür kein sachlicher Grund besteht[11] oder einen Abschlussprüfer zu wählen, gegen den erkennbar die Besorgnis der Befangenheit besteht[12] oder Vorstand und Aufsichtsrat Entlastung zu erteilen, obwohl offensichtlich erhebliche Verstöße gegen die Satzung vorliegen.[13] Die mitgliedschaftliche Treuepflicht kann einen Mehrheitsaktionär ferner dazu verpflichten, eine Herabsetzung des Grundkapitals auf Null mit anschließender Kapitalerhöhung so zu gestalten, dass möglichst viele Minderheitsaktionäre in der Gesellschaft verbleiben können.[14]

Minderheitsaktionäre oder Aktionärsgruppen, die über eine Sperrminorität verfügen, dürfen Hauptversammlungsbeschlüsse nicht blockieren, die notwendig sind, um die Existenzfähigkeit oder den künftigen Erfolg des Unternehmens sicherzustellen.[15] Es ist ihnen deshalb aus Treuepflichtgesichtspunkten untersagt, eine sinnvolle und mehrheitlich angestrebte Unternehmenssanierung aus eigennützigen Gründen zu verhindern.[16] Schließlich unterliegt der Minderheitsaktionär bei der Ausübung seiner Individualrechte auf der Hauptversammlung (Teilnahme-, Auskunfts- und Rederecht) den Grenzen der Treuepflicht.[17]

Die **Rechtsfolge** hängt von der Art der Treuepflichtverletzung ab. Aktionärsstimmen, die unter Verletzung der Treuepflicht abgegeben wurden, sind nach h.M. nichtig.[18] In Betracht kommen zudem Leistungs-, Unterlassungs-, Auskunfts- und Schadensersatzansprüche.[19]

Literatur

Hennrichs, Treupflichten im Aktienrecht, AcP 195 (1995), 221
Hüffer, Zur gesellschaftsrechtlichen Treupflicht als richterrechtlicher Generalklausel, FS Steindorff, 1990, S. 59
Koppensteiner, Treuwidrige Stimmabgaben bei Kapitalgesellschaften, ZIP 1994, 1325
Raiser/Veil, Recht der Kapitalgesellschaften, 6. Auflage, 2015.

---

[11] BGH AG 1992, 58, 59.
[12] BGHZ 153, 32, 43 f. = NJW 2003, 970 („Hypovereinsbank").
[13] BGHZ 153, 47, 51 = NJW 2003, 1032 („Macrotron").
[14] BGHZ 142, 167, 169 f. = NJW 1999, 3197 („Hilgers").
[15] K. Schmidt/Lutter/*Fleischer*, § 53a Rn. 57.
[16] Vgl. BGHZ 129, 136, 152 f. = NJW 1995, 1739 („Girmes").
[17] BGHZ 129, 136, 144 („Girmes").
[18] BGHZ 102, 172, 176 („Linotype"); K. Schmidt/Lutter/*Fleischer*, § 53a Rn. 63 m. w. N.; für Anfechtbarkeit: K. Schmidt/Lutter/*Schwab*, § 243 Rn. 5; *Koppensteiner*, ZIP 1994, 1325 ff.
[19] Im Einzelnen Hüffer/*Koch*, § 53a Rn. 27 ff.

Teil IV
Die Organisationsverfassung der AG

Grundlagen 10

Die Verfassung der Aktiengesellschaft ist, anders als bei Personengesellschaften oder GmbHs, weitgehend zwingend gestaltet. Die Satzung kann von den Vorschriften des Aktiengesetzes nur abweichen, wenn es ausdrücklich zugelassen ist (§ 23 Abs. 5 Satz 1 AktG). Solche Abweichungen lässt das Gesetz weder in Bezug auf die Zahl der Organe, noch auf deren Befugnisse und das Kompetenzgefüge untereinander zu. Die AG ist als juristische Person körperschaftlich verfasst und verfügt über drei Organe: Vorstand, Aufsichtsrat und Hauptversammlung. Die Funktionsweise von Geschäftsführung und Überwachung in einer AG wird als Corporate Governance bezeichnet. Gute Corporate Governance ist seit der Jahrtausendwende eines der meist diskutierten Felder des Aktienrechts und war Gegenstand vielfältiger gesetzgeberischer Anstrengungen, die ihrerseits häufig auf den **Deutschen Corporate Governance Kodex (DCGK)** zurückgingen. Diese als *soft law*[1] bezeichnete Zusammenstellung von Empfehlungen guter Unternehmensführung stammt aus der Feder der Regierungskommission Corporate Governance und wird vom BMJ regelmäßig im Bundesanzeiger veröffentlicht. Vorstand und Aufsichtsrat einer börsennotierten AG müssen jährlich erklären, ob und inwieweit den Empfehlungen entsprochen wurde (§ 161 Abs. 1 Satz 1 AktG – *comply or explain*).[2]

Es gibt kein homogenes Aktionärsinteresse. Einige Aktionäre sehen ihre Investition als reine Kapitalanlage und erwarten möglichst hohe Dividenden, andere Aktionäre sind eher an Spekulationsgewinnen interessiert und hoffen auf steigende (bzw. fallende) Börsenkurse der von ihnen gehaltenen Aktien. Schließlich gibt es die unternehmerisch ausgerichteten Aktionäre, die weniger ein Vermögens- als vielmehr ein (Mit-)Verwaltungsinteresse haben. Sie wollen Einfluss auf die Unternehmenspolitik nehmen und denken eher in längerfristigen Kategorien. Aus der Verhaltensökonomie ist bekannt, dass gerade

---

[1] *Ulmer*, ZHR 166 (2002), 150, 162.
[2] Zum Adressaten dieser Pflicht *Schürnbrand,* in: FS U. H. Schneider, 2011, S. 1197 ff.

Kleinstaktionäre mit einem marginalen Anteil am Grundkapital häufig weder Interesse an unternehmerischen Entscheidungen noch an wirksamer Kontrolle der Geschäftsführung haben. Hohe Kosten für Informationsbeschaffung und -auswertung sowie die Gewissheit, tatsächlich keinen nennenswerten Einfluss nehmen zu können, führen zu einem Verhaltensmuster, das in der Verhaltensökonomie als rationale Apathie bezeichnet wird.[3]

Dieser Befund bedingt innerhalb der AG eine Aufteilung der Kompetenzen zwischen den Aktionären, vereint in der Hauptversammlung, und der Verwaltung, bestehend aus Vorstand und Aufsichtsrat. Die Verteilung der Kompetenzen hat nicht nur organisatorische, sondern auch wirtschaftspolitische Bedeutung. Aus der gesetzgeberischen Vernachlässigung von Aktionärsrechten kann sich die Gefahr ergeben, dass Investoren es vorziehen, ihre Mittel eher als Fremdkapitalgeber gegen eine marktgerechte Verzinsung zur Verfügung zu stellen, statt das typische Eigenkapitalrisiko der Beteiligung an einem Aktienunternehmen in Kauf zu nehmen, das in einer nachrangigen, letztlich oft auf den Totalverlust hinauslaufenden Gläubigerstellung im Falle der Insolvenz besteht. In einer globalen Perspektive folgt daraus ein zunehmender Wettbewerb der Rechtsordnungen für die „beste" Verfassung einer Aktiengesellschaft.

Literatur

Schürnbrand, Normadressat der Pflicht zur Abgabe einer Entsprechenserklärung, FS U. H. Schneider 2011, S. 1197

Ulmer, Der Deutsche Corporate Governance Kodex – ein neues Regulierungsinstrument für börsennotierte Aktiengesellschaften, ZHR 166 (2002), 150.

---

[3] Dazu *Spindler*, AG 1998, 52, 61 ff.; *Easterbrook/Fischel*, The Economic Structures of Corporate Law, 1991, S. 82 ff.

Vorstand

11

Der Vorstand hat die Gesellschaft in eigener Verantwortung zu leiten (§ 76 Abs. 1 Satz 1 AktG). Die Leitungskompetenz, von der die anderen Organe und nachgeordnete Führungsebenen ausgeschlossen sind, umfasst sowohl die Wahrnehmung der originären Führungsfunktionen und das Treffen von Führungsentscheidungen als auch die Erledigung des Tagesgeschäfts. Der Begriff der *Leitung* ist streng von der ebenfalls dem Vorstand zustehenden Geschäftsführungsbefugnis zu trennen und umfasst im Wesentlichen die strategische Unternehmensplanung, ein angemessenes Risikomanagement und die Organisation des Unternehmens einschließlich der Besetzung von Führungspositionen.

11.1 Organisation und Verfahren

Die **Zusammensetzung** des Vorstands bestimmt sich gemäß § 23 Abs. 3 Nr. 6 AktG nach der Satzung. Bei einem Grundkapital von mehr als 3 Mio. Euro hat er aus mindestens zwei Personen zu bestehen, es sei denn die Satzung bestimmt etwas anderes (§ 76 Abs. 2 Satz 2 AktG).

Besteht er aus mehreren Personen, ist der Vorstand **Kollegialorgan**.[1] Daraus leitet sich das gesetzliche Prinzip der Gleichberechtigung der Vorstandsmitglieder ab, das wiederum seinen augenfälligsten Niederschlag in § 77 Abs. 1 Satz 1 AktG gefunden hat. Danach sind sämtliche Vorstandsmitglieder nur gemeinschaftlich zur Geschäftsführung befugt. Anders als im Vereinsrecht, in dem es nach dem gesetzlichen Leitbild der §§ 28, 32 Abs. 1 Satz 3 BGB nur einer Mehrheitsentscheidung bedarf, verlangt § 77 AktG die Willensübereinstimmung sämtlicher Mitglieder des Vorstands. Auch hier kann nach Satz 2 die Satzung oder die Geschäftsordnung etwas anderes vorsehen, was sich vor allem bei Großunternehmen

---

[1] *K. Schmidt*, Gesellschaftsrecht, 4. Aufl. 2002, § 28 II 3.

als Regel ausnehmen sollte. Erscheinungsformen der Arbeitsteilung innerhalb des Vorstands sind die funktionelle Gliederung, also die Zuweisung einer Sachzuständigkeit für alle Unternehmensbereiche (z. B. Finanzen, Forschung & Entwicklung oder Vertrieb), und die Spartenorganisation oder Divisionalisierung, bei der ganze Unternehmensteile mehr oder weniger autonom wirtschaften und durch jeweils ein Vorstandsmitglied repräsentiert werden. Schließlich spielt auch die Matrixorganisation eine größer werdende Rolle. Kennzeichen sind die Eigenständigkeit operativer Unternehmensbereiche und die gleichzeitige Bündelung von Zentralbereichen, wie Recht & Steuern, IT oder Einkauf, bei der Obergesellschaft.[2]

Die Durchbrechung des Kollegialitätsprinzips ist die Möglichkeit des Aufsichtsrats gemäß § 84 Abs. 2 AktG bzw. bei mitbestimmten Unternehmen § 29 MitbestG, einen **Vorstandsvorsitzenden** zu wählen. Durch Satzung oder Geschäftsordnung können ihm bestimmte Kompetenzen übertragen werden, wie Vorbereitung und Leitung von Vorstandssitzungen oder die Möglichkeit des Stichentscheids bei Stimmengleichheit.[3] Nicht mit dem deutschen Recht vereinbar wäre die Schaffung eines *Chief Executive Officers* (CEO), der über besonders weitreichende Befugnisse verfügt und gegenüber seinen Vorstandskollegen weisungsbefugt ist. Gleichwohl lässt sich in der Rechtswirklichkeit beobachten, dass die tatsächliche Stellung des Vorstandsvorsitzenden eine gesetzlich nicht vorgesehene Dominanz aufweist und sich so an das CEO-Modell anglo-amerikanischer Prägung annähert.[4]

Vom Vorstandsvorsitzenden abzugrenzen ist der **Vorstandssprecher**, den das Kollegialorgan Vorstand selbst bestimmen kann, solange nicht der Aufsichtsrat von seinem Recht auf Ernennung eines Vorstandsvorsitzenden Gebrauch gemacht hat. Die Befugnisse des Sprechers bewegen sich lediglich im organisatorisch-verfahrenstechnischen Bereich. Sachliche Führungsverantwortung ist nicht gedeckt.[5]

§ 77 Abs. 1 Satz 2 AktG verweist auf die **Geschäftsordnung des Vorstands**. Diese wird in erster Linie vom Aufsichtsrat, bei dessen Untätigkeit vom Vorstand selbst, erlassen. Sie kann die Aufgaben des Vorstands in Ressorts aufteilen und damit vom gesetzlichen Grundsatz der Gesamtgeschäftsführung abweichen. Zwingend indes ist gem. § 33 MitbestG, § 13 MontanMitbestG, § 13 MontanMitbestErgG der Tätigkeitsbereich des Arbeitsdirektors, der im Wesentlichen für Personal- und Sozialwesen im Unternehmen verantwortlich ist.

---

[2] *Raiser/Veil,* § 14 Rn. 24.
[3] *K. Schmidt,* Gesellschaftsrecht, 4. Aufl. 2002, § 28 II 3a.
[4] GroßKomm-AktG/*Kort,* § 77 Rn. 52 ff.
[5] Hüffer/*Koch,* AktG, § 84 Rn. 30.

11.2 Bestellung und Abberufung

Das Aktienrecht verfolgt im Unterschied zum Personengesellschaftsrecht das Prinzip der **Fremdorganschaft**. Dies soll ein professionelles und eigenständiges Management gewährleisten. Die Bestellung zum Vorstandsmitglied ist der körperschaftsrechtliche Akt, durch den jemand zum Organmitglied des Vorstands berufen wird. Dadurch erlangt der Bestellte die Rechtsstellung eines Vorstandsmitglieds sowohl im Außenverhältnis gegenüber Dritten als auch im Innenverhältnis gegenüber der Gesellschaft.[6] In paritätisch mitbestimmten Unternehmen gilt § 31 MitbestG. Nach § 33 MitbestG, § 13 MontanMitbestG, § 13 MontanMitbestErgG ist unter Umständen auch ein Arbeitsdirektor zu bestellen.

Die **Bestellung und Abberufung** der Vorstandsmitglieder obliegt ausschließlich dem **Gesamtaufsichtsrat**, § 84 Abs. 1 Satz 1, Abs. 3 AktG. Dieser entscheidet durch Beschluss (§ 108 AktG). Diese zwingende Organisationsregel kann weder durch die Satzung noch durch die Hauptversammlung aufgehoben oder abgeändert werden. Eine Satzungsbestimmung, die das ausschließliche Recht des Gesamtaufsichtsrats antasten würde, wäre nichtig.[7] Bei der Bestellung von Vorstandsmitgliedern darf sich der Aufsichtsrat im Rahmen seines unternehmerischen Ermessens nach § 93 Abs. 1 Satz 2 AktG bewegen. Aufsichtsratsmitglieder können sich weder gegenüber der Gesellschaft noch gegenüber einem Dritten wirksam verpflichten, eine bestimmte Person zum Vorstandsmitglied zu bestellen. Derartige Stimmbindungszusagen oder -vereinbarungen sind nichtig.[8]

Vorstandsmitglieder können **nur natürliche und unbeschränkt geschäftsfähige Personen** sein (§ 76 Abs. 3 Satz 1 AktG). Ausgeschlossen vom Vorstandsamt sind nach § 105 Abs. 1 AktG im Regelfall Aufsichtsratsmitglieder. Solange der Aufsichtsrat nicht in seiner freien Entschließungsfreiheit beeinträchtigt wird, kann die Satzung nach zutreffender Auffassung auch

Eignungsvoraussetzungen festlegen.[9] § 6 Abs. 3 AGG[10] eröffnet den Anwendungsbereich der arbeitsrechtlichen AGG-Vorschriften und statuiert damit ein **Diskriminierungsverbot**,

---

[6] BGHZ 3, 90, 92; Hüffer/*Koch*, § 84 Rn. 4; Hölters/*Weber*, § 84 Rn. 3; MünchHdB-AG/*Wiesner*, § 20 Rn. 12.

[7] Lutter/Krieger, Rechte und Pflichten, Rn. 334; Hüffer/*Koch*, § 84 Rn. 5; KölnKomm-AktG/*Mertens/Cahn*, § 84 Rn. 8; GroßKomm-AktG/*Kort*, § 84 Rn. 27; Spindler/Stilz/*Fleischer*, § 84 Rn. 9.

[8] KölnKomm-AktG/*Mertens/Cahn*, § 84 Rn. 8; Hüffer/*Koch*, § 84 Rn. 5; Spindler/Stilz/*Fleischer*, § 84 Rn. 10; Hölters/*Weber*, § 84 Rn. 9.

[9] Spindler/Stilz/*Fleischer*, § 76 Rn. 125 ff.; GroßKomm-AktG/*Kort*, § 76 Rn. 222, 225; MüKo-AktG/*Spindler*, § 84 Rn. 27; MünchHdB-AG/*Wiesner*, § 20 Rn. 5; a. A. KölnKomm-AktG/*Mertens/Cahn*, § 76 Rn. 116; *Hommelhoff*, BB 1977, 322, 324 f.; *Lutter/Krieger*, Rechte und Pflichten des Aufsichtsrats, Rn. 341, wonach der Aufsichtsrat satzungsmäßige Eignungsvoraussetzungen zwar berücksichtigen soll, sich aber nach pflichtgemäßem Ermessen darüber hinwegsetzen darf.

[10] Allgemeines Gleichheitsgesetz v. 17.08.2006, BGBl. I, S. 1897–1910.

das nicht nur die schuldrechtliche Anstellungs- sondern auch die körperschaftsrechtliche Bestellungsebene erfasst.[11]

Die **zeitliche Begrenzung der Amtsdauer** beträgt nach § 84 Abs. 1 AktG im Höchstfall fünf Jahre. Diese Regelung hat sich bewährt.[12] Sie soll ein Gegengewicht zur Machtfülle des Vorstands bilden.[13] Die Wiederwahl ist für jeweils weitere fünf Jahre zulässig, § 84 Abs. 1 Satz 2 AktG, darf aber frühestens ein Jahr vor dem Ablauf der laufenden Amtsperiode erfolgen, § 84 Abs. 1 Satz 3 AktG. Sinn und Zweck der Regelung ist, dass sich das Vorstandsmitglied seine Wiederbestellung verdienen soll. Die Zulässigkeit einer Bestellung auf fünf Jahre bietet einem Vorstandsmitglied die Möglichkeit sich in ausreichendem Maße zu profilieren und gewährt ihm hinreichend Sicherheit in zeitlicher Hinsicht. Die Dauer des schuldrechtlichen Anstellungsvertrags kann an die Dauer der Amtszeit des Vorstandsmitglieds gekoppelt werden (§ 84 Abs. 1 Satz 5 AktG).

Die **Abberufung** des Vorstands kann nur aus wichtigem Grund erfolgen (§ 84 Abs. 3 AktG). Eine freie Widerruflichkeit würde im Ergebnis die eigenverantwortliche Leitungsbefugnis des Vorstands (§ 76 Abs. 1 AktG) konterkarieren. Denn der Aufsichtsrat könnte ihm zu jeder Zeit mit dem Damoklesschwert der Abberufung drohen und ihn somit faktisch zu einem schwachen und willfährigen Ausführungsorgan degradieren. Neben groben Pflichtverletzungen und der Unfähigkeit zur ordnungsgemäßen Geschäftsführung nennt das Gesetz den Vertrauensentzug durch die Hauptversammlung als beispielhafte wichtige Gründe (§ 84 Abs. 3 Satz 2 AktG). Das Schicksal der Ansprüche aus dem Anstellungsvertrag richtet sich dagegen nach „den allgemeinen Vorschriften" (§ 84 Abs. 3 Satz 5 AktG), also regelmäßig nach den §§ 611, 675 BGB, kann aber auch vertraglich an das Schicksal der korporativen Bestellung gekoppelt sein.

11.3 Anstellung und Vergütung

11.3.1 Der Anstellungsvertrag

Von der Bestellung *zum* Vorstandsmitglied ist die (vertragliche) Anstellung *des* Vorstandsmitglieds zu unterscheiden (Trennungsprinzip).[14] Die Bestellung zum Vorstandsmitglied ist der sozial- oder körperschaftsrechtliche Akt, durch den eine Person zum Organmitglied des Vorstands berufen wird. Die Bestellung konstituiert somit eine Rechtsstellung, die sowohl im Rechtsverkehr, also im Außenverhältnis zu Dritten, als auch im Innenverhältnis gegenüber der Gesellschaft die vom Aktiengesetz vorgesehenen Wirkungen entfaltet.

---

[11] BGH NJW 2012, 2346; *Eßer/Baluch*, NZG 2007 321, 328; *Kort*, WM 2013, 1049, 1050; a. A. *Zöllner/Noack*, in: Baumbach/Hueck, GmbHG, 20. Aufl. 2013, § 35 Rn. 7b; *Bauer/Arnold*, ZIP 2008, 993, 997 f.

[12] MüKo-AktG/*Spindler*, § 84 Rn. 2.

[13] *Raiser/Veil*, § 14 Rn. 33.

[14] BGH NJW 1980, 2415; BGH NJW 2003, 351; Hdb-VorstR/*Thüsing*, § 4 Rn. 2.

11.3 Anstellung und Vergütung

Das Gesetz unterscheidet zwischen der sozialrechtlichen **Bestellung** (§ 84 Abs. 1 Satz 1 AktG) zum Vorstandsmitglied und dem **Anstellungsvertrag** (§ 84 Abs. 1 Satz 5 AktG), der auf schuldrechtlicher Grundlage ergänzend die Rechte und Pflichten des Vorstandsmitglieds festlegt, die sich nicht schon aus seiner Organstellung ergeben, insbesondere die Bezüge regelt.[15] Die Vorschriften über die Bestellung gelten nach § 84 Abs. 1 Satz 5 AktG sinngemäß für den Anstellungsvertrag. Bei der Verhandlung und dem Abschluss des Anstellungsvertrags wird die Gesellschaft somit nach § 112 AktG vom Aufsichtsrat vertreten. Selbst für außergewöhnliche Abmachungen kann die Satzung nicht die Zustimmung der Hauptversammlung vorsehen.[16]

In aller Regel wird ein Vorstandsmitglied seine Tätigkeit entgeltlich ausüben. Der Anstellungsvertrag ist dann ein **Dienstvertrag** in der Ausprägung eines entgeltlichen Geschäftsbesorgungsvertrags, auf den die §§ 611 ff., 675 BGB anzuwenden sind.[17] Bei unentgeltlicher Tätigkeit läge ein Auftrag vor, für den § 662 BGB gilt. Vorstandsverträge sind unabhängige Dienstverträge besonderer Art; die Vorschriften des BGB zu Dienstvertrag und Auftrag werden an verschiedenen Stellen durch aktienrechtliche Sondervorschriften überlagert und modifiziert.[18]

Vorstandsmitglieder sind weder Arbeitnehmer[19] noch Handlungsgehilfen; aufgrund ihrer Organstellung üben sie vielmehr eine **Arbeitgeberfunktion** aus.[20] Trotzdem gelten auch für sie insoweit arbeitsrechtliche Schutznormen, wie ihre Stellung tatsächlich arbeitnehmerähnlich ist.[21] In einigen Gesetzen ist die Frage der (fehlenden) Arbeitnehmerqualität von Vorstandsmitgliedern ausdrücklich geregelt. So gelten für Vorstandsmitglieder nicht die Vorschriften über den Schutz vor sozial ungerechtfertigten Kündigungen (§ 14 Abs. 1 Nr. 1 KSchG).

Aufgrund des in § 84 Abs. 3 Satz 5 AktG verankerten **Trennungsprinzips** ist ein zeitlicher Gleichlauf von Anstellungsvertrage und Bestellungsperiode nicht zwingend. So braucht der Widerruf der Bestellung zum Vorstandsmitglied nicht notwendig zum

---

[15] BGHZ 3, 90, 92; MüKo-AktG/*Spindler*, § 84 Rn. 2; Hölters/*Weber*, § 84 Rn. 3; MünchHdB AG/*Wiesner*, § 20 Rn. 13.

[16] BGHZ 41, 282, 285; KölnKomm-AktG/*Mertens/Cahn*, § 84 Rn. 51; GroßKomm AktG/*Kort*, § 84 Rn. 287.

[17] BGHZ 36, 142; BGHZ 10, 187, 191; MünchHdB AG/*Wiesner*, § 21 Rn. 1; KölnKomm-AktG/*Mertens/Cahn*, § 84 Rn. 34; Hüffer/*Koch*, § 84 Rn. 14; Spindler/Stilz/*Fleischer*, § 84 Rn. 24; GroßKomm AktG/*Kort*, § 84 Rn. 272.

[18] MüKo-AktG/*Spindler*, § 84 Rn. 56.

[19] BGHZ 49, 30, 31(für den Geschäftsführer einer GmbH); BGHZ 36, 142, 143; BGHZ 10, 187, 191.

[20] BGHZ 10, 187, 191; BGH NJW 1981, 757; KölnKomm-AktG/*Mertens/Cahn*, § 84 Rn. 35; Hüffer/*Koch*, § 84 Rn. 14.

[21] BGH NJW 1981, 2465, 2466; *Martens*, in: FS Hilger/Stumpf, 1983, S. 437, 439 ff.; Hüffer/*Koch*, § 84 Rn. 24; MüKo-AktG/*Spindler*, § 84 Rn. 59.

Erlöschen der Ansprüche aus dem Anstellungsvertrag zu führen.[22] Aus § 84 Abs. 1 Satz 5 AktG folgt jedoch, dass auch der Anstellungsvertrag nur für eine **Höchstdauer von fünf Jahren** geschlossen werden kann. Daraus folgt aber nicht, dass der Aufsichtsrat in jedem Fall spätestens alle fünf Jahre auch über die Fortdauer des Anstellungsvertrages Beschluss zu fassen hat. Es bestehen nach dem Schutzzweck keine rechtlichen Bedenken, wenn die Verlängerung des Anstellungsvertrages konditional an die Wiederbestellung geknüpft ist.[23] Im Anstellungsvertrag kann deshalb ohne weiteres geregelt werden, dass der Vertrag für den Fall der Verlängerung der Amtszeit bis zu deren Ablauf gelten soll. Fehlt diese Verknüpfung, so kann ein Aufsichtsratsbeschluss zur Verlängerung nach § 84 Abs. 1 Satz 3 i. V. m. Satz 5 AktG frühestens ein Jahr vor Ablauf des Vertrages gefasst werden.[24] Aber auch ohne die Verknüpfungsklausel kann sich nach zutreffender Auffassung aus den Umständen des Einzelfalls ergeben, dass sich der Anstellungsvertrag automatisch mit Wiederbestellung verlängern soll.[25] Fortsetzungsklauseln, nach denen sich der Vertrag automatisch, also ohne Bindung an den Bestellungsakt, verlängert, sind dagegen nichtig.[26] Die Vereinbarung eines Ruhegehalts spricht regelmäßig dafür, dass der Anstellungsvertrag solange wie die Bestellung dauern soll.[27] Ansonsten ist die Dauer des Anstellungsvertrages durch Auslegung zu ermitteln, wobei auch hier in der Regel anzunehmen ist, dass der Vertrag bis zum Ablauf der Bestellung unter Beachtung der Fünfjahresfrist geschlossen ist.[28] Bleibt die Vertragsdauer des Anstellungsvertrags hinter der Bestellungsdauer zurück, beeinträchtigt dies möglicherweise die Unabhängigkeit des Vorstandsmitglieds. Es liegt auf der Hand, dass die Perspektive von Neuverhandlungen schon nach kurzer Zeit geeignet ist, einen nicht unerheblichen Druck auf das Vorstandsmitglied auszuüben. Dies wäre mit seiner eigenverantwortlichen Leitungsaufgabe nicht vereinbar.

Anstellungsverträge können auch unter der aufschiebenden Bedingung der Bestellung oder unter der auflösenden Bedingung des Widerrufs der Bestellung geschlossen werden **(Koppelungs- oder Gleichlaufklauseln)**. Mit Bedingungseintritt endet dann der Vertrag.[29] Dem steht auch die Regelung des § 84 Abs. 3 Satz 4 AktG nicht entgegen, der den

---

[22] GroßKomm-AktG/*Kort*, § 84 Rn. 16 f.; Spindler/Stilz/*Fleischer*, § 84 Rn. 7; KölnKomm-AktG/ *Mertens/Cahn* Rn. 4; MüKo-AktG/*Spindler*, § 84 Rn. 78.

[23] BGHZ 3, 90, 94; BGHZ 10, 187, 194; Hüffer/*Koch*, § 84 Rn. 20; Henssler/Strohn/*Dauner-Lieb*, § 84 AktG Rn. 24; Hölters/*Weber*, § 84 Rn. 43.

[24] So zutreffend MüKo-AktG/*Spindler*, § 84 Rn. 78; Lutter/Schmidt/*Seibt*, § 84 Rn. 28.

[25] BGH NJW 1997, 2319, 2320; Spindler/Stilz/*Fleischer*, § 84 Rn. 41; Lutter/*Krieger,* Rechte und Pflichten, Rn. 392; KölnKomm-AktG/*Mertens/Cahn*, § 84 Rn. 53; zu weitgehend daher *Krieger*, Personalentscheidungen des Aufsichtsrats, 1981, S. 171, der die automatische Verlängerung durch Wiederbestellung als Regelfall versteht.

[26] BGHZ 20, 239, 245; BGH WM 1978, 109, 111; Spindler/Stilz/*Fleischer*, § 84 Rn. 42.

[27] BGH WM 1968, 612.

[28] MüKo-AktG/*Spindler*, § 84 Rn. 80; GroßKomm AktG/*Kort*, § 84 Rn. 332; MünchHdB AG/ *Wiesner*, § 21 Rn. 20; Lutter/Schmidt/*Seibt*, § 84 Rn. 28.

[29] BGH NJW 1989, 2683, 2683 f.; Spindler/Stilz/*Fleischer*, § 84 Rn. 42 (jedenfalls dann, wenn der Vorstand volle Vergütung erhalten soll).

Widerruf der Bestellung als wirksam behandelt, bis seine Unwirksamkeit rechtskräftig festgestellt ist. Sollte der Widerruf ohne Vorliegen eines wichtigen Grundes erfolgen, hat es das Vorstandsmitglied in der Hand, dagegen vorzugehen und somit auch die auflösende Bedingung für das Erlöschen des Anstellungsvertrages (rückwirkend) zu beseitigen.[30] Ist eine Koppelung wirksam vereinbart, erfolgt die Auflösung des Anstellungsvertrages nicht zeitgleich mit dem Widerruf, sondern erst nach Ablauf der in § 622 Abs. 1 und 2 BGB bestimmten ordentlichen Kündigungsfristen.[31] Organ- und Anstellungsverhältnis erlöschen nur dann simultan, wenn der wichtige Grund i. S. d. § 84 Abs. 3 Satz 1 AktG zugleich auch einen wichtigen Grund i. S. d. § 626 BGB darstellt.[32]

11.3.2 Vergütung

11.3.2.1 Allgemeines

§ 87 Abs. 1 AktG setzt dem Aufsichtsrat **Leitlinien und Schranken** für die Festsetzung der Vorstandsvergütung. Die Vorschrift dient dem Schutz der Gesellschaft sowie ihrer Gläubiger und Aktionäre und Arbeitnehmer vor einer Schmälerung des Gesellschaftsvermögens durch übermäßige Bezüge der Vorstandsmitglieder.[33] Das Angemessenheitsgebot ist den allgemeinen Grenzen der §§ 134, 138 BGB vorgelagert und beschränkt die Ermessensausübung des Aufsichtsrats bei der Festsetzung der Vorstandsbezüge.[34] **§ 87 Abs. 2 AktG** eröffnet die Möglichkeit einer nachträglichen Herabsetzung der Gesamtbezüge bei einer Verschlechterung der Gesellschaftsverhältnisse, während **§ 87 Abs. 3 AktG** Schadensersatzansprüche von Vorstandsmitgliedern bei insolvenzbedingten Kündigungen der Vorstandsverträge der Höhe nach begrenzt.

Durch das **Gesetz zur Angemessenheit der Vorstandsvergütung (VorstAG)** vom 31. Juli 2009[35] wurde § 87 AktG verschiedentlich geändert und ergänzt. Der Gesetzgeber reagierte damit auf die ab Mitte 2008 sich verschärfende Finanzmarktkrise, die seiner Auffassung nach durch fehlerhafte Anreizsetzung, insbesondere durch kurzfristig ausgerichtete **Vergütungssysteme**, begünstigt worden war.[36] Dem Aufsichtsrat sollen daher schärfere Angemessenheitskriterien vorgegeben werden, um die sich aus der Vergütungsstruktur ergebenden Anreize für eine nachhaltige und auf Langfristigkeit angelegte

---

[30] BGH NJW 1989, 2683, 2683 f.
[31] Zur alten Fassung BGH NJW 1989, 2683, 2684; zu § 622 n. F. *Goette*, DStR 1999, 1745, 1746
[32] MüKo-AktG/*Spindler*, § 84 Rn. 80.
[33] GroßKomm-AktG/*Kort*, § 87 Rn. 1; KölnKomm-AktG/*Mertens/Cahn*, § 87 Rn. 2; Hüffer/*Koch*, § 87 Rn. 1.
[34] MüKo-AktG/*Spindler*, § 87 Rn. 3; GroßKomm-AktG/*Kort*, § 87 Rn. 1; Hüffer/*Koch*, § 87 Rn. 1.
[35] BGBl. I S. 2509.
[36] Begr. RegE, BT-Drucks. 16/12278, S. 1, 5.

Unternehmensführung zu stärken.[37] Auch nach einer Empfehlung der EU-Kommission vom 30.4.2009 (2009/385/EG) soll die Struktur der Vergütung der Mitglieder der Unternehmensleitung der **langfristigen Unternehmensentwicklung** dienen und sicherstellen, dass sich die Vergütung an der Leistung orientiert. Variable Vergütungskomponenten sollen deshalb an im Voraus festgelegte, messbare Leistungskriterien geknüpft werden, die nicht ausschließlich finanzieller Art sein müssen.[38]

Durch das VorstAG wurden in § 87 Abs. 1 Satz 1 AktG **weitere Kriterien** zur Ermittlung der Angemessenheit der Vorstandsvergütung eingefügt. Klargestellt wird nun auch, dass anreizorientierte Vergütungszusagen, wie etwa Aktienoptionen, Bestandteile der Gesamtbezüge der Vorstandsmitglieder sind. Nach dem neu eingefügten § 87 Abs. 1 S. 2 AktG hat sich die Vergütungsstruktur bei börsennotierten Gesellschaften an einer nachhaltigen Unternehmensentwicklung auszurichten. Variable Vergütungsbestandteile sollen daher eine **mehrjährige Bemessungsgrundlage** sowie eine **Begrenzungsmöglichkeit** für außerordentliche Entwicklungen beinhalten (§ 87 Abs. 1 Satz 3 AktG). Weiterhin ist eine Herabsetzung der Vorstandsbezüge nach § 87 Abs. 2 Satz 1 AktG seit Inkrafttreten des VorstAG bereits dann möglich, wenn eine Weitergewährung „nur" unbillig wäre (nach alter Fassung musste die Weitergewährung eine „schwere Unbilligkeit" für die Gesellschaft sein). Zudem sind von der Möglichkeit zur Herabsetzung nach dem neu eingefügten § 87 Abs. 2 Satz 2 AktG nunmehr auch Ruhegehälter, Hinterbliebenenbezüge und Leistungen verwandter Art erfasst.

Die Festsetzung der Vorstandsbezüge fällt nach dem eindeutigen Wortlaut des § 87 Abs. 1 AktG allein in die **Zuständigkeit des Aufsichtsrats**. Für börsennotierte Aktiengesellschaften begründet § 120 Abs. 4 Satz 1 AktG jedoch die Möglichkeit, einen **Beschluss der Hauptversammlung** über das System zur Vergütung von Vorstandsmitgliedern herbeizuführen (**say on pay**). Der Beschluss begründet indes gemäß § 120 Abs. 4 Satz 2 AktG weder Rechte noch Pflichten und ist nach Satz 3 auch nicht anfechtbar.

Flankiert wird § 87 AktG durch **handelsrechtliche Publizitätspflichten**. Schwerpunktmäßig börsennotierte Gesellschaften haben dazu im Anhang (§ 285 Nr. 9 lit. a HGB) bzw. im Konzernanhang (§ 314 Abs. 1 Nr. 6 lit. a HGB) in individualisierter Weise die Vergütungsbestandteile offenzulegen. Aber auch nicht börsennotierte Gesellschaften müssen Angaben machen, etwa zu aktienbasierten Vergütungsbestandteilen.[39]

11.3.2.2 Angemessenheit und Nachhaltigkeit der Gesamtbezüge

Zu den im Klammerzusatz in § 87 Abs. 1 AktG angeführten Gesamtbezügen gehören seit Inkrafttreten des VorstAG auch **anreizorientierte Vergütungszusagen** wie z. B. Aktienbezugsrechte. **Nebenleistungen** sind etwa Wohnrechte, Rechte zur privaten Nutzung von Flugzeugen oder PKW, Abordnung von Personal, Übernahme von Steuern oder Versi-

---

[37] Begr. RegE, BT-Drucks. 16/12278, S. 1; Beschlussempfehlung und Bericht des Rechtsausschusses BT-Drucks. 16/13 433, S. 1.

[38] Erwägungsgrund 6 der Empfehlung der Kommission 2009/385/EG.

[39] Zu Einzelheiten vgl. Hüffer/*Koch*, § 87 Rn. 36 ff.

cherungsbeiträgen,[40] wobei letztere nur dann zu den Bezügen zu zählen sind, wenn die Versicherung ganz oder überwiegend im privaten Interesse des Vorstandsmitglieds abgeschlossen ist.[41] Nach zutreffender Auffassung ist deshalb insbesondere die D&O-Versicherung nicht als Element der Gesamtbezüge i. S. v. § 87 Abs. 1 AktG, sondern als Teil der dienstlichen Fürsorgeaufwendungen der Gesellschaft zu qualifizieren.[42]

Der Aufsichtsrat hat sicherzustellen, dass die Gesamtbezüge jedes einzelnen Vorstandsmitglieds in einem **angemessenen Verhältnis** zu den Aufgaben und Leistungen des Mitglieds sowie zur Lage der Gesellschaft stehen und die übliche Vergütung nicht ohne besondere Gründe übersteigen (§ 87 Abs. 1 AktG). Die Üblichkeit der Vergütungshöhe ist an einem Horizontal- sowie an einem Vertikalverhältnis zu bemessen.[43]

Für die **horizontale Vergleichbarkeit** hat sich die festzusetzende Vorstandsvergütung an üblichen Maßstäben bezogen auf Branche und Größe von i. d. R. inländischen vergleichbaren Unternehmen auszurichten. Das Kriterium der Üblichkeit kann indes nicht immer als Richtschnur für Angemessenheit dienen.[44] Eine übliche Vergütung muss nicht stets angemessen, eine angemessene nicht stets üblich sein. Besonders herausragende Leistungen[45] oder ein besonders hoher Marktwert eines Aspiranten auf ein Vorstandsamt[46] rechtfertigen mitunter eine über dem Üblichen liegende Vergütung. Andererseits handelt es sich gerade bei letztgenanntem Kriterium um ein Einfallstor zur Legitimierung von am Gesetzeswortlaut unangemessenen Vergütungen. Der Aufsichtsrat ist zu einer kritischen Auseinandersetzung im Einzelfall berufen.[47]

Vertikale Vergleichbarkeit erfordert einen Seitenblick auf die allgemeine Vergütungsstaffelung im Unternehmen. Im Zusammenspiel mit der horizontalen Vergleichbarkeit können sich Wertungsschwierigkeiten ergeben, weshalb die vertikale Vergleichbarkeit mitunter als reiner Appell zum Maß halten verstanden wird.[48] Es bereitet in der Tat Schwierigkeiten, starre Relationen etwa zu Tariflöhnen der Belegschaft herzustellen.[49]

---

[40] Hüffer/*Koch*, § 87 Rn. 2.

[41] *Vetter*, AG 2000, 453, 456; *Schüppmann/Sanna*, ZIP 2002, 550, 552; KölnKomm-AktG/*Mertens/Cahn*, § 87 Rn. 20.

[42] Hüffer/*Koch*, § 87 Rn. 2; KölnKomm-AktG/*Mertens/Cahn*, § 87 Rn. 20; Hdb-VorstR/*Fleischer*, § 12 Rn. 12; *Dreher/Thomas*, ZGR 2009, 31, 48 ff.; *Notthoff*, NJW 2003, 1351, 1354; a. A. MüKo-AktG/*Spindler*, § 87 Rn. 15; *Schwark*, in: FS Raiser, 2005, S. 377, 380; in der Tendenz (Versicherung dient nicht überwiegend den Interessen der Gesellschaft) auch OLG München ZIP 2005, 1556.

[43] Gesetzesentwurf der Fraktionen der CDU/CSU und SPD, BT-Drucks. 16/12278 S. 5 sowie Bericht des Rechtsausschusses BT-Drucks. 16/13433, S. 10.

[44] *Lutter/Krieger/Verse*, Rechte und Pflichten des Aufsichtsrats, 6. Aufl. 2014, § 7 Rn. 397; Hüffer/*Koch*, § 87 Rn. 3 m. w. N.

[45] LG München, NZG 2007, 457, 458.

[46] *Feudener*, NZG 2007, 779, 780; *Thüsing*, ZGR 2003, 457, 468 ff.

[47] *Lutter/Krieger/Verse*, Rechte und Pflichten des Aufsichtsrats, 6. Aufl. 2014, § 7 Rn. 397.

[48] So *Lutter/Krieger/Verse*, Rechte und Pflichten des Aufsichtsrats, 6. Aufl. 2014, § 7 Rn. 397.

[49] Vgl. Fleischer, NZG 2009, 801, 802; *Cahn*, in: FS Hopt, 2010, S. 431, 433 ff.; *Thüsing*, AG 2009, 517, 518; Hüffer/*Koch*, § 87 Rn. 3.

Zum Teil wird jedoch empfohlen, zumindest den Abstand zur ersten Führungsebene nach dem Vorstand in einem angemessenen Ausmaß zu halten.[50] In jedem Fall werden verpflichtende ziffernmäßige Obergrenzen als nicht mit dem Gesetzeswortlaut vereinbar erachtet.[51]

Für **börsennotierte Unternehmen** erweitert § 87 Abs. 1 Satz 2 AktG den Kanon der zu berücksichtigenden Kriterien für die Festsetzung der Vorstandsvergütung um das Merkmal der nachhaltigen Unternehmensentwicklung. Aufgrund der unscharfen gesetzlichen Konturierung ist der Begriff der Nachhaltigkeit eng auszulegen.[52] Eine Verpflichtung des Vorstands auf ökologische, soziale und ökonomische Bedürfnisse heutiger und zukünftiger Generationen, wie das gesetzliche Nachhaltigkeitspetitum mitunter verstanden wird[53], ist zu weitgehend und im Ergebnis für den Aufsichtsrat lediglich über die Ausgestaltung der Vergütungsstruktur auch nicht in vernünftiger Weise umsetzbar.[54] Richtig ist, dass die Verpflichtung zur Nachhaltigkeit eine Orientierung der Vergütungsstruktur am dauerhaften Unternehmenserfolg verlangt. Insoweit ist der Nachhaltigkeitsgedanke im Bereich der Vergütungsbemessung deckungsgleich mit der allgemeinen Verpflichtung des Vorstands, für den Bestand des Unternehmens und eine dauerhafte Rentabilität zu sorgen.[55]

11.3.2.3 Variable Vergütungsbestandteile

Das Nachhaltigkeitsgebot des § 87 Abs. 1 Satz 2 AktG für börsennotierte Gesellschaften wird von § 87 Abs. 1 Satz 3 AktG aufgegriffen („daher") und durch Vorgaben zur **Bemessungsgrundlage und Einschränkungsmöglichkeiten** von variablen Vergütungsbestandteilen konkretisiert. Das Gesetz enthält kein Verbot einer reinen Fixvergütung allein wegen der erforderlichen Nachhaltigkeit.[56] Dem Gesetzeswortlaut des § 87 Abs. 1 Satz 2 und 3 AktG lässt sich diese Einschränkung nicht entnehmen. Das ergibt auch Sinn vor dem Hintergrund der gesetzgeberischen Intention, Fehlanreize zur Eingehung unverantwortlicher Risiken zu verhindern. Bei einer ausschließlichen Vereinbarung von Fixgehältern

---

[50] So Hüffer/*Koch*, § 87 Rn. 3; a. A. *Lutter/Krieger/Verse*, Rechte und Pflichten des Aufsichtsrats, 6. Aufl. 2014, § 7 Rn. 397; jedenfalls gegen starre Ausrichtung KölnKomm-AktG/*Mertens/Cahn*, § 87 Rn. 8.

[51] *Seibert*, in: FS Hüffer, 2010, S. 955, 957; KölnKomm-AktG/*Mertens/Cahn*, § 87 Rn. 8; Hüffer/*Koch*, § 87 Rn. 5.

[52] Hüffer/*Koch*, § 87 Rn. 11; *Lutter/Krieger/Verse*, Rechte und Pflichten des Aufsichtsrats, 6. Aufl. 2014, § 7 Rn. 397; *Marsch-Barner*, ZHR 175 (2011), 737, 745.

[53] *Röttgen/Kluge*, NJW 2013, 900, 902 ff.

[54] Hüffer/*Koch*, § 87 Rn. 11; *Lutter/Krieger/Verse*, Rechte und Pflichten des Aufsichtsrats, 6. Aufl. 2014, § 7 Rn. 397; *Louven/Inwersen*, BB 2013, 1219, 1220 ff.; MüKo-AktG/*Spindler*, § 87 Rn. 75, der konstatiert, dass der Begriff der Nachhaltigkeit lediglich zeitlich zu verstehen ist.

[55] OLG Hamm AG 1995, 512, 514; Hüffer/*Koch*, § 87 Rn. 11 und § 76 Rn. 34 m. w. N.

[56] KölnKomm-AktG/*Mertens/Cahn*, § 87 Rn. 22; Hölters/*Weber*, § 87 Rn. 33; Spindler/Stilz/*Fleischer*, § 87 Rn. 35; *Fleischer*. NZG 2009, 801, 803; *Thüsing* AG 2009, 517, 519.

11.3 Anstellung und Vergütung

besteht die Gefahr von Fehlanreizen nicht.[57] Der Vorstand kann auch mit ausschließlichem Festgehalt auf die Interessen der Gesellschaft ausgerichtet werden, indem ihm etwa Gehaltserhöhungen im Falle einer Wiederbestellung in Aussicht gestellt werden.[58] Wenn auch nicht per se unzulässig, läuft eine reine Fixvergütung jedoch der Empfehlung in Ziff. 4.2.3 Abs. 2 Satz 2 DCGK zuwider, wonach die Vergütungsbestandteile fixe und variable Komponenten umfassen sollen. Reine Fixvergütungen sind wegen des vom Gesetz geforderten Leistungsbezugs der Vergütung besonders begründungsbedürftig.[59]

§ 87 Abs. 1 Satz 3 AktG hat demnach nur dann einen Anwendungsbereich, wenn variable Vergütungsbestandteile überhaupt gewährt werden.[60] Werden sie gewährt, muss der Aufsichtsrat die langfristige Wirkung der Verhaltensanreize sicherstellen.[61] Vergütungselemente, die kurzfristige Verhaltensanreize setzen, sind zwar nicht unzulässig, müssen aber zusammen mit langfristigen Anreizen dem Gebot der Nachhaltigkeit entsprechen. Durch eine Mischung aus kurzfristigeren und längerfristigen Anreizen muss nach dem Willen des Gesetzgebers im Ergebnis ein langfristiger Verhaltensanreiz erzeugt werden.[62]

Nach der Vorstellung des Gesetzgebers muss eine „mehrjährige Bemessungsgrundlage" in der Regel mehr als zwei Jahren betragen. Immerhin hat er die von zwei auf vier Jahre verlängerte Mindestwartezeit für die Ausübung von Stock Options in § 193 Abs. 2 Nr. 4 AktG als „Auslegungshilfe für die Formulierung langfristiger Verhaltensanreize im Sinne des § 87 Abs. 1 AktG" bezeichnet.[63] § 193 Abs. 2 Nr. 4 AktG verfolgt nicht nur das Ziel, Altaktionäre vor Verwässerung zu schützen, sondern soll auch einen stärkeren Anreiz zu langfristigem Handeln schaffen.[64] Im Regelfall ist demnach eine Dauer von vier Jahren als Bemessungsgrundlage zu Grunde zu legen. Letztlich hat jedoch der Aufsichtsrat unter Berücksichtigung von Branche und Eigenart des Unternehmens seine Entscheidung in jedem Einzelfall nach pflichtgemäßem Ermessen zu treffen.[65]

---

[57] Bericht des Rechtsausschusses, BT-Drucks. 16/13433 S. 1; dazu *Bauer/Arnold* AG 2009, 717, 722; *Thüsing/Forst* GWR 2010, 515; Hölters/*Weber*, § 87 Rn. 34.

[58] *Thüsing* AG 2009, 517, 519; *Bauer/Arnold* AG 2009, 717, 722.

[59] Zu denkbaren Konstellationen vgl. MüKo-AktG/*Spindler*, § 87 Rn. 48 und 50.

[60] KölnKomm-AktG/*Mertens/Cahn*, § 87 Rn. 22; *Thüsing/Forst* GWR 2010, 515; MüKo-AktG/*Spindler*, § 87 Rn. 82.

[61] Gesetzesentwurf der Fraktionen der CDU/CSU und SPD zum VorstAG, BT-Drucks. 16/12278 S. 5.

[62] Beschlussempfehlung und Bericht des Rechtsausschusses zum VorstAG, BT-Drucks. 16/13433 S. 10.

[63] Gesetzesentwurf der Fraktionen der CDU/CSU und SPD zum VorstAG, BT-Drucks. 16/12278 S. 5.

[64] Gesetzesentwurf der Fraktionen der CDU/CSU und SPD, BT-Drucks. 16/12278 S. 5, 7; MüKo-AktG/*Spindler*, § 87 Rn. 88 weist darauf hin, dass diese ratio dadurch unterstrichen wird, dass in der Begründung zu § 193 Abs. 2 Nr. 4 AktG ausschließlich, ohne weitere eigene Erläuterungen, auf die Begründung zu § 87 Abs. 1 AktG verwiesen wird.

[65] MüKo-AktG/*Spindler*, § 87 Rn. 88; Hölters/*Weber*, § 87 Rn. 33; *Dauner-Lieb*, Der Konzern 2009, 583, 588 f.

Die Auszahlung der variablen Vergütung darf nicht lediglich auf das Ende des Bemessungszeitraums hinausgeschoben sein, vielmehr müssen die variablen Vergütungsbestandteile an den negativen wie auch positiven Entwicklungen im gesamten Bemessungszeitraum teilnehmen.[66] In Betracht kommen jährliche Boni, die als Abschlagszahlungen ausgezahlt werden. Um dem mit der „mehrjährigen Bemessungsrundlage" verfolgten Ziel der Nachhaltigkeit gerecht zu werden, hat der Aufsichtsrat jedoch durch entsprechende Ausgestaltung des Anstellungsvertrages sicherzustellen, dass das endgültige Behaltendürfen der Zahlungen vom Erreichen der langfristigen Ziele abhängig ist.[67] Technisch kann dies durch im Anstellungsvertrag verankerte Rückzahlungsverpflichtungen des Vorstands (sog. **Claw-Back-Klauseln**) erfolgen.[68]

Nach § 87 Abs. 1 Satz 3 Halbs. 2 AktG soll der Aufsichtsrat für außerordentliche Entwicklungen eine **Begrenzungsmöglichkeit** vereinbaren. Durch Bereinigung der Bemessungsgrundlage der variablen Vergütung von positiven Sondereffekten soll verhindert werden, dass der Vorstand von außerordentlichen Entwicklungen profitiert, die nicht auf seine persönlichen Leistungen zurückzuführen sind (sog. *windfall profits*).[69]

Häufig anzutreffende Instrumente variabler Vergütung sind Tantiemen, Zielvereinbarungen, Gewinnbeteiligungen und Aktienoptionspläne. Die Vereinbarung von Aktienoptionen löst die Zuständigkeit der Hauptversammlung aus, weil die Gesellschaft die Aktien bei Ausübung der Option durch das Vorstandsmitglied entweder am Kapitalmarkt erwerben oder eine Kapitalerhöhung durchführen muss.[70] Beides fällt in den Zuständigkeitsbereich der Hauptversammlung.[71]

11.3.2.4 Herabsetzung der Bezüge, § 87 Abs. 2 AktG

Nach § 87 Abs. 2 Satz 1 AktG soll der Aufsichtsrat die Gesamtbezüge auf die angemessene Höhe herabsetzen, wenn sich die **Lage der Gesellschaft so verschlechtert**, dass die unveränderte Weitergewährung der Bezüge **unbillig** für die Gesellschaft wäre. Voraussetzung für einen zulässigen einseitigen Eingriff in die Vertragsgestaltung ist jedoch, dass zumindest eine nicht ganz unkritische Gefährdungslage für die Gesellschaft besteht.[72]

Insolvenz und unmittelbare Krise, die in erster Linie bilanziell indiziert werden, erfüllen immer die Voraussetzung der Verschlechterung, müssen aber nicht zwingend für die

---

[66] Beschlussempfehlung und Bericht des Rechtsausschusses zum VorstAG, BT-Drucks. 16/13433 S. 10; MüKo-AktG/*Spindler*, § 87 Rn. 89.

[67] *Wettich*, AG 2013, 374, 376; *Eichner/Delahaye*, ZIP 2010, 2082, 2087; *Thüsing*, AG 2009, 517, 521; *Hohenstatt/Kuhnke*, ZIP 2009, 1981, 1985.

[68] MüKo-AktG/*Spindler*, § 87 Rn. 89.

[69] *Seibert*, WM 2009, 1489, 4190; *Bauer/Arnold*, AG 2009, 717, 723; *Thüsing*, AG 2006, 517, 522.

[70] *Langenbucher*, § 4 Rn. 26.

[71] Ermächtigung zum Erwerb eigener Aktien (§ 71 Abs. 1 Satz 1 Nr. 8 AktG sowie Kapitalerhöhungsbeschluss (§§ 192 Abs. 2 Nr. 3, 193 Abs. 2 Nr. 4 AktG).

[72] Spindler/Stilz/*Fleischer*, § 87 Rn. 63; MüKo-AktG/*Spindler*, § 87 Rn. 167; *Fleischer*, NZG 2009, 801, 803 f.; *van Kann/Keiluweit*, DStR 2009, 1587, 1592.

11.3 Anstellung und Vergütung

Annahme einer Verschlechterung der Lage der Gesellschaft vorliegen.[73] Eine Verschlechterung im Sinne des § 87 Abs. 2 AktG kann vielmehr schon im Vorfeld zur unmittelbaren Krise eintreten.[74] Dies gilt insbesondere vor dem Hintergrund, dass seit der Gesetzesänderung durch das VorstAG keine *wesentliche* Verschlechterung mehr erforderlich ist.[75] Vom Gesetzgeber genannte Beispiele für eine Verschlechterung der Lage sind etwa die Notwendigkeit von Entlassungen oder Lohnkürzungen und die fehlende Fähigkeit, Gewinne auszuschütten,[76] wobei dies kumulativ vorliegen muss.[77] Für die Beurteilung, ob eine Verschlechterung eingetreten ist, ist der Vergleich der Lage der Gesellschaft im Zeitpunkt der Vergütungsfestsetzung und im Zeitpunkt der Entscheidung des Aufsichtsrats über die Herabsetzung maßgeblich.[78]

Nach dem Gesetzeswortlaut muss sich die **Unbilligkeit** auf die Gesellschaft beziehen. Die Weitergewährung der Bezüge muss also im Widerspruch zum Gesellschaftsinteresse stehen. Aufgrund der Gesamtverantwortung aller Vorstandsmitglieder ist für eine Zurechenbarkeit der Verschlechterung nicht erforderlich, dass sie ihre Ursache gerade im Ressort des betreffenden Vorstandsmitglieds hat.[79] Bei der Beurteilung der „Unbilligkeit" für die Gesellschaft ist die Struktur der Vorstandsvergütung zu berücksichtigen. Denn die Verschlechterung der Lage der Gesellschaft kann sich je nach Ausgestaltung schon in variablen Vergütungsbestandteilen des Vorstandsmitglieds niederschlagen. Auch die persönliche Lage des Vorstandsmitglieds ist zu berücksichtigen.[80]

Eine Herabsetzung der Bezüge muss auf ein Niveau erfolgen, das nach § 87 Abs. 1 Satz 1 AktG in der konkreten Situation angemessen wäre.[81] Bessert sich die Lage der Gesellschaft im Nachhinein wieder und ist dies von einer gewissen Nachhaltigkeit, hat das Vorstandsmitglied Anspruch auf Wiedereinräumung seiner ursprünglichen Bezüge.[82]

Die Herabsetzung erfolgt durch **einseitige Erklärung** des Aufsichtsrats gegenüber dem Vorstandsmitglied **(§ 315 Abs. 2 BGB)**. Es handelt sich um ein einseitiges Gestaltungsrecht der Gesellschaft, dessen Ausübung den Inhalt der Vergütungsvereinbarung der Gesellschaft mit dem Vorstandsmitglied unmittelbar ändert.[83] Im Übrigen bleibt gemäß

---

[73] Gesetzesentwurf der Fraktionen der CDU/CSU und SPD, BT-Drucks. 16/12278, S. 6.
[74] MüKo-AktG/*Spindler*, § 87 Rn. 168.
[75] Hüffer/*Koch,* § 87 Rn. 25.
[76] Gesetzesentwurf der Fraktionen der CDU/CSU und SPD, BT-Drucks. 16/12278 S. 6.
[77] *Gaul/Janz*, NZA 2009, 809, 812; *Dauner-Lieb,* Der Konzern 2009, 583, 590; *Bauer/Arnold* AG 2009, 717, 725; *Koch,* WM 2010, 49, 53; *Diller,* NZG 2009, 1006; Hölters/*Weber*, § 87 Rn. 47; K. Schmidt/Lutter/*Seibt*, § 87 Rn. 18.
[78] *Bauer/Arnold,* AG 2009, 717, 726; *Diller,* NZG 2009, 1006.
[79] *Hoffmann-Becking/Krieger,* NZG 2009, Beilage zu Heft 26 S. 5; Hölters/*Weber*, § 87 Rn. 49.
[80] KölnKomm-AktG/*Mertens/Cahn*, § 87 Rn. 95; Hölters/*Weber*, § 87 Rn. 50.
[81] Gesetzesentwurf der Fraktionen der CDU/CSU und SPD, BT-Drucks. 16/12278 S. 7.
[82] Spindler/Stilz/*Fleischer*, § 87 Rn. 71 ff.; KölnKomm-AktG/*Mertens/Cahn*, § 87 Rn. 94, 98; *Dauner-Lieb/Friedrich*, NZG 2010, 688.
[83] KölnKomm-AktG/*Mertens/Cahn*, § 87 Rn. 99; GroßKomm-AktG/*Kort*, § 87 Rn. 296.

§ 87 Abs. 2 Satz 3 AktG das bestehende Vertragsverhältnis unberührt. Als Ausgleich für die einseitige Herabsetzung steht dem Vorstandsmitglied hinsichtlich seines Anstellungsvertrags ein außerordentliches Kündigungsrecht zum Quartalsende zu (§ 87 Abs. 2 Satz 4 AktG).

11.4 Rechtsstellung und Befugnisse

Der Vorstand ist eins von drei notwendigen Organen der AG, durch das sie als juristische Person willens- und handlungsfähig wird. Ohne Vorstand kann die AG nach § 39 AktG nicht wirksam gegründet werden.[84] Fällt der Vorstand nach Anmeldung zur Eintragung weg, besteht bis zur Bestellung neuer Vorstandsmitglieder ein Eintragungshindernis. Als **Kollegialorgan** weist das AktG dem Gesamtvorstand einen bestimmten Kompetenzbereich zu. Ihm allein steht nach § 76 Abs. 1 AktG die Leitung der Gesellschaft zu. Seine Leitungsmacht schließt – abgesehen von § 82 Abs. 2 AktG, der allerdings abstrakte Beschränkungen der Vertretungsmacht zum Gegenstand hat – die Bindung an Weisungen der Aktionäre aus.[85] Andersherum ist es dem Vorstand aber auch nicht gestattet, seine Leitungsmacht an andere Organe oder gar an Dritte zu delegieren. Er führt die Geschäfte der Gesellschaft und vertritt sie gerichtlich und außergerichtlich gem. §§ 77, 78 AktG. Als Organ hat der Vorstand die Stellung eines gesetzlichen Vertreters.

11.4.1 Vertretungsmacht und Wissenszurechnung

Wesentlicher Bestandteil der Leitung der Gesellschaft ist die organschaftliche Vertretung nach außen. Sie obliegt nach § 78 Abs. 1 AktG dem Vorstand als Handlungsorgan der Gesellschaft. § 78 Abs. 2 bis 4 AktG enthält besondere Vertretungsregeln für den Fall, dass der Vorstand aus mehreren Personen besteht. Ebenfalls in den Bereich der Vertretungsregelungen gehören die Fragen der Zurechnung des Verschuldens und des Wissens der Vorstandsmitglieder.

Die Gesellschaft wird durch den Vorstand **gerichtlich und außergerichtlich vertreten**. Die außergerichtliche Vertretung der AG erfasst den gesamten Privatrechtsverkehr sowie die Vertretung gegenüber Behörden. Im Außenverhältnis ist der Umfang der Vertretungsbefugnis grundsätzlich **unbeschränkbar** (§ 82 Abs. 1 AktG). Nur für einige wenige gesetzlich geregelte Bereiche obliegt die gesetzliche Vertretung der Gesellschaft nicht dem Vorstand, sondern entweder dem Aufsichtsrat[86] oder jedenfalls auch der

---

[84] MüKo-AktG/*Spindler*, § 76 Rn. 7.

[85] Dies beschreibt einen der elementaren Unterschiede zur Organisationsverfassung der GmbH, vgl. *Zöllner*, in: Baumbach/Hueck, GmbHG, 20. Aufl. 2013, § 46 Rn. 91.

[86] Prominentes Beispiel ist § 112 AktG, wonach in Rechtsangelegenheiten gegenüber dem Vorstand der Aufsichtsrat die Gesellschaft gerichtlich und außergerichtlich vertritt.

Hauptversammlung, die zu Unternehmens- und Umwandlungsverträgen sowie zu Verträgen zur Übertragung des Gesellschaftsvermögens ihre Zustimmung erteilen muss (vgl. §§ 179a, 293 AktG, 13, 125 UmwG). Für bestimmte gegen die Gesellschaft gerichtete Klagen sind Vorstand und Aufsichtsrat gemeinsam zur Vertretung der Gesellschaft berufen, so z. B. bei Anfechtungs- und Nichtigkeitsklagen gegen Hauptversammlungsbeschlüsse.[87]

Nach § 78 Abs. 2 Satz 1 AktG sind Mitglieder eines mehrköpfigen Vorstands grundsätzlich **nur gemeinschaftlich zur Aktivvertretung** berechtigt. Sinn und Zweck ist der Schutz der Gesellschaft vor gefährlichen und übereilten Maßnahmen sowie vor unredlichen oder unfähigen Vorstandsmitgliedern. Die Gesamtvertretung bildet insofern ein Instrument gegenseitiger Kontrolle. Bei der Empfangnahme von Willenserklärungen reicht es hingegen nach § 78 Abs. 2 Satz 2 AktG aus, dass ein Vorstandsmitglied die Willenserklärung entgegennimmt. Zur Erleichterung des Rechtsverkehrs können nach § 78 Abs. 4 AktG gesamtvertretungsberechtigte Vorstandsmitglieder einzelne von ihnen zur Vornahme bestimmter Geschäfte oder bestimmter Arten von Geschäften **ermächtigen**. Die Beschränkung bringt ein gewisses Unsicherheitsmoment für Dritte und die Gesellschaft mit sich.[88]

Sofern **Willensmängel** nach den §§ 119 bis 124 BGB (z. B. geheimer Vorbehalt, Irrtum, arglistige Täuschung) oder Kenntnis bzw. Kennenmüssen gewisser Umstände (z. B. guter Glaube nach § 932 BGB) Einfluss auf die Rechtsfolgen von Willenserklärungen haben, kommt es grundsätzlich auf die Vorstandsmitglieder der Gesellschaft an. Richtiger Weise sind die allgemeinen Vorschriften des Vereinsrechts (§§ 26 Abs. 2 Satz 2, 31 BGB) und § 78 Abs. 2 Satz 2 AktG analog heranzuziehen, indem grundsätzlich jedes Wissen eines Organmitglieds der AG zugerechnet wird.[89]

11.4.2 Geschäftsführungsbefugnis

Von der Leitungsmacht des Vorstands (§ 76 Abs. 1 AktG) ist die Geschäftsführung zu unterscheiden. Trotz weitgehender inhaltlicher Überschneidung sind die Institute nicht identisch. Die Geschäftsführung steht auch nicht neben der Leitung, sondern ist vielmehr deren unveräußerlicher Kernbereich. Der Begriff der Geschäftsführungsbefugnis umfasst **jedes rechtliche und tatsächliche Handeln** des Vorstands für die Gesellschaft. Die Beschlussfassung im Vorstand als der Vorgang der Willensbildung ist ebenso Geschäftsführung wie die Umsetzung der Beschlüsse. Im Rechtsverkehr ist die eine Handlung des Vorstands doppelt zu beurteilen: ob er sie im Innenverhältnis gegenüber der Gesellschaft vornehmen durfte (Geschäftsführungsbefugnis) und ob sie im Außenverhältnis gegenüber

---

[87] Vgl. §§ 246 Abs. 2, 249 Abs. 1 S. 1, 250 Abs. 3, 253, 254 Abs. 2, 255 Abs. 3 AktG.
[88] MüKo-AktG/*Spindler*, § 78 Rn. 28.
[89] BGHZ 109, 327, 330 ff.; Spindler/Stilz/*Fleischer*, § 78 Rn. 53; MüKo-AktG/*Spindler*, § 78 Rn. 93.

Dritten wirksam war (Vertretungsbefugnis).⁹⁰ Satzung oder Geschäftsordnung des Vorstands können nach § 77 Abs. 1 Satz 2 AktG jedes einzelne Mitglied oder einige Mitglieder zusammen oder mehrere Mitglieder oder ein Mitglied nur gemeinsam mit einem Prokuristen zur Geschäftsführung bestimmen. Auch ist es zulässig, unterschiedliche Formen der Geschäftsführung miteinander zu kombinieren, z. B. einigen Mitgliedern Einzelgeschäftsführungsbefugnis und anderen Mitgliedern Gesamtgeschäftsführungsbefugnis einzuräumen.

Die **Vertretungsmacht** des Vorstands kann gemäß § 82 Abs. 1 AktG grundsätzlich nicht beschränkt werden. Im Gegensatz dazu lässt § 82 Abs. 2 AktG Beschränkungen der Geschäftsführungsbefugnis durch das Aktiengesetz explizit zu, ist aber nicht Rechtsgrundlage für wahllose Beschränkungen, sondern lediglich Verweis auf konkrete aktienrechtliche Vorschriften, die Beschränkungen ermöglichen. In Betracht kommen Beschränkungen durch die Satzung, den Aufsichtsrat, die Hauptversammlung oder die Geschäftsordnung. Obwohl nicht ausdrücklich vom Gesetz genannt, entspricht es einhelliger Auffassung, dass auch der Anstellungsvertrag eines Vorstandsmitglieds Beschränkungen vorsehen kann, soweit diese Beschränkungen nicht zwingenden aktienrechtlichen Vorschriften widersprechen.⁹¹

Da jede Vertretungshandlung des Vorstands immer auch ein Akt der Geschäftsführung ist,⁹² erfassen **gesetzliche Beschränkungen** der Vertretungsbefugnis automatisch auch die korrespondierenden Geschäftsführungsmaßnahmen. Beispiele, in denen das Gesetz die interne Geschäftsführungsbefugnis des Vorstands ausdrücklich beschränkt, sind das Zustimmungserfordernis des Aufsichtsrats zur Ausgabe neuer Aktien beim genehmigten Kapital (§ 202 Abs. 2 Satz 3 AktG) sowie in dem Fall, in dem die Ermächtigung die Aktienausgabe gegen Sacheinlagen vorsieht, ohne die dafür notwendigen Festsetzungen zu treffen (§ 205 Abs. 2 AktG). Da es sich bei den genannten Zustimmungsvorbehalten um Sollvorschriften handelt, sind Maßnahmen auch bei ihrer Missachtung wirksam, begründen jedoch eine Schadensersatzpflicht gegenüber der Gesellschaft nach § 93 AktG.

Die Geschäftsführungsbefugnis des Vorstands wird durch den **satzungsmäßigen Unternehmensgegenstand** begrenzt. Handlungen, die mit dem in der Satzung festgelegten Gegenstand des Unternehmens nichts zu tun haben, darf der Vorstand nicht vornehmen. Eine Lebensmittelfabrik darf der Vorstand nicht in ein IT-Labor umwandeln; auch darf er ein solches IT-Labor nicht zusätzlich errichten oder Aktien an einem solchen Unternehmen erwerben. Will er den durch die Satzung gesteckten Rahmen der wirtschaftlichen Betätigung verlassen, bedarf es zunächst einer Satzungsänderung. Die Satzung kann den Unternehmensgegenstand auch teilweise negativ definieren, indem sie ausdrücklich bestimmte Waren oder Produktgruppen ausnimmt. Die Grenze zwischen verbotener

---

[90] Hüffer/*Koch*, AktG, § 77 Rn. 3.
[91] MünchHdB AG/*Wiesner*, § 21 Rn. 63; KölnKomm-AktG/*Mertens/Cahn*, § 82 Rn. 42; Hölters/*Weber*, AktG, § 82 Rn. 23.
[92] Umgekehrt gilt dies nicht: Nicht jeder Akt der Geschäftsführung muss eine nach außen wirkende Vertretungshandlung sein.

11.4 Rechtsstellung und Befugnisse

Betätigung außerhalb des Unternehmensgegenstandes und noch zulässigen Anpassungen an veränderte wirtschaftliche Rahmenbedingungen lässt sich nur im Einzelfall unter Berücksichtigung der einschlägigen Branche und der Verkehrsanschauung ziehen. Das OLG Stuttgart hat etwa in der „Maybach-und-smart-Entscheidung" das Verbot der Produktion eines bestimmten PKW-Typs für unzulässig gehalten.[93] Da das Unternehmen hauptsächlich PKW produziere, sei ein solches Verbot in der Satzung eine unzulässige Einschränkung der Leitungsmacht des Vorstands.

Auch der **Aufsichtsrat** hat mit §§ 82 Abs. 2, 111 Abs. 4 Satz 2 AktG die gesetzliche Möglichkeit, die Kompetenzen des Vorstands für bestimmte Maßnahmen zu beschränken. Der Deutsche Corporate Governance Kodex empfiehlt ein solches Zustimmungserfordernis bei wesentlichen Geschäften von grundlegender Bedeutung, die in die Vermögens-, Finanz- oder Ertragslage eingreifen (Ziff. 3.3).[94] Aufgrund der Formulierung des § 111 Abs. 4 Satz 2 AktG („hat jedoch zu bestimmen") ist er sogar verpflichtet, bestimmte Arten von Geschäften von seiner Zustimmung abhängig zu machen.

Direkte Einflussmöglichkeiten der **Hauptversammlung** auf die Geschäftsführung sind äußerst spärlich. Sie widersprechen einem der Strukturmerkmale der AG, wonach Managementbefugnisse umfassend dem Vorstand anvertraut sind. Zustimmungsvorbehalte der Hauptversammlung nach dem Vorbild des § 111 Abs. 4 Satz 2 AktG sind deshalb nicht vorgesehen und unzulässig. Der Vorstand kann jedoch nach § 119 Abs. 2 AktG aus eigener Initiative die Hauptversammlung über Fragen der Geschäftsführung entscheiden lassen. An die Entscheidung ist er dann auch gebunden.[95] Zudem hat die Hauptversammlung Möglichkeiten indirekter Einflussnahme, indem sie die Satzung ändert oder neue Aufsichtsratsmitglieder wählt.[96]

Auch aus der **Geschäftsordnung** des Vorstands können sich Beschränkungen hinsichtlich der Geschäftsführungsbefugnisse ergeben. In der Praxis geschieht dies in der Regel durch Ressortbildung. Damit hat jedes Vorstandsmitglied seine Geschäftsführungsbefugnisse primär in seinem eigenen Ressort auszuüben. Es bleibt aber auch bei einer Ressortbildung verpflichtet, die Führung der nicht zu seinem Ressort gehörigen Geschäfte ordnungsgemäß zu überwachen.[97] Es genügt insoweit, die Aktivitäten und Vorkommnisse in Nachbarressorts im Rahmen der Sitzungen des Gesamtvorstands zu verfolgen.[98] Hat ein Vorstandsmitglied Bedenken aufgrund der Ressortleitung eines Vorstandskollegen, so muss es den Bedenken dadurch Rechnung tragen, dass es notfalls Maßnahmen eines anderen Mitglieds in dessen Geschäftsbereich widerspricht und eine Entscheidung im Gesamtvorstand erzwingt.

---

[93] OLG Stuttgart AG 2006, 727, 728– („Maybach und smart").
[94] Siehe hierzu RKLW/*Lutter*, Rn. 369 ff.
[95] HdB-VorstR/*Kort*, § 2 Rn. 18.
[96] MüKo-AktG/*Spindler*, § 82 Rn. 41.
[97] *Fleischer*, NZG 2003, 449, 451 f.
[98] Hüffer/*Koch*, AktG, § 77 Rn. 15.

11.5 Vorstandspflichten

Vorstandsmitglieder haben bei der Ausübung ihrer aus § 76 Abs. 1 AktG folgenden Leitungsmacht die **Sorgfalt eines ordentlichen und gewissenhaften Geschäftsleiters** zu beachten (§ 93 Abs. 1 Satz 1 AktG). Was dies bedeutet, ist teilweise durch Normen des AktG angeordnet und teilweise von der Rechtsprechung konkretisiert worden. Das Pflichtengerüst lässt sich dabei zunächst in zwei grobe Kategorien einteilen, die Sorgfaltspflicht und die Treuepflicht. Beide Pflichtenkategorien sind sodann weiter in verschiedene Einzelpflichten und Handlungs- bzw. Unterlassungsanweisungen ausdifferenziert. Der Kanon der einzelnen Sorgfaltspflichten lässt sich aus aktienrechtlichen, aber auch aus anderen zivilrechtlichen Pflichten sowie dem Öffentlichen Recht und dem Strafrecht zusammentragen. Treuepflichten fordern vom Vorstand die Orientierung am Unternehmensinteresse statt am eigenen Nutzen. Sind eigennützige Motive Triebfeder seines Handelns, verletzt er seine Treuepflichten.[99]

11.5.1 Sorgfaltspflichten

Kernvorschrift aller Sorgfaltspflichten ist **§ 93 Abs. 1 Satz 1 AktG**. Sie erfüllt nach h. M. eine Doppelfunktion[100], indem sie nicht nur – ähnlich wie § 276 Abs. 2 BGB und § 347 Abs. 1 HGB – Verschuldens- bzw. Verhaltensmaßstab ist[101], sondern darüber hinaus auch eine Generalklausel für nicht ausdrücklich normierte Handlungspflichten[102] ist. Sie tritt neben die ausdrücklich im Aktienrecht normierten Pflichten aus § 93 Abs. 1 Satz 3 AktG, § 93 Abs. 3 und die weiteren im Aktiengesetz verstreuten Pflichten und ist der normative Ausgangspunkt für jede richterliche Rechtsfortbildung auf dem Gebiet der Sorgfaltspflichten von Vorstandsmitgliedern.

11.5.1.1 Geschäftsleiterermessen
§ 93 Abs. 1 Satz 2 AktG regelt das Geschäftsleiterermessen des Vorstands. Internationales Vorbild der Regelung ist die US-amerikanische Judikatur zur **Business Judgement Rule**, die erstmals durch die „ARAG/Garmenbeck"-Entscheidung[103] des BGH dezidiert für das deutsche Gesellschaftsrecht rezipiert und in der Folge vom Gesetzgeber in § 93 Abs. 1 Satz 2 AktG kodifiziert wurde.[104] Das Geschäftsleiterermessen trägt dem Umstand Rechnung,

---

[99] *Langenbucher*, § 4 Rn. 73.
[100] *Raiser/Veil*, § 14 Rn. 65.
[101] Allein diese Funktion legt der Wortlaut des § 93 Abs. 1 Satz 1 AktG nah.
[102] Ähnlich, jedoch mit terminologischen Nuancen *Raiser/Veil*, § 14 Rn. 65 („allgemeiner Haftungstatbestand"); KölnKomm-AktG/*Mertens/Cahn*, § 93 Rn. 11 („allgemeiner Auffangtatbestand").
[103] BGHZ 135, 244 = NJW 1997, 1926.
[104] Gesetz zur Unternehmensintegrität und Modernisierung des Anfechtungsrechts (UMAG) v. 22.09.2005, BGBl. I, S. 2802.

dass unternehmerische Entscheidungen typischerweise Entscheidungen unter Unsicherheit sind. Sie sind im Kern nicht beherrschbar, weil ihnen größtenteils prognostische Elemente zugrunde liegen. Deshalb sollen sie nicht einer *ex post* eingreifenden gerichtlichen Kontrolle unterliegen. Der Vorstand muss unter Umständen auch mit Risiken behaftete Geschäfte vornehmen können, ohne dass bereits in der Vornahme solcher Geschäfte eine unternehmerische Pflichtwidrigkeit oder ein Verschulden zu sehen ist. Andernfalls besteht die Gefahr, dass der Vorstand aus Angst vor eigener Inanspruchnahme zwar Risiken vermeidet, damit aber auch Gelegenheiten, die sich auf den Unternehmenserfolg positiv auswirken können, generell nicht wahrnimmt.

Auch wenn die Voraussetzungen des § 93 Abs. 1 Satz 2 AktG nicht vorliegen, muss das Gericht nach wie vor positiv feststellen, ob das Vorstandsmitglied seine Pflichten nach § 93 Abs. 1 AktG verletzt hat. Es besteht insoweit keine Vermutungswirkung für eine Haftung, wenn nicht nach den Vorgaben der Business Judgement Rule gehandelt wurde.[105]

11.5.1.1.1 Unternehmerische Entscheidung

In den *safe harbour* der Business Judgement Rule können Vorstandsmitglieder nur kommen, wenn sie unternehmerische Entscheidungen treffen. Bewegt sich das Vorstandsmitglied im Bereich gesetzlicher Pflichten, ist bereits der Anwendungsbereich des § 93 Abs. 1 Satz 2 AktG nicht eröffnet (**Legalitätspflicht**). Selbiges gilt für den Bereich der Treuepflichtverletzung.[106] Verstöße gegen die Geschäftschancenlehre können deshalb genauso wenig als unternehmerische Entscheidung qualifiziert werden wie Verstöße gegen gesetzliche Pflichten oder gegen die Satzung oder Hauptversammlungsbeschlüsse.

11.5.1.1.2 Zum Wohle der Gesellschaft

Der Vorstand hat sich bei unternehmerischen Entscheidungen im Rahmen seines Ermessensspielraums allein vom **Unternehmensinteresse** leiten zu lassen. Er ist dabei unmittelbar nur der Gesellschaft verpflichtet, nicht den Aktionären oder bestimmten Aktionärsgruppen. Die Entscheidung sollte also aus Sicht des Vorstands die Ertragsstärke und die Wettbewerbsfähigkeit der Gesellschaft fördern, wobei ihm dabei ein großer Beurteilungsspielraum hinsichtlich der zugrunde gelegten Erfolgsparameter zukommt. Umgekehrt ist ein Handeln zum Wohl der Gesellschaft nicht mehr gegeben, wenn dadurch Beeinträchtigungen auf Liquiditäts- oder Solvenzebene fast schon gewiss sind[107] und die potenziell negativen Folgen der Maßnahme eine möglicherweise eintretende Förderung des Gesellschaftswohls schon *ex ante* erkennbar überwiegen.

Das Tatbestandsmerkmal „zum Wohl der Gesellschaft" beinhaltet, dass ein Vorstandsmitglied die unternehmerische Entscheidung **unbeeinflusst von Interessenkonflikten**

---

[105] *Schäfer*, ZIP 2005, 1253, 1255; Spindler/Stilz/*Fleischer*, § 93 Rn. 65.
[106] Spindler/Stilz/*Fleischer*, § 93 Rn. 67.
[107] MüKo-AktG/*Spindler*, § 93 Rn. 47; ähnlich GroßKomm-AktG/*Hopt/M. Roth*, § 93 Abs. 1 S. 2, 4 n. F. Rn. 31.

sowie **Fremdeinflüssen und ohne unmittelbaren Eigennutz** treffen muss.[108] Dem steht nicht entgegen, dass der Vorstand als Teil seiner Vergütung Aktienoptionen erhält. In diesem Fall sind die Interessen des Vorstands und der Gesellschaft deckungsgleich. Besteht indes ein Interessenkonflikt, kann dieser nicht einfach durch seine Offenlegung beseitigt werden.[109]

11.5.1.1.3 Angemessene Informationsgrundlage

Weiterhin benötigt der Vorstand eine **angemessene Entscheidungsgrundlage**. Die Angemessenheit beurteilt sich gemäß § 93 Abs. 1 Satz 2 AktG nach verschiedenen Kriterien. So kommt es im Einzelnen darauf an, wieviel Zeit zur Informationsbeschaffung zur Verfügung stand, wie weitreichend die zu treffende Entscheidung für das Unternehmen ist, wie hoch die Informationsbeschaffungskosten sind und natürlich, ob es Hindernisse in tatsächlicher oder rechtlicher Hinsicht bei der Informationsbeschaffung gab.[110] Eine generelle Pflicht zur Beschaffung aller nur denkbaren Informationen besteht daher nicht,[111] wohl aber eine Pflicht zur gründlichen Entscheidungsvorbereitung und sachgerechten Risikoabschätzung in der konkreten Situation.

Vor diesem Hintergrund hat der BGH in einer Entscheidung aus dem Jahr 2008 die Anforderungen an die Informationsbeschaffung überspannt.[112] Die postulierte Pflicht, „alle verfügbaren Informationsquellen tatsächlicher und rechtlicher Art auszuschöpfen", widerspricht der gesetzgeberischen Intention: Das Angemessenheitserfordernis beurteilt sich demnach aus einer *ex-ante*-Perspektive des handelnden Vorstandsmitglieds; der Wortlaut des § 93 Abs. 1 Satz 2 AktG lässt daran keine Zweifel („vernünftigerweise annehmen durfte") und auch die gesetzgeberischen Motive eröffnen dem Vorstand einen erheblichen Spielraum, den Informationsbedarf selbst abzuwägen.[113] Ob externer Sachverstand eingeholt werden muss, ist Frage des Einzelfalls und ergibt sich aus kaufmännischer Notwendigkeit einerseits und zur Verfügung stehenden unternehmensinternen Ressourcen andererseits. Holt der Vorstand bei fehlender eigener Sachkunde den Rat eines unabhängigen, fachlich qualifizierten Berufsträgers ein, nachdem er diesen über sämtliche für die

---

[108] Vgl. Begr. RegE UMAG BT-Drucks. 15/5092 S. 11; *Fleischer*, ZIP 2004, 685, 690 f.

[109] *Schäfer*, ZIP 2005, 1253, 1257.

[110] *Fleischer*, ZIP 2004, 685, 691; *Koch*, ZGR 2006, 769, 789; K. Schmidt/Lutter/*Krieger/Sailer-Coceani*, § 93 Rn. 13.

[111] *Fleischer*, in: FS Wiedemann, 2002, S. 827, 841; *Schäfer*, ZIP 2005, 1253, 1258; *v. Werder*, ZfB 67 (1997), 901 ff; *Ulmer*, DB 2004, 859, 860.

[112] BGH NJW 2008, 3361, 3362: „[...] ist Voraussetzung einer Haftungsprivilegierung des Geschäftsführers einer GmbH im Rahmen des unternehmerischen Ermessens, dass sein unternehmerisches Handeln auf einer sorgfältigen Ermittlung der Entscheidungsgrundlagen beruht. Danach hat der Geschäftsführer in der konkreten Entscheidungssituation alle verfügbaren Informationsquellen tatsächlicher und rechtlicher Art auszuschöpfen und auf dieser Grundlage die Vor- und Nachteile der bestehenden Handlungsoptionen sorgfältig abzuschätzen und den erkennbaren Risiken Rechnung zu tragen."

[113] Vgl. Begr. RegE UMAG BT-Drucks. 15/5092 S. 12.

Beurteilung erheblichen Umstände ordnungsgemäß informiert und eine eigene Plausibilitätskontrolle angestellt hat, kann er auf diesen Rat vertrauen.[114]

11.5.1.2 Aktienrechtsspezifische Pflichten

Der Vorstand hat zunächst alle aktienrechtlichen Pflichten zu befolgen. Solche erwähnt das AktG entweder explizit oder sie lassen sich im systematischen Kontext ermitteln. **Explizite aktienrechtliche Vorstandspflichten** sind z. B. in §§ 93 Abs. 1 Satz 3 und Abs. 3 Nr. 1 bis 9, 83, 88, 90, 91, 92 und 96 ff. AktG genannt. Exemplarisch hervorzuheben seien die folgenden besonderen Vorstandspflichten:

Die im Nummernkatalog des § 93 Abs. 3 AktG aufgeführten Sondertatbestände betreffen die **Pflicht des Vorstands zur Kapitalerhaltung**. Das Gesetz verbietet dem Vorstand Handlungen, die die Aufbringung oder Erhaltung des Grundkapitals gefährden. Aus der Fassung des § 93 Abs. 3 AktG, der die Entziehung oder Vorenthaltung der Beträge als ursächlich für den Schadenseintritt ansieht, folgt eine Schadensvermutung.[115] Es ist also mit Feststellung der Verletzung eines der Tatbestände des § 93 Abs. 3 AktG grundsätzlich von einem Mindestschaden in Form des Abflusses bzw. der Vorenthaltung der Vermögensmittel auszugehen. Das Vorstandsmitglied trägt die Beweislast, dass die Gesellschaft trotz des pflichtwidrigen Verhaltens nicht geschädigt ist.[116] Im Falle des rechtwidrigen Erwerbs eigener Aktien nach Nr. 3 ist der Nachweis, dass der Gesellschaft überhaupt kein Schaden mehr erwachsen kann, erst dann geführt, wenn der Ausgleich endgültig ins Gesellschaftsvermögen gelangt ist. Dies ist etwa dann der Fall, wenn die Gesellschaft die zurückerworbenen Aktien wieder verkauft hat.[117]

Gerade in Krisenzeiten bedürfen zudem die Vorstandspflichten, die sich an der Schnittstelle zwischen Aktien- und Insolvenzrecht bewegen, besonderer Beachtung. § 92 Abs. 1 AktG statuiert die Pflicht des Vorstands, beim Verlust der Hälfte des Grundkapitals die **Hauptversammlung einzuberufen**. Bei Fortschreiten der Krise und dem Eintritt der insolvenzrechtlichen Zahlungsunfähigkeit oder Überschuldung darf der Vorstand nach § 92 Abs. 2 Satz 1 AktG grundsätzlich **keine Zahlungen mehr leisten**. § 92 Abs. 2 Satz 2 AktG sieht jedoch eine Haftungsprivilegierung für bestimmte Zahlungen vor, etwa solche, die im Zusammenhang mit Sanierungsbemühungen stehen. Zahlungen, die der Aufrechterhaltung des Betriebs dienen,[118] aber auch Miet-, Lohn- und Steuerzahlungen sind bei einem Sanierungszusammenhang von dem Zahlungsverbot ausgenommen.[119] Ebenfalls privilegiert sind nach der Rechtsprechung Zahlungen, die zur Vermeidung sonst drohender

---

[114] BGH NZG 2007, 545, 547; Spindler/Stilz/*Fleischer*, § 93 Rn. 70.
[115] Spindler/Stilz/*Fleischer*, § 93 Rn. 258; Hölters/*Hölters*, § 93 Rn. 274, 289.
[116] KölnKomm-AktG/*Mertens/Cahn* Rn. 134; GroßKomm-AktG/*Hopt*, § 93 Rn. 235.
[117] MüKo-AktG/*Spindler*, § 93 Rn. 222.
[118] BGH NJW 1974, 1088, 1089; OLG Celle GmbHR 2004, 568, 569 f.; GroßKomm AktG/*Habersack*, § 92 Rn. 95; Hdb-VorstR/*Fleischer* § 20 Rn. 61.
[119] BGH ZIP 2008, 72, 73 (Strom- und Heizkosten); OLG Celle GmbHR 2008, 101, 102; MüKo-AktG/*Spindler*, § 92 Rn. 30.

strafrechtlicher Verfolgung unabwendbar sind (z. B. Arbeitnehmerbeiträge zur Sozialversicherung, vgl. § 266a StGB; fällige Steuerschulden).[120] Zahlungen, die nicht privilegiert sind, begründen eine Insolvenzverursachungshaftung des Vorstands.

Eine haftungsbewehrte **Insolvenzantragspflicht** ist in § 15a Abs. 1 InsO rechtsformunabhängig verortet. Danach haben die Mitglieder des Vertretungsorgans einer juristischen Person bei Eintritt der Zahlungsunfähigkeit oder Überschuldung ohne schuldhaftes Zögern, spätestens aber innerhalb von drei Wochen, einen Insolvenzeröffnungsantrag zu stellen. Zahlungsunfähigkeit liegt gemäß § 17 Abs. 2 Satz 1 InsO vor, wenn die Gesellschaft nicht in der Lage ist, ihre fälligen Zahlungspflichten zu erfüllen. Dies wird vermutet, wenn die Gesellschaft ihre Zahlungen eingestellt hat (§ 17 Abs. 2 Satz 2 InsO). Überschuldung ist gegeben, wenn das Vermögen der Gesellschaft die bestehenden Verbindlichkeiten nicht mehr deckt, es sei denn, es liegt eine positive Fortführungsprognose vor (§ 19 Abs. 2 Satz 1 InsO).

Schließlich kann den Vorstand eine **Insolvenzverschleppungshaftung** treffen, wenn er trotz drohender Insolvenz die Geschäfte weiter führt, ohne dass ein Sanierungsplan zugrunde liegt. Die Haftung gegenüber der Gesellschaft ergibt sich aus § 93 Abs. 2 AktG, wird indes mangels Schadens selten zur Anwendung kommen.[121] Relevanter und gefährlicher ist die strafrechtliche Verantwortlichkeit nach § 15a Abs. 4 InsO. Ein Vorstand, der wegen vorsätzlicher Begehung dieser Straftat rechtskräftig verurteilt wurde, kann danach von Rechts wegen keine Vorstandstätigkeit mehr ausüben, § 76 Abs. 3 Satz 2 Nr. 3 a) AktG. Zivilrechtlich von größerer Bedeutung ist die Eigenschaft des § 15a Abs. 1 Satz 1 InsO als Schutzgesetz zugunsten der Gesellschaftsgläubiger i. S. d. § 823 Abs. 2 BGB.[122] Differenzierungen zwischen Alt- und Neugläubigern ergeben sich lediglich in Bezug auf die Schadenshöhe.[123]

Implizite Pflichten ergeben sich etwa aus **Organisations- und Überwachungspflichten**. Dies betrifft etwa die Folgepflichten aus vertikaler Arbeitsteilung als Bestandteil der allgemeinen Sorgfaltspflicht zur Leitung eines Unternehmens. Eingebettet in die allgemeine Pflicht zur Überwachung ist die Pflicht zur **Einrichtung eines Systems zur Früherkennung von Risiken** nach § 91 Abs. 2 AktG, die ein Ausfluss der allgemeinen Tendenz zur Standardisierung von Organisationen ist. Die Risikokontrollpflicht soll die frühzeitige Aufdeckung potenziell bestandsgefährdender Entwicklungen ermöglichen.[124] Die exakten

---

[120] BGH NJW 2007, 2118; BGH NJW 2008, 2504.

[121] OLG Koblenz AG 2009, 336; VorstHdb/*Fleischer*, § 20 Rn. 37; GroßKomm AktG/*Habersack*, § 93 Rn. 72.

[122] So die zutreffende h. M., vgl. KölnKomm-AktG/*Mertens/Cahn* § 92 Anh. Rn. 36; MüKo-AktG/*Spindler*, § 92 Rn. 75; Spindler/Stilz/*Fleischer,* § 92 Rn. 73; Hüffer/*Koch*, § 92 Rn. 26; *Wälzholz*, DStR 2007, 1914, 1915; *Poertzgen*, ZInsO 2007, 574, 575; *K. Schmidt*, GmbHR 2007, 1072, 1078; MüKo-InsO/*Klöhn*, 3. Aufl. 2013, § 15a Rn. 140.

[123] Dazu näher Hüffer/*Koch*, § 92 Rn. 27 ff.

[124] Hdb-VorstR/*Spindler*, § 19 Rn. 8; GroßKomm-AktG/*Kort*, § 91 Rn. 30; Spindler/Stilz/*Fleischer*, § 91 Rn. 31; Hüffer/*Koch* AktG Rn. 4.

Anforderungen an die Ausgestaltung eines Risikomanagementsystems sind in der juristischen und betriebswirtschaftlichen Literatur umstritten. Jedenfalls muss der Vorstand ein solches System dem Grunde nach einrichten und seine Einhaltung überwachen.[125] Die Überwachungspflichten bei Ressortbildung innerhalb des Vorstands (horizontale Arbeitsteilung) sind dem Themenfeld Binnenorganisation des Leitungsorgans zuzuordnen. Zu den Überwachungspflichten gehört auch die Pflicht, sich selbst stets über die Angemessenheit der eigenen (Vorstands-) Organisation zu vergewissern.[126]

Der Vorstand ist nach heute h. M. dem Grundsatz nach verpflichtet, eine **Compliance-Organisation** einzurichten. Dies wird teilweise aus der allgemeinen Sorgfaltspflicht hergeleitet, teilweise aber auch direkt aus § 91 Abs. 2 AktG. Für Kreditinstitute, Wertpapierdienstleistungsunternehmen sowie Versicherungen existieren spezialgesetzliche Regelungen[127], die den betroffenen Unternehmen Vorgaben bezüglich der Ausgestaltung einer solchen Organisation machen. Die Einhaltung der Vorgaben wird von der BaFin überwacht. Nach zutreffender Auffassung geben sowohl die aufsichtsrechtlichen Regelungen aus KWG, WpHG und VAG als auch spezielle IDW-Standards Anhaltspunkte für das allgemeine Aktienrecht.[128]

Die Tatsache, dass die teilweise kleinteiligen sektorspezifischen Compliance-Vorschriften des Banken- und Versicherungsaufsichtsrechts bislang nicht für andere Branchen übernommen wurden, verbietet es jedoch, Analogieschlüsse zu ziehen oder einzelne Aspekte zu verallgemeinern.[129] Vielmehr fällt die inhaltliche Ausgestaltung einer Compliance-Organisation unter die *Business Judgement Rule* und ist vom Vorstand unter Berücksichtigung der unternehmensspezifischen Besonderheiten, insbesondere des konkreten Risikoprofils, von Fall zu Fall zu prüfen. Einzelne Aspekte der spezialgesetzlichen Regelungen darf er im Rahmen seiner unternehmerischen Ermessensausübung ohne Bedenken übernehmen.

Eine weitere aus der Generalnorm des § 93 Abs. 1 Satz 1 AktG folgende Pflicht des Vorstands besteht darin, die die **innere Ordnung** des Unternehmens betreffenden Vorschriften einzuhalten. Er ist zur kollegialen Zusammenarbeit mit den anderen Vorstandsmitgliedern verpflichtet und hat gemäß § 82 Abs. 2 AktG die Kompetenzen und rechtmäßig getroffenen Entscheidungen der anderen Gesellschaftsorgane zu beachten.[130]

---

[125] Hüffer/*Koch*, AktG, § 91 Rn. 4; Spindler/Stilz/*Fleischer*, § 91 Rn. 36.
[126] *Grunewald*, NZG 2013, 841, 842.
[127] Vgl. für Kreditinstitute § 25a Abs. 1 Satz 3 Nr. 3 c) KWG, für Wertpapierdienstleistungsunternehmen § 33 Abs. 1 WpHG sowie für Versicherungen § 64a Abs. 1 Satz 1 und 2 i. V. m. § 7a Abs. 1 Satz 4 VAG.
[128] *Kort*, NZG 2008, 81, 82 f.; *Wiederholt/Walter*, BB 2011, 968, 970; *Casper*, in: Liber amicorum M. Winter, 2011, S. 77, 87 f.
[129] Ähnlich *Dreher*, ZGR 2010, 496, 520; Hüffer/*Koch*, in: FS Roth, 2011, S. 299, 303; MüKo-AktG/*Spindler*, § 91 Rn. 64.
[130] *Langenbucher*, § 4 Rn. 78; *Raiser/Veil*, § 14 Rn. 80, 83.

Schließlich hat der Vorstand die Geschäftstätigkeit der Gesellschaft im Rahmen des satzungsmäßigen **Unternehmensgegenstandes** zu halten. Er muss sich ferner an die Bestimmungen aus Satzung und Geschäftsordnung halten, darf nichtige Hauptversammlungsbeschlüsse nicht ausführen und muss bei anfechtbaren Beschlüssen nach pflichtgemäßem Ermessen entscheiden, ob er Anfechtungsklage erhebt. Seine Anfechtungsbefugnis ergibt sich aus § 245 Nr. 4 AktG.[131]

11.5.1.3 Gesetzliche Pflichten außerhalb des Aktiengesetzes

Als Leitungs- und Geschäftsführungsorgan ist der Vorstand nicht nur an vorstandsspezifische Pflichten gebunden. Weitere Ge- und Verbote ergeben sich aus dem **Strafrecht, dem Öffentlichen Recht und dem allgemeinen Zivilrecht**. Verstößt der Vorstand im Rahmen seiner Vorstandstätigkeit gegen Verbotsnormen aus anderen Rechtsgebieten, kann dies zu Schadensersatzpflichten der Gesellschaft oder des Vorstands persönlich führen. Besonders praxisrelevant und haftungsträchtig sind die Pflichten, fällige Steuern und Sozialversicherungsbeiträge für die Gesellschaft abzuführen. Das Steuerrecht greift bei Pflichtverletzungen im steuerlichen Bereich, die zulasten des Fiskus gehen, kurzerhand auf den Vorstand persönlich durch (§§ 69 ff. AO).

Wegen der uneingeschränkt geltenden Legalitätspflicht des Vorstands werden auch **Rechtsverstöße**, die für die Gesellschaft **nützlich** und aus ökonomischer Sicht vorteilhaft sind, als Sorgfaltspflichtverletzungen behandelt und müssen vom Aufsichtsrat unterbunden bzw. verfolgt werden.[132] Beispiele für nützliche, aber dennoch pflichtwidrige Vorstandshandlungen sind Schmiergeldzahlungen, die in einigen Teilen der Welt fester Bestandteil des Wirtschaftslebens sind oder waren, aber auch schon die Einrichtung „schwarzer Kassen" als Vorbereitungshandlung für illegale Zahlungen.[133] Auch wettbewerbsrechtliche Verstöße, wie etwa verbotene Kartellbildung, begründen immer eine Sorgfaltspflichtverletzung, mögen sie finanziell auch noch so lukrativ für die Gesellschaft sein.[134]

Einen Spezialfall bildet die Behandlung von Verstößen gegen den **Deutschen Corporate Governance Kodex**. Schon weil der Kodex ohne jede Beteiligung des Gesetzgebers formuliert und publiziert ist, fehlt ihm Gesetzesqualität im Sinne von Art. 2 EGBGB.[135] Mittelbarer Druck wird indes für börsennotierte Aktiengesellschaften erzeugt, deren Vorstand und Aufsichtsrat nach § 161 Abs. 1 AktG jährlich berichten müssen, ob sie den Empfehlungen des Kodex folgen und eine Nichtbefolgung zu begründen haben (*comply or explain*). Indirekt kommen nach der Rechtsprechung auch Schadensersatzansprüche

---

[131] *Raiser/Veil*, § 14 Rn. 80.

[132] *Fleischer*, ZIP 2005, 141, 148; GroßKomm-AktG/*Hopt*, § 93 Rn. 99.

[133] BGH ZIP 2008, 2315 („Siemens"); BGH NJW 2010, 3458; *Merkt*, in: FS Hommelhoff, 2012, S. 711, 713.

[134] Zu dem Themenkreis der „nützlichen" Pflichtverletzungen instruktiv und aus rechtsvergleichender Sicht *Fleischer*, ZIP 2005, 141.

[135] Allg. M., vgl. *Ulmer*, ZHR 166 (2002), 150, 158 ff.; *Seibert*, ZIP 2001, 2192; *Tödtmann/Schauer*, ZIP 2009, 995 f; MüKo-AktG/*Goette*, § 161 Rn. 22.

der Gesellschaft gegen Vorstand und Aufsichtsrat in Betracht, wenn sie Ihrer Veröffentlichungspflicht nicht oder fehlerhaft nachkommen. Freilich wird es in diesen Fällen zumeist an einem Schaden fehlen.[136] Fehlende oder fehlerhafte Entsprechenserklärungen können schließlich auch deshalb problematisch für Mitglieder von Vorstand und Aufsichtsrat sein, weil sie die Entlastungsbeschlüsse der Hauptversammlung unter den Voraussetzungen des § 243 Abs. 4 AktG anfechtbar machen können.[137]

11.5.2 Treuepflichten

Die Treue- oder Loyalitätspflicht, die für den Vorstand nur im Verhältnis zur Gesellschaft, nicht hingegen zu den Aktionären besteht, verlangt von den Vorstandsmitgliedern, dass sie eigene Interessen nicht zur Triebfeder ihres Handelns machen. Als Treuhänder fremder Interessen[138] muss der Vorstand die Interessen der Gesellschaft über eigene oder Drittinteressen stellen.[139] Gegenüber Aktionären, Aufsichtsratsmitgliedern und Arbeitnehmern müssen Vorstandsmitglieder unparteiisch sein.[140]

Die Treuepflicht ist von Rechtsprechung und Schrifttum zum Zwecke der Systematisierung in einzelne Teilbereiche unterteilt. Diese Systematisierung ist jedoch nicht erschöpfend; die organschaftlichen Treuepflichten wirken vielmehr in die **gesamte persönliche Lebensführung** eines Vorstandsmitglieds ein.

11.5.2.1 Wettbewerbsverbot

Jedenfalls sein berufliches Leben hat das Vorstandsmitglied seiner Vorstandstätigkeit in einem solchen Maß unterzuordnen, dass es seiner Aufgabe körperlich und psychisch jederzeit gerecht werden kann.[141] Dieser Grundsatz wird etwa durch das **Wettbewerbsverbot** des § 88 Abs. 1 AktG präzisiert. Danach sind dem Vorstand wirtschaftliche Betätigungen neben seinem Vorstandsamt grundsätzlich nicht gestattet, sei es selbständig durch den Betrieb eines eigenen Handelsgewerbes (Satz 1 Alt. 1) oder durch „Geschäftemachen" auf eigene oder fremde Rechnung (Satz 1 Alt. 2 AktG). Während der Betrieb eines Handelsgewerbes (Alt. 1) schon aufgrund des damit mutmaßlich einhergehenden Umfangs der Betätigung per se verboten ist, um die volle Einsatzfähigkeit des Vorstandsmitglieds zu erhalten, beschränkt sich das Verbot des Geschäftemachens (Alt. 2) nur auf den Geschäftszweig

---

[136] MüKo-AktG/*Goette*, § 161 Rn. 97; *Mülbert/Wilhelm*, ZHR 176 (2012), 286, 299 f.; Hüffer/*Koch*, § 161 Rn. 25.
[137] BGH NZG 2009, 342 („Kirch/Deutsche Bank"), BGH DStR 2009, 2207 („Umschreibestopp"); zustimmend *Lutter*, in: FS Hopt, 2010, S. 1025, 1029; kritisch *Leuering*, DStR 2010, 2255.
[138] *Grundmann*, Der Treuhandvertrag, 1997, S. 421 ff.
[139] BGHZ 13, 188, 192; 20, 239, 246; 49, 31, 31; GroßKomm-AktG/*Hopt*, § 93 Rn. 469; Hdb-VorstR/*Fleischer*, § 9 Rn. 6; K. Schmidt/Lutter/*Krieger/Sailer-Coceani*, § 93 Rn. 16.
[140] GroßKomm-AktG/*Hopt*, § 93 Rn. 151.
[141] *Raiser/Veil*, § 14 Rn. 91.

der Gesellschaft. Es dient somit der Konkurrenzverhütung[142] und weniger der Erhaltung der vollen Arbeitskraft des Vorstandsmitglieds. Auch Aufgaben als Fremdgeschäftsführungsmitglied in anderen Gesellschaften fallen unter das Wettbewerbsverbot (Satz 2).

Erlaubt sind die Beteiligung an einer anderen Gesellschaft als stiller Gesellschafter, Kommanditist oder als Aktionär, Kommanditaktionär oder als Gesellschafter einer GmbH.[143] Die genannten Beteiligungen umfassen in aller Regel keine Geschäftsführungsaufgaben, sondern dienen in erster Linie nur als finanzielle Investition. Sie beeinträchtigen daher weder die volle Arbeitskraft des Vorstandsmitglieds noch bergen sie die Gefahr gesellschaftsschädigenden Wettbewerbs. Jegliche Betätigungen bedürfen stets der Einwilligung des Aufsichtsrats, die dieser nur in einem sachlich beschränkten Umfang erteilen darf (§ 88 Abs. 1 Satz 3 AktG).

Das in § 88 Abs. 1 AktG verankerte Wettbewerbsverbot gilt für alle Vorstandsmitglieder einschließlich ihrer Stellvertreter (§ 94 AktG). Das Wettbewerbsverbot kommt auch für Vorstandsmitglieder zur Anwendung, die Alleinaktionäre der Gesellschaft sind. Das Wettbewerbsverbot dient den Interessen der Gesellschaft, deren Interessen sich auch von denen eines Alleingesellschafters unterscheiden können. Eine teleologische Reduktion wird aus diesem Grund zutreffend abgelehnt.[144] Dem Wettbewerbsverbot unterliegen Vorstandsmitglieder grundsätzlich nur für die Dauer ihrer Amtszeit.

11.5.2.2 Geschäftschancenlehre

Das Wettbewerbsverbot erfasst – jedenfalls soweit es um „Geschäftemachen" i. S. d. § 88 Abs. 1 Satz 1 Alt. 2 AktG geht – seinem Wortlaut nach nur eine Betätigung des Vorstands im Geschäftszweig der Gesellschaft. Vor dem Hintergrund, dass sich dem Vorstand aufgrund seiner Tätigkeit und den daraus resultierenden weitreichenden Verbindungen mitunter auch Gelegenheiten zu Geschäften bieten, die zwar außerhalb des eigentlich betriebenen Geschäftszweigs des Unternehmens liegen, für die Gesellschaft aber dennoch von Vorteil sein können, verbietet es die **Geschäftschancenlehre** Vorstandsmitgliedern, solche Gelegenheiten für sich selbst zu nutzen. Dies ist Ausdruck der allgemeinen Treuepflicht[145] und schließt die Lücke des insoweit zu eng geratenen gesetzlichen Wettbewerbsverbots.

Ob es sich **im Einzelfall** bei einer Geschäftschance, die dem Vorstand anlässlich seiner Vorstandstätigkeit bekannt wird, um eine solche der Gesellschaft handelt, beurteilt sich

---

[142] BGH NJW 2001, 2476; GroßKomm-AktG/*Kort*, § 88 Rn. 31; Spindler/Stilz/*Fleischer*, § 88 Rn. 20.

[143] GroßKomm-AktG/*Kort*, § 88 Rn. 45; Hüffer/*Koch*, § 88 Rn. 4; MüKo-AktG/*Spindler*, § 88 Rn. 21.

[144] KölnKomm-AktG/*Mertens/Cahn*, § 88 Rn. 6; MüKo-AktG/*Spindler*, § 88 Rn. 9; für eine teleologische Reduktion, wenn Gläubigerinteressen nicht gefährdet sind Spindler/Stilz/*Fleischer*, § 88 Rn. 7, der jedoch auf BGH-Rechtsprechung zum Einmann-Gesellschafter in der GmbH rekurriert (BGHZ 119, 257, 262).

[145] So zutreffend *Fleischer*, NZG 2003, 985 ff.; KölnKomm-AktG/*Mertens/Cahn*, § 88 Rn. 5; OLG Köln BB 2008, 800, 802.

danach, ob das Vorstandsmitglied davon ausgehen muss, dass sie nicht ihm als Person, sondern der Gesellschaft angeboten wird.[146] Im Unterschied zum Wettbewerbsverbot des § 88 AktG wirken die Restriktionen aus der Geschäftschancenlehre auch über die Zeit als Vorstandsmitglied hinaus. Das Vorstandsmitglied darf Geschäftschancen, die während seiner Amtszeit angebahnt wurden, auch nicht nach Beendigung seiner Vorstandstätigkeit für sich ausnutzen.[147]

11.5.2.3 Verschwiegenheitspflicht

§ 93 Abs. 1 Satz 3 AktG konkretisiert die organschaftliche Treuepflicht und verpflichtet Vorstandsmitglieder, über vertrauliche Angaben und Geheimnisse der AG Stillschweigen zu bewahren. „**Vertrauliche Angaben**" können alle Informationen sein, die ein Vorstandsmitglied in dieser Eigenschaft erlangt hat. Für die Vertraulichkeit der Informationen kommt es auf eine objektive Beurteilung an, ob die Weitergabe der Information nachteilig sein kann, auch wenn sie kein Geheimnis (mehr) ist.[148] Vertrauliche Angaben können auch Meinungsbekundungen oder Abstimmungsverhalten innerhalb des Gesamtvorstands sein.[149]

„**Geheimnisse der Gesellschaft**" sind Tatsachen, die nur einem eng begrenzten Personenkreis bekannt, also nicht offenkundig sind, wenn sie nach dem bekundeten oder mutmaßlichen Willen der Gesellschaft geheim gehalten werden sollen und wenn an der Geheimhaltung ein berechtigtes wirtschaftliches Interesse besteht.[150]

Eine ausdrückliche Kennzeichnung von Tatsachen als geheimhaltungsbedürftig ist nicht erforderlich. Vorstandsmitglieder müssen auf Grund ihrer Stellung und Tätigkeit selbst wissen, wann eine Tatsache im Gesellschaftsinteresse als Geheimnis anzusehen ist. Insofern ist der Vorstand auch der „**Herr der Gesellschaftsgeheimnisse**".[151] Damit konkretisiert er in einem ersten Schritt das Unternehmensinteresse, stellt in einem zweiten Schritt fest, ob eine Tatsache Geheimnischarakter hat und entscheidet schließlich im Rahmen seines unternehmerischen Ermessens, ob es im Unternehmensinteresse liegt, dass diese Tatsache geheim zu halten ist. Überwiegen die Vorteile einer Offenbarung von vertraulichen Angaben oder Geheimnissen, tritt die Verschwiegenheitsverpflichtung zurück. Beispiele sind die Informationsoffenlegung im Rahmen von Due-Diligence-Prüfungen sowie die Einschaltung externer Berater.

---

[146] BGH NJW 1986, 585, 586; OLG Frankfurt GmbHR 1998, 376, 378.
[147] BGH WM 1977, 194; GroßKomm-AktG/*Hopt*, § 88 Rn. 183; MüKo-AktG/*Spindler*, § 88 Rn. 64.
[148] OLG Stuttgart AG 2007, 218, 219; Hüffer/*Koch*, § 93 Rn. 30; MüKo-AktG/*Spindler*, § 93 Rn. 120.
[149] BGHZ 64, 325, 332.
[150] BGHZ 64, 325, 329; BGH NJW 1997, 1985, 1987; OLG Stuttgart AG 2013, 599, 602; MünchHdB AG/*Wiesner*, § 25 Rn. 42.
[151] So BGHZ 64, 325, 329; dem folgend Spindler/Stilz/*Fleischer*, § 93 Rn. 169; MüKo-AktG/*Spindler*, § 93 Rn. 119.

Die anderen Gesellschaftsorgane, insbesondere der Aufsichtsrat, können sich auf die Einschätzung durch den Vorstand berufen, ob eine Angelegenheit geheimhaltungsbedürftig ist. Stellt sich nachher heraus, dass die Einschätzung nicht vertretbar war, kann dies bei einem Schaden der Gesellschaft zu einer Schadensersatzpflicht des Vorstands führen.

11.6 Haftung und Sanktionen

11.6.1 Innenhaftung

Der Vorstand haftet gemäß § 93 Abs. 2 Satz 1 AktG gegenüber der Gesellschaft für die Verletzung seiner Leitungspflichten aus § 93 Abs. 1 Satz 1 AktG. Eine Außenhaftung ist im Aktiengesetz nicht vorgesehen. Insoweit kommen aber Ansprüche Dritter gegen Vorstandsmitglieder aus den allgemeinen zivilrechtlichen Haftungsnormen, insbesondere aus culpa in contrahendo (§ 311 Abs. 3 BGB) oder Deliktsrecht (§ 823 ff. BGB) in Betracht.

Erste Voraussetzung für eine Haftung nach § 93 Abs. 2 AktG ist eine **schuldhafte Pflichtverletzung** eines Vorstandsmitglieds. Die Pflichten können auf Gesetz, Satzung, Geschäftsordnung oder Anstellungsvertrag beruhen.[152] Maßgeblich sind nur solche Pflichten, die gegenüber der Gesellschaft bestehen. Ob das der Fall ist, ist durch Auslegung anhand des Schutzzwecks der jeweiligen Vorschrift zu ermitteln. Infrage kommen Sorgfalts- oder Treuepflichtverletzungen. Sorgfaltsmaßstab ist nach § 93 Abs. 1 Satz 1 AktG das Leitbild des ordentlichen und gewissenhaften Geschäftsleiters. Eine Pflichtverletzung kommt dann nicht infrage, wenn sich der Vorstand innerhalb des durch § 93 Abs. 1 Satz 2 AktG normierten Geschäftsleiterermessens bewegt.[153]

Der **Schuldvorwurf** eines pflichtwidrigen Verhaltens liegt darin, ein Vorstandsamt und einen Geschäftsbereich übernommen zu haben, ohne den daran gestellten Anforderungen gewachsen zu sein.[154] Da ein typisierter Verschuldensmaßstab gilt, können individuelle Unzulänglichkeiten keine Berücksichtigung zugunsten des Vorstandsmitglieds finden und dieses exkulpieren.[155] Auch Haftungsprivilegierungen nach den arbeitsrechtlichen Regeln über die betrieblich veranlasste Tätigkeit können wegen der Organstellung des Vorstands nicht zur Anwendung kommen.[156] Geht es um Pflichtverletzungen von Arbeitnehmern der

---

[152] MüKo-AktG/*Spindler*, § 93 Rn. 145; KölnKomm-AktG/*Mertens/Cahn*, § 93 Rn. 4; Hüffer/*Koch* AktG, § 93 Rn. 40.
[153] Vgl. dazu unter 4. Teil 11.5.1.1.
[154] RGZ 163, 200, 208; KölnKomm-AktG/*Mertens/Cahn*, § 93 Rn. 136.
[155] Hüffer/*Koch*, § 93 Rn. 43; MüKo/*Spindler*, § 93 Rn. 158; MünchHdB-AG/*Wiesner*, § 26 Rn. 9.
[156] *Fleck*, in: FS Hilger/Stumpf, 1983, S. 197, 215 ff.; KölnKomm-AktG/*Mertens/Cahn*, § 93 Rn. 136; Spindler/Stilz/*Fleischer*, § 93 Rn. 206.

11.6 Haftung und Sanktionen

Gesellschaft, sind die §§ 278, 831 BGB nicht anwendbar, da die Angestellten Erfüllungs- oder Verrichtungsgehilfen der Gesellschaft, nicht aber des Vorstandsmitglieds sind.[157]

Nach zutreffender Auffassung sind **Rechtsirrtümer** aufgrund unklarer Rechtslage auf der Ebene des Verschuldens einzuordnen.[158] Voraussetzung für eine haftungsausschließende Unvermeidbarkeit des Irrtums ist indes, dass der Vorstand sich um die Ermittlung der zutreffenden Rechtslage bemüht und auf dieser Grundlage einen Rechtsstandpunkt sorgfältig gebildet hat.[159] Bei einigen vielschichtigen Entscheidungen liegt die Notwendigkeit rechtlicher Beratung auf der Hand.[160] Der Vorstand hat dann den Sachverhalt gründlich aufzuarbeiten, auf dieser Grundlage sachverständigen Rechtsrat einzuholen und diesen einer Plausibilitätsprüfung zu unterziehen.[161] Immer wenn möglich, sollte der Rechtsrat zudem schriftlich erfolgen.[162] Für die Sachverständigkeit genügt nicht die formale Qualifikation als Rechtsanwalt. Vielmehr muss der Sachverständige über ausgewiesene Kenntnisse in dem konkret betroffenen Rechtsgebiet verfügen.[163] Noch nicht abschließend geklärt ist, ob der Rechtsrat zwingend durch einen externen Sachverständigen zu erfolgen hat, oder ob stattdessen auch Inhouse-Juristen zu Rate gezogen werden können. Bisweilen wird an deren Unabhängigkeit gezweifelt,[164] was per se – vor allem im Vergleich zum parteiverbundenen Rechtsanwalt – wohl nicht zwingend zutreffen muss.[165] Bei komplexeren Geschäften größeren Umfangs sollte aber aus Vorsichtsgründen auf externen Rechtsrat zurückgegriffen werden.[166]

Eine durch Satzung, Geschäftsordnung oder Anstellungsverträge vorgenommene **Geschäftsverteilung** wird vom Gesetz im Interesse der Effektivität ausdrücklich zugelassen und führt zu einer Konzentration von Verantwortlichkeiten der einzelnen Vorstandsmitglieder auf die ihnen jeweils zugewiesenen Geschäftsbereiche (Ressortverantwortung).[167] Der Grundsatz der Gesamtverantwortung gilt in nach Inhalt und Ausmaß modifizierter Form fort: unmittelbar geschäftsführende Tätigkeiten werden nur noch hinsichtlich des

---

[157] BGHZ 125, 366, 375 = NJW 1994, 1801; für § 278 BGB: BGH NZG 2011, 1271, 1273 („Ision"); für § 831 BGB: *M. Zimmermann,* WM 2008, 433, 436; *Dreher,* in: FS Hopt, 2010, S. 517, 535 f.; KölnKomm-AktG/*Mertens/Cahn,* § 93 Rn. 48; GroßKomm AktG/*Hopt,* § 93 Rn. 56; Spindler/Stilz/*Fleischer,* § 93 Rn. 98.

[158] Hüffer/*Koch,* § 93 Rn. 43; *Buck-Heeb,* BB 2013, 2247; *Strohn,* ZHR 176 [2012], 137, 138.

[159] Hüffer/*Koch,* § 93 Rn. 44.

[160] *Krieger,* ZGR 2012, 496, 501 f.

[161] BGH NJW 2007, 2118 Rn. 16; BGH AG 2011, 876 Rn. 16 („Ision").

[162] BGH AG 2011, 876 Rn. 24 („Ision"); zu den Ausnahmen *Selter,* AG 2012, 11, 17.

[163] BGH AG 2011, 876 Rn. 18 („Ision"); Hölters/*Hölters,* § 93 Rn. 249; *U. H. Schneider,* DB 2011, 99, 103.

[164] So BAGE 24, 318, 330; OLG Stuttgart 1977, 1408, 1409.

[165] Zur Diskussion Hüffer/*Koch,* § 93 Rn. 45 mit zahlreichen weiteren Nachweisen.

[166] Hölters/*Hölters,* § 93 Rn. 249; Hüffer/*Koch,* § 93 Rn. 45.

[167] Spindler/Stilz/*Fleischer,* § 77 Rn. 48; GroßKomm AktG/*Hopt,* § 93 Rn. 61; MüKo-AktG/*Spindler,* § 93 Rn. 148.

eigenen Geschäftsbereichs erwartet und können bei Schlechterfüllung zur Schadensersatzhaftung führen; für die Nachbarressorts trifft die Vorstandsmitglieder hingegen lediglich eine Pflicht zur allgemeinen Überwachung.[168] Damit verschiebt sich der Anknüpfungspunkt für vorwerfbares Verhalten von ungenügender Geschäftsführung zu ungenügender Überwachung. Nach zutreffender Auffassung ergeben sich weder für Vorstandsmitglieder sachnaher anderer Ressorts[169] noch für den Vorstandsvorsitzenden gesteigerte Überwachungspflichten.[170]

Schwierigkeiten bei der Geltendmachung des Schadensersatzanspruchs trägt das Gesetz in § 93 Abs. 2 Satz 2 AktG durch eine gesetzliche **Beweislastumkehr** Rechnung. Das pflichtwidrige Verhalten des Vorstandsmitglieds wird danach vermutet, wenn streitig bleibt, dass es die Sorgfalt eines ordentlichen und gewissenhaften Geschäftsleiters angewandt hat.[171] Die Rechtsprechung[172] wendet die Vorschrift extensiv an, indem nicht nur das Verschulden im engeren Sinne vermutet wird, sondern auch die objektive Pflichtwidrigkeit und der Ursachenzusammenhang zwischen Vorstandshandeln und Schaden. Die Gesellschaft als Anspruchstellerin muss lediglich eine plausible Möglichkeit der ursächlichen Verknüpfung darlegen.[173] Die Beweislast, sich weder objektiv noch subjektiv pflichtwidrig verhalten zu haben, trifft ein Vorstandsmitglied auch dann, wenn ihm von der Hauptversammlung Entlastung erteilt worden ist.[174] Nach § 120 Abs. 2 Satz 2 AktG enthält die Entlastung keinen Verzicht auf Ersatzansprüche, selbst wenn die Entlastung einstimmig beschlossen wurde.

Nach dem Ausscheiden aus dem Vorstand kann es für das Vorstandsmitglied schwierig sein, den Nachweis zu führen, dass es die Sorgfalt eines ordentlichen und gewissenhaften Geschäftsleiters angewendet hat. Denn im Zuge des Ausscheidens aus der Gesellschaft muss das Vorstandsmitglied gem. §§ 675, 666 f. BGB sämtliche Unterlagen an die Gesellschaft herausgeben[175] und hat im Normalfall auch kein Zurückbehaltungsrecht.[176] Die Gesellschaft hat aber aus nachwirkender Treuepflicht oder – wenn es lediglich um die Einsichtnahme von Urkunden geht – zur Erfüllung eines Anspruchs aus § 810 BGB dem Vorstandsmitglied das in ihrem Besitz befindliche Beweismaterial zugänglich zu machen und ihm erforderlichenfalls auch Einsicht in die Bücher und Schriften zu gewähren, damit seine Verteidigung nicht an Beweisschwierigkeiten scheitert.[177] Versagt die Gesellschaft

---

[168] BGH NJW 1986, 54, 55; BGH NJW 1995, 2850, 2851; BGH NJW 1997, 130; Henssler/Strohn/*Dauner-Lieb*, § 93 Rn. 31; *Hemeling*, ZHR 175 (2011), 368, 377.

[169] *Habersack*, WM 2005, 2360, 2363 f.; *Nitsch*, ZIP, 2013 1449, 1452; Hüffer/*Koch*, § 93 Rn. 42.

[170] Hüffer/*Koch*, § 93 Rn. 42; *Fleischer*, NZG 2003, 449, 455; a. A. für Vorstandsvorsitzenden *Bezzenberger*, ZGR 1996, 661, 670 ff.

[171] MüKo-AktG/*Spindler*, § 93 Rn. 180.

[172] BGHZ 152, 280, 283; BGH WM 1985, 1293 f.; *Raiser/Veil*, § 14 Rn. 99.

[173] Einzelheiten bei *Goette*, ZGR 1998, 648; GroßKomm-AktG/*Hopt*, § 93 Rn. 276 ff.

[174] OLG Düsseldorf ZIP 1996, 503, 504.

[175] BGH WM 1963, 161, 162; BGH ZIP 2008, 1821; *Deilmann/Otte* BB 2011, 1291, 1292.

[176] MünchKomm/*Spindler*, § 84 Rn. 110, 192.

[177] BGHZ 152, 280, 285; OLG Stuttgart NZG 2010, 141, 142; s. auch *Rieger*, in: FS Peltzer, 2001, S. 339, 351; *Fleischer*, NZG 2010, 121, 122; *Grooterhorst*, AG 2011, 389, 393 ff.; Spindler/Stilz/

dem ausgeschiedenen Vorstandsmitglied den Einblick in Unterlagen, handelt sie rechtsmissbräuchlich. Als Rechtsfolge können dann sekundäre Beweis- bzw. Darlegungslasterleichterungen zugunsten des Vorstandsmitglieds eingreifen.[178]

11.6.2 Abberufung und Kündigung

Nach § 84 Abs. 3 Satz 1 AktG kann der Aufsichtsrat die Bestellung zum Vorstandsmitglied oder die Ernennung zum Vorsitzenden des Vorstands widerrufen, wenn ein **wichtiger Grund** vorliegt. Voraussetzung ist ein Aufsichtsratsbeschluss nach § 108 AktG. § 84 Abs. 3 Satz 2 AktG nennt exemplarisch drei wichtige Gründe, ist jedoch nicht abschließend. Ob ein wichtiger Grund vorliegt, ist stets Frage des Einzelfalles und bedarf der Berücksichtigung aller für und gegen das Vorstandsmitglied sprechenden Umstände. Das Widerrufsrecht ist beschränkt, um die vom Gesetz vorgesehene Unabhängigkeit des Vorstands nach § 76 Abs. 1 AktG während der Dauer seiner Amtszeit zu gewährleisten.[179] Das Erfordernis des wichtigen Grundes ist zwingend und kann durch die Satzung oder die Hauptversammlung nicht abbedungen werden.[180] Würde man dem Aufsichtsrat auf diese Weise die Möglichkeit einer jederzeitigen Abberufung einräumen, so liefe auch die gesetzlich vorgesehene Weisungsfreiheit des Vorstands leer: Unter dem Damoklesschwert der Abberufung nach Belieben wären freie und eigenverantwortliche Entscheidungen auf Dauer nicht möglich. Deshalb kann auch das Vorstandsmitglied selbst nicht auf das Erfordernis des wichtigen Grundes verzichten.[181]

Das Gesetz nennt als nicht abschließende **Fallgruppen** wichtiger Gründe die „grobe Pflichtverletzung" (z. B. Vertrauensbruch, unrichtige Buchführung, Handeln zum Nachteil der Gesellschaft, unzulässige Kreditgewährung, Verweigerung von Berichten, falsche Berechnung von Tantiemen, Aneignung von Gesellschaftsvermögen) und die „Unfähigkeit zur ordnungsmäßigen Geschäftsführung" (lange Krankheit, Untauglichkeit als Vorsitzender u. a.).[182]

Daneben nennt das Gesetz den **Vertrauensentzug** durch die Hauptversammlung als wichtigen Grund und bringt damit zum Ausdruck, dass die eigenverantwortliche Stellung eines Vorstandsmitglieds stets nur dann gerechtfertigt ist, wenn sie vom Vertrauen der Hauptversammlung legitimiert ist. Anders als im Rahmen der anderen beiden exempla-

---

Fleischer, § 93 Rn. 224; KölnKomm-AktG/*Mertens/Cahn*, § 93 Rn. 147; MüKo-AktG/*Spindler*, § 93 Rn. 188.

[178] MüKo-AktG/*Spindler*, § 93 Rn. 188.
[179] AllgM., Begr. RegE bei *Kropff* S. 106; Hüffer/*Koch*, § 84 Rn. 34; Spindler/Stilz/*Fleischer*, § 84 Rn. 99; Henssler/Strohn/*Dauner-Lieb*, § 93 AktG Rn. 30.
[180] GroßKomm AktG/*Kort*, § 93 Rn. 68, 127 ff.; KölnKomm-AktG/*Mertens/Cahn*, § 93 Rn. 105.
[181] MüKo-AktG/*Spindler*, § 84 Rn. 125.
[182] MüKo-AktG/*Spindler*, § 84 Rn. 130 ff. mit unzähligen weiteren Beispielen aus der Rechtsprechung zu beiden Fallgruppen.

rischen Fallgruppen bedarf es für einen Vertrauensentzug weder einer besonderen Begründung noch einer vorwerfbaren Pflichtverletzung.[183] Ein gewisses Korrektiv besteht darin, dass der Aufsichtsrat nicht verpflichtet ist, das Vorstandsmitglied, dem die Hauptversammlung das Vertrauen entzogen hat, abzuberufen.[184] Er muss die Entscheidung aus eigener Verantwortung und im besten Unternehmensinteresse treffen. So liegt es nah, ein Vorstandsmitglied dann im Amt zu belassen, wenn die Hauptversammlung ihm aus erkennbar sachfremden Gründen das Vertrauen entzogen hat.[185]

11.6.3 Straf- und Bußgeldvorschriften

Das Aktiengesetz enthält schließlich auch eigene Normen im Bereich des **Straf- und Ordnungswidrigkeitsrechts**, die teilweise an subjektbezogene Merkmale, wie z. B. „Mitglied des Vorstands", anknüpfen und insoweit echte Sonderdelikte sind.[186] Durch die Straf- und Bußgeldvorschriften sollen besonders gefährliche Verstöße gegen die Schutzbestimmungen des Aktienrechts mit Strafe oder einem Bußgeld bedroht werden. Außerhalb des AktG sind die Straftatbestände der §§ 263, 265b, 266 StGB sowie die Straf- und Bußgeldvorschriften der §§ 331 bis 334 HGB von besonderer Bedeutung.

Literatur

Bauer/Arnold, AGG-Probleme bei vertretungsberechtigten Organmitgliedern, ZIP 2008, 993
Bauer/Arnold, Festsetzung und Herabsetzung der Vorstandsvergütung nach dem VorstAG, AG 2009, 717
Bezzenberger, Der Vorstandsvorsitzende der Aktiengesellschaft, ZGR 1996, 661
Buck-Heeb, Die Haftung von Mitgliedern des Leitungsorgans bei unklarer Rechtslage, BB 2013, 2247
Casper, Whistleblowing zwischen Denunziantentum und integralem Baustein von Compliance-Systemen, Liber amicorum M. Winter, 2011, S. 77
Dauner-Lieb, Der Konzern, 2009, 583
Dauner-Lieb/Friedrich, Zur Reichweite des § 87 II AktG, NZG 2010, 688
Deilmann/Otte, Verteidigung ausgeschiedener Organmitglieder gegen Schadensersatzklagen – Zugang zu Unterlagen der Gesellschaft, BB 2011, 1291
Diller, Nachträgliche Herabsetzung von Vorstandsvergütungen und -ruhegeldern nach dem VorstAG, NZG 2009, 1006
Dreher/Thomas, Die D & O-Versicherung nach der VVG-Novelle 2008, ZGR 2009, 31

---

[183] Spindler/Stilz/*Fleischer*, § 84 Rn. 109; K. Schmidt/Lutter/*Seibt*, § 84 Rn. 50; Hölters/*Weber*, § 84 Rn. 76.
[184] BGHZ 13, 188, 193; KölnKomm-AktG/*Mertens/Cahn*, § 84 Rn. 129; K. Schmidt/Lutter/*Seibt*, § 84 Rn. 51.
[185] BGHZ 13, 188, 193; MüKo-AktG/*Spindler*, § 84 Rn. 139; KölnKomm-AktG/*Mertens/Cahn*, § 84 Rn. 127 ff.
[186] Hölters/*Müller-Michaels*, vor § 399 Rn. 9; MüKo-AktG/*Schaal*, 3. Aufl. 2011, vor § 399 Rn. 21.

Dreher, Ausstrahlungen des Aufsichtsrechts auf das Aktienrecht, ZGR 2010, 496

Dreher, Nicht delegierbare Geschäftsleiterpflichten, FS Hopt, 2010, S. 517

Easterbrook/Fischel, The Economic Structures of Corporate Law, 1991

Eichner/Delahaye, Sorgfaltspflichten und Gestaltungsmöglichkeiten des Aufsichtsrats bei Vorstandsverträgen nach dem VorstAG, ZIP 2010, 2082

Eßer/Baluch, Bedeutung des Allgemeinen Gleichbehandlungsgesetzes für Organmitglieder, NZG 2007, 321

Feudener, Regeln für Vorstandsbezüge, NZG 2007, 779

Fleck, Das Organmitglied – Unternehmer oder Arbeitnehmer?, FS Hilger/Stumpf, 1983, S. 197

Fleischer, Handbuch des Vorstandsrechts, 1. Auflage, 2006

Fleischer, Das Gesetz zur Angemessenheit der Vorstandsvergütung (VorstAG), NZG 2009, 801

Fleischer, Vorstandshaftung und Vertrauen auf anwaltlichen Rat, NZG 2010, 121

Fleischer, Zum Grundsatz der Gesamtverantwortung im Aktienrecht, NZG 2003, 449

Fleischer, Gelöste und ungelöste Probleme der gesellschaftsrechtlichen Geschäftschancenlehre, NZG 2003, 985

Fleischer, Die „Business Judgment Rule" – Vom Richterrecht zur Kodifizierung, ZIP 2004, 685

Fleischer, Die „Business Judgment Rule" im Spiegel von Rechtsvergleichung und Rechtsökonomie, FS Wiedemann, 2002, S. 827

Fleischer, Aktienrechtliche Legalitätspflicht und „nützliche" Pflichtverletzungen von Vorstandsmitgliedern, ZIP 2005, 141

Gaul/Janz, Wahlkampfgetöse im Aktienrecht: Gesetzliche Begrenzung der Vorstandsvergütung und Änderungen der Aufsichtsratstätigkeit, NZA 2009, 809

Goette, Zur Verteilung der Darlegungs- und Beweislast der objektiven Pflichtwidrigkeit bei der Organhaftung, ZGR 1995, 648

Goette, Vertretungszuständigkeit und Koppelung von Organ- und Anstellungsverhältnis, DStR 1999, 1745

Grooterhorst, Das Einsichtnahmerecht des ausgeschiedenen Vorstandsmitgliedes in Geschäftsunterlagen im Haftungsfall, AG 2011, 389

Grunewald, Interne Aufklärungspflichten von Vorstand und Aufsichtsrat, NZG 2013, 841

Grundmann, Der Treuhandvertrag, 1997

Habersack, Gesteigerte Überwachungspflichten des Leiters eines sachnahen Vorstandsressorts?, WM 2005, 2360

Hemeling, Organisationspflichten des Vorstands zwischen Rechtspflicht und Opportunität, ZHR 175 (2011), 368

Hoffmann-Becking, Münchener Handbuch des Gesellschaftsrechts, 4. Auflage, 2015

Hohenstatt/Kuhnke, Vergütungsstruktur und variable Vergütungsmodelle für Vorstandsmitglieder nach dem VorstAG, ZIP 2009, 1981

Hommelhoff, Satzungsmäßige Eignungsvoraussetzungen für Vorstandsmitglieder einer Aktiengesellschaft, BB 1977, 322

Koch, Die Herabsetzung der Vorstandsbezüge gemäß § 87 Abs. 2 AktG nach dem VorstAG, WM 2010, 49

Koch, Das Gesetz zur Unternehmensintegrität und Modernisierung des Anfechtungsrechts (UMAG), ZGR 2006, 769

Koch, Verhaltensstandardisierung durch Corporate Compliance, NZG 2008, 81

Kort, Ungleichbehandlung von Geschäftsleitungsmitgliedern bei AG und GmbH wegen des Alters, WM 2013, 1049

Krieger, Wie viele Rechtsberater braucht ein Geschäftsleiter?, ZGR 2012, 496

Langenbucher, Aktien- und Kapitalmarktrecht, 3. Auflage, 2015

Leuering, Keine Anfechtung wegen Mängeln der Entsprechenserklärung, DStR 2010, 225

Lutter/Krieger/Verse, Rechte und Pflichten des Aufsichtsrats, 6. Auflage, 2014

Lutter, Der Kodex und das Recht, FS Hopt, 2010, S. 1025

Louven/Inwersen, Wie nachhaltig muss die Vorstandsvergütung sein?, BB 2013, 1219

Martens, Vertretungsorgan und Arbeitnehmerstatus in konzernabhängigen Gesellschaften, FS Hilger/Stumpf, 1983,S. 437

Merkt, Managerhaftung im Finanzsektor: Status Quo und Reformbedarf, FS Hommelhoff, 2012, S. 711

Mülbert/Wilhelm, Grundfragen des deutschen Corporate Governance Kodex und der Entsprechenserklärung nach § 161 AktG, ZHR 176 (2012), 286

Nitsch, Überwachungspflichten bei Kollegialorganen, ZIP 2013, 1449

Notthoff, Rechtliche Fragestellungen im Zusammenhang mit dem Abschluss einer Director's & Officer's-Versicherung, NJW 2003, 1351

Poertzgen, Die rechtsformneutrale Insolvenzantragspflicht (§ 15a InsO), ZInsO 2007, 574

Raiser/Veil, Recht der Kapitalgesellschaften, 6. Auflage, 2015

Röttgen/Kluge, Nachhaltigkeit bei Vorstandsvergütungen, NJW 2013, 900

Schäfer, Die Binnenhaftung von Vorstand und Aufsichtsrat nach der Renovierung durch das UMAG, ZIP 2005, 1253

Schneider, U. H., Anwaltlicher Rat zu unternehmerischen Entscheidungen bei Rechtsunsicherheit, DB 2011, 99

Schmidt, K., Gesellschaftsrecht, 4. Auflage, 2002

Schmidt, K., Reform der Kapitalsicherung und Haftung in der Krise nach dem Regierungsentwurf des MoMiG, GmbHR 2007, 1072;

Seibert, Die Koalitionsarbeitsgruppe „Managervergütung". Rechtspolitische Überlegungen zur Beschränkung der Vorstandsvergütung, FS Hüffer, 2010, S. 955

Seibert, Das VorstAG – Regelungen zur Angemessenheit der Vorstandsvergütung und zum Aufsichtsrat, WM 2009, 1489

Seibert, Transparenz- und Publizitätsgesetz, ZIP 2001, 2192

Strohn, Beratung der Geschäftsleitung durch Spezialisten als Ausweg aus der Haftung?, ZHR 176 (2012), 137

Schüppmann/Sanna, D&O-Versicherungen – Gute und schlechte Nachrichten!, ZIP 2002, 550

Schwark, Zur Angemessenheit der Vorstandsvergütung, FS Raiser, 2005, S. 377

Thüsing, ECLR – Auf der Suche nach dem iustum pretium der Vorstandstätigkeit, ZGR 2003, 457

Thüsing, Das Gesetz zur Angemessenheit der Vorstandsvergütung, AG 2009, 517

Thüsing/Forst, Nachhaltigkeit als Zielvorgabe für die Vorstandsvergütung, GWR 2010, 515

Tödtmann/Schauer, Der Corporate Governance Kodex zieht scharf, ZIP 2009, 995

Ulmer, Haftungsfreistellung bis zur Grenze grober Fahrlässigkeit bei unternehmerischen Fehlentscheidungen von Vorstand und Aufsichtsrat?, DB 2004, 859

Ulmer, Der Deutsche Corporate Governance Kodex – ein neues Regulierungsinstrument für börsennotierte Aktiengesellschaften, ZHR 166 (2002), 150

Vetter, Aktienrechtliche Probleme der D&O-Versicherung, AG 2000, 453

Wälzholz, Die insolvenzrechtliche Behandlung haftungsbeschränkter Gesellschaften nach der Reform durch das MoMiG, DStR 2007, 1914

Wettich, Vorstandsvergütung: Bonus-Malus-System mit Rückforderungsmöglichkeit (claw back) und Reichweite des Zuständigkeitsvorbehalts zugunsten des Aufsichtsratsplenums, AG 2013, 374

Wiederholt/Walter, Compliance – Anforderungen an die Unternehmensorganisationspflichten, BB 2011, 968

Zimmermann, Kartellrechtliche Bußgelder gegen Aktiengesellschaft und Vorstand: Rückgriffsmöglichkeiten, Schadensumfang und Verjährung, WM 2008, 433.

Aufsichtsrat 12

Der Aufsichtsrat bestellt gemäß § 84 Abs. 1 AktG die Mitglieder des Vorstands und hat deren gesamte Leitungstätigkeit gemäß § 111 Abs. 1 AktG zu überwachen. Auch ein Untätigbleiben des Vorstands unterliegt der Überwachung, wenn die ordnungsgemäße Erfüllung der Leitungsaufgabe zu einem Handeln genötigt hätte. In Krisenzeiten intensivieren sich die Überwachungspflichten des Aufsichtsrats.[1] Zu überwachen sind in jedem Fall die Ausübung der originären Führungsfunktionen und die getroffenen oder beabsichtigten Führungsentscheidungen. Traditionell wurde die Überwachungsaufgabe des Aufsichtsrats als retrospektiv gesehen, d. h., der Vorstand musste Rechenschaft für einen vergangenen Zeitraum ablegen. Nach zahlreichen Entscheidungen des BGH[2] und Aktivitäten des Gesetzgebers[3] in den letzten zwei Jahrzehnten hat sich das Bild inzwischen erkennbar gewandelt. Neben der Kernkompetenz der vergangenheitsbezogenen Überwachung tritt eine zukunftsorientierte, auch beratende und mitentscheidende Rolle.[4]

Der Gegenstand der zu überwachenden Leitungstätigkeit des Vorstands wird durch dessen **Berichterstattungspflichten** (§ 90 AktG) indiziert. Die Gegenstände dieses Katalogs stehen sämtlich in engem Zusammenhang mit originären Führungsfunktionen. Was der Vorstand über die beabsichtigte Geschäftspolitik und andere grundsätzliche Fragen der

---

[1] MüKo-AktG/*Habersack*, § 111 Rn. 45.
[2] Vgl. BGHZ 114, 127, 130=AG 1991, 312: „Nach § 111 Abs. 1 AktG hat der Aufsichtsrat in erster Linie die Geschäftsführung zu überwachen. Diese Kontrolle bezieht sich nicht nur auf abgeschlossene Sachverhalte, sondern erstreckt sich auch auf grundsätzliche Fragen der künftigen Geschäftspolitik."; BGHZ 135, 244, 255=AG 1997, 377 („ARAG/Garmenbeck").
[3] Zur gesetzlichen Erweiterung der Aufgaben des Aufsichtsrats vgl. im Einzelnen *Lutter/Krieger/Verse*, Rechte und Pflichten des Aufsichtsrats, § 2 Rn. 47 ff.
[4] *Lutter/Krieger/Verse*, Rechte und Pflichten des Aufsichtsrats, § 2 Rn. 58; *Lutter*, in: FS Albach, 2001, S. 225 ff.

Unternehmensplanung, die Rentabilität, über Umsatz und Lage der Gesellschaft sowie über bedeutsame Geschäfte zu berichten hat, muss der Vorstand überwachen.

Das Aktiengesetz sieht verschiedene **Mitentscheidungsrechte** des Aufsichtsrats vor. Neben bestimmten im Gesetz verstreuten Einzelmaßnahmen, wie etwa die Festlegung der Bedingungen der Aktienausgabe oder den Ausschluss des Bezugsrechts im Rahmen eines genehmigten Kapitals (§§ 204 Abs. 1, 203 Abs. 2 AktG), ist die Vorschrift des § 111 Abs. 4 Satz 2 AktG von großer praktischer Bedeutung. Sie zeigt, wie weitreichend der Aufsichtsrat seine Überwachungsbefugnisse selbst definieren kann: nicht nur die Satzung der AG, sondern der Aufsichtsrat selbst hat einen weiteren Katalog zustimmungspflichtiger Geschäfte zu erstellen.

Schließlich obliegt es dem Aufsichtsrat, an der **Feststellung des Jahresabschlusses** mitzuwirken. Die Aufstellung selbst erfolgt zwar durch den Vorstand. Dieser hat jedoch den Jahresabschluss unverzüglich dem Aufsichtsrat vorzulegen, der ihn umfänglich prüft und der Hauptversammlung über das Ergebnis seiner Prüfung berichtet (§ 171 AktG). Der Jahresabschluss wird erst durch Billigung des Aufsichtsrats zu dem vom Vorstand aufgestellten Jahresabschluss festgestellt und damit rechtsverbindlich (§ 172 Abs. 1 AktG).

12.1 Zusammensetzung und Anzahl

Der Aufsichtsrat besteht nach § 95 Satz 1 AktG **mindestens aus drei Personen**. Die Satzung kann eine höhere (Satz 2), durch drei teilbare (Satz 3) Anzahl festschreiben. Satz 4 beschränkt abhängig von der Höhe des Grundkapitals die zulässige Höchstzahl auf neun, fünfzehn oder einundzwanzig Mitglieder. § 95 Satz 5 AktG stellt klar, dass abweichende Vorschriften einiger Mitbestimmungsgesetze Vorrang vor den aktienrechtlichen Regelungen haben. Satzungsbestimmungen, die gegen gesetzliche Vorgaben zur Mindest- oder Höchstzahl oder gegen das Gebot der Teilbarkeit durch drei verstoßen, sind nichtig und führen zur Geltung der gesetzlichen Regelungen.[5] Wird aufgrund nichtiger Satzungsbestimmungen gewählt, ist die Wahl selbst gemäß § 250 Abs. 1 Nr. 3 AktG nur dann nichtig, wenn die Höchstzahl überschritten wird. Eine Unterschreitung der gesetzlichen Mindestzahl macht den Aufsichtsrat beschlussunfähig (§ 108 Abs. 2 Satz 3 AktG). Sonstige Gesetzesverletzungen führen nach §§ 243 Abs. 1, 251 AktG zur Anfechtbarkeit der Wahlbeschlüsse.

Die Zusammensetzung des Aufsichtsrats regelt § 96 AktG. Nach der aktienrechtlichen Grundform ist der Aufsichtsrat ausschließlich mit Vertretern der Aktionäre zu besetzen (§ 96 Abs. 1 Var. 6 AktG). Dies ist jedoch heute die Ausnahme. Vorrangig kommen die durch Verweisung in § 96 Abs. 1 Var. 1 bis 5 AktG in Bezug genommenen mitbestimmungsrechtlichen Aufsichtsratssysteme zur Anwendung, namentlich das nach dem in Abs. 1 Var. 1 in Bezug genommene MitbestG 1976, das MontanMitbestG und das MontanMitbestErgG (Abs. 1 Var. 2 bzw. 3), das DrittelbG (Abs. 1 Var. 4) sowie schließlich das

---

[5] MüKo-AktG/*Habersack*, § 96 Rn. 22; Hölters/*Simons*, § 96 Rn. 21; Hüffer/*Koch*, § 96 Rn. 7.

Gesetz über die Mitbestimmung der Arbeitnehmer bei einer grenzüberschreitenden Verschmelzung (MgVG), das Gesellschaften mit Sitz im Inland erfasst, die aus einer grenzüberschreitenden Verschmelzung hervorgegangen sind (§ 3 MgVG).[6]

In Unternehmen der Montanindustrie (Kohle, Eisenerz, Eisen- und Stahlerzeugung), die mehr als 1.000 Arbeitnehmer haben, besteht der Aufsichtsrat nach § 4 MontanMitbestG aus elf Mitgliedern.[7] Aktiengesellschaften, die ein solches Unternehmen aus der Montanindustrie beherrschen, bestehen nach § 5 Abs. 1 MontanMitbestErgG aus 15 Mitgliedern.[8] Praktisch bedeutsam sind Unternehmen mit in der Regel mehr als 2.000 Arbeitnehmern, die branchenbedingt nicht der Montanmitbestimmung unterfallen. Sie sind dem Regelungsregime des MitbestG unterworfen und setzen sich in erster Linie nach § 7 MitbestG zusammen. Unternehmen mit in der Regel nicht mehr als 10.000 Arbeitnehmern haben zwölf, solche mit in der Regel mehr als 10.000, aber weniger als 20.000 Arbeitnehmern haben 16 und Unternehmen schließlich, die in der Regel über mehr als 20.000 Arbeitnehmer verfügen, haben 20 Aufsichtsratsmitglieder. Arbeitnehmervertreter und Vertreter der Anteilseigner haben immer dieselbe Anzahl an Aufsichtsratssitzen. Kommt es bei Aufsichtsratsbeschlüssen zu einer Pattsituation, zählt die Stimme des Aufsichtsratsvorsitzenden, der stets ein Aktionärsvertreter ist, gemäß § 29 Abs. 2 Satz 1 MitbestG doppelt.

Schließlich sind Aufsichtsräte von Unternehmen, die mehr als 500 Arbeitnehmer haben und nicht dem MitbestG oder der Montanmitbestimmung unterfallen, nach dem DrittelbG zu besetzen, das allerdings keine bestimmte Anzahl an Mitgliedern festsetzt, aber eine Teilbarkeit durch drei vorschreibt.[9] Schließlich verweist § 96 Abs. 1 Var. 5 AktG auf das MgVG. Dort ist für die Zusammensetzung des Aufsichtsrats zwischen vereinbarter Mitbestimmung (§ 22 MgVG) und Mitbestimmung kraft gesetzlicher Auffangregelung (§§ 23 ff. MgVG) zu unterscheiden.[10]

12.2 Persönliche Voraussetzungen

Die **persönlichen Voraussetzungen** für die Ausübung eines Aufsichtsratsmandats ergeben sich gemeinsam aus § 100 Abs. 1 bis 4 und § 105 AktG und sollen eine effektive Überwachungstätigkeit sicherstellen.[11] Weil Aufsichtsratsmitglieder für die ordnungsgemäße Wahrnehmung ihres Mandats persönlich verantwortlich sind, lässt § 100 Abs. 1 AktG nur natürliche, unbeschränkt geschäftsfähige Personen zu. Die Hinderungsgründe des § 100 Abs. 2 Satz 1 Nr. 1 bis 3 AktG sollen der übermäßigen Konzentration von

---

[6] Die Möglichkeit der grenzüberschreitenden Verschmelzung ist in §§ 122a ff. UmwG geregelt.
[7] Zur Zusammensetzung vgl. Hüffer/*Koch*, § 96 Rn. 7.
[8] Zur Zusammensetzung vgl. Hüffer/*Koch*, § 96 Rn. 9.
[9] Zur Zusammensetzung vgl. Hüffer/*Koch*, § 96 Rn. 11.
[10] Zur Zusammensetzung vgl. Hüffer/*Koch*, § 96 Rn. 11b.
[11] MüKo-AktG/*Habersack*, § 100 Rn. 1.

Aufsichtsratsmandaten auf wenige Personen vorbeugen.[12] § 100 Abs. 2 Nr. 1 AktG legt die Höchstzahl der Aufsichtsratsmandate auf zehn fest. Allerdings werden in diese Zahl lediglich Mandate in Handelsgesellschaften, die gesetzlich zur Bildung eines Aufsichtsrats verpflichtet sind, eingerechnet. Für andere Aufsichtsratsmandate, etwa in Genossenschaften oder Stiftungen oder in Handelsgesellschaften mit fakultativem Aufsichtsrat gilt die Beschränkung nicht.[13] § 100 Abs. 2 Satz 2 AktG enthält ein Privileg für bis zu fünf konzerninterne Aufsichtsratsmandate; umgekehrt verbraucht ein Amt als Aufsichtsratsvorsitzender zwei der zehn höchstens zulässigen Mandate (§ 100 Abs. 2 Satz 3 AktG). § 100 Abs. 2 Nr. 2 AktG verbietet demjenigen die Wahrnehmung eines Aufsichtsratsmandats, der gesetzlicher Vertreter eines von der Gesellschaft abhängigen Unternehmens ist. Die Vorschrift erweitert den Anwendungsbereich des primär in § 105 Abs. 1 AktG verankerten Gebots der Funktionentrennung auf nachgelagerte Konzernebenen. Damit wird verhindert, dass der Vorstand bzw. die Geschäftsführung einer der Konzernaufsicht unterworfenen (§ 90 Abs. 3 Satz 1 AktG) Gesellschaft sich selbst kontrolliert oder dass der Überwachende in seiner Eigenschaft als Vorstand oder Geschäftsführer der Konzerngesellschaft von der von ihm kontrollierten Konzernspitze faktisch abhängig ist.[14] Dies würde nach Auffassung des Gesetzgebers dem „natürlichen Organisationsgefälle" widersprechen.[15] § 100 Abs. 2 Satz 3 AktG verbietet die sog. Überkreuzverflechtungen. Eine solche liegt vor, wenn das designierte Aufsichtsratsmitglied einer AG bereits gesetzlicher Vertreter einer anderen Kapitalgesellschaft ist, in deren Aufsichtsrat ein Mitglied des Vorstands der AG sitzt. Nach zutreffender h. M. gilt das Verbot auch, wenn die andere Gesellschaft lediglich über einen fakultativen Aufsichtsrat verfügt.[16] § 100 Abs. 2 Nr. 4 AktG schließlich, der durch das VorstAG eingeführt wurde, sieht bei börsennotierten Gesellschaften eine Karenzzeit von zwei Jahren für ausscheidende Vorstandsmitglieder vor, bevor diese in den Aufsichtsrat wechseln sollen (sog. *cooling-off-period*).[17] Die Karenzzeit entfällt aber, wenn die Wahl des gerade ausgeschiedenen Vorstandsmitglieds in den Aufsichtsrat auf Vorschlag von Aktionären erfolgt, die einzeln oder zusammen mehr als 25 % der Stimmrechte halten.

§ 100 Abs. 3 AktG erwähnt klarstellend, dass die mitbestimmungsrechtlichen Anforderungen an die Aufsichtsratszugehörigkeit unberührt bleiben, während § 100 Abs. 4 AktG der Satzung die Möglichkeit einräumt, weitere persönliche Voraussetzungen für die Anteilseignervertreter festzulegen und so zur vielfach geforderten Professionalisierung des Aufsichtsratsgremiums beitragen kann.[18] § 100 Abs. 5 AktG schließlich bestimmt, dass

---

[12] Ausschussbericht zu § 100 bei *Kropff*, S. 136.
[13] Hüffer/*Koch*, § 100 Rn. 9.
[14] Hölters/*Simons*, § 100 Rn. 23.
[15] Ausschussbericht bei *Kropff*, S. 136.
[16] Hüffer/*Koch*, § 100 Rn. 15; MüKo-AktG/*Habersack*, § 100 Rn. 31; KölnKomm-AktG/*Kiefner*, § 250 Rn. 49; KölnKomm-AktG/*Mertens/Cahn*, § 100 Rn. 36; Spindler/Stilz/*Spindler*, § 100 Rn. 27; Hölters/*Simons*, § 100 Rn. 25; a. A. GroßKomm-AktG/*Hopt/Roth*, § 100 Rn. 63 m. w. N.
[17] Dazu, auch in rechtstatsächlicher Hinsicht, *Velte*, WM 2012, 537 ff.
[18] Zu (un)zulässigen Kriterien vgl. MüKo-AktG/*Habersack*, § 100 Rn. 54.

der Aufsichtsrat einer kapitalmarktorientierten Gesellschaft mindestens ein Mitglied haben muss, das zugleich unabhängig ist und über Sachverstand auf den Gebieten der Rechnungslegung oder Abschlussprüfung verfügen muss.

Weitere Anforderungen ergeben sich aus Spezialgesetzten wie dem KWG oder dem VAG für die Finanz- und Versicherungswirtschaft. Nach § 36 Abs. 3 KWG etwa muss ein Aufsichtsratsmitglied die erforderliche Sachkunde besitzen, um die ihm übertragene Kontrollaufgabe wahrnehmen zu können. Zudem werden die Zahl ehemaliger Geschäftsleitungsmitglieder und auch die Höchstzahl an Kontrollmandaten weitergehend als im AktG beschränkt.[19]

Eine Präzisierung zu fachlichen Voraussetzungen findet sich zudem in Ziff. 5.4.1 DCGK, der für die Tätigkeit erforderliche Kenntnisse, Fähigkeiten und fachliche Erfahrung verlangt. Der BGH fordert von einem Aufsichtsratsmitglied Grundkenntnisse, die eine angemessene Beurteilung der typischerweise im Unternehmen anfallenden Geschäftsvorfälle erlauben.[20]

Das Gesetzt schreibt – abgesehen von § 100 Abs. 2 und 5 sowie § 105 Abs. 1 AktG und spezialgesetzlichen Vorgaben – nicht vor, dass die Mitglieder des Aufsichtsrats unabhängig sein müssen.[21] Zurückzuführen ist dies auf die grundsätzliche Annahme, dass in den Aufsichtsrat (Interessen)-Vertreter der Aktionäre gewählt oder entsandt werden. Darüber hinaus bestimmt der Aufsichtsrat zum einen über die Zusammensetzung des Vorstands und kann wesentliche Geschäftsführungsmaßnahmen von seiner Zustimmung abhängig machen. Der Aufsichtsrat ist deshalb prädestiniertes Organ zur Geltendmachung von Einfluss im Aktienkonzern.[22] Diese konzernoffene Tendenz[23] wird nicht zuletzt durch die in § 100 Abs. 2 Satz 2 AktG statuierte Konzernausnahme bestätigt.

Die **Unabhängigkeit** von Aufsichtsratsmitgliedern ist also nicht gesetzlich geregelt, findet sich aber seit 2005 als Empfehlung in Ziff. 5.4.2 DCGK. Die Nichtbefolgung ist nach § 161 AktG offenzulegen. Nach Ziff. 5.4.2 S. 2 DCGK soll das Aufsichtsratsmitglied in keiner geschäftlichen oder persönlichen Beziehung zu der Gesellschaft, deren Organen, einem Aktionär mit Kontrollmehrheit oder einem mit diesem verbundenen Unternehmen stehen, die einen wesentlichen und nicht nur vorübergehenden Interessenkonflikt begründen kann.

---

[19] Vgl. *Dreher*, ZGR 2010, 496, 508; Übersicht bei *Hilgers/Kurta*, ZBB 2010, 471 ff.
[20] BGHZ 85, 293, 295 f. (Hertie); K. Schmidt/Lutter/*Drygala*, § 100 Rn. 30; Spindler/Stilz/*Spindler*, § 100 Rn. 47 ff.
[21] GroßKomm-AktG/*Hopt/Roth*, § 100 Rn. 86; KölnKomm-AktG/*Mertens/Cahn*, § 100 Rn. 17 ff.; Hüffer/*Koch* AktG Rn. 3; Spindler/Stilz/*Spindler*, § 100 Rn. 34; ausführlich zur rechtspolitischen Forderung der Unabhängigkeit *Florstedt*, ZIP 2013, 337 ff.
[22] OLG Düsseldorf NZG 2013, 178, 180 f.; *Hopt*, ZIP 2005, 461, 467 f.; *Hüffer*, ZIP 2006, 637 ff.
[23] MüKo-AktG/*Habersack*, § 100 Rn. 78.

Im **mitbestimmten Aufsichtsrat** wird die fehlende Unabhängigkeit der Arbeitnehmervertreter und der Vertreter der Gewerkschaften in Kauf genommen und sogar gewollt.[24] Auch wenn zwar das Unternehmensinteresse gleichsam von den Arbeitnehmervertretern zu berücksichtigen ist, entsteht doch der von der unternehmerischen Mitbestimmung angestrebte Interessenpluralismus erst dadurch, dass die Arbeitnehmervertreter die spezifischen Belange der Arbeitnehmerschaft in die Beratungen des Aufsichtsrats einbringen.[25]

Die Aufsichtsratstätigkeit ist der Sache nach als Nebenamt ausgelegt. Dies bringt es mit sich, dass Aufsichtsratsmitglieder in aller Regel auch andere Tätigkeiten wahrnehmen, die ihnen deutlich mehr Zeit abverlangen, aber auch zu einem deutlich besseren finanziellen Auskommen als das Aufsichtsratsamt führen. Im mitbestimmten Aufsichtsrat herrscht zudem naturgemäß eine gewisse Interessenvielfalt. Dass macht es praktisch schwierig, dass sich das Aufsichtsratsmitglied stets in erster Linie vom Unternehmensinteresse leiten lässt, auch wenn es an sich gesetzlich dazu verpflichtet ist. Soweit das Unternehmensinteresse dem anderweitig verfolgten Interesse des Aufsichtsratsmitglieds widerspricht, liegt ein Interessenkonflikt vor, der einzelfallbezogen sein kann, unter Umständen aber auch Dauercharakter aufweist.[26] Ein Instrument, mit dem das Gesetz schon abstrakt und präventiv Interessenkonflikte einzudämmen versucht, sind **Publizitätspflichten,** wie etwa in § 125 Abs. 1 Satz 5 AktG verankert, die den Aktionären anderweitige Interessenbindungen des Aufsichtsratskandidaten vor Augen führen sollen. Ergänzt und ausgeweitet wird diese Pflicht durch §§ 285 Nr. 10, 340a Abs. 4 Nr. 1 HGB, wonach die Informationen des § 125 Abs. 1 Satz 5 AktG als Pflichtangaben in den Anhang zum Jahresabschluss zu nehmen sind. Auch das einzelne Mitglied unterliegt innerhalb des Aufsichtsrats einer Pflicht zur Offenlegung von Interessenkonflikten, die sich aus der organschaftlichen Treubindung herleitet.[27]

Im Übrigen nimmt das AktG das Auftreten von Interessenkonflikten indes in Kauf und belegt das Aufsichtsratsmitglied in besonderen Fällen mit einem **Stimmrechtsausschluss.** Ein genereller Stimmrechtsausschluss wegen Interessenkollision ist dagegen gesetzlich nicht vorgesehen. Eine Verpflichtung zur **Niederlegung des Mandats** kann bei Auftreten eines wesentlichen und nicht nur vorübergehenden Konflikts als aus der Treubindung ableitbare Pflicht bestehen, um dadurch die volle Funktionsfähigkeit des Aufsichtsorgans zu gewährleisten.[28] Dies wird in Einzelfällen etwa dann in Betracht kommen, wenn die Kerngeschäftsfelder des überwachten Unternehmens und des anderen Unternehmens, das

---

[24] GroßKomm-AktG/*Hopt/Roth,* § 100 Rn. 90, 194; *Bernhardt,* ZHR 159 (1995), 310, 316 f.; *Habersack,* ZHR 168 (2004), 373, 377; MüKo-AktG/*Habersack,* § 100 Rn. 79: fehlende Unabhängigkeit sein „Programm".

[25] MüKo-AktG/*Habersack,* § 100 Rn. 79.

[26] MüKo-AktG/*Habersack,* § 100 Rn. 79.

[27] Vgl. GroßKomm-AktG/*Hopt/Roth,* § 100 Rn. 164; *Hopt* ZGR 2004, 1, 25; Spindler/Stilz/*Spindler,* § 100 Rn. 87; Marsch-Barner/Schäfer/*Vetter,* § 29 Rn. 27.

[28] LG Hannover AG 2009, 341, 342; KölnKomm-AktG/*Mertens/Cahn,* § 100 Rn. 22; GroßKomm-AktG/*Hopt/Roth,* § 100 Rn. 171; K. Schmidt/Lutter/*Krieger,* § 100 Rn. 900.

der betroffenen Person als Einzelkaufmann oder als Mitglied einer Personenhandelsgesellschaft gehört oder dem diese Person organschaftlich verbunden ist, im Wesentlichen übereinstimmen.[29] Auch Ziff. 5.5.3 S. 2 DCGK schließlich empfiehlt bei dauerhaften Konflikten, das Mandat zu beenden.

12.3 Geschlechterquote

Seit dem 1. Mai 2015 gilt das „Gesetz zur gleichberechtigten Teilhabe von Frauen und Männern an Führungspositionen in der Privatwirtschaft und im öffentlichen Dienst."[30] Für die Privatwirtschaft sind drei wesentliche Regelungsaspekte enthalten. Für den Aufsichtsrat von börsennotierten und zugleich paritätisch mitbestimmten Gesellschaften wurde eine **fixe Geschlechterquote** von mindestens 30 % eingeführt (§ 96 Abs. 2 Satz 1 AktG). Daneben gibt es eine **flexible Frauenquote**, die auf Gesellschaften anwendbar ist, die entweder börsennotiert sind oder der Mitbestimmung unterliegen, wobei hier – anders als bei der fixen Geschlechterquote – die Drittelmitbestimmung ausreicht. Der Aufsichtsrat der AG hat gemäß § 111 Abs. 5 Satz 1 AktG Zielgrößen für den Frauenanteil im Aufsichtsrat und im Vorstand festzulegen. Zu beiden Pflichten schließlich sind von den Unternehmen gemäß § 289a Abs. 2 Nr. 4 bis Abs. 4 HGB zusätzlich Berichtspflichten zu erfüllen.

12.4 Bestellung der Aufsichtsratsmitglieder

Zentralnorm für das Bestellungsverfahren der Aufsichtsratsmitglieder ist § 101 AktG. Insgesamt wird zwischen fünf, allerdings an verschiedenen Stellen geregelten Bestellungsformen unterschieden: Der erste Aufsichtsrat einer Aktiengesellschaft wird nach §§ 30 Abs. 1 Satz 1, 31 Abs. 1 Satz 1 AktG von den Gründern bestellt; spätere Mitglieder wählt (§ 101 Abs. 1 Satz 1 Alt. 1 AktG) oder entsendet (§ 101 Abs. 1 Satz 1 Alt. 2 i. V. m. Abs. 2 AktG) die Hauptversammlung. Die Vertreter der Arbeitnehmer werden nach den Mitbestimmungsgesetzen (MitbestG, MitbestErgG, DrittelbG, MgVG) unmittelbar oder mittelbar von den Arbeitnehmern gewählt (§ 101 Abs. 1 Satz 1 Alt. 3 AktG), wobei gegebenenfalls die Hauptversammlung einzuschalten ist. In außerordentlichen Fällen schließlich sieht das Gesetz die Bestellung von Aufsichtsratsmitgliedern durch das Gericht vor (§ 104 AktG).

---

[29] MüKo-AktG/*Habersack*, § 100 Rn. 97; Semler/v. Schenck/*Marsch-Barner*, § 12 Rn. 146.
[30] Gesetz vom 24. April 2015, BGBl. I, S. 642; Übersichtliche Gesamtdarstellung bei *Stüber*, DStR 2015, 947.

12.4.1 Aktionärsvertreter

12.4.1.1 Wahl durch Hauptversammlungsbeschluss

Die **Wahl der Aufsichtsratsmitglieder durch die Hauptversammlung** erfolgt gemäß § 101 Abs. 1 Satz 2 AktG ohne Bindung an Wahlvorschläge, wobei Ausnahmen geschriebener Natur im Anwendungsbereich des MontanMitbestG und ungeschriebener Natur im Anwendungsbereich des MontanMitbestErgG bestehen.[31] Die Wahl ist gemäß § 124 Abs. 1 AktG mit dem in Abs. 2 vorgeschriebenen besonderen Inhalt als Gegenstand der Tagesordnung bekanntzumachen. Wird dem zwingenden Bekanntmachungserfordernis nicht genüge getan, dürfen keine Wahlbeschlüsse gefasst werden (§ 124 Abs. 4 Satz 1 AktG). Der Aufsichtsrat muss nach § 124 Abs. 3 Satz 1 AktG im Vorfeld Wahlvorschläge unterbreiten. Auch Aktionäre können unter den Voraussetzungen des § 127 AktG Personen zur Wahl in den Aufsichtsrat vorschlagen. Über die Vorschläge entscheidet die Hauptversammlung durch Beschluss, der – vorbehaltlich einer abweichenden Satzungsregelung (§ 133 Abs. 2 AktG) – der einfachen Stimmenmehrheit des § 133 Abs. 1 AktG bedarf. Für die Nichtigkeit und Anfechtbarkeit fehlerhafter Wahlbeschlüsse enthalten die §§ 250 bis 252 AktG Spezialregelungen. Werden Wahlbeschlüsse angefochten, verliert das betreffende Mitglied ex tunc seine Amtsstellung.[32] Eine erfolgreiche Anfechtung hat indes auf zwischenzeitlich gefasste Aufsichtsratsbeschlüsse nur dann Auswirkungen, wenn die Stimme des fehlerhaft gewählten Mitglieds im konkreten Fall für das Abstimmungsergebnis entscheidend war. Wenn also der Aufsichtsrat nach Abzug nichtig bestellter Aufsichtsratsmitglieder beschlussfähig war und die erforderliche Mehrheit erhalten bleibt, bleibt der gefasste Aufsichtsratsbeschluss gültig.[33]

Mangels gesetzlicher Vorgaben sind für die **Durchführung der Wahlen** zum Aufsichtsrat in der Praxis häufig Satzungsregelungen zum Wahlverfahren anzutreffen.[34] Verbreitet geregelt werden das Wahlverfahren (Mehrheits- oder Verhältniswahl), der Wahlmodus (Einzel- oder Listenwahl) sowie Vorgaben zur Ermittlung des Abstimmungsergebnisses (Additions- oder Subtraktionsverfahren). Oft schweigt aber die Satzung auch über Einzelheiten und delegiert die Kompetenz zur Entscheidung dieser Verfahrensfragen an den Versammlungsleiter, der nach den Satzungen gerade größerer Gesellschaften häufig der Aufsichtsratsvorsitzende ist.[35]

Weil die Bestellung ein korporationsrechtliches Rechtsgeschäft ist, muss der zum Aufsichtsrat Gewählte die Wahl ebenso wie der Entsandte die Entsendung zu ihrer Wirksamkeit annehmen. Die Gesellschaft wird insofern vom Vorstand als Erklärungsempfänger

---

[31] Hüffer/*Koch*, § 101 Rn. 4.
[32] BGHZ 196, 195 Rn. 20=NJW 2013, 1535; Spindler/Stilz/*Stilz*, § 252 Rn. 6; MüKo-AktG/*Hüffer*, § 252 Rn. 10; GroßKomm-AktG/*K. Schmidt*, § 252 Rn. 12.
[33] BGHZ 47, 341, 346; BGHZ 196, 195 Rn. 21; GroßKomm-AktG/*K. Schmidt*, § 250 Rn. 31; K. Schmidt/Lutter/*Schwab*, § 250 Rn. 6.
[34] Hölters/*Simons*, § 101 Rn. 12.
[35] Hölters/*Simons*, § 101 Rn. 12.

vertreten.³⁶ In der Praxis erklären Kandidaten ihr Einverständnis häufig schon im Vorfeld der Wahl gegenüber dem Aufsichtsratsvorsitzenden, was anschließend in der Hauptversammlung bekanntgegeben wird. Als Kundgabe unmittelbar gegenüber dem Wahlorgan (vertreten durch den Versammlungsleiter) reicht auch das nach zutreffender Auffassung für eine wirksame Annahme aus.³⁷

Stimm- bzw. Wahlvereinbarungen zwischen Aktionären oder Aktionärsgruppen sind zulässig.³⁸ Grenzen jeder Vereinbarung ergaben sich aus dem Verbot des Stimmenkaufs (arg. § 405 Abs. 3 Nr. 6, 7 AktG)³⁹, dem Verbot des Verwaltungseinflusses auf die Aktionäre (arg. § 136 Abs. 2 AktG) und dem Verbot der Umgehung gesetzlicher Stimmverbote (arg. § 136 Abs. 1 AktG). Selbstverständlich sind bei allen Vereinbarungen stets das Unternehmensinteresse und die mitgliedschaftliche Treuepflicht zu beachten.⁴⁰

12.4.1.2 Entsendungsrechte

Aktionäre können nach § 101 Abs. 2 AktG Vertreter auch in den Aufsichtsrat entsenden, sofern die Satzung ein Entsendungsrecht vorsieht. Es handelt sich um ein Sonderrecht im Sinne von § 35 BGB, das ausschließlich Aktionären und nicht außenstehenden Dritten eingeräumt werden kann. Wurde es einmal eingeräumt, kann es dem Berechtigten nur durch Satzungsänderung und mit seiner Zustimmung entzogen werden.⁴¹

Das Entsendungsrecht entsteht entweder durch namentliche Nennung des Entsendeberechtigten in der Satzung (§ 101 Abs. 2 Satz 1 Alt. 1 AktG) oder durch nähere Bestimmung der Aktien, mit denen das Entsendungsrecht verknüpft ist (§ 101 Abs. 2 Satz 1 Alt. 2 AktG). Dies ist nach § 101 Abs. 2 Satz 2 AktG jedoch nur möglich, wenn die Aktien als vinkulierte Namensaktien ausgestaltet sind. Die Satzung kann auch weitere Einschränkungen vorsehen, die sich etwa auf Nationalität, Familienzugehörigkeit, oder Zustimmung der Hauptversammlung beziehen.⁴²

Nach § 101 Abs. 2 Satz 4 AktG dürfen die durch Entsendung besetzten Mandate ein Drittel der Aufsichtsratsmitglieder der Aktionäre nicht übersteigen. Dadurch soll verhindert werden, dass der Aufsichtsrat insgesamt von Aktionären ohne nennenswerten Aktienbesitz dominiert wird.⁴³ Die durch Entsendung bestellten Mitglieder des Aufsichtsrats haben die gleichen Rechte und Pflichten wie gewählte Mitglieder. Gegenüber den

---

[36] MünchKomm-AktG/*Habersack*, § 101 Rn. 63 f.; MünchHdB-AG/*Hoffmann-Becking*, § 30 Rn. 46.
[37] Hüffer/*Koch*, § 101 Rn. 8; zum Ganzen vgl. *Butzke*, Die Hauptversammlung der Aktiengesellschaft, 5. Aufl. 2011, Kap. J Rn. 60.
[38] Zu Stimmbindungsverträgen: BGHZ 48, 163; BGH ZIP 1983, 432, 433; zu Wahlvereinbarungen: RGZ 112, 273, 277; 133, 90, 94.
[39] KölnKomm-AktG/*Mertens/Cahn*, § 101 Rn. 29; Hölters/*Simons*, § 101 Rn. 22.
[40] Hölters/*Simons*, § 101 Rn. 22.
[41] Hüffer/*Koch*, § 101 Rn. 10.
[42] Hüffer/*Koch*, § 101 Rn. 10.
[43] Begr. RegE *Kropff* S. 138 f.; MüKo-AktG/*Habersack*, § 101 Rn. 53; Hüffer/*Koch*, § 101 Rn. 11.

Entsendungsberechtigten unterliegen sie keinen Weisungen.[44] Die Entsendungsberechtigten können deshalb lediglich Einfluss nehmen, indem sie von ihrem Recht zur jederzeitigen Abberufung nach § 103 Abs. 2 AktG Gebrauch machen. Umgekehrt haften sie aber auch nicht nach § 278 BGB oder § 831 BGB für Pflichtverletzungen der Entsandten.[45]

12.4.2 Arbeitnehmervertreter

In mitbestimmten Gesellschaften werden die Aufsichtsratsmitglieder der Arbeitnehmerseite von den Arbeitnehmern gewählt. Das Wahlverfahren bestimmt sich nach dem anwendbaren Mitbestimmungsstatut. Bei Geltung des MitbestG steht Vertretern der Gewerkschaften sowie einem Quorum leitender Angestellter oder Arbeitnehmer nach den §§ 15, 16 MitbestG ein Vorschlagsrecht zu. In der Praxis findet regelmäßig eine Verhältniswahl statt. Die §§ 5, 6 DrittelbG sehen hingegen Mehrheitswahlrecht auf Vorschlag der Betriebsräte und eines Quorums von Arbeitnehmern vor. Gemäß § 6 Abs. 3, 5 MontanMitbestG werden die Kandidaten von den Betriebsräten vorgeschlagen, die sich mit den Gewerkschaften und deren Spitzenorganisationen abstimmen. Die Wahl selbst erfolgt durch die Hauptversammlung, die – abweichend vom Grundsatz der Nichtbindung an Wahlvorschläge – nach § 6 Abs. 6 MontanMitbestG an die Vorschläge der Betriebsräte gebunden ist.

12.4.3 Beendigung des Aufsichtsratsamts

Nach § 102 AktG können Aufsichtsratsmitglieder höchstens bis zur Beendigung der Hauptversammlung bestellt werden, die über die Entlastung für das vierte Geschäftsjahr nach dem Beginn der Amtszeit beschließt. Die Amtszeit muss jedoch nicht für alle Mitglieder gleich sein.[46] Eine Wiederbestellung von Aufsichtsratsmitgliedern ist zulässig. Eine vorzeitige Wiederwahl darf jedoch nicht dazu führen, dass dem Aufsichtsratsmitglied dadurch eine volle weitere Wahlperiode ohne Anrechnung der Restlaufzeit der laufenden Periode ermöglicht wird.[47]

---

[44] RGZ 165, 68, 79; BGHZ 36, 296, 306=NJW 1962, 864; MüKo-AktG/*Habersack*, § 101 Rn. 51; MünchHdb-AG/*Hoffmann-Becking*, § 30 Rn. 51.

[45] Hüffer/*Koch*, § 101 Rn. 12.

[46] BGHZ 99, 211, 215=NJW 1987, 902.

[47] RGZ 129, 180, 183 f.; MüKo-AktG/*Habersack*, § 102 Rn. 20; Hüffer/*Koch*, § 102 Rn. 6.

12.5 Anstellung und Vergütung

Mit der Wahl oder Entsendung und ihrer Annahme entsteht zwischen Gesellschaft und Aufsichtsratsmitglied ein **korporationsrechtliches Verhältnis**.[48] Daneben gibt es nach zutreffender Auffassung kein schuldrechtliches Anstellungsverhältnis.[49] Dies gilt sowohl für die Vertreter der Anteilseigner als auch für die der Arbeitnehmer und die entsandten Mitglieder. Dafür spricht entscheidend, dass das AktG an keiner Stelle ein Organ benennt oder vorsieht, das für einen „Vertragsabschluss" mit den Aufsichtsratsmitgliedern zur Vertretung berufen wäre.[50] Mit Wahl bzw. Entsendung und Annahme erlangt das Aufsichtsratsmitglied vielmehr die organschaftlichen Rechte und Pflichten, wie sie durch Gesetz, Satzung und Hauptversammlungsbeschluss (vgl. §§ 102, 113 AktG) begründet werden. Spielraum für Verhandlungen über die Ausgestaltung des Mandats gibt es nicht. Das Rechtsverhältnis kann lediglich durch Satzungsänderungen und einfache Hauptversammlungsbeschlüsse auch mit Wirkung für bereits amtierende Aufsichtsratsmitglieder modifiziert werden.[51]

Zentrale Norm für die **Vergütung** von Aufsichtsratsmitgliedern ist § 113 AktG. Nach Abs. 1 Satz 1 „kann" den Aufsichtsratsmitgliedern eine Vergütung gewährt werden, ein konkreter Anspruch setzt jedoch nach Abs. 1 Satz 2 voraus, dass die Vergütung in der Satzung festgesetzt oder von der Hauptversammlung bewilligt wird. Grundsätzlich kann somit die Hauptversammlung bestimmen, auf welche Weise sie die Leistung ihrer Aufsichtsräte vergüten will.[52] § 113 AktG **bezweckt,** die Höhe der Aufsichtsratsvergütung auf ein angemessenes Maß zu begrenzen. Dies kommt in Abs. 1 Satz 3 zum Ausdruck, wonach die Vergütung in einem angemessenen Verhältnis zu den Aufgaben der Aufsichtsratsmitglieder und zur Lage der Gesellschaft stehen soll. Die ausschließliche Kompetenz der Hauptversammlung zur Festsetzung der Vergütung wirkt ebenfalls in diese Richtung, weil sie am ehesten eine gewisse Unbefangenheit und zugleich Transparenz sicherstellt. Die Möglichkeit zur Beschlussanfechtung gewährleistet schließlich eine Rechtskontrolle der Festsetzung der Vergütung.[53] § 113 Abs. 3 AktG soll zudem einen Anreizgleichlauf zwischen Aktionären und Aufsichtsratsmitgliedern herstellen, indem die Gewinnbeteiligung

---

[48] GroßKomm-AktG/*Hopt/Roth*, § 100 Rn. 91; Spindler/Stilz/*Spindler*, § 101 Rn. 8; K. Schmidt/Lutter/*Drygala*, § 100 Rn. 2.

[49] GroßKomm-AktG/*Hopt/Roth*, § 100 Rn. 91; Spindler/Stilz/*Spindler*, § 101 Rn. 9; K. Schmidt/Lutter/*Drygala*, § 100 Rn. 2; a. A. für gesetzliches Schuldverhältnis oder Anstellungsverhältnis auf der Basis von Wahl und Annahme – KölnKomm-AktG/*Mertens/Cahn* Rn. 5 ff.; MünchHdB-AG/*Hoffmann-Becking* § 33 Rn. 10; offengelassen von BGH ZIP 2008, 1821 Rn. 3.

[50] Vgl. GroßKomm-AktG/*Hopt/Roth*, § 100 Rn. 92; KölnKomm-AktG/*Mertens/Cahn*, § 100 Rn. 5 f.

[51] KölnKomm-AktG/*Mertens/Cahn*, § 100 Rn. 8; GroßKomm-AktG/*Hopt/Roth*, § 100 Rn. 94.

[52] GroßKomm-AktG/*Hopt/Roth*, § 113 Rn. 32; MüKo-AktG/*Habersack*, § 113 Rn. 10.

[53] *Lutter*, AG 1979, 85, 88; KölnKomm-AktG/*Mertens/Cahn*, § 113 Rn. 3; GroßKomm-AktG/*Hopt/Roth*, § 113 Rn. 3 f.; K. Schmidt/Lutter/*Drygala*, § 113 Rn. 21; Spindler/Stilz/*Spindler*, § 113 Rn. 62.

des Aufsichtsrats an den Bilanzgewinn gekoppelt und damit an der finanziellen Teilhabe der Aktionäre ausgerichtet wird. Üblich ist eine an der Dividende orientierte Tantieme.

Von § 113 AktG nicht erfasst ist die Vergütung von **Dienst- und Werkleistungen höherer Art**, soweit diese über die mit der Organstellung verbundenen Überwachungs- und Beratungspflichten hinausgehen. Zwar schließt der Vorstand solche Verträge mit den Aufsichtsratsmitgliedern; die Wirksamkeit hängt jedoch nach § 114 Abs. 1 AktG von der Zustimmung des Aufsichtsrats ab, die durch Beschluss zu erfolgen hat (§ 108 Abs. 1 AktG). Entgeltliche Beratungsverträge zwischen der Gesellschaft und dem Aufsichtsratsmitglied, die Leistungen zum Gegenstand haben, die das Aufsichtsratsmitglied kraft seines Amtes schuldet, sind nach § 113 AktG, § 134 BGB nichtig.[54] Daran kann auch ein Aufsichtsratsbeschluss nichts ändern.

Die Gewährung von **Aktienoptionen** an Aufsichtsratsmitglieder ist nach umstrittener Auffassung des BGH unzulässig. Für die Unterlegung mit bedingtem Kapital folgt dies – unumstritten – schon aus dem Wortlaut des § 192 Abs. 2 Nr. 3 AktG, der Aufsichtsratsmitglieder nicht in den Kreis der Bezugsberechtigten im Rahmen der Begebung bedingten Kapitals aufnimmt. Ob auch die Unterlegung mit eigenen Aktien für Aktienoptionsprogramme zugunsten von Aufsichtsratsmitgliedern verboten ist, wird kontrovers diskutiert. Der BGH hat in seinem Mobilcom-Urteil vom 16.2.2004 ein solches Verbot bejaht und es darauf gestützt, dass § 192 Abs. 2 Nr. 3 AktG von § 71 Abs. 1 Nr. 8 Satz 5 mittelbar – nämlich über § 193 Abs. 2 Nr. 4 AktG – in Bezug genommen wird.[55] Daraus und aus der Gefahr einer Beeinträchtigung der Kontrollfunktion des Aufsichtsrats leitet der BGH ein generelles Verbot von Aktienoptionsprogrammen für Aufsichtsratsmitglieder ab.[56] Nach einer Gegenauffassung in der Literatur sollten zumindest erfolgsbezogene Vergütungen, bei denen neben dem Börsenkurs auch andere Parameter relevant sind, möglich sein.[57]

Nach heute überwiegender Auffassung kommt der Übernahme der Prämien für eine **D&O-Versicherung** kein Vergütungscharakter zu.[58] Ein Hauptversammlungsbeschluss oder eine Festlegung in der Satzung erübrigen sich danach. Der BGH hat die Frage jedoch bislang ausdrücklich offengelassen.[59] Dem ist jedenfalls dann zuzustimmen, wenn

---

[54] BGHZ 168, 188 Rn. 16 = ZIP 2006, 1529; BGHZ 170, 60 Rn. 13 = AG 2007, 80; K. Schmidt/Lutter/*Drygala*, § 114 Rn. 8; Hölters/*Hambloch-Gesinn/Gesinn*, § 114 Rn. 13; GroßKomm AktG/*Hopt/Roth*, § 114 Rn. 13 f.; MünchHdB AG/*Hoffmann-Becking*, § 33 Rn. 45; KölnKomm-AktG/*Mertens/Cahn*, § 114 Rn. 5.

[55] BGHZ 158, 122, 125 ff. = NJW 2004, 1109; ebenso Habersack, ZGR 2004, 721, 724 ff.; *Meyer/Ludwig*, ZIP 2004, 949, 944; a. A. OLG Schleswig AG 2003, 102, 103 f.; *Fischer*, ZIP 2003, 282, 283; *Lutter*, in: FS Hadding, 2004, S. 561, 568 f. (§ 71 Abs. 1 Nr. 8 Satz 5 AktG enthält partielle Rechtsfolgenverweisung, die sich nicht auf § 192 Abs. 2 Nr. 3 AktG bezieht).

[56] BGHZ 158, 122, 127 = NJW 2004, 1109; zustimmend *Habersack*, ZGR 2004, 721, 728 ff.; a. A. Hüffer/*Koch*, § 113 Rn. 12 m. w. N.

[57] *Marsch-Barner*, in: FS Röhricht, 2005, S. 401, 417; Hüffer/*Koch*, § 113 Rn. 12.

[58] GroßKomm-AktG/*Hopt/Roth*, 113 Rn. 53; KölnKomm-AktG/*Mertens/Cahn*, § 113 Rn. 16; Spindler/Stilz/*Spindler*, § 113 Rn. 16.

[59] BGH NZG 2009, 550 Rn. 23.

sämtliche Organmitglieder (und ggf. leitende Angestellte) in ihrer Gesamtheit und unabhängig von der konkreten Zusammensetzung der Organe versichert sind, die Prämienkalkulation ohne Ansehung individueller Merkmale der Organpersonen lediglich auf Unternehmensdaten erfolgt und es sich um eine Vermögensschaden-Haftpflichtversicherung handelt, die in erster Linie dazu dient, dass die Gesellschaft einen solventen Regressschuldner hat (Gruppenversicherung).[60]

Nicht von § 113 AktG erfasst ist die **Erstattung angemessener Auslagen** des Aufsichtsratsmitglieds. Der Ersatzanspruch ergibt sich vielmehr aus der entsprechenden Anwendung des bürgerlich-rechtlichen Auftragsrechts (§ 670 BGB analog).[61] Jedes Aufsichtsratsmitglied kann deshalb Ersatz derjenigen Aufwendungen verlangen, die es den Umständen nach und unter Berücksichtigung der Gepflogenheiten des Vorstands für erforderlich halten durfte.

12.6 Innere Ordnung

Die Grundnorm zur **inneren Ordnung** des Aufsichtsrats ist § 107 AktG. Sie wird ergänzt durch Normen zur Beschlussfassung (§ 108 AktG), zur Teilnahme an Sitzungen (§ 109 AktG) und zur Einberufung des Aufsichtsrats (§ 110 AktG). Für mitbestimmte Gesellschaften gelten diese Vorschriften jedoch nur, sofern sich nicht aus den §§ 27 bis 29, 31, 32 MitbestG etwas anderes ergibt (§ 25 Abs. 1 Satz 1 MitbestG). § 107 AktG ist nicht abschließend und lässt – auch in mitbestimmten Gesellschaften[62] – der Satzung sowie gegebenenfalls einer Geschäftsordnung des Aufsichtsrats einen Spielraum zur Regelung von Organisation und Arbeitsweise des Aufsichtsrats.[63] Bei aller Satzungsautonomie sind indes die Prinzipien der Homogenität des Aufsichtsrats und der gleichen Rechte und Pflichten seiner Mitglieder stets verbindlich.[64] Zum Erlass einer Geschäftsordnung ist der Aufsichtsrat auch unabhängig von einer Satzungsermächtigung berechtigt; Ziff. 5.1.3 DCGK empfiehlt dies sogar.

§ 107 Abs. 1 AktG verlangt die Wahl eines **Aufsichtsratsvorsitzenden** und seines Stellvertreters. Ziel ist zum einen die Straffung der gesamten Aufsichtsratstätigkeit; zum anderen ist der Aufsichtsratsvorsitzende aber – anders als der Vorstandsvorsitzende – ein gesetzlicher Funktionsträger[65], was in zahlreichen Vorschriften des Aktiengesetzes Niederschlag findet (vgl. §§ 90 Abs. 1 Satz 3, 109 Abs. 2, 184 Abs. 1 AktG). Es liegt in der

---

[60] MüKo-AktG/*Habersack*, § 113 Rn. 10.
[61] Hölters/*Hambloch-Gesinn/Gesinn*, § 113 Rn. 25; Spindler/Stilz/*Spindler*, § 113 Rn. 9.
[62] BVerfGE 50, 290, 324 = NJW 1979, 699; BGHZ 83, 106, 111 f. = NJW 1982, 1525; BGHZ 83, 144, 148 = NJW 1982, 1528.
[63] Hüffer/*Koch*, § 107 Rn. 1; MüKo-AktG/*Habersack*, § 107 Rn. 1.
[64] MüKo-AktG/*Habersack*, § 107 Rn. 8; KölnKomm-AktG/*Mertens/Cahn*, § 107 Rn. 7 f.; Hüffer/*Koch*, § 107 Rn. 1.
[65] Hüffer/*Koch*, § 107 Rn. 4.

Hand des Aufsichtsratsvorsitzenden, Sitzungen einzuberufen, vorzubereiten und zu leiten, Ausschüsse zu befassen und deren Arbeitsergebnisse in das Plenum einzubringen.[66] Als Repräsentant des Aufsichtsrats ist er zudem ständiger Ansprechpartner und Berater für den Vorstand.[67]

§ 107 Abs. 2 AktG statuiert die Pflicht zur **Niederschrift** von Aufsichtsratssitzungen und regelt neben der Form und dem Mindestinhalt des Protokolls die Folgen von Verstößen und die Pflicht zur Aushändigung einer Abschrift an die Mitglieder des Aufsichtsrats. Das Protokoll ist keine Wirksamkeitsvoraussetzung für gefasste Beschlüsse, sondern hat allein eine Beweisfunktion, um später Verhandlungen und Beschlüsse des Aufsichtsrats auch nachprüfen und feststellen zu können.[68]

§ 107 Abs. 3 AktG erlaubt es schließlich dem Aufsichtsrat, aus seiner Mitte die in der Praxis nahezu unverzichtbaren **Ausschüsse** zu bilden. Aufsichtsräte, die kraft Gesetzes oder Satzung viele Mitglieder haben, können sich nicht im Gesamtplenum mit allen Einzelfragen befassen. Ausschüsse dienen insoweit der Sicherstellung der Effektivität der Aufsichtsratstätigkeit. Neben der bloßen Verhandlung und Beschlussvorbereitung für den Gesamtaufsichtsrat kann vorgesehen werden, dass den Ausschüssen einzelne Aufgaben an Stelle des Aufsichtsrats auch zur Beschlussfassung übertragen werden.[69] Ziff. 5.3.1 DCGK empfiehlt die Ausschussbildung im Allgemeinen. Hervorgehoben werden die Bildung eines Prüfungsausschusses und eines Nominierungsausschusses, Ziff. 5.3.2 und 5.3.3 DCGK. § 107 Abs. 3 Satz 2 AktG spricht explizit die Möglichkeit der Bildung eines Prüfungsausschusses an, der sich mit der Überwachung des Rechnungslegungsprozesses, der Wirksamkeit des internen Kontrollsystems, des Risikomanagementsystems und des internen Revisionssystems sowie der Abschlussprüfung befasst. In kapitalmarktorientierten Aktiengesellschaften muss mindestens ein Mitglied des Prüfungsausschusses unabhängig sein, §§ 107 Abs. 4 i. V. m. 100 Abs. 5 AktG. Bestimmte in § 107 Abs. 3 Satz 3 AktG genannte Kernkompetenzen sind aber nicht an Ausschüsse delegierbar. Hervorzuheben ist hier die Festlegung der zustimmungspflichtigen Geschäfte nach § 111 Abs. 4 Satz 2 AktG, die – anders als die Zustimmung selbst[70] – stets nur vom Gesamtaufsichtsrat vorgenommen werden kann.

§ 110 AktG setzt in seinem Abs. 1 Satz 1 voraus, dass die **Einberufung** des Aufsichtsrats grundsätzlich dem Aufsichtsratsvorsitzenden obliegt. Zudem steht es jedem Mitglied des Aufsichtsrats und des Vorstands frei, die Einberufung zu verlangen. Für den Fall, dass dem Einberufungsverlangen nicht entsprochen wird, können die Berechtigten nach § 110 Abs. 2 AktG selbst eine Aufsichtsratssitzung einberufen. Abs. 3 regelt die Mindestzahl von Sitzungen, die der Aufsichtsrat im Kalenderjahr abzuhalten hat. Nicht geregelt sind

---

[66] Hüffer/*Koch*, § 107 Rn. 8.

[67] *Lutter/Krieger*, Rechte und Pflichten des Aufsichtsrats, Rn. 678; Spindler/Stilz/*Spindler*, § 107 Rn. 39.

[68] Begr. RegE bei *Kropff*, S. 148.

[69] MüKo-AktG/*Habersack*, § 107 Rn. 3.

[70] Vgl. BGH AG 1991, 398; OLG Hamburg AG 1996, 84 f.; OLG München AG 1995, 466, 467.

die Förmlichkeiten der Einberufung. Das Recht auf Einberufung und das Recht auf Selbsthilfe bezwecken die Sicherstellung einer effektiven Überwachungstätigkeit.[71] Darüber hinaus soll Mitgliedern des Vorstands und des Aufsichtsrats der Einwand abgeschnitten werden, sie hätten ihrer Verantwortlichkeit nicht gerecht werden können, weil die Einberufung einer Aufsichtsratssitzung unterblieben sei. § 110 Abs. 3 AktG will durch die Regelung eines Mindestturnus ein regelmäßiges Zusammentreten des Aufsichtsrats und hierdurch die gebotene Wahrnehmung der Überwachungsaufgabe gewährleisten.

§ 108 Abs. 1 AktG bestimmt, dass der Aufsichtsrat durch **Beschluss** entscheidet, lässt aber das Mehrheitserfordernis offen. Das Beschlusserfordernis ist im Sinne einer ausdrücklichen Beschlussfassung über einen vorher gestellten Antrag zu verstehen.[72] Eine stillschweigende Beschlussfassung würde nicht die notwendige Rechtssicherheit bringen, insbesondere, wenn es um die Zustimmung zu Maßnahmen des Vorstands geht. § 108 Abs. 2 AktG regelt die Beschlussfähigkeit des Aufsichtsrats und macht sie von der Teilnahme von mindestens der Hälfte der Aufsichtsratsmitglieder (Satz 2) und zudem von der Teilnahme von mindestens drei Mitgliedern (Satz 3) abhängig. Dies gilt auch für die mitbestimmte Gesellschaft; Abs. 2 Satz 4 legt insoweit fest, dass es für die Beschlussfähigkeit nicht auf die Wahrung des Gruppenproporzes ankommt. Die Stimmabgabe erfolgt grundsätzlich durch offene Abstimmung; nach h. M. soll jedoch auch eine geheime Abstimmung möglich sein.[73] Das Argument der Gegenauffassung,[74] nur bei offener Abstimmung könnten im Nachhinein Verantwortlichkeiten für eine mögliche Haftung der Aufsichtsratsmitglieder geklärt werden, erweist sich gegenüber dem Argument, dass nur geheime Abstimmungen gerade bei sensiblen Personalentscheidungen die Disziplinierung von einzelnen Mitgliedern oder einer Gruppe sicher verhindern können,[75] als zu schwach. Darüber hinaus können Aufsichtsratsmitglieder ohnehin nur durch aktive Verhinderungsbemühungen eine persönliche Haftung vermeiden.[76]

Es gibt **kein allgemeines aktienrechtliches Stimmverbot** bei Interessenkonflikten. Die h. M. wendet jedoch § 34 BGB analog an.[77] Ein Aufsichtsratsmitglied darf demnach nicht mit abstimmen, wenn über die Vornahme eines Rechtsgeschäfts zwischen der Gesellschaft und ihm abgestimmt wird oder wenn es um die Einleitung oder Erledigung

---

[71] *Säcker*, NJW 1979, 1521; GroßKomm-AktG/*Hopt/Roth*, § 110 Rn. 3; Spindler/Stilz/*Spindler*, § 110 Rn. 1; Hölters/*Hambloch-Gesinn/Gesinn*, § 110 Rn. 1.

[72] Begr. RegE *Kropff* S. 151 f.

[73] *Ulmer/Habersack*, in: Ulmer/Habersack/Henssler, MitbestR, 3. Aufl. 2013, § 25 MitbestG Rn. 26; *Happ*, AktienR, 9.01 Rn. 17; *Lutter/Krieger/Verse*, Rn. 720; *U. H. Schneider*, in: FS Rob. Fischer, 1979, S. 727, 734 ff.; *Ulmer* AG 1982, 300, 301 ff.

[74] KölnKomm-AktG/*Mertens/Cahn*, § 108 Rn. 52 m. w. N.

[75] So *Ulmer/Habersack*, in: Ulmer/Habersack/Henssler, MitbestR, 3. Aufl. 2013, § 25 MitbestG Rn. 26; *Happ*, AktienR, 9.01 Rn. 17.

[76] *Ulmer* AG 1982, 300, 302; Hüffer/*Koch*, § 108 Rn. 5.

[77] BGH AG 2007, 484 Rn. 13; MüKo-AktG/*Habersack*, § 108 Rn. 29; MünchHdB AG/*Hoffmann-Becking*, § 31 Rn. 70; *Lutter/Krieger*, Rechte und Pflichten des Aufsichtsrats, Rn. 728.

eines Rechtsstreits gegen das Aufsichtsratmitglied geht. Erweitert wird das Stimmverbot zu einem allgemeinen Verbot des Richtens in eigener Sache.[78] Mitwählen darf das Aufsichtsratmitglied allerdings dann wieder, wenn es um die Wahl zum Aufsichtsratsvorsitzenden oder um die Wahl zu anderen Funktionen innerhalb des Aufsichtsrats geht.[79] Anderes gilt freilich für die Abwahl, sofern sie aus Gründen erfolgt, die der Qualität nach den zur Abberufung eines Organmitglieds aus wichtigem Grund berechtigenden Gründen entsprechen.

Beschlüsse bedürfen grundsätzlich der einfachen Mehrheit.[80] Ein strengeres Mehrheitserfordernis ist nur zulässig in Bezug auf Aufgaben, die sich allein aus der Satzung ergeben.[81] Die Satzung kann vorsehen, dass der Aufsichtsratsvorsitzende oder sein Stellvertreter ein Recht zum Stichentscheid bei Stimmengleichheit haben.[82] Ein solches Zweitstimmrecht steht dem Aufsichtsratsvorsitzenden in mitbestimmten Gesellschaften nach §§ 29 Abs. 2, 31 Abs. 4 MitbestG von Gesetzes wegen zu.

Nach § 108 Abs. 3 AktG können abwesende Aufsichtsratsmitglieder ihre Stimme durch andere Aufsichtsratsmitglieder oder durch nach Maßgabe des § 109 Abs. 3 AktG teilnahmeberechtigte Dritte abgeben. Damit wird das in § 101 Abs. 3 Satz 1 AktG geregelte Verbot der Stellvertretung und der in § 111 Abs. 5 AktG geregelte Grundsatz der höchstpersönlichen Natur des Aufsichtsratsamtes in der Praxis etwas abgemildert. § 108 Abs. 4 AktG eröffnet dem Aufsichtsrat und seinen Ausschüssen die Möglichkeit, Beschlüsse auch außerhalb von Sitzungen auf schriftliche, fernmündliche oder andere vergleichbare Form zu fassen. Beschlussfassung ohne unmittelbare Präsenz muss jedoch vorbehaltlich einer näheren Regelung durch die Satzung oder Geschäftsordnung unterbleiben, wenn auch nur ein Mitglied widerspricht.

12.7 Rechte und Pflichten

Der Aufsichtsrat ist als Überwachungsorgan für die Kontrolle des Managements verantwortlich. Damit er dieser Aufgabe wirkungsvoll gerecht werden kann, stattet das Aktiengesetz ihn mit organschaftlichen Befugnissen, aber auch mit rechtlichen Pflichten aus.

---

[78] MüKo-AktG/*Habersack*, § 108 Rn. 29; KölnKomm-AktG/*Mertens/Cahn*, § 108 Rn. 65.
[79] Hüffer/*Koch*, § 108 Rn. 9; MüKo-AktG/*Habersack*, § 108 Rn. 32; Spindler/Stilz/*Spindler*, § 108 Rn. 31.
[80] Zu den – vor allem im Mitbestimmungsrecht angelegten – gesetzlichen Ausnahmen vgl. Hüffer/*Koch*, § 108 Rn. 7.
[81] Hüffer/*Koch*, § 108 Rn. 8.
[82] MüKo-AktG/*Habersack*, § 108 Rn. 25; MünchHdB AG/*Hoffmann-Becking*, § 31 Rn. 68.

12.7.1 Befugnisse des Aufsichtsrats

12.7.1.1 Bestellung des Vorstands

Die Bestellung zum Vorstandsmitglied erfordert nach § 108 AktG einen Beschluss des Aufsichtsrats, der der **einfachen Mehrheit**[83] bedarf ist. Für die Wirksamkeit einer Bestellung zum Vorstandsmitglied ist dessen Zustimmung erforderlich. Die Rechtsstellung als Organ einer Gesellschaft mit den damit zusammenhängenden Rechten und Pflichten kann niemandem einseitig aufgezwungen werden. Das Zustimmungserfordernis des Bestellten ändert jedoch nichts daran, dass die Bestellung ein einseitiger, körperschaftsrechtlicher Akt ist.[84]

Zur Bestellung und Abberufung der Vorstandsmitglieder der Gesellschaft ist ausschließlich der Aufsichtsrat berufen. Eine Übertragung dieser Kompetenz auf die Hauptversammlung durch die Satzung ist nicht möglich und wäre nichtig, da § 84 AktG eine zwingende Regelung darstellt.[85] Auch kann der Aufsichtsrat nicht den Vorstand zur Bestellung weiterer Vorstandsmitglieder ermächtigen. Schließlich scheidet nach § 107 Abs. 3 Satz 3 AktG auch eine Übertragung auf einen innerhalb des Aufsichtsrats gebildeten Ausschuss aus. Die Entscheidung über die Bestellung eines Vorstandsmitglieds muss der Gesamtaufsichtsrat treffen.[86] Jedoch wird es in der Praxis häufig ein sog. *finding committee* geben, einen Personalausschuss, der die Beschlussfassung zur Vorstandsbestellung vorbereitet, indem er z. B. eine Marktanalyse durchführt, geeignete Bewerber sichtet und anspricht und dem Plenum sodann einen Vorschlag unterbreitet.[87]

Der Aufsichtsrat ist bei der Bestellung der Vorstandsmitglieder im Rahmen seines unternehmerischen Ermessens frei.[88] Das gilt uneingeschränkt auch für nach § 101 Abs. 2 AktG entsandte Aufsichtsratsmitglieder. Jegliche Verpflichtungen gegenüber der Gesellschaft oder Dritten im Hinblick auf die Ausübung dieses unternehmerischen Ermessens führt zur Nichtigkeit des Aufsichtsratsbeschlusses und ggf. zur Haftung der Aufsichtsratsmitglieder.

Aktionäre können **auf die Zusammensetzung** des Vorstands nur dadurch **Einfluss nehmen**, dass sie sich selbst oder Vertraute in den Aufsichtsrat wählen und so die erforderlichen Mehrheitsverhältnisse im Aufsichtsrat herbeiführen oder sich durch die Satzung ein Entsendungsrecht nach § 101 Abs. 2 AktG einräumen lassen. Das Gesetz schließt jedoch nicht aus, dass Aktionäre in rein tatsächlicher Hinsicht – z. B. durch Aktionärsvereinbarungen – Einfluss auf die Aufsichtsratsmitglieder nehmen. Ebenso üblich ist es in der

---

[83] Es gelten jedoch Besonderheiten für nach dem MitbestG mitbestimmte Gesellschaften nach § 31 Abs. 2–4 MitbestG.
[84] MüKo-AktG/*Spindler*, § 84 Rn. 23.
[85] *Lutter/Krieger/Verse*, Rechte und Pflichten des Aufsichtsrats, § 7 Rn. 334; Hüffer/*Koch*, § 84 Rn. 5; KölnKomm-AktG/*Mertens/Cahn*, § 84 Rn. 8; GroßKomm-AktG/*Kort*, § 84 Rn. 27.
[86] KölnKomm-AktG/*Mertens/Cahn* § 84 Rn. 7; MünchHdB AG/*Wiesner* § 20 Rn. 18.
[87] Vgl. dazu und zur Kritik an diesem Verfahren *Lutter/Krieger/Verse*, § 7 Rn. 337.
[88] Hüffer/*Koch*, § 84 Rn. 5.

Praxis, dass der Vorstand selbst unverbindliche Wahlvorschläge unterbreitet. Beides – tatsächliche Einflussnahme von Aktionären sowie Vorschläge des Vorstands – dürfen jedoch nicht die freie Entschließung des Aufsichtsrats beeinträchtigen.

12.7.1.2 Vertretung der Gesellschaft

Gegenüber Vorstandsmitgliedern, gleich ob sie noch im Amt oder ausgeschieden sind, vertritt nach § 112 AktG der Aufsichtsrat die Gesellschaft. Dieser Regelung wohnt der Rechtsgedanke des § 181 Alt. 1 BGB inne; sie soll die Gesellschaft vor für sie nachteiligen Geschäften schützen. Bei Führungslosigkeit der Gesellschaft ist der Aufsichtsrat zudem passiver Empfangsvertreter der Gesellschaft (§ 78 Abs. 1 Satz 2, Abs. 2 Satz 2 AktG). Bei der Entgegennahme von Erklärungen genügt es nach zutreffender Ansicht, wenn sie nur gegenüber einem Aufsichtsratsmitglied zugeht.[89] Geht es indes um die Abgabe von Erklärungen, muss die Willensbildung im Plenum, mindestens aber in einem Ausschuss stattfinden, sofern die Grenzen des § 107 Abs. 3 AktG eingehalten werden. Die Übertragung der Willensbildung auf ein einzelnes Mitglied ist jedenfalls unzulässig.[90] Möglich und üblich ist es indes, die Ausführung eines ordnungsgemäß gefassten Beschlusses dem Aufsichtsratsvorsitzenden qua Ermächtigung zu übertragen. Eine solche Ermächtigung zur Erklärung dürfte häufig in den gefassten Beschlüssen selbst liegen.[91]

Wie ein Verstoß gegen § 112 AktG auf der Rechtsfolgenseite zu behandeln ist, wird uneinheitlich beurteilt. Teilweise wird von endgültiger Nichtigkeit gemäß § 134 BGB[92] ausgegangen. Die mittlerweile h.M. befürwortet hingegen eine Anwendung der §§ 177 ff. BGB, was zur Folge hat, dass die Gesellschaft die verbotswidrigen Geschäfte genehmigen kann.[93] Für letzte Lösung spricht die pragmatische Erwägung, dass es der Gesellschaft ermöglicht wird, für sie vorteilhafte Geschäfte an sich zu ziehen. Wegen des aus § 179 Abs. 1 BGB folgenden Risikos für den Vorstand, dass er selbst auf Erfüllung oder Schadensersatz in Anspruch genommen werden kann, wenn der Aufsichtsrat die Genehmigung verweigert, besteht auch keine übermäßige Gefahr, dass die Befugnisse des Vorstands *contra legem* erweitert würden.[94]

---

[89] Hüffer/*Koch*, § 112 Rn. 10.

[90] BGHZ 41, 282, 285; KölnKomm-AktG/*Mertens/Cahn*, § 112 Rn. 30; *Spindler*, in Spindler/Stilz, § 112 Rn. 37.

[91] KölnKomm-AktG/*Mertens/Cahn*, § 107 Rn. 52; GroßKomm-AktG/*Hopt/Roth* § 107 Rn. 113; MüKo-AktG/*Habersack*, § 107 Rn. 59; *Lutter/Krieger/Verse*, Rechte und Pflichten des Aufsichtsrats, § 11 Rn. 682.

[92] OLG Stuttgart AG 1993, 85, 86; für die Literatur statt vieler *Semler*, in: FS Rowedder, 1994, S. 441, 455 f.

[93] H.M.: BGH ZIP 2013, 1274, 1277; *Lutter/Krieger/Verse*, Rechte und Pflichten des Aufsichtsrats, § 7 Rn. 445; MüKo-AktG/*Habersack*, § 112 Rn. 59; Hüffer/*Koch*, § 112 Rn. 12.

[94] *Langenbucher*, § 5 Rn. 52.

12.7.1.3 Informationsrechte

§ 90 AktG regelt die Berichtspflichten des Vorstands an den Aufsichtsrat. Die Vorschrift beinhaltet spiegelbildlich zur Pflicht des Vorstands ein elementares Recht des Vorstands, das durch § 111 Abs. 2 AktG ergänzt und erweitert wird. Erst die Berichtspflicht des Vorstands ermöglicht dem Aufsichtsrat, seiner in § 111 Abs. 1 AktG niedergelegten Überwachungsaufgabe gerecht zu werden. Gleichzeitig kann sich der Aufsichtsrat bei ordnungsgemäßer Information nicht mehr hinter dem Argument der fehlenden Nähe zum Tagesgeschäft verstecken. Ein ordnungsgemäß unterrichteter Aufsichtsrat ist zudem in der Lage, seine Expertise und Erfahrung zum Wohle der Gesellschaft nutzbar machen, wovon auch der Vorstand profitiert.

§ 90 Abs. 1 und 2 AktG haben die **periodische Berichterstattung** zum Gegenstand, die der Vorstand von sich aus zu erbringen hat. Ihn trifft insofern eine Informationsbringschuld. § 90 Abs. 3 AktG regelt in Abgrenzung dazu eine Informationsholschuld des Aufsichtsrats, die für eine wirkungsvolle Überwachung der Geschäftsführung des Vorstands essentiell ist. Denn naturgemäß wird der Vorstand in der Tendenz nur über das berichten, was er für berichtenswert hält, obwohl unter Umständen der Aufsichtsrat auch weitere Themen für berichtenswert hält, von denen er aber im Rahmen der periodischen Berichtspflicht nichts erfährt. Um diesen Kreis zu durchbrechen, kann der Aufsichtsrat vom Vorstand Berichterstattung auch über Angelegenheiten, die nur er und nicht der Vorstand für wichtig hält, verlangen.

Weitere **ungeschriebene Informationspflichten** treffen den Vorstand immer dann, wenn er – z. B. wegen § 111 Abs. 4 Satz 2 AktG oder im Zusammenhang mit den Prüfungspflichten des Aufsichtsrats nach §§ 170, 171 AktG – einen Aufsichtsratsbeschluss herbeiführen muss damit der Aufsichtsrat auf informierter Grundlage entscheiden kann.[95]

Ergänzend zu § 90 AktG gewährt § 111 Abs. 2 Satz 1 und 2 AktG dem Aufsichtsrat ein weitreichendes **Einsichts- und Prüfungsrecht** und damit die Möglichkeit, durch den Vorstand gelieferte Informationen auf ihre Richtigkeit zu überprüfen. Die vom Vorstand bereitgestellten Informationen werden häufig aufbereitet sein, was die Gefahr birgt, dass sie lückenhaft, beschönigend oder nicht immer präzise genug sind. Um seiner Informationsholschuld gerecht werden zu können, gibt § 111 Abs. 2 AktG deshalb dem Aufsichtsrat das Recht auf die Primärquellen der Information. Sollte sich seitens des Aufsichtsrats ein Verdacht auf Unregelmäßigkeiten ergeben, sollte er von den Befugnissen des § 111 AktG Gebrauch machen und die Bücher der Gesellschaft einsehen oder Angestellte der Gesellschaft anhören.

12.7.1.4 Zustimmungsbedürftige Geschäfte

Notwendiges Gegenstück zur eigenverantwortlichen Leitungsmacht des Vorstands nach § 76 Abs. 1 AktG ist das in § 111 Abs. 4 Satz 1 AktG verankerte Geschäftsführungsverbot des Aufsichtsrats. Ähnlich wie § 119 Abs. 2 AktG im Verhältnis zur Hauptversammlung

---

[95] Hüffer/*Koch*, § 90 Rn. 2; GroßKomm-AktG/*Kort*, § 90 Rn. 171; Spindler/Stilz/*Fleischer*, § 90 Rn. 14.

soll § 111 Abs. 4 Satz 1 AktG eine Abgrenzung zwischen den Kompetenzen von Vorstand und Aufsichtsrat gewährleisten. Die Verwaltung der Gesellschaft durch die Mitglieder des Vorstands und des Aufsichtsrats (§ 120 Abs. 2 AktG) setzt sich zusammen aus einem geschäftsführenden und einem überwachend-beratenden Funktionsbereich.

Eine Durchbrechung des Geschäftsführungsverbots enthält jedoch § 111 Abs. 4 Satz 2 AktG. Er verlangt von der Satzung oder direkt vom Aufsichtsrat, einen Zustimmungsvorbehalt für bestimmte Arten von Geschäften zu bestimmen. Die Schaffung eines solchen Katalogs ist obligatorisch und vermittelt dem Aufsichtsrat jedenfalls in Bezug auf klar definierte Geschäfte eine Teilhabe an der Leitungsmacht des Vorstands,[96] wobei sich die Rechtsmacht des Aufsichtsrats allenfalls auf die Verhinderung bestimmter Geschäftsführungsmaßnahmen erstreckt, nicht aber auf deren Erzwingung.[97] Verweigert der Aufsichtsrat seine Zustimmung zu einem der Kataloggeschäfte, so kann der Vorstand nach § 111 Abs. 4 Satz 3 AktG verlangen, dass die Hauptversammlung über den Gegenstand beschließt. Für ein solches *„overruling"* des Aufsichtsrats durch die Hauptversammlung bedarf es indes einer satzungsändernden Dreiviertelmehrheit.

In §§ 88 und 89 AktG finden sich weitere, bereits vom Gesetz benannte, Zustimmungsvorbehalte. § 88 AktG verlangt die Einwilligung des Aufsichtsrats, wenn der Vorstand in bestimmten Geschäftsbereichen in Konkurrenz zur Gesellschaft treten will. § 89 AktG knüpft die Wirksamkeit der Kreditgewährung an Vorstandsmitglieder und leitende Angestellte an die Zustimmung des Aufsichtsrats.

12.7.1.5 Einberufung der Hauptversammlung

Als weitere Ausprägung der allgemeinen Überwachungspflicht sieht § 111 Abs. 3 Satz 1 AktG die Befugnis des Aufsichtsrats zur Einberufung einer Hauptversammlung vor, wenn das Wohl der Gesellschaft es verlangt.[98] Die Vorschrift ergänzt §§ 121 Abs. 2 Satz 1, 175 Abs. 1 AktG, wonach die Hauptversammlung grundsätzlich vom Vorstand einberufen wird. Beruft der Aufsichtsrat die Hauptversammlung nicht ein, obwohl die Voraussetzungen des § 111 Abs. 3 AktG gegeben sind, verstößt er gegen seine Sorgfaltspflichten und macht sich unter den weiteren Voraussetzungen der §§ 116 Satz 1, 93 Abs. 2 AktG schadensersatzpflichtig. Dass auch der Vorstand zur Einberufung verpflichtet gewesen wäre, schließt eine Haftbarkeit des Aufsichtsrats nicht aus. Nimmt umgekehrt der Aufsichtsrat die Voraussetzungen des § 111 Abs. 3 AktG nur fälschlicher Weise an, kommt gleichfalls eine Schadensersatzpflicht der Aufsichtsratsmitglieder in Betracht, die für die Einberufung gestimmt haben.[99]

---

[96] Hüffer/*Koch*, § 111 Rn. 5; KölnKomm-AktG/*Mertens/Cahn*, § 111 Rn. 32.
[97] *Lutter/Krieger/Verse*, § 3 Rn. 62.
[98] GroßKomm-AktG/*Hopt/Roth*, § 111 Rn. 543.
[99] Hüffer/*Koch*, § 111 Rn. 32; Spindler/Stilz/*Spindler*, § 111 Rn. 60.

12.7.2 Rechtspflichten des Aufsichtsrats

12.7.2.1 Sorgfaltspflichten

Regelungen zur Sorgfaltspflicht enthält § 116 AktG, der auf § 93 AktG mit Ausnahme dessen Absatz 2 Satz 3 (Pflicht zum Selbstbehalt bei D&O-Versicherungen) verweist. Auch im Rahmen des § 116 Satz 1 gilt, dass der in Bezug genommene § 93 Abs. 1 Satz 1 AktG **Doppelfunktion** hat, indem er nicht nur den Verschuldensmaßstab, sondern auch die Verhaltenspflichten der Aufsichtsratsmitglieder umschreibt.[100] Der Wortlaut des § 116 Satz 1 AktG unterstreicht jedoch, dass es sich nur um eine **sinngemäße** Anwendung handelt. Das hängt mit den unterschiedlichen Aufgaben (Geschäftsführung vs. Überwachung) und der unterschiedlichen Struktur der Organämter (Haupt- vs. Nebentätigkeit) in Vorstand und Aufsichtsrat zusammen.

Bezugspunkt der Sorgfaltspflicht ist auch beim Aufsichtsrat das Gesellschaftsinteresse. Das Leitbild des ordentlichen Geschäftsleiters ist auszutauschen durch das ordentliche Aufsichtsratsmitglied. Damit tritt die Überwachungs- und Beratungsfunktion in den Vordergrund. Die Verletzung von Sorgfaltspflichten ist durch Überwachungsversagen im Einzelfall, aber auch durch unzureichende Selbstorganisation des Aufsichtsrats (geordnetes Berichtswesen, Bildung von Ausschüssen und Festlegung von Zustimmungsvorbehalten) möglich.[101]

Jedes Aufsichtsratsmitglied muss zum Zwecke einer ordnungsgemäßen Amtsführung ein Mindestmaß an Kenntnissen und Fähigkeiten besitzen, um den normalen Geschäftsgang der Gesellschaft verstehen und beurteilen zu können. Wird ein solcher **Mindeststandard** nicht erreicht, hat das jeweilige Aufsichtsratsmitglied sich Kenntnisse und Fähigkeiten in einem gebotenen Maße anzueignen.[102] Der Sorgfaltsmaßstab kann sich jedoch bei der Übernahme besonderer Funktionen innerhalb des Aufsichtsrats erhöhen.[103] Die Übernahme besonderer Funktionen ohne entsprechende Kenntnisse löst u. U. ein Übernahmeverschulden aus. Auch beruflich oder anderweitig erworbenes Spezialwissen kann nach h. M. den Sorgfaltsmaßstab erhöhen.[104] Weitere Kriterien zur Bestimmung eines konkreten Sorgfaltsmaßstabs können die Art und Größe des Unternehmens sowie seine konkrete Risikoexposition sein.[105] Bei besonders bedeutsamen Geschäften oder bei exis-

---

[100] MüKo-AktG/*Habersack*, § 116 Rn. 2.

[101] Hüffer/*Koch*, § 116 Rn. 2; MüKo-AktG/*Habersack*, § 116 Rn. 16 ff.

[102] BGHZ 85, 293, 295 f.

[103] BGH NZG 2011, 1271, 1274; MünchHdB AG/*Hoffmann-Becking*, § 33 Rn. 74; *Dreher*, in: FS Boujong, 1996, S. 71, 83 ff.; Hüffer/*Koch*, § 116 Rn. 3.

[104] BGH AG 2011, 876 Rn. 28; Hüffer/*Koch*, § 116 Rn. 4; MüKo-AktG/*Habersack*, § 116 Rn. 28; Spindler/Stilz/*Spindler*, § 116 Rn. 18; *Binder*, ZGR 2012, 757, 773 f.; *Dreher*, in: FS Boujong, 1996, S. 71, 78 ff.; a. A. GroßKomm-AktG/*Hopt/Roth*, § 116 Rn. 52; *K. Schmidt*, GesR, § 28 III 1d; *Schwark*, in: FS Werner, 1984, S. 841, 850 f., 853 f.

[105] Hüffer/*Koch*, § 116 Rn. 4.

tenzgefährdenden Risiken muss jedes einzelne Aufsichtsratsmitglied den Sachverhalt erfassen, sorgfältig analysieren und sich ein eigenes Urteil bilden.[106]

Über die Verweisvorschrift des § 116 Satz 1 AktG kommt auch für den Aufsichtsrat die **Business Judgement Rule** des § 93 Abs. 1 Satz 2 AktG zur Anwendung. Ebenso wie bei der Beurteilung von Vorstandshandeln kommt es auch beim Aufsichtsrat für die Frage, ob die Kriterien der Business Judgement Rule zur Anwendung kommt, darauf an, ob sich das Aufsichtsratsmitglied im Bereich gesetzlich zwingender Pflichtaufgaben oder im Bereich unternehmerischer Entscheidungen bewegt. Im ersten Fall scheidet aufgrund organschaftlicher Legalitätspflicht ein Beurteilungsspielraum nach §§ 93 Abs. 1 Satz 2, 116 Satz 1 AktG aus.

12.7.2.2 Treuepflichten

Kraft ihrer Bestellung unterliegen Aufsichtsratsmitglieder organschaftlichen Treuepflichten.[107] Bei der konkreten Ausformung der Treubindungen ist stets zu berücksichtigen, dass es sich bei der Aufsichtsratsmitgliedschaft – anders als beim Vorstand – um eine typische Nebentätigkeit handelt. Ein unbedingter Vorrang der Gesellschaftsinteressen kann deshalb nach h. M. vom Aufsichtsratsmitglied nicht gefordert werden.[108] Umgekehrt darf es aber Möglichkeiten, die sich der Gesellschaft bieten, nicht zum eigenen Vorteil nutzen. Ziff. 5.5.1 DCGK weist insofern auf die Geschäftschancenlehre hin. Dementsprechend enthält das AktG auch kein gesetzliches Wettbewerbsverbot, wie es § 88 AktG für Vorstandsmitglieder enthält. Die Tätigkeit für mehrere Unternehmen wird – wie sich aus § 100 Abs. 2 AktG ergibt – sogar ausdrücklich gebilligt. Ziff. 5.5.2 DCGK nähert sich dem Problem von Interessenkonflikten mit Regelungen zur Förderung der Transparenz. Werden punktuelle zu dauerhaften Interessenkonflikten, so empfiehlt Ziff. 5.5.3 DCGK, eines der kollidierenden Ämter niederlegen. Findet sich keine Alternativlösung zur Amtsniederlegung, erwächst diese zur Pflicht.[109]

§ 116 Satz 2 AktG betont besonders die Verschwiegenheitspflicht von Aufsichtsratsmitgliedern, sofern es sich um erhaltene vertrauliche Berichte und vertrauliche Beratungen handelt. Diese besondere Verschwiegenheitspflicht bildet das notwendige Gegenstück zur umfassenden Berichtspflicht des Vorstands gegenüber dem Aufsichtsrat. Daneben gilt über § 116 Satz 1 AktG auch die allgemeine Pflicht zur Verschwiegenheit nach § 93 Abs. 1 Satz 3 AktG.

---

[106] OLG Stuttgart AG 2012, 298.

[107] OLG Stuttgart AG 2012, 298, 302 f.; Spindler/Stilz/*Spindler*, § 116 Rn. 74 ff.; *Fleck*, in: FS Heinsius, 1991, S. 89, 90.

[108] MünchHdB-AG/*Hoffmann-Becking*, § 33 Rn. 78; Hüffer/*Koch*, § 116 Rn. 7; *Fleck*, in: FS Heinsius, 1991, S. 89, 91.

[109] LG Hannover ZIP 2009, 761, 762; MünchHdB-AG/*Hoffmann-Becking*, § 33 Rn. 83; *Lutter/Krieger*, Rechte und Pflichten des Aufsichtsrats, Rn. 900.

12.8 Haftung und Sanktionen

Anders als dem Vorstand ist dem Aufsichtsrat kein Kontrollorgan übergeordnet. Der Hauptversammlung und den Minderheitsaktionären sind jedoch punktuelle Kontrollrechte zugeordnet. Schadensersatzansprüche der Gesellschaft gegen Aufsichtsratsmitglieder werden nach § 78 AktG vom Vorstand geltend gemacht. Das Repertoire an Sanktionen für pflichtwidriges Handeln von Aufsichtsratsmitgliedern entspricht weitgehen dem, was auch für den Vorstand in Betracht kommt. Neben persönlicher Haftbarkeit gegenüber der Gesellschaft und Möglichkeiten zur Abberufung hat die Hauptversammlung die Möglichkeit, einzelnen oder allen Mitgliedern des Aufsichtsrats die Entlastung zu verweigern. Zudem können Bußgelder und Strafen verhängt werden.

12.8.1 Innenhaftung

Unter den Voraussetzungen des § 93 Abs. 2 AktG haften auch Aufsichtsratsmitglieder der Aktiengesellschaft. Eine Ersatzpflicht gegenüber Aktionären oder Dritten lässt sich indes auch § 116 AktG nicht entnehmen[110] und richtet sich – wenn sie überhaupt einmal in Betracht kommt – nach den allgemeinen Regeln des Zivilrechts. Sorgfaltsmaßstab für die Haftung aus § 93 Abs. 2 i. V. m. § 116 AktG ist das ordentliche und gewissenhafte Aufsichtsratsmitglied. Die Haftung setzt eine Pflichtverletzung und Verschulden voraus. Gibt Vorstandshandeln Anlass für Bedenken, muss das Aufsichtsratsmitglied diese – ggf. auch zu Protokoll – vorbringen.[111] Verstößt der Vorstand gegen seine gesetzlichen Pflichten, wird ein aktives Einschreiten erforderlich, das sich in einem Verlangen auf Einberufung einer Aufsichtsratssitzung und bei Erfolglosigkeit dieses Ansinnens in der Ausnutzung des Selbsthilferechts nach § 110 Abs. 2 AktG niederschlagen sollte.[112] Wegen der jederzeit geltenden Gesamtverantwortung des Aufsichtsrats müssen sich auch die einzelnen Mitglieder stets davon überzeugen, dass die Arbeit in den gebildeten Ausschüssen sachgemäß verläuft. Eine Enthaftung schon allein aufgrund der Übertragung von Aufgaben an einen Ausschuss scheidet aus.[113] § 116 Satz 3 AktG hebt als Pflichtverletzung des Aufsichtsrats die Festsetzung einer unangemessenen Vorstandsvergütung (§ 87 Abs. 1 AktG) hervor; die Vorschrift ist rein deklaratorisch und wurde vom Gesetzgeber im Rahmen des VorstAG[114] wohl eher zu plakativen Zwecken angefügt.[115]

---

[110] OLG Düsseldorf AG 2008, 666 f.; Hüffer/*Koch*, § 116 Rn. 14.
[111] LG Berlin ZIP 2004, 73, 76.
[112] OLG Braunschweig NJW 2012, 3798, 3790; Hüffer/*Koch*, § 116 Rn. 15.
[113] RGZ 93, 338, 340.
[114] Gesetz zur Angemessenheit der Vorstandsvergütung vom 31.7.2009, BGBl. I S. 2509.
[115] Insoweit kritisch: Hüffer/*Koch*, § 116 Rn. 18.

12.8.2 Abberufung

§ 103 AktG regelt verschiedene Arten der Abberufung von Aufsichtsratsmitgliedern. Nach Abs. 1 Satz 1 werden die von der Hauptversammlung ohne Bindung an einen Wahlvorschlag gewählten Aufsichtsratsmitglieder durch Beschluss abberufen, der nach Abs. 1 Satz 2 einer Mehrheit von mindestens drei Vierteln der abgegebenen Stimmen bedarf, wobei die Satzung hier eine andere Mehrheit vorschreiben kann (§ 103 Abs. 1 Satz 3 AktG); eines besonderen Grundes bedarf es nicht. Auch die Satzung darf das Abberufungsrecht nicht von einem wichtigen Grund abhängig machen.[116] Die Verweigerung der Entlastung genügt jedoch nicht.[117] Die entsandten Aufsichtsratsmitglieder werden nach Abs. 2 durch Abberufungserklärung des Entsenders und bei Wegfall des Entsendungsrechts zudem durch die Hauptversammlung abberufen. Der Abberufungsbeschluss und auch die Abberufungserklärung des Entsendeberechtigten müssen, weil es sich um die Aufhebung eines korporationsrechtlichen Rechtsgeschäfts handelt, dem jeweiligen Aufsichtsratsmitglied zugehen. Erst dann endet das Aufsichtsratsamt.[118] Bei Anwesenheit des Mitglieds wird der Zugang in aller Regel durch die Feststellung des Beschlussergebnisses bewirkt. Bei Arbeitnehmervertretern verweist Abs. 4 auf die einschlägigen mitbestimmungsrechtlichen Vorschriften. Abs. 3 schließlich regelt allgemein die Abberufung aus wichtigem Grund und gibt dem Aufsichtsrat und hinsichtlich entsandter Mitglieder auch einer Aktionärsminderheit von zehn Prozent oder einem anteiligen Betrag von einer Million Euro des Grundkapitals die Möglichkeit, auf eine gerichtliche Entfernung eines untragbar gewordenen Aufsichtsratsmitglieds hinzuwirken.

12.8.3 Straf- und Bußgeldvorschriften

Einige Pflichtverletzungen von Aufsichtsratsmitgliedern sind in den §§ 399 ff. AktG mit Strafe bedroht. Darüber hinaus enthalten die §§ 405 f. AktG einen Katalog mit Bußgeldtatbeständen; § 407 AktG erlaubt für bestimmte Konstellationen die Androhung von Zwangsgeldern. Stets in Betracht zu ziehen sind die die allgemeinen Wirtschaftsstraftaten des Betrugs (§ 263 StGB) und der Untreue (§ 266 StGB), die Aufsichtsratsmitglieder bei aktiver oder passiver Unterstützung strafbaren Verhaltens des Vorstands auch durch Beihilfe begehen können.

---

[116] MünchHdB-AG/*Hoffmann-Becking*, § 30 Rn. 83; Hüffer/*Koch*, § 103 Rn. 4.
[117] Hüffer/*Koch*, § 103 Rn. 3.
[118] MüKo-AktG/*Habersack*, § 103 Rn. 19; MünchHdB-AG/*Hoffmann-Becking*, § 30 Rn. 84; Hüffer/*Koch*, § 103 Rn. 5.

Literatur

Butzke, Die Hauptversammlung der Aktiengesellschaft, 5. Auflage, 2011
Dreher, Ausstrahlungen des Aufsichtsrechts auf das Aktienrecht, ZGR 2010, 496
Dreher, Die Qualifikation der Aufsichtsratsmitglieder – Rechtliche Anforderungen und Folgerungen unter besonderer Berücksichtigung der Aufsichtsratsausschüsse bei der Aktiengesellschaft, FS Boujong, 1996, S. 71
Fischer, Zur Bedienung aktienbasierter Vergütungsmodelle für Aufsichtsräte mit rückerworbenen Aktien, ZIP 2003, 282
Fleck, Eigengeschäfte eines Aufsichtsratsmitglieds, FS Heinsius, 1991, S. 89
Habersack, Der Aufsichtsrat im Visier der Kommission, ZHR 168 (2004), 373
Habersack, Die erfolgsabhängige Vergütung des Aufsichtsrats und ihre Grenzen, ZGR 2004, 721
Hilgers/Kurta, Die fachlichen und persönlichen Anforderungen an Mitglieder von Verwaltungs- und Aufsichtsräten, ZBB 2010, 471
Hoffmann-Becking, Münchener Handbuch des Gesellschaftsrechts, 4. Auflage, 2015
Hopt, Europäisches Gesellschaftsrecht und deutsche Unternehmensverfassung – Aktionsplan und Interdependenzen, ZIP 2005, 461
Hopt, ECLR Interessenwahrung und Interessenkonflikte im Aktien-, Bank- und Berufsrecht, ZGR 2004, 1
Hüffer, Die Unabhängigkeit von Aufsichtsratsmitgliedern nach Ziffer 5-4-2 DCGK, ZIP 2006, 637
Langenbucher, Aktien- und Kapitalmarktrecht, 3. Auflage, 2015
Lutter/Krieger/Verse, Rechte und Pflichten des Aufsichtsrats, 6. Auflage, 2014
Lutter, Der Aufsichtsrat: Kontrolleur- oder Mit-Unternehmer, FS Albach, 2001, S. 225
Lutter, Gesetzliche Gebührenordnung für Aufsichtsräte?, AG 1979, 85
Lutter, Zur Zulässigkeit der Vergütung des Aufsichtsrats in Aktien der Gesellschaft, FS Hadding, 2004, S. 561
Marsch-Barner, Aktuelle Rechtsfragen zur Vergütung von Vorstands- und Aufsichtsratsmitgliedern einer AG, FS Röhricht, 2005, S. 401
Säcker, Die Rechte des einzelnen Aufsichtsratsmitglieds, NJW 1979, 1521
Semler, Geschäfte einer Aktiengesellschaft mit Mitgliedern ihres Vorstands. Gedanken zu § 112 AktG, FS Rowedder, 1994, S. 441
Stüber, Die Frauenquote ist da – Das Gesetz zur gleichberechtigten Teilhabe und die Folgen für die Praxis, DStR 2015, 947
Schmidt, K., Gesellschaftsrecht, 4. Auflage, 2002
Schneider, U. H., Geheime Abstimmung im Aufsichtsrat, FS Fischer, 1979, S. 727
Schwark, Zum Haftungsmaßstab der Aufsichtsratsmitglieder einer AG, FS Werner, 1984, S. 841
Ulmer/Habersack/Henssler, Mitbestimmungsrecht, 3. Auflage, 2013
Velte, Wechsel vom Vorstand in den Aufsichtsrat mit oder ohne Cooling Off als „gute" Corporate Governance?, WM 2012, 537.

13 Hauptversammlung

Die Hauptversammlung ist Organ der Aktiengesellschaft mit der Aufgabe interner Willensbildung in dem vom Gesetz definierten Zuständigkeitsbereich. Ein im Beschlusswege gebildeter Wille der Hauptversammlung ist kraft organschaftlicher Zurechnung der Wille der Gesellschaft selbst.[1] Die Funktion eines Willensbildungsorgans unterscheidet die Hauptversammlung von den Handlungsorganen Vorstand und Aufsichtsrat.[2] Die Organverfassung der AG ist nicht hierarchisch; die Hauptversammlung ist deshalb auch nicht das oberste Organ der AG.[3] Das aktienrechtliche Kompetenzgefüge zeichnet sich stattdessen durch eine zwingend vorgeschriebene (§ 23 Abs. 5 AktG) Machtbalance zwischen Vorstand, Aufsichtsrat und Hauptversammlung aus.[4]

Nach § 118 Abs. 1 AktG üben die Aktionäre ihre Rechte in der Hauptversammlung aus. Damit kommt dem Terminus *Hauptversammlung* eine doppelte Bedeutung zu. Er beschreibt zum einen das Rechtsgebilde, durch das die Aktionäre den Willen der Gesellschaft bilden (Hauptversammlung im organschaftlichen Sinne); zum anderen meint er die tatsächliche Zusammenkunft der Aktionäre zu einer Versammlung, um ihr Stimmrecht und weitere Rechte, wie etwa das Rede- und Fragerecht, in dem vom Gesetz zu diesem Zweck vorgesehenen Forum auszuüben (Hauptversammlung im tatsächlichen Sinne).[5] Die Hauptversammlung ist damit zugleich ständiges und nichtständiges Organ.

---

[1] *Hüffer*, in: FS 100 Jahre GmbHG, 1992, 521, 529.
[2] Hüffer/*Koch*, § 118 Rn. 3.
[3] BVerfG NJW 2000, 349, 350.
[4] MüKo-AktG/*Kubis*, § 118 Rn. 10; K. Schmidt/Lutter/*Spindler*, § 118 Rn. 10; KölnKomm AktG/*Zöllner*, § 119 Rn. 2; *Butzke,* Die Hauptversammlung der Aktiengesellschaft, 5. Aufl. 2011, Abschn. A 7; *Lutter*, in: FS Quack, 1991, S. 301, 312 ff.
[5] MüKo-AktG/*Kubis*, § 118 Rn. 1; GroßKomm-AktG/*Mülbert*, Vor §§ 118–147 Rn. 13 ff.; K. Schmidt/Lutter/*Spindler*, § 118 Rn. 6.

13.1 Zuständigkeit der Hauptversammlung

13.1.1 Grundsätzliches

Die Hauptversammlung ist neben Vorstand und Aufsichtsrat das dritte zwingende Organ der Aktiengesellschaft. Sie setzt sich ohne Bestellungsakt aus den Aktionären der Gesellschaft zusammen und vertritt damit die Interessen der Anteilseigner und Eigentümer der AG. Der Hauptversammlung sind die zentralen und grundlegenden Kompetenzen innerhalb der Gesellschaft zugewiesen. Sie übt die Satzungshoheit aus, bestellt den Aufsichtsrat und beruft ihn wieder ab, entlastet Vorstand und Aufsichtsrat und entscheidet über die Verwendung des Bilanzgewinns sowie über Kapitalmaßnahmen und weitere Grundlagengeschäfte der Gesellschaft.[6]

Im Einzelnen lassen sich die genannten Kernaufgaben in **regelmäßig wiederkehrende Maßnahmen** (z. B. § 119 Abs. 1 Nr. 1 bis 4 und Nr. 7 Alt. 2 sowie § 286 Abs. 1 AktG), **Strukturmaßnahmen** (z. B. § 119 Abs. 1 Nr. 5 bis 6 sowie die §§ 71 Abs. 1 Nr. 8, 179a Abs. 1 Satz 1, 327a ff. AktG und die Zuständigkeiten nach dem Umwandlungsgesetz) und **Sonderfälle** (§§ 119 Abs. 1 Nr. 7 Alt. 1, 50, 93 Abs. 4, 84 Abs. 3 Satz 2, 103 Abs. 1, 111 Abs. 4 Satz 3, 113 Abs. 1 AktG) systematisieren.[7] Wegen der zwingenden Kompetenzordnung (§ 23 Abs. 5 AktG) bleibt für Zuständigkeitsregelungen qua Satzung, die § 119 Abs. 1 AktG an sich voraussetzt, in der Praxis nur wenig Raum. Insbesondere die Verlagerung von Zuständigkeiten des Vorstands und des Aufsichtsrats auf die Hauptversammlung ist nicht zulässig.[8]

In einigen Fällen sieht das AktG vor, dass die Hauptversammlung den Vorstand ermächtigt, bestimmte Maßnahmen mit oder ohne Zustimmung des Aufsichtsrats zu ergreifen und die Einzelheiten der Ausgestaltung dieser Maßnahmen festzulegen. Beispiele sind Ermächtigungen zum Erwerb und zur Veräußerung eigener Anteile (§ 71 Abs. 1 Nr. 8 S. 1 AktG) sowie zur Schaffung und Ausgestaltung genehmigten Kapitals (§§ 202 Abs. 1, 203 Abs. 2 Satz 1, 204 Abs. 1, 205 Abs. 1 AktG) sowie zur Ausgabe von Wandelschuldverschreibungen (§ 221 Abs. 2 AktG).

Ansonsten hat die Hauptversammlung in **Geschäftsführungsangelegenheiten** keine Zuständigkeit. Etwas anderes gilt nur, wenn der Vorstand nach § 119 Abs. 2 AktG ausdrücklich verlangt, dass die Hauptversammlung über Fragen der Geschäftsführung entscheidet. Der Vorstand muss sein Verlangen in die Form eines Antrags bringen, damit die Hauptversammlung darüber beschließen kann. Grundsätzlich genügt für den Beschluss die einfache Stimmenmehrheit des § 133 Abs. 1 AktG. Die qualifizierte Mehrheit von drei Vierteln der abgegebenen Stimmen ist jedoch dann erforderlich, wenn der Beschluss eine zuvor vom Aufsichtsrat verweigerte Zustimmung ersetzen soll (§ 111 Abs. 4 Satz 4

---

[6] *Langenbucher*, § 6 Rn. 1.
[7] Hüffer/*Koch*, § 119 Rn. 5; MüKo-AktG/*Kubis*, § 119 Rn. 10; andere Art der Systematisierung bei Spindler/Stilz/*Hoffmann*, § 119 Rn. 4.
[8] Hüffer/*Koch*, § 119 Rn. 10.

AktG). Verlangt der Vorstand gemäß § 119 Abs. 2 AktG oder § 111 Abs. 4 Satz 4 AktG eine Entscheidung der Hauptversammlung im Bereich der Geschäftsführung, so muss er ihr auch die Informationen für eine sachgerechte Willensbildung zur Verfügung stellen. Dies gilt auch dann, wenn keine Rechtspflicht zu ihrer Befassung besteht.[9] Ein von der Hauptversammlung aufgrund eines Vorstandsverlangens gefasster Beschluss wirkt für den Vorstand einerseits bindend, andererseits aber auch (im Innenverhältnis zur Gesellschaft) haftungsausschließend, wie § 93 Abs. 4 Satz 1 AktG klarstellt.

Die bloße **Erörterung** von Geschäftsführungsfragen ist auch ohne entsprechendes Verlangen des Vorstands möglich, solange sie sich inhaltlich im Bereich der Tagesordnungspunkte bewegt. Dieser Bezug zur Tagesordnung dürfte in den meisten Fällen im Rahmen der Abhandlung der Entlastung der Mitglieder von Vorstand und Aufsichtsrat (§ 120 AktG) sowie bei der Verwendung des Bilanzgewinns (§ 174 AktG) gegeben sein.[10]

Die Vertretungsbefugnis für die Aktiengesellschaft liegt grundsätzlich beim Vorstand (§ 78 AktG) und – in Bezug auf (ehemalige) Vorstandsmitglieder – beim Aufsichtsrat (§ 112 AktG).[11] Dies gilt auch für Strukturmaßnahmen, die zu ihrer Wirksamkeit der Zustimmung der Hauptversammlung bedürfen (z. B. Unternehmensverträge nach den §§ 291 ff. AktG oder Verträge nach dem UmwG). Nach außen bleibt auch bei diesen Grundlagengeschäften allein der Vorstand zur Vertretung der Gesellschaft befugt.[12]

Unmittelbare Außenwirkung entfalten Hauptversammlungsbeschlüsse jedoch bei verbandsinternen Maßnahmen, wie Bestellung und Abberufung von Aufsichtsratsmitgliedern, Entlastung der Organmitglieder sowie Bestellung besonderer Vertreter nach § 147 Abs. 3 AktG.[13] Eine echte rechtsgeschäftliche Vertretungsbefugnis hat die Hauptversammlung hingegen bei der Bestellung von Sonderprüfern gem. § 142 Abs. 1 AktG.[14]

13.1.2 Geschriebene Mitverwaltungsrechte der Hauptversammlung

§ 119 Abs. 1 AktG weist der Hauptversammlung alle in Gesetz oder Satzung ausdrücklich bestimmten Fälle zur alleinigen Entscheidung zu. Der Katalog des Abs. 1 Nr. 1 bis 8 greift einige der gesetzlich geregelten Kompetenzzuweisungen heraus. Die Aufzählung erscheint willkürlich,[15] da bei weitem unvollständig und nicht sonderlich systematisch.

---

[9] BGHZ 146, 288, 294 = NJW 2001, 1277; OLG Dresden AG 2003, 433, 434; OLG Frankfurt AG 1999, 378, 380.
[10] Hüffer/*Koch*, § 119 Rn. 11.
[11] MüKo-AktG/*Kubis*, § 119 Rn. 19.
[12] GroßKomm AktG/*Mülbert*, Vor §§ 118 – 147 Rn. 21; K. Schmidt/Lutter/*Spindler*, § 118 Rn. 12.
[13] GroßKomm AktG *Mülbert*, Vor §§ 118 – 147 Rn. 23; KölnKomm-AktG/*Zöllner*, § 119 Rn. 23.
[14] KölnKomm-AktG/*Kronstein/Zöllner*, § 142 Rn. 20; GroßKomm AktG/*Bezzenberger*, § 142 Rn. 39.
[15] So Hüffer/*Koch*, § 119 Rn. 5; MüKo-AktG/*Kubis*, § 119 Rn. 10 („heterogen und völlig willkürlich zusammengestellt").

Es handelt sich aber wohl eher um die Maßnahmen, denen der Gesetzgeber besondere Bedeutung beimisst.[16] Die genannten Maßnahmen sind sämtlich primär an anderer Stelle geregelt und werden durch weitere Fälle ergänzt, die der Katalog nicht ausdrücklich aufgreift und die sich an verstreuter Stelle sowohl im AktG als auch in anderen Gesetzen, wie dem HGB oder dem UmwG, finden.[17] Eine systematische Aufteilung erfolgt zumeist nach regelmäßig wiederkehrenden Maßnahmen, Strukturmaßnahmen und Sonderfällen.[18] Aus einem Umkehrschluss zu § 119 Abs. 1 AktG ergibt sich, dass es außerhalb der in Gesetz oder Satzung ausdrücklich genannten Fälle grundsätzlich keine, auch keine lückenfüllenden Hauptversammlungszuständigkeiten gibt.[19] Auch eine Kompetenz zur Entscheidung der Hauptversammlung über zweifelhafte Zuständigkeiten (sog. „Kompetenz-Kompetenz") wird zu Recht abgelehnt.[20]

13.1.2.1 Bestellung und Abberufung von Aufsichtsratsmitgliedern

§ 119 Abs. 1 Nr. 1 AktG nennt die Wahl der Mitglieder des Aufsichtsrats, für die nach § 101 Abs. 1 AktG die Hauptversammlung zuständig ist, soweit die Mitglieder nicht aufgrund einer Satzungsregelung entsandt (vgl. § 101 Abs. 2 AktG) oder nach einschlägigen mitbestimmungsrechtlichen Vorschriften zu wählen sind. Spiegelbildlich dazu können die von der Hauptversammlung gewählten Aufsichtsratsmitglieder von dieser auch wieder abberufen werden, § 103 Abs. 1 AktG. Eines wichtigen Grundes bedarf es – anders als bei der Abberufung von Vorstandsmitgliedern – nicht. Das Gesetz verlangt aber grundsätzlich eine qualifizierte Dreiviertelmehrheit, lässt aber auch eine andere durch die Satzung vorgegebene Mehrheit zu.

13.1.2.2 Verwendung des Bilanzgewinns

§ 119 Abs. 1 Nr. 2 AktG nennt als weitere Zuständigkeit die in § 174 AktG der Hauptversammlung zugewiesene Entscheidung über die Verwendung des Bilanzgewinns. Der Bilanzgewinn ist jedoch nur ein Teilausschnitt von Gewinn und Jahresabschluss, über deren Verwendung auch Vorstand und Aufsichtsrat de facto in gewichtiger Weise mitreden können. Eine Einschränkung zulasten der Hauptversammlung ergibt sich schon daraus, dass sie gemäß § 174 Abs. 1 Satz 2 AktG im Rahmen der Beschlussfassung an den Jahresabschluss gebunden ist, der im Regelfall von Vorstand und Aufsichtsrat festgestellt wird, § 172 AktG. Der Vorstand hat, sofern vom Aufsichtsrat mitgetragen, also schon bei der Buchführung und Bilanzierung gewisse Spielräume, um auf die Höhe des bilanziellen Jahresüberschusses Einfluss zu nehmen. Von dem Jahresüberschuss darf er sodann grund-

---

[16] So auch *Godin/Wilhelmi*, AktG, 3. Aufl. 1967, § 119 Anm. 1, der von den „wichtigsten" Zuständigkeiten spricht.
[17] Gut geordneter Überblick z. B. bei MüKo-AktG/*Kubis*, § 119 Rn. 11 ff.
[18] Hüffer/*Koch*, § 119 Rn. 5 ff.; MüKo-AktG/*Kubis*, § 119 Rn. 10.
[19] MüKo-AktG/*Kubis*, § 119 Rn. 5.
[20] LG München I AG 2011, 211, 216 („HRE"); GroßKomm-AktG/*Mülbert*, § 119 Rn. 5; K. Schmidt/Lutter/*Spindler*, § 119 Rn. 1.

sätzlich bis zu 50 Prozent in andere Gewinnrücklagen einstellen, § 58 Abs. 2 AktG. Im Rahmen des Bilanzgewinns indes bestehen für die Hauptversammlung keine weitergehenden Ausschüttungsrestriktionen. Sie kann über ihn frei disponieren, selbst wenn er durch außergewöhnliche Effekte, wie etwa durch Auflösung von Rücklagen, Neubewertungen, oder durch verstärkten Übergang zur Kreditfinanzierung entstanden ist.[21]

13.1.2.3 Entlastung von Vorstand und Aufsichtsrat

Die in § 120 AktG geregelte Entlastung von Vorstand und Aufsichtsrat wird in § 119 Abs. 1 Nr. 3 AktG besonders hervorgehoben. Entlastung ist nach § 120 Abs. 2 AktG die Billigung der Verwaltung. Sie bezieht sich zwingend auf die Vergangenheit[22] und damit regelmäßig auf das abgelaufene Geschäftsjahr. Neben der Billigung umfasst die Entlastung aber auch eine Vertrauenskundgabe für die Zukunft.[23] Ein Verzicht auf Ersatzansprüche geht indes – anders als im GmbH-Recht – gem. § 120 Abs. 2 Satz 2 AktG nicht einher.

Gesetzlicher Regelfall und auch in der Praxis das übliche Verfahren ist die Gesamtentlastung.[24] Gesamtentlastung bedeutet, dass über die Entlastung aller Mitglieder des Vorstands und entsprechend aller Mitglieder des Aufsichtsrats jeweils in einem einzigen Abstimmungsgang entschieden wird. Dabei sind alle Personen, um deren Entlastung es geht, gemäß § 136 AktG von der Abstimmung ausgeschlossen.[25] In Ausnahmefällen kann auch eine Einzelentlastung stattfinden, wenn die Hauptversammlung es beschließt oder eine qualifizierte Aktionärsminderheit es verlangt. Nach heute h. M. kann die Einzelentlastung jedoch nicht nur unter der Voraussetzung des § 120 Abs. 1 Satz 2 AktG durchgeführt werden, sondern auch auf Anordnung des Versammlungsleiters, wenn er dieses Vorgehen für sinnvoll hält. Unerheblich ist, ob es zuvor von Aktionären beantragt wurde oder nicht.[26]

13.1.2.4 Satzungsänderungen

Die Satzung ist das normative Grundgerüst der Aktiengesellschaft. Für ihre Änderung ist nach § 179 AktG die Hauptversammlung zuständig, was im Katalog des § 119 Abs. 1 Nr. 5 AktG aufgegriffen wird. In einem weiten Sinn ist Satzungsänderung jedes Einwirken auf Text der Satzungsurkunde durch Einfügen oder Aufheben von Bestimmungen sowie deren inhaltliche oder formale Veränderung.[27] Ob für jede Satzungsänderung indes die qualifizierte Mehrheit des § 179 Abs. 2 AktG erforderlich ist, bestimmt sich danach, ob es um eine materielle oder nur formelle Satzungsänderung geht.

---

[21] Hüffer/Koch, § 174 Rn. 2.
[22] BGH WM 1976, 204, 205; BGHZ 94, 324, 326 = NJW 1986, 129.
[23] BGH WM 1977, 361 f.; BGHZ 94, 324, 326.
[24] Vgl. OLG München AG 1995, 381, 382; Ausschussbericht bei *Kropff*, S. 167.
[25] BGHZ 108, 21, 25 f. = NJW 1989, 2694.
[26] BGHZ 182, 272 Rn. 12 ff. = AG 2009, 824; MünchKomm AktG/*Kubis*, § 120 Rn. 12; MünchHdB-AG/*Bungert*, § 35 Rn. 26.
[27] MüKo-AktG/*Stein*, § 179 Rn. 22; Hüffer/*Koch*, § 179 Rn. 4.

Bei Aufhebung, Einfügung und inhaltlicher Änderung **materieller Satzungsbestandteile** ist zwingend das Verfahren der §§ 179 ff. AktG einzuhalten. Das gilt im Grundsatz auch für offensichtlich unbedeutende oder rein redaktionelle Änderungen, wie sich im Umkehrschluss aus § 179 Abs. 1 Satz 2 AktG ergibt.[28] Stimmen die tatsächlichen Gesellschaftsverhältnisse nicht mehr mit den in der Satzung verlautbarten (§ 23 Abs. 3 AktG) überein, ist die Satzung entsprechend zu ändern.

Werden **formelle Satzungsbestandteile** aufgehoben, begründet oder abgeändert, sind die strengen Voraussetzungen der §§ 179 ff. AktG nicht zu beachten; die Aufhebung, Begründung und inhaltliche Änderung richtet sich vielmehr nach den für das betroffene Rechtsverhältnis geltenden Vorschriften.[29] Das gilt bei Satzungsbestandteilen, die entweder keinen Regelungsgehalt (mehr) haben oder Materien betreffen, deren Regelung nicht in Zuständigkeit der Hauptversammlung fällt (z. B. Nebenabreden zwischen einzelnen Aktionären) oder ihre Änderung einem anderen Verfahren unterliegt (Bsp.: Abberufung der in der Gründungssatzung benannten AR-Mitglieder).

Eine Satzungsdurchbrechung liegt vor, wenn die Hauptversammlung mit der erforderlichen Mehrheit einen einzelfallbezogenen Beschluss fasst, der im Widerspruch zu einer materiellen Satzungsbestimmung steht.[30] Jedenfalls eine **zustandsbegründende Satzungsdurchbrechung** ist nur dann rechtlich wirksam, wenn sie nach den für förmliche Satzungsänderungen geltenden Regelungen beschlossen wird. Sie ist demgemäß ordentlich anzukündigen (§ 124 Abs. 1 und Abs. 2 Satz 2 AktG)[31] und erlangt gemäß § 181 Abs. 3 AktG erst mit Eintragung in das Handelsregister Wirksamkeit.[32] Liegen also äußerlich alle Merkmale einer zustandsbegründenden Satzungsänderung vor, so sind die dafür geltenden Regelungen zwingend auch dann zu beachten, wenn die Hauptversammlung sich entweder gar nicht bewusst ist, dass es sich um eine Änderung von materiellen Satzungsbestandteilen handelt oder sie an sich eine Satzungsänderung gar nicht will.

Weniger eindeutig ist die rechtliche Behandlung sog. **punktueller Satzungsdurchbrechungen.** Nach § 130 Abs. 1 Satz 1 AktG ist der Beschluss jedenfalls notariell zu beurkunden. Nach der zutreffenden h. M. besteht darüber hinaus aus Gründen der Rechtssicherheit auch ein Eintragungserfordernis. Wird der Gegenstand der punktuellen Satzungsdurchbrechung nicht eingetragen kann er gemäß § 181 Abs. 3 AktG nicht wirksam werden. Der Beschluss braucht also bei nicht vorgenommener Eintragung nicht angefochten zu werden, weil er von vorne herein schon keine Wirkung entfaltet.[33] Eine Satzungsdurchbrechung ist

---

[28] Hüffer/*Koch*, § 179 Rn. 4.
[29] Spindler/Stilz/*Holzborn*, § 179 Rn. 40; MüKo-AktG/*Stein*, § 179 Rn. 30 f.; *Priester*, ZHR 151 (1987), 40, 41.
[30] MüKo-AktG/*Hüffer*, § 243 Rn. 21; *Priester*, ZHR 151 (1987), 40 f.
[31] OLG Köln AG 2001, 426; LG Bonn AG 2001, 201, 202 f.
[32] BGHZ 123, 15, 19 f.=NJW 1993, 2246.
[33] Spindler/Stilz/*Holzborn*, § 179 Rn. 50 ff.; MüKo-AktG/*Stein*, § 179 Rn. 39 ff.; GroßKomm AktG/*Wiedemann*, § 179 Rn. 95; *Habersack*, ZGR 1994, 354, 369; *Priester*, ZHR 151 (1987), 40, 57; a. A. für „nichtkapitalmarktnahe AG" K. Schmidt/Lutter/*Seibt*, § 179 Rn. 20.

somit immer entweder eine Satzungsänderung oder eine Satzungsverletzung. Die h. M. erkennt jedoch dann eine **Ausnahme** an, wenn der Hauptversammlungsbeschluss zwar objektiv einen Verstoß gegen die Satzung begründet, dabei aber nicht das Ziel verfolgt, die Satzungsdurchbrechung auch nur vorübergehend zu „legalisieren".[34] In diesem Fall soll statt punktueller Satzungsänderung eine bloße Satzungsverletzung vorliegen.

13.1.2.5 Umwandlungsrechtliche Maßnahmen

Das UmwG ist seinem Zweck nach für außergewöhnliche Umstrukturierungen bestimmt, denen sich ein Rechtsträger nur selten und allenfalls in größeren zeitlichen Abständen unterzieht.[35] Mit dieser Bedeutung korrespondiert die Zuständigkeit der Hauptversammlung, die für die einzelnen im UmwG vorgesehenen Varianten der Umwandlungsmaßnahmen vorgesehen ist. Es handelt sich im Einzelnen um die Verschmelzung, die Spaltung, die Ausgliederung und den Formwechsel. Erforderlich ist bei jeder Maßnahme ein Hauptversammlungsbeschluss (§§ 13 Abs. 3 Satz 1 bei Verschmelzung, Spaltung und Ausgliederung, wobei bei Spaltung und Ausgliederung i. V. m. § 125 Satz 1 sowie § 193 Abs. 3 UmwG beim Formwechsel), der einer qualifizierten Mehrheit von drei Vierteln des vertretenen Grundkapitals bedarf (§ 65 Abs. 1 Satz 1 UmwG für Verschmelzung, Spaltung und Ausgliederung, wobei bei Spaltung und Ausgliederung i. V. m. § 125 Satz 1 UmwG sowie § 240 Abs. 1 Satz 1 UmwG für den Formwechsel). Bei einer besonderen Beeinträchtigung einzelner Aktiengattungen bedarf es zudem eines Sonderbeschlusses der jeweils betroffenen Gruppe (§§ 65 Abs. 2, 125, 233 Abs. 2 UmwG).

Der Zustimmungsbeschluss der Hauptversammlung zu Umwandlungsmaßnahmen unterliegt nach den allgemeinen Regeln der Anfechtbarkeit. Eine erfolgreiche Anfechtungsklage führt grundsätzlich dazu, dass die Maßnahme nicht in das Handelsregister eingetragen werden darf (Registersperre) und daher nicht wirksam werden kann (§§ 20, 125, 202 UmwG). Um erhebliche Verzögerungen zu vermeiden, gibt es allerdings – ähnlich dem Freigabeverfahren nach § 246a AktG – ein vorgezogenes Eintragungsverfahren (§§ 16 Abs. 3, 125, 198 Abs. 3 UmwG) Nach einem erfolgreichen Unbedenklichkeitsverfahren kann die Umwandlung dann endgültig eingetragen werden.

13.1.2.6 Konzernrecht

Auch der Abschluss von Unternehmensverträgen (§§ 291, 292 AktG) betrifft die Grundlagen der Aktiengesellschaft. Bei einem Beherrschungsvertrag etwa unterstellt die Gesellschaft ihre Leitung vollständig einem anderen Unternehmen. Bei einem Gewinnabführungsvertrag verpflichtet sie sich, ihren gesamten Gewinn an ein anderes Unternehmen abzuführen. Für die Aktionäre des beherrschten oder zur Gewinnabführung verpflichteten

---

[34] Spindler/Stilz/*Holzborn*, § 179 Rn. 53; K. Schmidt/Lutter/*Seibt*, § 179 Rn. 20; *Habersack*, ZGR 1994, 354, 368; a. A. MüKo-AktG/*Stein* Rn. 42, der rein auf objektive Kriterien abstellt; in diese Richtung zumindest tendierend: Hüffer/*Koch*, § 179 Rn. 8.

[35] *K. Schmidt*, GesR, 4. Aufl. 2002, § 13 I 1 b); Semler/Stengel/*Semler*, UmwG, 3. Aufl. 2012, § 1 Rn. 4.

Unternehmens ist dies mit der Entwertung ihrer Kontroll- und Dividendenrechte verbunden. Für den Abschluss ist zwar der Vorstand zuständig. Nach § 293 Abs. 1 Satz 1 AktG bedarf der Vertrag jedoch der Zustimmung der Hauptversammlung. Die Zustimmung ist Wirksamkeitsvoraussetzung auch im Außenverhältnis. Der Beschluss muss gemäß § 293 Abs. 1 Satz 2 AktG die qualifizierte Dreiviertelmehrheit erreichen. Wegen der tiefgreifenden Einschnitte in die Mitgliedschaftsrechte aus §§ 302 f., 304 f. AktG (Verlustübernahmepflicht, Ausgleichs- und Abfindungszahlungen) wäre eine Alleinzuständigkeit der Verwaltung unangemessen.[36] Deshalb fordert § 293 Abs. 2 AktG auch die Zustimmung der Hauptversammlung.

13.1.3 Ungeschriebene Mitverwaltungsrechte (Holzmüller/Gelatine-Rechtsprechung)

In der „Holzmüller"-Entscheidung[37] ging der BGH davon aus, dass sich in bestimmten Fällen wesentlicher Geschäftsführungsmaßnahmen das Recht des Vorstands zur Vorlage an die Hauptversammlung nach § 119 Abs. 2 AktG zu einer Pflicht verdichte. Diese dogmatische Anknüpfung hat der BGH in den „Gelatine"-Entscheidungen[38] aufgegeben. Es handele sich stattdessen um einen Fall der Hauptversammlungszuständigkeit kraft offener Rechtsfortbildung.

Unabhängig von der dogmatischen Grundlage können nur solche Geschäftsführungsmaßnahmen eine ungeschriebene Zuständigkeit der Hauptversammlung auslösen, die so tief in die Mitgliedsrechte der Aktionäre und deren im Anteilseigentum verkörpertes Vermögensinteresse eingreifen, dass diese Auswirkungen an die Notwendigkeit einer Satzungsänderung heranreichen.[39] Der Vorstand darf in diesen Fällen nicht davon ausgehen, über die Maßnahmen in alleiniger Verantwortung entscheiden zu können. In der „Holzmüller"-Entscheidung ging es um die Ausgliederung des mit Abstand wertvollsten Betriebsteils auf eine zu diesem Zweck gegründete Tochtergesellschaft. Diese Maßnahme ändert zwar nichts an der Beteiligung eines einzelnen Aktionärs an dem in Aktien verkörperten Gesellschaftsvermögen; denn in der Bilanz der AG findet lediglich ein Aktivtausch statt. Eine ungeschriebene Hauptversammlungszuständigkeit ergibt sich jedoch aus dem damit verbundenen Mediatisierungseffekt. Mediatisierung bedeutet Verminderung des Einflusses der Aktionäre. Sie können über den ausgegliederten Unternehmensteil nicht mehr unmittelbar entscheiden; denn alleinige Gesellschafterin der Tochter ist nunmehr die Mutter-AG, die durch ihren Vorstand vertreten wird. Damit entscheidet nur dieser über

---

[36] Begr RegE bei *Kropff*, S. 382.
[37] BGHZ 83, 122=NJW 1982, 1703.
[38] BGHZ 159, 30=NJW 2004, 1860 („Gelatine I"); BGH NZG 2004, 575 („Gelatine II").
[39] BGH NZG 2004, 575 („Gelatine II"); OLG Frankfurt AG 2011, 173.

Satzungsänderungen, Kapitalerhöhungen oder andere Strukturmaßnamen bei der Tochter.[40]

Unter Berücksichtigung dieses Zweckes wurde in der Literatur neben den Konzernbildungssachverhalten eine **Vielzahl weiterer Fallgestaltungen** diskutiert.[41] So kommt bei der Übertragung wesentlicher Vermögensteile in eine Tochtergesellschaft („**Ausgründungen**") eine ungeschriebene Hauptversammlungskompetenz in Frage, sofern sie nicht schon durch § 179a AktG oder die Vorschriften des UmwG erfasst ist und wenn – ähnlich der Gelatine-Rechtsprechung – entweder eine Tochtergesellschaft eine Konzernstufe tiefer gehängt[42] wird oder wenn der Mediatisierungseffekt durch Ausgliederung im Wege der Einzelrechtsnachfolge erreicht wird.[43] Umstritten ist die Behandlung eines **Beteiligungserwerbs**, wenn 75% oder mehr des Gesellschaftsvermögens zum Erwerb eingesetzt und damit die Holzmüller-relevanten Schwellenwerte erreicht und überschritten werden. Die Benachteiligung der Aktionäre sehen große Teile des Schrifttums darin, dass ihnen ausschüttungsfähiger Gewinn durch die Verlagerung auf andere Konzernstufen (und Einstellung in dortige Rücklagen) vorenthalten wird; dies gebiete die Zustimmung der Hauptversammlung.[44] Andere kritisieren eine ungeschriebene Hauptversammlungszuständigkeit bei Beteiligungserwerb als zu weitgehend[45] und befürchten eine systemfremde allgemeine Mittelverwendungskontrolle durch die Hauptversammlung.[46]

Die **Veräußerung** wesentlicher Vermögensbestandteile kann nach BGH-Rechtsprechung solange keine Hauptversammlungszuständigkeit begründen, wie sie unterhalb der Schwelle des § 179a AktG bleibt.[47] Ein Mediatisierungs- oder Verwässerungseffekt kommt dabei nicht in Frage. Umgekehrt wir durch Veräußerung von Unternehmensbetei-

---

[40] Vgl. dazu auch BGHZ 159, 30, 40 f.=NJW 2004, 1860; *Hoffmann-Becking*, ZHR 172 (2008), 231 ff.

[41] Überblick bei BeckHdB-AG/*Reichert*, § 5 Rn. 31 ff.

[42] Insofern kommt bei einer Umhängung innerhalb einer Konzernstufe – also zur Seite – ein Mediatisierungseffekt nicht in Betracht, womit auch eine ungeschriebenen Hauptversammlungszuständigkeit ausscheidet, vgl. *Habersack*, AG 2005, 137, 143; *Hoffmann-Becking*, ZHR 2008, 231, 233 ff.; *Simon*, DStR 2004, 1482, 1485.

[43] *Goette*, DStR 2005, 603, 604; *Habersack*, AG 2005, 137, 141; K. Schmidt/Lutter/*Spindler*, § 119 Rn. 32; a. A. *Simon*, DStR 2004, 1482, 1485.

[44] LG Frankfurt WM 2010, 618 („Dresdner Bank/Commerzbank"); Emmerich/Habersack/*Habersack*, Vor § 311 Rn. 43; K. Schmidt/Lutter/*Spindler*, § 119 Rn. 33; *Henze*, in: FS Ulmer, 2003, S. 211, 229 f.; *Priester*, AG 2011, 654, 658 f.

[45] OLG Frankfurt AG 2011, 173 f. bei Vorliegen einer Konzernöffnungsklausel; Henssler/Strohn/ *Liebscher*, § 119 AktG Rn. 14; MünchHdB-AG/*Bungert*, § 35 Rn. 58; *ders.*, BB 2004, 1345, 1350.

[46] So MüKo-AktG/*Kubis*, § 119 Rn. 71.

[47] OLG Stuttgart WM 2005, 1708 („Stuttgarter Hofbräu"); BGH NZG 2007, 234 (Nichtannahmebeschluss zu Stuttgarter Hofbräu-Entscheidung); OLG Köln AG 2009, 416, 418; *Goette*, DStR 2005, 603, 604 f.; *Hofmeister*, NZG 2008, 47, 49 ff.;; Emmerich/Habersack/*Habersack*, Vor § 311 Rn. 43; K. Schmidt/Lutter/*Spindler*, § 119 Rn. 34; Hüffer/*Koch*, § 119 Rn. 22.

ligungen zuvor gebundenes Vermögen wieder für die Aktionäre verfügbar und ein Mediatisierungseffekt rückgängig gemacht.[48]

Bei einem **Börsengang** der Gesellschaft, bei dem Altaktien emittiert werden und deshalb eine die Zuständigkeit der Hauptversammlung begründende Kapitalerhöhung nicht erforderlich ist, geht die h. M. von einer ungeschriebenen Hauptversammlungszuständigkeit aus.[49] Begründet wird dies unter anderem mit den aus einer Börsennotierung folgenden umfangreichen Zulassungsfolgepflichten, die ihren Auswirkungen nach schwerwiegenden Strukturveränderungen gleichkämen.

Das **reguläre Delisting** (vgl. § 39 Abs. 2 BörsG), der geordnete Rückzug von der Börse durch den Widerruf der Börsenzulassung auf Antrag der Emittentin, galt seit der Macrotron-Entscheidung[50] des BGH als weiterer Fall für eine ungeschriebene Hauptversammlungskompetenz.[51] Nachdem das BVerfG dieser Rechtsprechung jedoch das verfassungsrechtliche Argumentationsfundament entzogen hatte[52], schwenkte auch der BGH um und hielt nicht länger an der Notwendigkeit besonderer Schutzvorkehrungen für außenstehende Aktionäre – darunter das Zustimmungserfordernis der Hauptversammlung – fest.[53]

In jedem Fall muss es sich bei der Maßnahme aber um eine für die Gesellschaft wesentliche Maßnahme handeln. Dies ist nach Auffassung des BGH nur dann der Fall, wenn die Maßnahme in ihrer **Intensität und Bedeutung die Ausmaße der Holzmüller-Entscheidung** erreicht. Dort ging es um die Ausgliederung von ca. 80 Prozent der in den Kernbereich der Unternehmenstätigkeit fallenden Aktiva. Dieser Wert kann als Richtgröße dienen.[54] Neben den Aktiva sollten auch die Bilanzsumme oder die bilanzmäßigen Aktiva, der Anteil am Grundkapital, der Umsatz sowie die Mitarbeiterzahl berücksichtigt werden. Letztlich hat stets eine Analyse des Einzelfalls im Wege einer Gesamtabwägung zu erfolgen.[55] Liegen die Voraussetzungen für eine Hauptversammlungszuständigkeit vor, hat diese über den Gegenstand mit einer Mehrheit von 75 Prozent des vertretenen Grundkapitals zu entscheiden. Hiervon kann auch die Satzung der Gesellschaft nicht nach unten abweichen.[56]

---

[48] Emmerich/Habersack/*Habersack*, Vor § 311 Rn. 43; Hüffer/*Koch*, § 119 Rn. 22.

[49] K. Schmidt/Lutter/*Spindler*, § 119 Rn. 37; GroßKomm-AktG/*Mülbert*, § 119 Rn. 30; a. A. MüKo-AktG/*Kubis*, § 119 Rn. 84; *Reichert* AG 2005, 150, 157; Hüffer/*Koch*, § 119 Rn. 23.

[50] BGHZ 153, 47, 56 f. = NJW 2003, 1032.

[51] Umfassende Nachweise zu der Konzeption des BGH und der daran anknüpfenden Diskussion in der Literatur bei Marsch-Barner/Schäfer/*Eckhold*, § 61 Rn. 20.

[52] BVerfGE 132, 99 Rn. 79 = NJW 2012, 3081.

[53] BGH AG 2013, 877 Rn. 3 ff. („Frosta").

[54] Orientierung an einem Schwellenwert von rd. 75 Prozent: K. Schmidt/Lutter/*Spindler*, § 179 Rn. 31; *Liebscher*, ZGR 2005, 1, 15.

[55] Emmerich/Habersack/*Habersack*, Vor § 311 Rn. 47; K. Schmidt/Lutter/*Spindler*, § 179 Rn. 31; Hüffer/*Koch*, § 179 Rn. 25.

[56] BGHZ 159, 30, 46 („Gelatine I"); kritisch *Simon*, DStR 2004, 1528, 1530.

13.1.4 Kontrollrechte der Hauptversammlung

13.1.4.1 Sonderprüfung

Mit dem Institut der Sonderprüfung können in Abweichung von der üblichen Zuständigkeitsverteilung Aktionäre in Fällen der begründeten Annahme von Pflichtwidrigkeiten der Organe Geschäftsführungsmaßnahmen des Vorstands oder die Tätigkeit des Aufsichtsrats selbst überprüfen lassen.[57] **Zweck der Sonderprüfung** ist die Durchsetzung von Ersatzansprüchen der Gesellschaft aus Gründung und Nachgründung (§§ 46, 47, 53 AktG), aus Pflichtverletzungen der Mitglieder von Vorstand und Aufsichtsrat (§§ 93, 116) und aus § 117 AktG. Daneben kann sie auch der Vorbereitung zur Durchsetzung anderer Ansprüche, etwa aus Delikt oder aus Vertragsverletzungen Dritter, dienen.[58] Die Sonderprüfung soll dabei die tatsächlichen Grundlagen etwaiger Ersatzansprüche der Gesellschaft aufklären.[59] Zweck der Sonderprüfung ist nicht die Klärung von Rechtsfragen. Die Sonderprüfung kann darüber hinaus dem Zweck dienen, die Entscheidung vorzubereiten, ob wegen eines bestimmten Verhaltens eines Organmitglieds personelle Konsequenzen zu ziehen sind. So kann etwa das Vorliegen eines wichtigen Grundes für die Abberufung eines Vorstandsmitglieds nach § 84 Abs. 3 AktG oder die Grundlage für einen Vertrauensentzug durch die Hauptversammlung erforscht werden.[60] Schließlich soll allein die Möglichkeit der Einsetzung eines Sonderprüfers Präventivwirkung entfalten und etwaige Pflichtverletzungen verhindern.[61]

Nach § 142 Abs. 1 AktG wird ein Sonderprüfer von der Hauptversammlung mit einfacher Mehrheit bestellt. Nach Abs. 2 kann bei bestimmten Verdachtsmomenten auch eine Aktionärsminderheit mit einem näher definierten Quorum die gerichtliche Bestellung eines Sonderprüfers verlangen. Dem Minderheitsschutz trägt zudem Abs. 4 Rechnung, wonach ein von der Hauptversammlung bestellter Sonderprüfer, an dessen Sachverhaltsaufklärung Zweifel bestehen, unter bestimmten Voraussetzungen auf Antrag vom Gericht durch einen anderen ersetzt werden kann. § 145 Abs. 1 AktG regelt umfassende Einsichtsrechte des Sonderprüfers in Unterlagen der Gesellschaft. Dabei ist der Vorstand über die bloße Duldung hinaus zur Mitwirkung verpflichtet.[62] Nach § 145 Abs. 2 AktG sind Vorstand und Aufsichtsrat – und zwar jedes einzelne Organmitglied – aufklärungspflichtig. Die Auskunftspflicht besteht nur dann nicht, wenn die Auskunftspflichtigen sich dadurch selbst oder nahe Angehörige der Gefahr einer Strafverfolgung aussetzen.[63]

---

[57] MüKo-AktG/*Schröer*, § 142 Rn. 1.
[58] KölnKomm-AktG/*Kronstein/Zöllner*, § 142 Rn. 2; MüKo-AktG/*Schröer*, § 142 Rn. 4; *Habersack*, in: FS Wiedemann, 2002, S. 889, 893 f.
[59] KölnKomm-AktG/*Kronstein/Zöllner*, § 142 Rn. 2.
[60] MüKo-AktG/*Schröer*, § 142 Rn. 4.
[61] MüKo-AktG/*Schröer*, § 142 Rn. 4.
[62] Spindler/Stilz/*Mock*, § 145 Rn. 13.
[63] Spindler/Stilz/*Mock*, § 145 Rn. 17; GroßKomm-AktG/*Bezzenberger*, § 145 Rn. 20.

13.1.4.2 Geltendmachung von Ersatzansprüchen

§ 147 Abs. 1 AktG ermöglicht es der Hauptversammlung, die Aktiengesellschaft mit einfacher Mehrheit zur Geltendmachung bestimmter Ersatzansprüche zu verpflichten. Hintergrund der Regelung ist die Gefahr, dass die zuständigen Organmitglieder (vgl. §§ 78 bzw. 112 AktG) Ansprüche, die sich gegen sie selbst oder gegen Ersatzpflichtige richten, gegenüber denen sie sich loyal verbunden fühlen, nicht verfolgen werden.[64]

§ 147 AktG bezieht sich lediglich auf **(Schadens-)Ersatzansprüche, nicht aber auf Erfüllungsansprüche** der Gesellschaft.[65] Auch Ansprüche gegen ausgeschiedene Verwaltungsmitglieder sind erfasst.[66] Im Wege der erweiternden Auslegung werden nach zutreffender Auffassung auch die Hilfsansprüche, wie Auskunft oder Rechenschaft[67] und Ansprüche auf Unterlassung gesellschaftsschädlicher Maßnahmen ebenso wie andere Ausgleichsansprüche, wie z. B. der Anspruch aus § 88 Abs. 2 Satz 2 AktG oder Ansprüche aus Geschäftsführung ohne Auftrag von § 147 AktG erfasst, weil die Durchsetzung der Ansprüche auch hier häufig gefährdet ist.[68]

Die Hauptversammlung kann gemäß § 147 Abs. 2 AktG mit einfacher Stimmenmehrheit die Aufgabe, Ersatzansprüche geltend zu machen, auf einen oder mehrere **besondere Vertreter** übertragen. Zur gerichtlichen Bestellung eines besonderen Vertreters bedarf es neben einem Hauptversammlungsbeschluss zur Geltendmachung eines Ersatzanspruchs eines Antrags einer qualifizierten Aktionärsminderheit. Die Bestellung muss dem Gericht „für eine gehörige Geltendmachung zweckmäßig" erscheinen. Soweit der besondere Vertreter Ersatzansprüche geltend macht, fungiert er als gesetzlicher Vertreter der Gesellschaft.[69] Er hat diejenigen Rechte, derer er zur Erfüllung seiner Aufgaben bedarf, also insbesondere Informations- und Einsichtnahmeansprüche auch gegen den Willen des Vorstands.[70]

13.2 Einberufung der Hauptversammlung

13.2.1 Überblick

Die Eckpunkte einer ordnungsgemäßen Einberufung einer Hauptversammlung regelt § 121 AktG. Es handelt sich dabei um die Einberufungsgründe (Abs. 1), die Einberufungskompetenzen (Abs. 2), die Einberufungsformalien und Mindestinhalte der Ein-

---

[64] MüKo-AktG/*Schröer*, § 147 Rn. 15; Hüffer/*Koch*, § 147 Rn. 1.
[65] GroßKomm-AktG/*Bezzenberger*, § 147 Rn. 14; Spindler/Stilz/*Mock*, § 147 Rn. 12.
[66] MüKo-AktG/*Schröer*, § 147 Rn. 22.
[67] BGH NJW 1975, 977; Spindler/Stilz/*Mock*, § 147 Rn. 12.
[68] Hüffer/*Koch*, § 147 Rn. 2; GroßKomm-AktG/*Bezzenberger*, § 147 Rn. 14; jedenfalls die Anwendbarkeit auf Unterlassungsansprüche verneinend MüKo-AktG/*Schröer*, § 147 Rn. 18 ff.
[69] BGH NJW 1981, 1097, 1098.
[70] LG München BB 2007, 2030, 2031; RGZ 83, 248, 250.

berufungsschreiben (Abs. 3 und 4), den Versammlungsort (Abs. 5) sowie den Verzicht auf bestimmte Formalia in besonderen Fällen (Abs. 6). Schließlich enthält Abs. 7 eigenständige Regelungen zur Fristberechnung im Zusammenhang mit der Vorbereitung von Hauptversammlungen. Die Vorschrift des § 121 AktG soll die Teilnahme der Aktionäre an den Belangen der Gesellschaft fördern und zugleich über die Voraussetzungen einer solchen Teilnahme informieren.[71] Dass es sich nicht um unbedeutende Formalia, sondern um grundsätzliche Funktionsbedingungen für die Ausübung von Aktionärsrechten handelt, zeigt § 241 Nr. 1 AktG, der als Rechtsfolge für die Verletzung einzelner Bestimmungen des § 121 Abs. 2 bis 4 AktG die absolute Nichtigkeit der gefassten Beschlüsse anordnet.

13.2.2 Einberufungsgründe

§ 121 Abs. 1 AktG enthält drei Einberufungsgründe. Danach ist die Hauptversammlung einzuberufen, sofern es das Gesetz, die Satzung oder das Wohl der Gesellschaft verlangen. Es genügt, wenn alternativ einer der Gründe für eine Einberufung vorliegt.[72] Ist dies der Fall, so ist der Vorstand verpflichtet, die Hauptversammlung einzuberufen.[73] Es reicht aus, dass sich der Einberufungsgrund nur mittelbar aus Gesetz oder Satzung ergibt.[74] § 121 AktG kennt indes keinen Unterschied zwischen einer ordentlichen und einer außerordentlichen Hauptversammlung.[75]

13.2.3 Einberufungsberechtigte

Nach § 121 Abs. 2 Satz 1 AktG ist der Vorstand zuständig für die Einberufung der Hauptversammlung. Er entscheidet darüber durch Beschluss mit der einfachen Stimmenmehrheit bezogen auf die abgegebenen Stimmen.[76] Nach § 121 Abs. 2 Satz 2 AktG gilt derjenige, der im Handelsregister als Vorstand eingetragen ist, auch als zur Einberufung befugt. Es handelt sich insoweit um eine unwiderlegbare Vermutung, die aus Gründen der Rechtssicherheit nicht an den guten Glauben der Aktionäre geknüpft ist.[77] Ein Einberufungsbeschluss des Vorstandes wird jedoch nicht unwirksam, wenn wirksam bestellte Vorstandsmitglieder mitwirken, die (noch) nicht im Handelsregister eingetragen sind.[78]

---

[71] Vgl. BGH AG 1990, 78, 79; GroßKomm-AktG/*Werner*, § 121 Rn. 2; MüKo-AktG/*Kubis*, § 121 Rn. 1.
[72] Begr RegE AktG 1965, *Kropff*, S. 168; GroßKomm-AktG/*Werner*, § 121 Rn. 3.
[73] Hölters/*Drinhausen*, § 121 Rn. 6; Spindler/Stilz/*Rieckers*, § 121 Rn. 5.
[74] Begr RegE AktG 1965, *Kropff*, S. 168.
[75] Vgl. ArbHdb-HV/*Reichert/Balke*, § 4 Rn. 8; GroßKomm-AktG/*Werner*, § 121 Rn. 5 f.
[76] MüKo-AktG/*Kubis*, § 121 Rn. 18.
[77] MüKo-AktG/*Kubis*, § 121 Rn. 20.
[78] OLG Stuttgart AG 2009, 124, 125; MüKo-AktG/*Kubis*, § 121 Rn. 20.

§ 121 Abs. 2 Satz 3 AktG stellt klar, dass neben dem Vorstand auch andere Personen das Recht zur Einberufung haben können. Ein gesetzliches Einberufungsrecht zugunsten des Aufsichtsrats statuiert etwa § 111 Abs. 3 AktG, wenn das Wohl der Gesellschaft es verlangt. Damit hat der Aufsichtsrat einen gewissen Ermessensspielraum; Veranlassung zu einer solchen Einberufung besteht etwa, wenn der Aufsichtsrat den Vertrauensentzug durch die Hauptversammlung nach § 84 Abs. 3 Satz 2 AktG herbeiführen will.[79] Ein Einberufungsrecht haben zudem die vom Gericht ermächtigten Aktionäre (§ 122 Abs. 3 AktG) sowie die Abwickler der AG (§ 268 Abs. 2 Satz 1 AktG). Die *Satzung* kann schließlich ein Einberufungsrecht zugunsten einzelner Aktionäre begründen.[80] Selbst gesellschaftsfremde Dritte (z. B. Behörden oder Stiftungen) können durch Satzung ein Einberufungsrecht erhalten.[81] Wird die Hauptversammlung von nichtberechtigten Personen einberufen, sind alle gefassten Beschlüsse nach § 241 Nr. 1 AktG nichtig.[82]

13.2.4 Inhalt der Einberufung/Informationen für die Aktionäre

Nach § 121 Abs. 3 Satz 1 AktG sind **Mindestangaben** der Einberufung Firma und Sitz der Gesellschaft sowie Zeit und Ort der Hauptversammlung. Zudem ist nach Satz 2 die Tagesordnung anzugeben. Die Tagesordnung ist die Zusammenfassung aller Beschluss- und Verhandlungsgegenstände in der Reihenfolge, in der sie behandelt werden sollen.[83] Aus ihr muss ohne Rückfrage zu erkennen sein, worüber verhandelt und beschlossen werden soll; eine bloß formale Eingrenzung genügt nicht.[84] Wenn auch nicht ausdrücklich vom Gesetzt genannt, muss die Einberufung auch die Einberufenden erkennen lassen, damit die Aktionäre die Einberufungszuständigkeit prüfen können.[85]

Der **Ort** der Hauptversammlung soll nach § 121 Abs. 5 AktG der Gesellschaftssitz oder – bei Zulassung der Aktien am regulierten Markt – der Börsensitz sein, wenn die Satzung nichts anderes bestimmt. Aufgrund des „Soll"-Charakters der Vorschrift kann die Hauptversammlung auch an einem anderen Ort stattfinden, wobei es dafür aber eines sachlichen Grundes bedarf. Ein solcher soll nur dann vorliegen, wenn der abweichende Hauptversammlungsort offenkundig für sämtliche Gesellschafter vorteilhafter ist als der Satzungssitz.[86] Liegt kein Sachgrund vor und wird die Hauptversammlung aus diesem Grund an einem unzulässigen Ort abgehalten, stellt dies nach § 243 Abs. 1 AktG einen An-

---

[79] Henssler/Strohn/*Liebscher*, § 121 AktG Rn. 7.
[80] KölnKomm-AktG/*Zöllner*, § 121 Rn. 25.
[81] K. Schmidt/Lutter/*Ziemons*, § 121 Rn. 51.
[82] Zur GmbH: BGHZ 11, 231, 236=NJW 1954, 385; BGHZ 87, 1, 2 f.=NJW 1983, 1677.
[83] MüKo-AktG/*Kubis* § 121 Rn. 44.
[84] MüKo-AktG/*Kubis* § 121 Rn. 44.
[85] BeckHdB-AG/*Reichert*, § 5 Rn. 90.
[86] BGH AG 1985, 188, 189; OLG Dresden AG 2001, 489.

fechtungsgrund dar.[87] Durch die Satzung kann ein Hauptversammlungsort auch im Ausland bestimmt werden.[88] Weder Wortlaut noch Zweck von § 121 Abs. 5 AktG rechtfertigen eine Eingrenzung für die Satzungsbestimmung über den Versammlungsort auf inländische Versammlungsorte.[89] Der Vorschrift (bzw. § 105 Abs. 3 AktG 1937 als Vorgängernorm) lag die Absicht zugrunde, zum Schutz der Minderheitsaktionäre eine willkürliche Auswahl des Versammlungsorts zu unterbinden.[90] Der BGH hat jüngst klargestellt, dass dieser Schutzzweck es nicht mehr verlangt, ausländische Versammlungsorte von vorneherein auszuschließen. Jedenfalls in den an Deutschland angrenzenden Ländern können Städte oder Regionen ebenso schnell und leicht erreichbar sein wie Orte in Deutschland oder der Satzungssitz.[91]

Börsennotierte Gesellschaften haben nach § 123 Abs. 3 Satz 3 AktG weitere Angaben zu machen: Nr. 1 fordert die Angabe der Bedingungen für die Teilnahme und Ausübung des Stimmrechts sowie ggf. des Nachweisstichtag i. S. v. § 123 Abs. 3 Satz 3 (sog. „record date"). Nach Nr. 2 ist das Verfahren für die Stimmabgabe durch einen Bevollmächtigten, durch Briefwahl oder als Online-Teilnehmer anzugeben. Nr. 3 fordert eine Erläuterung der Begleitrechte der Aktionäre (§ 122 Abs. 2, § 126 Abs. 1 sowie §§ 127, 131 Abs. 1 AktG), wobei sich die Angaben auf die Fristen beschränken können, wenn auf weitere Informationen auf der Website verwiesen wird; die Fristen sind konkret zu berechnen und anzugeben. Nr. 4 schließlich verlangt die Angabe der Website der Gesellschaft, über die Informationen nach § 124a AktG zugänglich sind.

Die Anforderungen an die Bekanntmachung sind **nicht abdingbar**. Ein Verstoß gegen die in § 121 Abs. 3 Satz 1 AktG aufgeführten Mindestangaben führt zur Nichtigkeit der gefassten Beschlüsse (vgl. § 241 Nr. 1 AktG), ein Verstoß gegen § 121 Abs. 3 Satz 2 und 3 AktG lediglich zur Anfechtbarkeit. Eine Ausnahme gilt nur im Fall einer Vollversammlung nach § 121 Abs. 6 AktG. Vollständige Präsenz setzt voraus, dass das gesamte Grundkapital anwesend oder doch jedenfalls offen durch gesetzliche Vertreter oder Bevollmächtigte vertreten ist. Auf das Stimmrecht kommt es nicht an; auch Vorzugs-Aktionäre müssen daher anwesend sein.[92]

§ 124 AktG regelt **weitere Bekanntmachungspflichten**. Während § 124 Abs. 1 AktG die Bekanntmachung von Ergänzungsverlangen von Aktionären zur Tagesordnung (§ 122 Abs. 2 Akt) betrifft, fordert § 124 Abs. 2 AktG die Bekanntmachung besonderer Beschlussgegenstände. § 124 Abs. 3 AktG enthält die an die Verwaltung gerichtete Pflicht, Vorschläge zur Beschlussfassung zu machen. Dadurch sollen die Aktionäre rechtzeitig über Beschlussgegenstände informiert werden, um sich mit den einzelnen Gegenständen

---

[87] RGZ 44, 8, 9 f.; BGH AG 1985, 188; Hüffer/*Koch*, § 121 Rn. 12.
[88] BGH NJW 2015, 336, 337; MüKo-AktG/*Kubis*, § 121 Rn. 91 f.; Hüffer/*Koch*, § 121 Rn. 14; KölnKomm-AktG/*Noack/Zetsche*, § 121 Rn. 187; Spindler/Stilz/*Rieckers*, § 121 Rn. 74.
[89] BGH NJW 2015, 336, 337; BGH NJW 1994, 320.
[90] BGH NJW 1994, 320.
[91] BGH NJW 2015, 336, 337.
[92] MüKo-AktG/*Kubis*, § 121 Rn. 97.

ausreichend zu befassen, damit Rede-, Frage- und Stimmrecht sinnvoll ausgeübt werden können.[93] Zudem sollen sie Aktionäre in die Lage versetzen, Stimmrechtsvertretern entsprechende Weisungen zu erteilen.[94] Wenn eine Wahl von Aufsichtsratsmitgliedern auf der Tagesordnung steht, muss gemäß § 124 Abs. 2 Satz 1 AktG in der Bekanntmachung angegeben werden, nach welchen gesetzlichem Regime sich der Aufsichtsrat zusammensetzt und ob die Hauptversammlung (ausnahmsweise) an Wahlvorschläge gebunden ist.

Ergänzende Informationen im Vorfeld der Hauptversammlung sind den Aktionären aufgrund der Pflichten zur besonderen Mitteilung (§§ 125 bis 127 AktG) zu gewähren. Gemäß § 125 Abs. 1 AktG ist Kreditinstituten und Aktionärsvereinigungen sowie nach § 125 Abs. 5 AktG gleichgestellten Finanzdienstleistungsinstituten, die in der letzten Hauptversammlung Stimmrechte ausgeübt oder eine Mitteilung verlangt haben, die Einberufung samt Tagesordnung mitzuteilen. Die Informationsberechtigten haben die erhaltenen Informationen nach § 128 Abs. 1 AktG unverzüglich an die betroffenen Aktionäre weiter zu reichen. Haben Aktionäre Gegenanträge gestellt, sind auch diese nach § 126 AktG den Informationsberechtigten zur Kenntnis zu bringen.

13.2.5 Einberufungsverfahren

Die Einberufung ist unter Beachtung der Frist des § 123 Abs. 1 AktG in **den Gesellschaftsblättern bekannt zu machen** (§ 121 Abs. 4 Satz 1 AktG). Damit ist sie jedenfalls im Bundesanzeiger (vgl. § 25 Satz 1 AktG) und – wenn die Satzung andere Blätter oder elektronische Informationsmedien als Gesellschaftsblätter bezeichnet (vgl. § 25 Satz 2 AktG) – auch dort bekanntzumachen. Macht die Satzung von der Erweiterung des Begriffs der Gesellschaftsblätter Gebrauch, liegt eine hinreichende Bekanntmachung erst mit dem Erscheinen im letzten Medium vor.[95]

Alternativ kann die Hauptversammlung nach § 121 Abs. 4 Satz 2 AktG auch per **eingeschriebenem Brief** einberufen werden, sofern die Aktionäre namentlich bekannt sind. Kennt der Einberufende alle Aktionäre, kommt die Einberufung durch eingeschriebenen Brief auch bei Inhaberaktien in Frage. Bei komplizierten Verhältnissen oder unübersichtlichem Aktionärskreis sollte von einer Einberufung per eingeschriebenem Brief jedoch abgesehen werden. Dasselbe gilt für unverbriefte Aktien.[96] Als Einschreiben i. S. v. § 121 Abs. 4 Satz 2 AktG gelten nach zutreffender h. M. sowohl Übergabe- als auch Einwurf-Einschreiben.[97] Ebenfalls ist ein Einschreiben nicht auf die Produktpalette der Deutschen

---

[93] Vgl. BGHZ 153, 32, 36 = NJW 2003, 970.

[94] MüKo-AktG/*Kubis*, § 124 Rn. 26; Hüffer/*Koch*, § 124 Rn. 16.

[95] KölnKomm-AktG/*Zöllner*, § 121 Rn. 31; MüKo-AktG/*Kubis*, § 121 Rn. 73; a. A. K. Schmidt/Lutter/*Ziemons*, § 121 Rn. 70.

[96] MüKo-AktG/*Kubis*, § 121 Rn. 80.

[97] LG Mannheim NZG 2008, 111, 112; MüKo-AktG/*Kubis*, § 121 Rn. 81; Hüffer/*Koch*, § 121 Rn. 11 f.; KölnKomm-AktG/*Noack/Zetsche*, § 121 Rn. 147; a. A. Bürgers/Körber/*Reger*, § 121

Post beschränkt, sondern wird auch dann den gesetzlichen Anforderungen gerecht, wenn es sich um konkurrierende Zustelldienste handelt, sofern eine dem Einschreiben vergleichbare Versendungsform gewählt wird.[98] Der Satzungsvorbehalt in § 121 Abs. 4 Satz 2 AktG lässt **Erleichterungen** etwa dergestalt zu, dass die Einberufung auch durch Fax, E-Mail, SMS oder andere, onlinebasierte Kurznachrichtendienste erfolgen kann.[99] Die Satzung darf jedoch den eingeschriebenen Brief nicht ausschließen.

Nach § 121 Abs. 4a AktG sind **börsennotierte Gesellschaften**, die nicht ausschließlich Namensaktien ausgegeben haben und nicht durch eingeschriebenen Brief einberufen werden (Abs. 4 Satz 2 und 3), zusätzlich verpflichtet, spätestens zum Zeitpunkt der Bekanntmachung der Einberufung i. S. v. § 121 Abs. 4 Satz 1 AktG die Einberufung solchen Medien zur Veröffentlichung zuzuleiten, bei denen davon ausgegangen werden kann, dass sie die Informationen in der gesamten EU verbreiten. Ein Verstoß gegen § 121 Abs. 4a AktG stellt eine Ordnungswidrigkeit dar (§ 405 Abs. 3a Nr. 1 AktG), führt aber nicht zur Anfechtbarkeit der Beschlüsse (§ 243 Abs. 3 Nr. 2 AktG).

13.2.6 Anmeldung

Das Gesetz sieht eine Anmeldung zur Teilnahme an der Hauptversammlung oder zur Ausübung des Stimmrechts nicht vor. Die Satzung kann jedoch nach § 123 Abs. 2 AktG ein solches Erfordernis aufstellen. Die Anmeldung erfolgt dann nicht zu Legitimationszwecken, sondern nur aus organisatorischen Gründen, um eine bessere Vorbereitung der Hauptversammlung zu gewährleisten.[100] Das Anmeldeerfordernis kann allerdings auch mit einem Nachweiserfordernis verknüpft werden.[101] Ohne ordnungsgemäße Anmeldung scheidet eine Teilnahme aus. Führt die Satzung ein Anmeldeerfordernis ein, so bestimmen sich die weiteren Einzelheiten nach § 123 Abs. 2 Satz 2 bis 5 AktG.

Verlangt die Satzung eine Anmeldung, ist für Berechnung der Einberufungsfrist des § 123 Abs. 1 AktG zu berücksichtigen, dass sich nach § 123 Abs. 2 Satz 5 AktG die Mindestfrist von 30 Tagen um die Tage der Anmeldefrist verlängert. Aus § 123 Abs. 2 Satz 3 AktG folgt, dass die die Satzung die Länge der Anmeldefrist bestimmen kann, aber nicht muss. Ist in der Satzung nichts bestimmt, muss die Anmeldung mindestens sechs Tage vor der Hauptversammlung erfolgen. Maßgebend für Fristberechnung ist § 121 Abs. 7 AktG. Der Tag der Hauptversammlung (§ 123 Abs. 1 Satz 2 AktG) und der Tag, an dem Anmel-

---

Rn. 16; Spindler/Stilz/*Rieckers*, § 121 Rn. 60.
[98] Hüffer/*Koch*, § 121 Rn. 11 f.; KölnKomm-AktG/*Noack/Zetsche*, § 121 Rn. 147; *Bayer*, in Lutter/Hommelhoff, GmbHG, 18. Aufl. 2012, § 51 Rn. 12.
[99] Hüffer/*Koch*, § 121 Rn. 11 f.
[100] OLG Stuttgart AG 2009, 204, 211; *Bayer/Scholz/Weiß*, AG 2013, 742, 744.
[101] Hüffer/*Koch*, § 123 Rn. 6.

dung zugeht, sind nicht mitzurechnen (§ 123 Abs. 2 Satz 4 AktG).[102] Die Satzung kann die Anmeldefrist verkürzen, aber nicht verlängern (§ 123 Abs. 2 Satz 3 AktG).

13.3 Recht zur Teilnahme an der Hauptversammlung

Nach § 118 AktG üben die Aktionäre ihre Rechte in den Angelegenheiten der Gesellschaft in der Hauptversammlung aus. Damit ist **jeder Aktionär** teilnahmeberechtigt. Das gilt auch für Inhaber stimmrechtsloser Vorzüge (§ 140 AktG), Inhaber nicht voll eingezahlter Aktien und für Aktionäre, die mit einem Stimmverbot belegt sind (§ 136 Abs. 1 AktG). Das Teilnahmerecht der Aktionäre ist in seinem Kern unentziehbar.[103] Es gibt jedoch Fälle, in denen das Gesetz bestimmte Aktien mit einem totalen Rechtsverlust belegt (z. B. §§ 20 Abs. 7, 56, 71b, 328 Abs. 1 Satz 1 AktG; § 28 WpHG). Dann hat der jeweilige Inhaber auch kein Teilnahmerecht.[104]

Die Verletzung des Teilnahmerechts ist ein Anfechtungsgrund (§ 243 Abs. 1 AktG).[105] Die Anfechtungsbefugnis folgt für den Fall einer unberechtigten Zutrittsverweigerung aus § 245 Nr. 2, Alt. 1 AktG. Zulässige Sicherheitskontrollen und Legitimationsprüfungen sind jedoch keine Zutrittsverweigerung. Für den Fall einer unberechtigten Saalverweisung folgt die Anfechtungsbefugnis aus einer analogen Anwendung dieser Vorschrift.[106] Bei vollständiger unberechtigter Zutrittsverweigerung unterliegen sämtliche auf der Hauptversammlung gefassten Beschlüsse der Anfechtbarkeit. Der Aktionär kann sein Teilnahmerecht auch einklagen.[107] Die Zulässigkeit einer Feststellungsklage ist indes umstritten,[108] sollte jedoch bei hartnäckiger und wiederkehrender Zutrittsverweigerung durch die Gesellschaft möglich sein.

Mitglieder von Vorstand und Aufsichtsrat sind teilnahmeberechtigt, und zwar auch dann, wenn sie nicht Aktionäre sind. Das Teilnahmerecht ist satzungsfest und kann auch sonst nicht entzogen werden. Verwaltungsmitglieder sind nicht nur zur Teilnahme berechtigt, sondern auch verpflichtet und können sich grundsätzlich nicht beliebig vertreten lassen.[109] Eine Verletzung der Teilnahmepflicht bleibt jedoch ohne Folgen für die gefassten Hauptversammlungsbeschlüsse. Verwaltungsmitglieder können sich jedoch schadensersatzpflichtig nach §§ 93, 116 AktG machen oder je nach Einzelfall durch unentschuldig-

---

[102] Beispiel zur Fristberechnung bei Hüffer/*Koch*, § 123 Rn. 7.
[103] Vgl. BGH WM 1989, 63, 64 f.; Hüffer/*Koch*, § 118 Rn. 25.
[104] MüKo-AktG/*Kubis*, § 118 Rn. 55; Hüffer/*Koch*, § 118 Rn. 24.
[105] Hölters/*Drinhausen*, § 118 Rn. 41; Hüffer/*Koch*, § 118 Rn. 24; MüKo-AktG/*Kubis*, § 118 Rn. 71.
[106] MüKo-AktG/*Kubis*, § 118 Rn. 71.
[107] Spindler/Stilz/*J. Hoffmann*, § 118 Rn. 19.
[108] Dafür Spindler/Stilz/*J. Hoffmann*, § 118 Rn. 19; Hüffer/Koch, § 118 Rn. 24; GroßKomm-AktG/*Mülbert*, § 118 Rn. 62; a. A. MüKo-AktG/*Kubis*, § 118 Rn. 72; KölnKomm-AktG/*Zöllner*, § 118 Rn. 21.
[109] Hüffer/*Koch*, § 118 Rn. 21.

tes Fernbleiben einen wichtigen Grund zur Abberufung geben (§§ 84 Abs. 3, 103 Abs. 3 AktG).[110]

Grundsätzlich gibt es kein Teilnahmerecht **Dritter**. Selbst Hauptversammlungen von Publikums-AGs sind keine öffentlichen Veranstaltungen. Teilnahmeberechtigt sind jedoch Vertreter der Aufsichtsbehörden im Bereich der Banken- und Versicherungsaufsicht (§ 44 Abs. 5 KWG, § 83 Abs. 1 Satz 1 Nr. 5 VAG). Zulassung Dritter kann aber in der Satzung oder Geschäftsordnung geregelt werden. Ohne eine entsprechende Regel steht die Teilnahme im Ermessen des Versammlungsleiters.[111]

Die Teilnahme an der Hauptversammlung und die Ausübung der den Aktionären zustehenden Rechte erfordert eine **Legitimation** gegenüber der Gesellschaft. Bei verbrieften Namensaktien gilt nach § 67 Abs. 2 AktG gegenüber der Gesellschaft nur derjenige als Aktionär, der im Aktienregister eingetragen ist. Bei unverbrieften Namensaktien war bislang entsprechend § 410 BGB zu Legitimationszwecken die Abtretungsanzeige vorzulegen.[112] Mit Inkrafttreten der **Aktienrechtsnovelle 2016** sieht § 67 Abs. 1 Satz 1 AktG jedoch die Pflicht zur Führung eines Aktienregisters unabhängig von der Verbriefung vor, was die Legitimation bei unverbrieften Namensaktien im Vergleich zur derzeitigen Rechtslage wesentlich erleichtert.[113]

Gemäß § 123 Abs. 3 AktG besteht weitgehend Satzungsfreiheit, wie der Nachweis der Berechtigung zu erbringen ist. Bei Inhaberaktien börsennotierter Gesellschaften genügt nach § 123 Abs. 4 Satz 1 AktG ein in Textform erstellter besonderer Nachweis des depotführenden Kreditinstituts zur Legitimation. Der Nachweis hat sich bei börsennotierten Gesellschaften auf den Beginn des 21. Tages vor der HV zu beziehen (§ 123 Abs. 6 AktG; sog. *record date*). Dies führt zu einem Einfrieren der Situation drei Wochen vor der Hauptversammlung, um eindeutige zurechenbare Rechtspositionen zu schaffen.[114]

Zum **Inhalt des Teilnahmerechts** gehören das Recht auf Anwesenheit und das Recht auf Mitberatung. Zum Recht auf Mitberatung gehört ein Rederecht in Bezug auf die Gegenstände der Tagesordnung sowie das Recht Anträge zu stellen. Die Hauptversammlung muss den Teilnahmeberechtigten auch anhören.[115] Dass das Gesetz dem Grunde nach ein Rederecht des Aktionärs anerkennt, ergibt sich aus der Möglichkeit seiner Beschränkung nach § 131 Abs. 2 Satz 2 AktG. Die Übertragung des Rederechts auf einen anderen anwesenden Aktionär ist nicht zulässig.[116] Das Stimmrecht ist im Verhältnis zum Teilnahmerecht ein selbstständiges und eigenes Mitverwaltungsrecht des Aktionärs.[117]

---

[110] Hüffer/*Koch*, § 118 Rn. 21.
[111] GroßKomm-AktG/*Mülbert*, § 118 Rn. 75.
[112] K. Schmidt/Lutter/*Ziemons*, § 123 Rn. 33.
[113] K. Schmidt/Lutter/*Ziemons*, § 123 Rn. 79.
[114] Begr. RegE UMAG, BT-Drs. 15/5092, S. 28; MüKo-AktG/*Kubis*, § 123 Rn. 34.
[115] BGH NJW 1971, 2225.
[116] OLG München AG 2011, 840, 843.
[117] *Butzke*, Die Hauptversammlung der Aktiengesellschaft, Abschn. E 3; Hüffer/*Koch*, § 118 Rn. 20.

13.4 Ablauf der Hauptversammlung

Für Regelungen zur Vorbereitung und Durchführung der Hauptversammlung räumt § 129 Abs. 1 Satz 1 AktG der Hauptversammlung ein, sich mit Dreiviertelmehrheit eine Geschäftsordnung zu geben. § 118 Abs. 2 AktG ermächtigt den Satzungsgeber, die **Online-Teilnahme** an der Hauptversammlung vorzusehen. Dabei geht es aber nicht um eine virtuelle Hauptversammlung, sondern um eine Präsenz-Hauptversammlung.[118] Die Teilnahme erfolgt durch Zuschaltung und ersetzt so die Teilnahme durch physische Anwesenheit. Zweck der Neuregelung ist es, Aktionären Rechtsausübung zu erleichtern und damit zugleich die Hauptversammlungspräsenz zu steigern.[119] In der Praxis wird von der Möglichkeit, eine Online-Teilnahme zu ermöglichen, bislang eher zögerlich Gebrauch gemacht,[120] weil die Mitteilung der Teilnahmebedingungen als anfechtungsgefährdet gilt.[121] Ergänzend ermöglicht § 118 Abs. 4 AktG die Übertragung der Versammlung in Bild und Ton und schafft zusammen mit der Möglichkeit der Online-Teilnahme die Voraussetzungen für reine „Internet-Hauptversammlungen".[122]

Die zur Hauptversammlung erschienenen oder vertretenen Aktionäre sind in ein **Teilnehmerverzeichnis** aufzunehmen, § 129 Abs. 1 Satz 2 AktG, das vor der ersten Abstimmung allen Teilnehmern – in der Regel durch Auslage – zugänglich zu machen ist. Aktionäre, die von der in § 118 Abs. 2 AktG eingeräumten Möglichkeit der Stimmabgabe per Briefwahl Gebrauch machen, gelten nicht als Teilnehmer und sind deshalb nicht in das Verzeichnis aufzunehmen. Der online teilnehmende Aktionär ist indes als Teilnehmer aufzunehmen.[123]

§ 130 Abs. 2 AktG setzt voraus, dass die Hauptversammlung von einem **Versammlungsleiter** („Vorsitzenden") geleitet wird. Üblicherweise handelt es sich dabei um den Aufsichtsratsvorsitzenden. Die Satzung kann jedoch abweichende Bestimmungen enthalten und z. B. bei jeder Hauptversammlung eine Wahl vorsehen. Der Versammlungsleiter eröffnet die Hauptversammlung und stellt die ordnungsgemäße Einberufung fest. Er ist für die geordnete Abhandlung der Tagesordnung verantwortlich und hat sicherzustellen, dass auch Klein- und Kleinstaktionäre ihre Rechte wahrnehmen können. Er organisiert die Abstimmungen, lässt die Stimmen auszählen und verkündet die Abstimmungsergebnisse.[124] Der Versammlungsleiter ist für einen geordneten Ablauf der Hauptversammlung verantwortlich und hat diesen notfalls mit Ordnungsmaßnahmen durchzusetzen, die von

---

[118] Begr. RegE BT-Drs. 16/11642, S. 26; *Arnold*, Der Konzern 2009, 88, 92.

[119] Hüffer/*Koch*, § 118 Rn. 10.

[120] *Besse*, AG 2012, R358 f.

[121] *Arnold/Carl/Götze*, AG 2011, 349, 360.

[122] Art. 8 Richtlinie 2007/36/EGABl. EG Nr. L 184 vom 14.7.2007, S. 17.

[123] Vgl. Begr RegE ARUG BT-Drs. 16/11642, S. 27; *Seibert/Florstedt*, ZIP 2008, 2145, 2146; *Noack*, NZG 2008, 441, 444.

[124] Eingehend zu den Befugnissen und Pflichten des Versammlungsleiters: Hüffer/*Koch*, § 129 Rn. 18 ff.

Ordnungsrufen und Abmahnungen über Redezeitbeschränkungen und Wortentziehungen bis hin zu Saalverweisen reichen.[125] Bei allen Maßnahmen, die Aktionärsrechte einschränken können, hat er sich stets an den Grundsätzen der Erforderlichkeit und der Verhältnismäßigkeit zu orientieren.[126]

Jeder in der Hauptversammlung gefasste Beschluss ist nach § 130 Abs. 1 Satz 1 AktG in einer **notariellen Niederschrift** zu beurkunden. Dies gilt gleichermaßen für Beschlüsse über Sachthemen wie für Verfahrens- oder Wahlbeschlüsse. Die Niederschrift hat Dokumentations- und Beweisfunktion und dient somit der Rechtssicherheit. § 130 Abs. 2 Satz 2 AktG sieht für börsennotierte AGs einen erweiterten Feststellungsinhalt vor. Nach § 130 Abs. 6 AktG müssen börsennotierte Gesellschaften die festgestellten Abstimmungsergebnisse binnen sieben Tagen nach der Hauptversammlung auf ihrer Internetseite veröffentlichen. Verstöße gegen § 130 AktG führen nach § 241 Nr. 2 AktG zur Nichtigkeit des gefassten Beschlusses.

13.5 Auskunftsrecht

Die Aktionäre können Entscheidungen nur sachgerecht treffen, wenn sie über die Grundlagen ihrer Entscheidungen hinreichend informiert sind. Da sie in der Regel nur einmal im Jahr im Rahmen der Hauptversammlung zusammenkommen und auch sonst nur wenig Einblick in das Innenleben des Unternehmens haben, sind sie auf Auskünfte der Unternehmensleitung angewiesen, die über einen umfassenden und jederzeitigen Zugriff auf Informationen verfügt. Eine typische Unternehmensleitung wird aber dazu neigen, Informationen zurückzuhalten oder zu modifizieren, um sich der Kontrolle der Hauptversammlung so weit wie möglich zu entziehen.[127]

Anders als im Personenhandelsgesellschaftsrecht (§§ 118, 166 HGB) und im Recht der GmbH (§ 51a GmbHG) gewährt das AktG den Aktionären nicht das Recht, Bücher und Papiere der Gesellschaft einzusehen. Sie sind auf Jahresabschluss, Lagebericht und ggf. Zwischenberichte angewiesen. Die kapitalmarktrechtlichen Publizitätspflichten schaffen nur bei börsennotierten Unternehmen Abhilfe, und dort auch nicht flächendeckend, weil letztlich doch die Gesellschaft die Herrin der Informationsgegenstände ist. Insofern helfen auch die unter dem Stichwort „Investor Relations" freiwillig auf den Webseiten der Unternehmen erteilten Informationen nur begrenzt weiter, weil es für einzelne Aktionäre keine Möglichkeit gibt, und die Informationen durch Einsicht in Geschäftsunterlagen zu plausibilisieren.

Die Auswirkungen des Missverhältnisses zwischen verfügbaren Informationen einerseits und Entscheidungsbefugnissen andererseits versucht der Auskunftsanspruch gemäß

---

[125] BGHZ 44, 245, 248 = NJW 1966, 43; MüKo-AktG/*Kubis*, § 119 Rn. 168; Hüffer/*Koch*, § 129 Rn. 31.
[126] BGHZ 44, 245, 251 ff. = NJW 1966, 43.
[127] *Raiser/Veil*, § 16 Rn. 38.

§ 131 AktG abzumildern. Er soll die Informationsbeschaffung durch die Aktionäre unterstützen, um den Aktionären die sinnvolle Ausübung ihrer Rechte zu ermöglichen.[128] Erfasst werden in erster Linie das Stimmrecht, aber auch die Anfechtungsbefugnis und Minderheitsrechte.[129] Das Auskunftsrecht ist von großer praktischer Bedeutung, wird jedoch in den Hauptversammlungen auch missbraucht, um durch überraschende oder komplexe Fragen Verfahrensfehler zu provozieren, die die Anfechtbarkeit von Beschlüssen zur Folge haben.[130] Das dadurch aufseiten der Verwaltung hervorgerufene Bestreben, möglichst viele Fragen zu antizipieren,[131] verursacht zum Teil einen erheblichen Zeit- und Kostenaufwand und verschlingt somit anderweitig benötigte Ressourcen der Gesellschaft.

13.5.1 Auskunftsberechtigte und Auskunftsverpflichtete

Nach § 131 Abs. 1 Satz 1 AktG ist Gläubiger des Auskunftsrechts jeder an der Hauptversammlung teilnehmende Aktionär. Wer nicht Aktionär ist, kann keine Auskunft verlangen, auch wenn eine Teilnahmeberechtigung an der Hauptversammlung besteht.[132] Das Auskunftsrecht hat keinen höchstpersönlichen Charakter und kann deshalb auch durch Dritte ausgeübt werden. Stimmrechtsvollmacht und Legitimationsübertragung berechtigten in der Regel zur Ausübung des Auskunftsanspruchs.[133]

Auskunftsschuldnerin ist die Gesellschaft, die die Auskunft durch den amtierenden Vorstand erteilt.[134] Dies gilt auch für Auskünfte aus dem Geschäftsbereich des Aufsichtsrates. Die Erteilung der Auskunft ist für den Vorstand eine Geschäftsführungsmaßnahme i. S. d. § 77 AktG und bedarf deshalb grundsätzlich eines einstimmigen Vorstandsbeschlusses. Die Satzung oder die Geschäftsordnung können jedoch in Bezug auf das Vorgehen des Vorstands Abweichendes bestimmen.[135] Der Gesamtvorstand kann Einvernehmen darüber herstellen, dass der Vorsitzende oder das sachlich zuständige Vorstandsmitglied die Auskunft erteilt.[136]

---

[128] BayObLG NJW 1996, 1904; RegBegr/*Kropf*, S. 184.
[129] K. Schmidt/Lutter/*Spindler*, § 131 Rn. 1; Hüffer//*Koch*, § 131 Rn. 1.
[130] Hüffer//*Koch*, § 131 Rn. 1.
[131] BVerfG NJW 2000, 349, 351; Zu den rechtstatsächlichen Folgen: Spindler/Stilz/*Siems*, § 131 Rn. 6 ff.; MüKo-AktG/*Kubis*, § 131 Rn. 5.
[132] MüKo-AktG/*Kubis* Rn. 14.
[133] LG Heilbronn NJW 1967, 1715, 1716; KölnKomm-AktG/*Kersting*, § 131 Rn. 65; MüKo-AktG/*Kubis*, § 131 Rn. 15; Hüffer/*Koch*, § 131 Rn. 4.
[134] MüKo-AktG/*Kubis*, § 131 Rn. 19; MünchHdB-AG/*Hoffmann-Becking*, § 38 Rn. 6; Hüffer/*Koch*, § 131 Rn. 5.
[135] *Meilicke/Heidel*, DStR 1992, 72, 74.
[136] Spindler/Stilz/*Siems*, § 131 Rn. 16; Hüffer/*Koch*, § 131 Rn. 7.

13.5.2 Gegenstand des Auskunftsrechts

Aktionäre können nach § 131 Abs. 1 Satz 1 AktG Auskunft über **Angelegenheiten der Gesellschaft** fordern. Dieser Wendung liegt treffender Weise ein weites Verständnis zugrunde.[137] Unter Gesellschaftsangelegenheiten wird alles verstanden, was sich unmittelbar oder mittelbar auf die Gesellschaft und ihre Tätigkeit bezieht. Unmittelbare Angelegenheiten sind etwa Tatsachen aus dem Bereich der Vermögens-, Finanz- und Ertragslage, der rechtlichen und tatsächlichen Verhältnisse, der Geschäftspolitik, der öffentlichen Darstellung der Gesellschaft und des Risikomanagements.[138] Nur mittelbare Angelegenheiten müssen eine gewisse Erheblichkeit für die Gesellschaft haben. Es obliegt im Zweifel dem fragenden Aktionär, eine solche Erheblichkeit plausibel zu machen.[139] Mittelbare Angelegenheiten sind beispielsweise Angelegenheiten, die Unternehmensbeteiligungen, Vertragspartner der Gesellschaft oder persönliche Angelegenheiten von Organmitgliedern mit potenziellem Bezug zur Gesellschaft betreffen.[140]

Das Auskunftsverlangen muss **zur sachgemäßen Beurteilung des Gegenstands der Tagesordnung erforderlich sein.** Es ist auf einen objektiven (Durchschnitts-)Aktionär abzustellen, der die Gesellschaftsverhältnisse nur aufgrund allgemein bekannter Tatsachen kennt und deshalb die Auskunft zur Beurteilung der Tagesordnung benötigt.[141] Ob und in inwieweit ein Auskunftsrecht besteht, kann daher nicht losgelöst von dem konkreten Tagesordnungspunkt, auf den sich das Auskunftsverlangen bezieht, beurteilt werden.[142] Die Entscheidung, ob eine Auskunft zur Beurteilung des Gegenstands der Tagesordnung erforderlich ist, ist letztlich stark **einzelfallbezogen**. Eine Fülle an gerichtlich entschiedenen Fällen bieten jedoch Anhaltspunkte.[143] Die Erforderlichkeit wird überwiegend eher bejaht als verneint.[144]

Unter den in § 131 Abs. 4 AktG genannten Voraussetzungen hat der Vorstand die Auskunft auch dann zu erteilen, wenn sie nicht zur sachgemäßen Beurteilung der Tagesordnungsgegenstände erforderlich ist (**erweiterte Auskunftspflicht**). Die Vorschrift dient der

---

[137] KölnKomm-AktG/*Kersting*, § 131 Rn. 91; Spindler/Stilz/*Siems*, § 131 Rn. 23; Hölters/*Drinhausen*, § 131 Rn. 8.

[138] KölnKomm-AktG/*Kersting*, § 131 Rn. 91; MüKo-AktG/*Kubis*, § 131 Rn. 34.

[139] MüKo-AktG/*Kubis*, § 131 Rn. 35; Hölters/*Drinhausen*, § 131 Rn. 8.

[140] MüKo-AktG/*Kubis*, § 131 Rn. 35.

[141] OLG Stuttgart AG 2012, 377, 378; BayObLG NJW-RR 1996, 679, 680; KG NJW-RR 1994, 162; OLG Frankfurt NJW-RR 1994, 104; *Spitze/Dieckmann*, ZHR 158 (1994), 447, 459.

[142] BayObLG NJW-RR 1996, 679, 680; OLG Frankfurt NJW-RR 1994, 104, 105; *Spitze/Dieckmann* ZHR 158 (1994), 447, 459.

[143] Übereicht bei MüKo-AktG/*Kubis*, § 131 Rn. 46 ff., 182 ff.; MünchHdB-AG/*Hoffmann-Becking*, § 38 Rn. 21 ff.

[144] Hüffer/*Koch*, § 131 Rn. 17.

gleichmäßigen Behandlung der Aktionäre[145], indem sie den Informationsvorsprung von Aktionären, die außerhalb der Hauptversammlung Auskünfte erhalten haben, auszugleichen versucht.

Informiert der Vorstand den Aufsichtsrat als Organ, können daraus auch dann keine Rechte gemäß § 131 Abs. 4 AktG hergeleitet werden, wenn dem Aufsichtsrat Aktionäre angehören.[146] Auch bei Unternehmenskäufen kommt das erweiterte Auskunftsrecht in Bezug auf einen kaufinteressierten Aktionär nicht zur Anwendung, wenn er Auskünfte in seiner Eigenschaft als Kaufinteressent erhält.[147] Die Informationserteilung gegenüber einem verkaufswilligen Großaktionär trägt einem besonderen Informationsinteresse Rechnung, das eine Ungleichbehandlung gegenüber anderen Aktionären erlaubt.[148]

13.5.3 Beschränkungen des Frage- und Rederechts (§ 131 Abs. 2 Satz 2 AktG)

§ 131 Abs. 2 Satz 2 AktG sieht vor, dass dem **Versammlungsleiter durch Satzung oder Geschäftsordnung** die Befugnis eingeräumt wird, das Frage- und Rederecht des Aktionärs zeitlich angemessen zu beschränken. Satzung oder Geschäftsordnung können diese Befugnis inhaltlich näher ausgestalten, indem sie etwa konkrete Redezeitvorgaben machen.[149] Die Vorschrift verfolgt den Zweck, den Versammlungsleiter nach Aktionärsvorgaben in die Lage zu versetzen, die ausufernde und missbräuchliche Nutzung des Fragerechts angemessen einzudämmen.[150] Damit soll die Funktionsfähigkeit der Hauptversammlung verbessert und gleichzeitig ihr inhaltliches Gewicht und ihre Attraktivität für Aktionäre mit ernstzunehmenden Stimmanteilen gesteigert werden.[151]

Die Satzung oder Geschäftsordnung kann Beschränkungen der reinen Redezeit, der reinen Fragezeit und der Gesamtzeit enthalten.[152] Fragen, die das Zeitkontingent des Aktionärs übersteigen, sind unbeachtlich und müssen nicht beantwortet werden, ohne dass es wie zu § 131 Abs. 3 AktG eines Vorstandsbeschlusses bedarf.[153]

---

[145] RegBegr. *Kropff*, S. 187; MüKo-AktG/*Kubis*, § 131 Rn. 141; *Decher*, ZHR 158 (1994), 473, 747; *Kocher*, Der Konzern 2008, 611, 612.

[146] MüKo-AktG/*Kubis*, § 131 Rn. 147; Hüffer/*Koch*, § 131 Rn. 37; *Decher* ZHR 158 (1994), 473, 479.

[147] Hüffer/*Koch*, § 131 Rn. 37.

[148] *Hemeling*, ZHR 169 (2005), 274, 288; *Kocher*, Der Konzern 2008, 611, 614 f.

[149] BGHZ 184, 239 Rn. 8, 13 = NJW 2010, 1604; Beispiele für typische Gestaltungen: *Kremer*, in: FS Hoffmann-Becking, 2013, S. 697, 704 f.

[150] Vgl. RegBegr. BT-Drs. 15/5092 S. 17.

[151] BGHZ 184, 239 Rn. 11 f.; BGH WM 2013, 2361 Rn. 34.

[152] Hüffer/*Koch*, § 131 Rn. 22a.

[153] *DAV-Handelsrechtsausschuss*, NZG 2004, 555, 559; Hüffer/*Koch*, § 131 Rn. 22a.

13.5 Auskunftsrecht

Bei der Durchsetzung der Beschränkungen hat der Versammlungsleiter für einen Ablauf zu sorgen, der einerseits dem Informations- und Mitwirkungsinteresse der Aktionäre gerecht wird und andererseits die Funktionsfähigkeit und inhaltliche Qualität der Hauptversammlung so weit wie möglich sicherstellt.[154] Nach h. M. kommt dabei dem Fragerecht grundsätzlich eine höhere Wertigkeit zu als dem Rederecht.[155] Es ist jedoch schwierig, daraus konkrete Gestaltungshinweise für die Satzung oder die Geschäftsordnung herzuleiten, weil sich schon nicht immer klar unterscheiden lässt, ob es sich gerade um einen Rede- oder Fragebeitrag handelt.[156] Rede und Frage bilden im Hauptversammlungsalltag zumeist fließende Übergänge. Für Rücksichtnahme auf die Bedeutung des Fragerechts dürfte der Versammlungsleiter im Einzelfall besser Gewähr bieten als der Satzungsgeber.[157]

In der Satzung finden sich zur Begrenzung der Hauptversammlungsdauer insgesamt sowie des Frage- und Rederechts in erster Linie quantitative Maßstäbe. Die Gesetzesbegründung zum UMAG[158] sowie Ziff. 2.2.4 Satz 2 DCGK gehen davon aus, dass eine normale Hauptversammlung in vier bis sechs Stunden abgewickelt sein sollte. Dieser Zeitrahmen dient als Orientierungshilfe für die Angemessenheit.[159] Dementsprechend sollte es im Normalfall der Angemessenheit entsprechen, wenn für die ordentliche Hauptversammlung sechs Stunden und bei außergewöhnlichen Tagesordnungspunkten zehn Stunden vorgegeben sind. Rede- sowie Fragezeiten einzelner Aktionäre sollten zehn bis 15 Minuten betragen.[160] Daneben ist es sinnvoll, wenn die Satzung den Versammlungsleiter auch situationsbedingt zu angemessenen zeitlichen Beschränkungen ermächtigt.[161] Auch unabhängig von einer solchen Satzungsermächtigung ist der Versammlungsleiter zu eigenmächtigen Beschränkungen jedenfalls des Rederechts befugt.[162]

---

[154] OLG München AG 2011, 840, 843.

[155] BGHZ 184, 239 Rn. 18 = NJW 2010, 1604; Hüffer/*Koch*, § 131 Rn. 22b; MüKo-AktG/*Kubis*, § 119 Rn. 171; *Martens*, AG 2004, 238, 242.

[156] BGHZ 184, 239 Rn. 181; *Arnold/Carl/Götze*, AG 2012, 349, 354; *Kremer*, in: FS Hoffmann-Becking, 2013, S. 697, 706.

[157] BGHZ 184, 239 Rn. 18.

[158] RegBegr. BT-Drs. 15/5092 S. 17.

[159] BGHZ 184, 239 Rn. 20 = NJW 2010, 1604; OLG Frankfurt AG 2011, 36, 41; *Seibert* WM 2005, 157, 160.

[160] BGHZ 184, 239 Rn. 7 ff., 20 f.; *Angerer*, ZGR 2011, 27 ff.; *Wachter*, DB 2010, 829 ff.; teilw. krit. *Kersting*, NZG 2010, 446, 447 ff.; vgl. ferner LG Frankfurt ZIP 2007, 1861, 1863; a. A. OLG Frankfurt AG 2008, 592 f.

[161] Hüffer/*Koch*, § 131 Rn. 22c.

[162] BVerfG NJW 2000, 349, 351.

13.5.4 Auskunftsverweigerungsrechte (§ 131 Abs. 3 AktG)

Nach § 131 Abs. 3 AktG darf der Vorstand die Auskunft unter bestimmten Voraussetzungen verweigern. Eine Pflicht zur Verweigerung kann sich aus § 93 Abs. 1 AktG ergeben. Die Verweigerung der Auskunft ist ebenso wie die Erteilung eine Geschäftsführungsmaßnahme. Der Vorstand muss also nach § 77 AktG grundsätzlich einstimmig Beschluss fassen.[163] Er kann sich auch eine Ablehnung durch den Versammlungsleiter zu eigen machen und so den erforderlichen Vorstandsbeschluss konkludent fassen.[164] Die in § 131 Abs. 3 Satz 1 AktG aufgeführten Verweigerungsgründe sind abschließend. Dies wird in § 131 Abs. 3 Satz 2 AktG explizit klargestellt. Dennoch bleibt nach zutreffender Auffassung eine Auskunftsverweigerung wegen Missbrauchs des Fragerechts möglich.[165] Ob ein Verweigerungsgrund tatsächlich vorliegt, unterliegt der vollen richterlichen Nachprüfung.[166]

Verweigerungsgrund nach § 131 Abs. 3 Nr. 1 AktG ist die Eignung der Auskunft, der Gesellschaft oder einem verbundenen Unternehmen einen nicht unerheblichen Nachteil zuzufügen. Diese Bewertung erfolgt nach vernünftiger kaufmännischer Beurteilung auf objektiver Grundlage nach Abwägung der Vor- und Nachteile einer Auskunftserteilung für die Gesellschaft.[167] Der Vorstand muss seine Entscheidung begründen, wenngleich an den Inhalt der Begründung keine erhöhten Anforderungen zu stellen sind.[168] Ebenfalls verweigern darf der Vorstand Auskünfte über steuerliche Wertansätze und die Höhe einzelner Steuern nach Nr. 2. Nach Nr. 3 kann der Vorstand auch Angaben betreffend stille Reserven verweigern, ferner nach Nr. 4 Auskünfte betreffend die Offenlegung von Bilanzierungs- und Bewertungsmethoden. Eine Verweigerung ist nach Nr. 5 zulässig, sofern sich der Vorstand durch die Auskunftserteilung strafbar machen würde. Nach Nr. 6 darf der Vorstand eines Kredit- oder Finanzdienstleistungsinstituts Angaben über Bilanzierungs- und Bewertungsmethoden sowie über für die Rechnungslegung nicht erforderliche Verrechnungen verweigern.

Sonstige Verweigerungsrechte ergeben sich aus dem Rechtsmissbrauchsargument, wenn der Aktionär durch sein Auskunftsbegehren eigene Interessen verfolgt, die denen der Gesellschaft nicht entsprechen, wenn er das Auskunftsrecht instrumentalisiert, um An-

---

[163] MüKo-AktG/*Kubis*, § 131 Rn. 95; MünchHdB-AG/*Hoffmann-Becking*, § 38 Rn. 42.
[164] BGHZ 101, 1, 5 f.=NJW 1987, 3186; OLG Frankfurt AG 1986, 233.
[165] BayObLGZ 1974, 208, 213=NJW 1974, 2094; OLG Frankfurt AG 1984, 25: Unzumutbarkeit von mehr als 25.000 Einzelangaben; OLG Frankfurt AG 2007, 672, 674; Hüffer/*Koch*, § 131 Rn. 33; KölnKomm-AktG/*Kersting*, § 131 Rn. 379; *Hefermehl,* in: FS Duden, 1977, S. 109, 116 ff.
[166] OLG Düsseldorf AG 1992, 34, 35; OLG Stuttgart AG 2011, 93, 99; LG Saarbrücken NZG 2004, 1012, 1013; MüKo-AktG/*Kubis*, § 131 Rn. 104.
[167] BGH NZG 2009, 342, 348: Diskretionsinteresse bzgl. der Einzelheiten eines nicht öffentlichen Verkaufs einer Beteiligung; OLG Stuttgart AG 2011, 93.
[168] Henssler/Strohn/*Liebscher*, § 131 AktG Rn. 15.

fechtungsgründe zu provozieren oder wenn er das Fragerecht übermäßig ausübt, wobei die Grenze stets eine Frage des Einzelfalls ist.[169]

Die Frage, ob Insidertatsachen im Spannungsfeld zwischen § 14 Abs. 1 Nr. 2 WpHG und § 131 Abs. 1 AktG mitzuteilen sind, ist umstritten. Einerseits wird ein Vorrang des aktienrechtlichen Auskunftsanspruchs angenommen.[170] Andererseits wird vertreten, die Auskunft könne bzw. müsse verweigert werden, weil andernfalls wegen § 15 WpHG ein Widerspruch zwischen dem üblichen Verfahren der Ad-hoc-Publizität und der Auskunftserteilung in der Hauptversammlung entstünde.[171]

13.5.5 Rechtsfolgen bei Verstößen gegen Auskunftsanspruch

Wird eine Auskunft verweigert, kann der Aktionär das **Auskunftserzwingungsverfahren** des § 132 AktG einleiten. Beschlüsse sind nach § 243 Abs. 1 AktG anfechtbar, wenn die verweigerte Auskunft den Beschlussgegenstand und nicht einen anderen Punkt der Tagesordnung betraf.[172] Freilich kann die Verweigerung inhaltlich wesentlicher Auskünfte gleich mehrere Beschlüsse anfechtbar machen.[173] Beschlüsse betreffend die Entlastung von Verwaltungsmitgliedern sind bei unberechtigter Auskunftsverweigerung anfechtbar, sofern der Informationsmangel für die Entlastung von Bedeutung ist.[174] Bei Auskunftsverweigerung wird ein Kausalitätsgegenbeweis durch § 243 Abs. 4 AktG erheblich eingeschränkt. Die Durchführung eines Auskunftserzwingungsverfahrens nach § 132 AktG ist nach h. M. keine Zulässigkeitsvoraussetzung für die Erhebung einer Anfechtungsklage. Es handelt es sich vielmehr um voneinander unabhängige Verfahren.[175] Entsteht der Gesellschaft aus der Auskunftsverweigerung Schaden, so sind Vorstandsmitglieder unter den weiteren Voraussetzungen des § 93 Abs. 2 AktG dafür ersatzpflichtig. Zum Teil werden dem Fragesteller eigene Ersatzansprüche aus § 823 Abs. 2 BGB i. V. m. § 131 AktG zugebilligt.[176] Die Schutzgesetzeigenschaft des § 131 AktG dürfte nach zutreffender Auffassung unter Verweis auf das eigenständige Sanktionssystem des AktG für Auskunfts-

---

[169] LG München WM 2010, 1699, 1702 m. w. N.

[170] GroßKomm-AktG/*Decher*, § 131 Rn. 325 ff.

[171] Für Auskunftsverweigerungsrecht MüKo-AktG/*Kubis*, § 131 Rn. 128; Henssler/Strohn/*Liebscher*, § 131 AktG Rn. 17.

[172] BGHZ 119, 1, 13 ff. = NJW 1992, 2760.

[173] OLG Brandenburg AG 2003, 328, 329.

[174] OLG Köln AG 2011, 838; OLG Stuttgart AG 2005, 94, 96.

[175] BGHZ 86, 1, 3 ff. = NJW 1983, 878; BGH GmbHR 1988, 213 f. zur GmbH; OLG Hamburg GmbHR 1987, 480, 481; KG AG 2001, 355, 356; MüKo-AktG/*Hüffer*, § 243 Rn. 114 f.; Hüffer/*Koch*, § 131 Rn. 44.

[176] GK-AktG/*Decher*, § 131 Rn. 407; K. Schmidt/Lutter/*Spindler*, § 131 Rn. 117; a. A. Hölters/*Drinhausen*, § 131 Rn. 44; MüKo-AktG/*Kubis*, § 131 Rn. 171; KölnKomm-AktG/*Kersting*, § 131 Rn. 564; *Werner*, in: FS Heinsius, 1991, S. 911, 927 Fn. 53.

pflichtverletzungen nicht vorliegen. Den Aktionären wird aber an anderer Stelle geholfen: Vorsätzlich falsche oder verschleierte Auskunft dürften dem Grunde nach einen Ersatzanspruch aus § 823 Abs. 2 BGB i. V. m. § 400 Abs. 1 Nr. 1 AktG begründen. Oftmals wird es indes an einem bezifferbaren Aktionärsschaden fehlen.[177]

13.6 Hauptversammlungsbeschlüsse und Stimmrecht

13.6.1 Beschluss

Die Hauptversammlung entscheidet durch Beschluss. Es handelt sich dabei um ein mehrseitiges Rechtsgeschäft eigener Art, auf das die Rechtsgeschäftslehre der §§ 104 ff. BGB nur eingeschränkt Anwendung findet.[178] Eine Mindestpräsenz zur Fassung von Beschlüssen ist gesetzlich nicht vorgesehen, kann jedoch durch die Satzung festgelegt werden (§ 133 Abs. 1 AktG). Jeder Beschluss setzt einen Antrag voraus, den jeder Teilnahmeberechtigte zu einem Gegenstand der Tagesordnung stellen kann und der nach dem Ende der Aussprache vom Versammlungsleiter zur Abstimmung gestellt wird.

Auch die **Form der Abstimmung** ist gemäß § 134 Abs. 4 AktG Gegenstand einer Satzungsregelung, die ihrerseits in vielen Fällen den Versammlungsleiter zur Festlegung eines Verfahrens ermächtigt. Bei kleineren Hauptversammlungen wird gewöhnlich eine offene Abstimmung durch Handaufheben angeordnet, bei großen Hauptversammlungen erfolgt die Abstimmung durch die Abgabe von Stimmkarten, auf denen die Stimmen so eingetragen sind, dass sie maschinell ausgezählt werden können. Auch üblich ist eine elektronische Abstimmung mit Hilfe elektronischer Urnen oder per drahtloser Übermittlung.[179]

Nach der Stimmenauszählung ist das **Beschlussergebnis** vom Versammlungsleiter **festzustellen** und bekanntzugeben. Der Beschluss ist unter den Voraussetzungen des § 130 Abs. 1 AktG vom anwesenden Notar im Hauptversammlungsprotokoll zu beurkunden. Auch bei abgelehnten Anträgen ist entsprechend zu verfahren, da es sich um negative Beschlüsse im Rechtssinne handelt.[180] Einige Beschlüsse, wie etwa solche, die eine Satzungsänderung oder ein Grundlagengeschäft zum Gegenstand haben, bedürfen zu ihrer Wirksamkeit zudem der Eintragung ins Handelsregister.

Für das Zustandekommen eines Hauptversammlungsbeschlusses ist nach § 133 Abs. 1 AktG grundsätzlich die **Mehrheit der abgegebenen** Stimmen erforderlich. In die Berechnung gehen nur gültig abgegebene Stimmen ein. Enthaltungen bleiben unberücksich-

---

[177] KölnKomm-AktG/*Kersting*, § 131 Rn. 564 f.; MüKo-AktG/*Kubis*, § 131 Rn. 171; Hüffer/*Koch*, § 131 Rn. 44.

[178] *K. Schmidt*, GesR, § 15 I 2; Hüffer/*Koch*, § 133 Rn. 3; MüKo-AktG/*Schröer*, § 133 AktG Rn. 4; Spindler/Stilz/*Rieckers*, § 133 Rn. 3 f.

[179] K. Schmidt/Lutter/*Spindler*, § 133 Rn. 16.

[180] RGZ 122, 102, 107; 142, 123, 130; 146, 71.

tigt.[181] Bei Stimmengleichheit ist der Antrag abgelehnt. Nach § 133 Abs. 1 AktG findet der Grundsatz der einfachen Mehrheit keine Anwendung, soweit das Gesetz eine größere Stimmenmehrheit verlangt. Die Abberufung von Aufsichtsratsmitgliedern etwa bedarf nach § 103 Abs. 1 Satz 2 AktG einer Mehrheit von drei Vierteln der abgegebenen Stimmen. Einige gesetzlich geregelte Fälle – darunter insbesondere Satzungsänderungen und Beschlüsse über Kapital- oder Strukturmaßnahmen – verlangen eine Mehrheit von drei Vierteln des bei der Beschlussfassung vertretenen Grundkapitals.[182] Aktien von Aktionären, die im Einzelfall oder generell kein Stimmrecht vermitteln, werden für die Ermittlung des vertretenen Kapitals nicht berücksichtigt.[183] Vertretenes Kapital ist somit nicht gleichzusetzen mit anwesendem Kapital. Folge dieses qualifizierten Mehrheitserfordernisses ist, dass ein Kapitalanteil von mehr als 25 Prozent eine sog. Sperrminorität darstellt. Die hinter dieser Sperrminorität stehenden Aktionäre können Grundlagenbeschlüsse selbst dann verhindern, wenn das Grundkapital vollständig vertreten ist.

Unter „weiteren Erfordernisses" versteht § 133 Abs. 1 AktG z. B. die **zustimmenden Sonderbeschlüsse** von Teilen gewisser Aktionäre. Hierunter sind in erster Linie die Sonderbeschlüsse der Vorzugsaktionäre bei Veränderung, Erweiterung und Aufhebung der Vorzugsstellung nach § 141 AktG sowie Fälle der ordentlichen Kapitalherabsetzung nach § 222 AktG zu nennen.[184] Erforderlich ist in diesen Fällen die Zustimmung der betroffenen Aktionärsgruppe in Form eines Sonderbeschlusses.

Das Erfordernis der einfachen Stimmenmehrheit kann durch die Satzung grundsätzlich nur verschärft, nicht aber gemildert werden (§ 133 Abs. 1 AktG). Die strengeren Anforderungen können bis zur Einstimmigkeit reichen, es sei denn, dass einzelne Vorschriften des AktG ausdrücklich auf einfache Stimmenmehrheit abheben wie z. B. §§ 103 Abs. 2 Satz 2, 113 Abs. 1 Satz 4, 142 Abs. 1 Satz 1 und 145 Abs. 1 Satz 1 AktG.[185] Wenn eine qualifizierte Mehrheit oder zusätzliche Kapitalmehrheit schon von Gesetzes wegen erforderlich ist, kann die Satzung die Anforderungen noch weiter erhöhen. Eine Milderung von Mehrheitserfordernissen ist nur ausnahmsweise möglich (vgl. § 103 Abs. 1 Satz 3 AktG).

13.6.2 Stimmrecht

Das Stimmrecht ist das unverzichtbare und nicht entziehbare Recht des Aktionärs.[186] § 134 AktG konkretisiert insbesondere Entstehung und Ausübung des in § 12 Abs. 1 Satz

---

[181] Vgl. BGHZ 83, 35 zum Vereinsrecht; BGHZ 129, 136, 153.
[182] Z. B. §§ 179 Abs. 2, 182 Abs. 1, 193 Abs. 2, 202 Abs. 2 AktG.
[183] Hüffer/*Koch*, § 179 Rn. 14; MüKo-AktG/*Schröer*, § 133 Rn. 37; MünchHdB-AG/*Austmann*, § 40 Rn. 41.
[184] Weitere Beispiele bei K. Schmidt/Lutter/*Spindler*, § 133 Rn. 29 (Fn. 123).
[185] MüKo-AktG/*Schröer*, § 133 Rn. 51; Hüffer/*Koch*, § 133 Rn. 15.
[186] GroßKomm-AktG/*Grundmann*, § 134 Rn. 32; MünchHdB-AG/*Hoffmann-Becking*, § 39 Rn. 1; Spindler/Stilz/*Rieckers*, § 134 Rn. 2; K. Schmidt, GesR, § 19 III.

1 AktG im Grundsatz geregelten Stimmrechts einer Aktie. Der – vom Gesetz selbst nicht verwandte – Begriff der **Stimmkraft** umschreibt das der einzelnen Aktie zukommende Gewicht.[187] § 134 Abs. 1 Satz 1 AktG bestimmt, dass sich bei Nennbetragsaktien (§ 8 Abs. 2 AktG) die Stimmkraft nach dem Nennbetrag, bei Stückaktien (§ 8 Abs. 3 AktG) nach der Anzahl der gehaltenen Aktien bestimmt.

Das Stimmrecht ist Bestandteil des Mitgliedschaftsrechts und vermittelt das Recht, durch Stimmabgabe am Zustandekommen von Hauptversammlungsbeschlüssen mitwirken zu können. **Inhaber des Stimmrechts** ist der Inhaber der Aktie.[188] Das gilt uneingeschränkt auch bei Treuhandkonstellationen. Der Treuhänder ist Inhaber des Papiers und damit zur Ausübung des Stimmrechts befugt.[189] Im Innenverhältnis zum Treugeber gelten die Schranken des jeweiligen Treuhandverhältnisses. Entsprechendes gilt auch für die Aktien- bzw. Wertpapierleihe.[190] Bei der Verpfändung erlangt der Pfandgläubiger nur das Pfandrecht an den in der Aktie verkörperten Vermögensrechten, stimmberechtigt bleibt indes der Aktionär.[191]

Die Ausübung des Stimmrechts setzt nach § 134 Abs. 2 Satz 1 AktG die **vollständige Leistung der Einlage** voraus. Somit muss gemäß §§ 36a Abs. 2 Satz 1, 37 Abs. 1 AktG der Vorstand über die Einlage frei verfügen können.

Bei nicht börsennotierten Gesellschaften kann die Stimmrechtsverteilung nach Nennbetrag oder Stückzahl durch aufgrund Satzungsbestimmung festgelegte **Höchststimmrechte** abgeändert werden. Bei den Höchststimmrechten handelt es sich nicht um eine eigene Aktiengattung, sondern um eine personenbezogene Zusammenballung einer bestimmten Anzahl von Aktien in der Hand eines einzelnen Aktionärs.[192] Eine weitere Durchbrechung des in § 134 Abs. 1 Satz 1 AktG verankerten Grundsatzes ist die Ausgabe von **stimmrechtslosen Vorzugsaktien** (§§ 139 ff. AktG). **Mehrstimmrechte** sind – außer für Altfälle – nach § 12 Abs. 2 Satz 2 AktG nicht mehr möglich. Das frühere VW-Gesetz, das in gewissem Umfang Stimmrechte ohne korrespondierenden Aktienbesitz statuierte, hat der EuGH wegen Verstoßes gegen die Kapitalverkehrsfreiheit aus Art. 63 AEUV für europarechtswidrig erklärt.[193] In Umsetzung dieses Urteils hat die Bundesrepublik Deutschland die Stimmrechtsbeschränkung des § 2 Abs. 1 VW-Gesetz aufgehoben.

---

[187] MüKo-AktG/*Schröer*, § 134 Rn. 5.
[188] MünchHdB-AG/*Hoffmann-Becking*, § 39 Rn. 3.
[189] GroßKomm-AktG/*Grundmann*, § 134 Rn. 85; K. Schmidt/Lutter/*Spindler*, § 133 Rn. 7.
[190] *Bachmann*, ZHR 173 (2009), 596, 610 ff.
[191] Hüffer/*Koch*, § 16 Rn. 7; MünchHdB-AG/*Sailer-Coceani*, § 14 Rn. 77; K. Schmidt/Lutter/*Spindler*, § 133 Rn. 7.
[192] Vgl. BGH v. 6.9.1965 – II ZR 136/76 („Mannesmann"); BGHZ 70, 117, 123=NJW 1978, 540; MüKo-AktG/*Schröer*, § 134 Rn. 13.
[193] EuGH, Urt. v. 23.10.2007 – Rs. C – 112/05.

13.7 Stimmverbote

13.7.1 Gesetzliche Stimmverbote

Für einige Fälle verbietet das Gesetz die Ausübung des Stimmrechts. Es ruht für eigene Aktien der Gesellschaft und für Aktien, die einem abhängigen Unternehmen oder einem Dritten für Rechnung der Gesellschaft oder eines abhängigen Unternehmens gehören. (§§ 56 Abs. 3, 71b, 71d Satz 4 AktG). Damit will das Gesetz verhindern, dass der Vorstand durch unmittelbare oder mittelbare Teilnahme an der Willensbildung der Hauptversammlung das Beschlussergebnis beeinflusst. Der Vorstand soll so daran gehindert werden, Einfluss auf die Kontrolle seiner eigenen Geschäftsführung nehmen zu können. Das Stimmrecht ruht zudem, solange die Mitteilungspflichten der §§ 20, 21 AktG bei einem Erwerb eines Viertels oder der Hälfte des Aktienkapitals nicht erfüllt sind. Selbiges gilt nach § 21 WpHG für die Nichterfüllung der kapitalmarktrechtlichen Mitteilungspflichten (§§ 20 Abs. 7, 21 Abs. 4, 28 WpHG) oder wenn ein Pflichtangebot entgegen den gesetzlichen Vorschriften nicht abgegeben wurde (§ 59 WpÜG). Bei wechselseitiger Beteiligung kann nach § 328 AktG das Stimmrecht höchstens für ein Viertel des Aktienkapitals ausgeübt werden. Bei einer Beteiligung über 50 Prozent oder bei einer Abhängigkeit im Sinne von § 17 AktG greift die Vorschrift indes nicht ein.

13.7.2 Interessenkollisionen

§§ 136 Abs. 1 AktG und 142 Abs. 1 Satz 2 AktG wollen verhindern, dass ein Aktionär bei einem Interessenwiderstreit, bei dem das persönliche Interesse typischerweise das Interesse am Wohl der Gesellschaft überwiegt, sein Stimmrecht zum Nachteil der Gesellschaft ausübt.[194] Die in § 136 Abs. 1 AktG genannten Fälle sind typische Ausprägungen von Interessenkollisionen.[195] Dogmatisch enthält die Vorschrift zwar Elemente, die sich auf das Verbot des Richtens in eigener Sache sowie auf § 181 BGB zurückführen lassen. Eine Ausdehnung auf andere Fallgruppen ist jedoch richtiger Weise abzulehnen[196], weil der Gesetzgeber sich aus Gründen der Rechtssicherheit bewusst auf bestimmte Fälle beschränkt hat, bei denen die schwierige Feststellung einer Interessenkollision im Einzelfall unterbleiben kann.

---

[194] MüKo-AktG/*Schröer*, § 136 Rn. 5.
[195] Grundlegend *Zöllner*, Die Schranken mitgliedschaftlicher Stimmrechtsmacht, 1963, S. 161 ff.; ihm folgend K. Schmidt/Lutter/*Spindler*, § 136 Rn. 4.
[196] OLG Düsseldorf AG 2006, 202, 206 („Edscha AG"); GroßKomm-AktG/*Grundmann*, § 136 Rn. 40; MüKo-AktG/*Schröer*, § 136 Rn. 17 f.; Hüffer/*Koch*, § 136 Rn. 3; MünchHdB-AG/*Hoffmann-Becking*, § 39 Rn. 41; K. Schmidt/Lutter/*Spindler*, § 136 Rn. 27; *Zimmermann*, in: FS Rowedder, 1994, S. 593, 598 f.

§ 136 Abs. 1 Satz 1 AktG nennt drei Fälle, in denen dieser Interessenwiderstreit gegeben ist. § 142 Abs. 1 Satz 2 AktG sieht ergänzend ein Stimmverbot für die Entscheidung über eine Sonderprüfung vor, mit der die in § 136 Abs. 1 AktG genannten Vorgänge aufgedeckt werden sollen.

Der erste von § 136 Abs. 1 AktG genannte Fall eines typisierten Interessenkonflikts ist die **Entlastung**. Entlastung im Sinne der Vorschrift ist jede Beschlussfassung über die nachträgliche Billigung der Verwaltungstätigkeit von Vorstand, Aufsichtsrat oder Abwicklern, die in der Entlastungsperiode tätig waren und über deren Entlastung zu beschließen ist. Keine Entlastung im Sinne der Norm ist die vorherige Billigung von Geschäftsführungsmaßnahmen nach § 119 Abs. 2 AktG.[197] Auch an einem Beschluss, mit dem die Hauptversammlung dem Vorstand das Vertrauen entzieht (§ 84 Abs. 3 Satz 2 AktG), kann ein an der Gesellschaft beteiligtes Vorstandsmitglied teilnehmen. Bei der Gesamtentlastung von Vorstand oder Aufsichtsrat darf keines der zu entlastenden Organmitglieder mitstimmen.[198] Bei der Einzelentlastung besteht ein Stimmverbot grundsätzlich nur für dasjenige Organmitglied, über dessen Entlastung abgestimmt wird.[199]

Eine weitere Fallgruppe betrifft die **Befreiung des Aktionärs von einer Verbindlichkeit**. Art der Verbindlichkeit (Leistungs-, Herausgabe-, Handlungs- oder Unterlassungsverpflichtung) und Rechtsgrund sind insofern unerheblich. Ebenso gleichgültig ist, ob die Verbindlichkeit aus dem Gesellschaftsverhältnis, einem Organverhältnis oder aus einem Schuldverhältnis herrührt. Ebenso irrelevant ist, in welcher Weise die Befreiung von der Verbindlichkeit erfolgen soll (Erlass, Vergleich, negatives Schuldanerkenntnis, Verzicht).[200]

Wesensverwandt ist schließlich die Fallgruppe, wenn die Hauptversammlung über die **Geltendmachung von Ansprüchen gegen einen Aktionär** beschließt. Zu einem Hauptversammlungsbeschluss darüber kann es in den Fällen der §§ 119 Abs. 2, 147 AktG kommen. Erfasst sind sowohl die gerichtliche als auch die außergerichtliche Geltendmachung (z. B. Mahnung, Fristsetzung), jede Form der Klage sowie prozessvorbereitende Maßnahmen (Mandatierung eines Rechtsanwalts, Beschlussfassung über die Einholung von Sachverständigengutachten oder Schiedsgerichtsvereinbarungen) und auch streitbeendende Maßnahmen (Klagerücknahme, Verzicht, Vergleich).[201]

Verbotsadressat ist der Aktionär. Aktionäre, in deren Person die Voraussetzungen des Abs. 1 gegeben sind, sind immer von der Ausübung des Stimmrechts ausgeschlossen, unabhängig davon, ob sie es aus eigenen Aktien oder in Vertretung Dritter aus deren Aktien

---

[197] BGH WM 1976, 204, 205; KölnKomm-AktG/*Zöllner*, § 136 Rn. 7; MüKo-AktG/*Schröer*, § 136 Rn. 7.

[198] BGH NZG 2009, 1270; BGH ZIP 1989, 913, 915; K. Schmidt/Lutter/*Spindler*, § 136 Rn. 24; Hölters/*Hirschmann*, § 136 Rn. 12;

[199] BGH NZG 2009, 1270; BGHZ 97, 28, 33; OLG München WM 1995, 842, 844; MünchHdB-AG/*Semler*, § 39 Rn. 34.

[200] MüKo-AktG/*Schröer*, § 136 Rn. 11.

[201] K. Schmidt/Lutter/*Spindler*, § 136 Rn. 28; MüKo-AktG/*Schröer*, § 136 Rn. 13.

13.7 Stimmverbote

wahrnehmen wollen. Liegt in einer Person ein Interessenkonflikt vor, kann er nach § 136 Abs. 1 Satz 2 AktG die Ausübung seines Stimmrechts auch nicht durch Beauftragung eines konfliktfreien Vertreters ermöglichen. Umgekehrt darf ein Vertreter, in dessen Person eine Interessenkollision vorliegt, nicht für einen hierdurch nicht befangenen Aktionär abstimmen. Die Vorschrift erfasst neben der Vertretung auch Handeln für den, den es angeht (§ 135 Abs. 5 Satz 2 AktG), und die Legitimationsübertragung.

Schwierige **Zurechnungsprobleme** im Rahmen der Bestimmung des Verbotsadressaten treten auf, wenn Aktien einer anderen Gesellschaft oder mehreren Personen gemeinschaftlich gehören. Bei der Beurteilung, wen das Stimmverbot trifft, ist stets der Zweck des § 136 AktG im Auge zu behalten: gesellschaftsfremde Sonderinteressen der Aktionäre sollen nicht auf Willensbildung der AG durchschlagen.[202] Anhand der Interessenlage in der jeweiligen Gesellschaftskonstellation ist zu bestimmen, ob ein Interessengegensatz auftreten kann.[203] Dabei darf indes die rechtliche Eigenständigkeit der Drittgesellschaft nicht über die Maßen außer Acht gelassen werden.[204] Für die Beurteilung der konkreten Interessenlage ist nach dem Adressaten des Stimmverbots zu unterscheiden. Als solche kommen die Drittgesellschaft selbst, ihre Mitglieder oder ihre Organe in Betracht.[205] Bei Interessenkonflikten in der Person von Gesellschaftern oder Organmitgliedern wird das Stimmverbot auf die Drittgesellschaft erstreckt; bei Interessenkonflikt der Drittgesellschaft stellt sich das Problem, ob ein Gesellschafter oder Organmitglied einer Drittgesellschaft Stimmrechte aus Aktien bei einer anderen Gesellschaft ausüben darf, wenn die Hauptversammlung dieser Gesellschaft über die Verfolgung eines Anspruchs gegen jene Gesellschaft beschließt.[206]

Stimmen, die unter Verstoß gegen § 136 Abs. 1 AktG abgegeben worden sind, sind nach § 134 BGB nichtig. Wirken sich nichtige Stimmen fälschlicherweise auf einen Hauptversammlungsbeschluss aus, ist dieser anfechtbar.[207] Der Gesellschaft kann – Verschulden vorausgesetzt – ein Schadensersatzanspruch aus § 823 Abs. 2 BGB i. V. m. § 136 Abs. 1 AktG oder § 826 BGB gegenüber dem verbotswidrig Abstimmenden zustehen; der Versammlungsleiter kann als Aufsichtsratsmitglied gemäß §§ 116, 93 AktG haften, als Dritter nach dem der Versammlungsleitung zugrundeliegenden Auftragsverhältnis. Eine solche Haftung kommt indes nach zutreffender Auffassung nur in Betracht, wenn er ein bekanntes oder offensichtliches Stimmverbot ignoriert hat.[208] Eine Ordnungswidrigkeit nach § 405 Abs. 3 Nr. 5 AktG kann in Betracht kommen.

---

[202] Hüffer/*Koch*, § 136 Rn. 8.
[203] Spindler/Stilz/*Rieckers* § 136 Rn. 25.
[204] K. Schmidt/Lutter/*Spindler*, 136 Rn. 17.
[205] K. Schmidt/Lutter/*Spindler*, § 136 Rn. 13 ff.; Hüffer/*Koch*, § 136 Rn. 8.
[206] Zu den Konstellationen und den dafür angebotenen Lösungsmöglichkeiten im Einzelnen Hüffer/*Koch*, § 136 Rn. 10 ff.
[207] OLG Frankfurt a. M. NJW-RR 2001, 466, 467.
[208] Spindler/Stilz/*Rieckers*, § 136 Rn. 43; K. Schmidt/Lutter/*Spindler*, § 136 Rn. 34.

13.8 Stimmbindungsverträge

Durch Stimmbindungsverträge verpflichten sich Aktionäre, ihre Stimmrechte in einer vertraglich festgelegten Weise auszuüben.[209] Häufig werden sie auch als **Konsortial- oder Poolvereinbarungen** bezeichnet. Häufiger Zweck ist die Einflusssicherung in Familiengesellschaften.[210] Praktisch relevant sind Stimmbindungen in Form erbschaftsteuerlicher Poolabreden im Hinblick auf die Anforderungen des § 13b ErbStG.[211] Ebenfalls beliebt sind Stimmausschlussverträge als Unterfall von Stimmbindungsverträgen. Um die sonst nach § 290 Abs. 2 bis 4 HGB gebotene Konsolidierung zu vermeiden, verpflichtet sich der Aktionär, seine Stimmrechte für die Laufzeit des Vertrags nicht auszuüben.[212]

Stimmbindungsverträge haben **schuldrechtlichen Charakter**, was der Aufnahme in die Satzung nicht entgegensteht. Vor allem in den in der Praxis häufig auftretenden Fällen der Familienpools scheuen die Vertragsteile indes häufig die damit verbundene Publizität. Stimmbindungsverträge können privatschriftlich abgeschlossen werden, sofern sie nicht in die Satzung integriert werden sollen. Sie binden lediglich die Vertragsparteien untereinander und begründen nach nahezu einhelliger Auffassung einen klagbaren Erfüllungsanspruch.[213] Vertragswidrig abgegebene Stimmen sind somit im Außenverhältnis gültig.[214] Die Anfechtung abredewidrig zustande gekommener Beschlüsse ist nach BGH-Rechtsprechung nur dann möglich, wenn sämtliche Aktionäre sich vertraglich der Stimmbindung unterworfen haben.[215] Konsortialverträge, bei denen die Vertragsparteien einen gemeinsamen Zweck verfolgen, begründen Innengesellschaften bürgerlichen Rechts ohne Gesamthandsvermögen.[216] Als solcher Zweck kommt häufig die Sicherung des Aktionärskreises gegen Eindringen Dritter in Betracht.[217]

Aus der Vertragsfreiheit und im Umkehrschluss zu §§ 136 Abs. 2, 405 Abs. 3 Nr. 6 und 7 AktG, die nur bestimmte Arten von Stimmbindungen für unzulässig erklären bzw. sanktionieren, wird einhellig die grundsätzliche Zulässigkeit von Stimmbindungsverträgen gefolgert.[218] Nach mittlerweile h. M. verletzen Stimmbindungsverträge mit Nichtaktionären

---

[209] Hüffer/*Koch*, § 133 Rn. 25.
[210] Zu weiteren wesentlichen Zwecken vgl. *Noack*, Gesellschaftervereinbarungen, 1994, S. 19 ff.
[211] Dazu *Wunsch*, BB 2011, 2315, 2316 f.
[212] Hüffer/*Koch*, § 133 Rn. 25.
[213] BGHZ 48, 163, 169 ff. = NJW 1967, 1963 zur GmbH; MüKo-AktG/*Schröer*, § 136 Rn. 88 m. w. N.; ausführlich *Noack*, Gesellschaftervereinbarungen, 1994, S. 68 ff.
[214] RGZ 119, 386, 388 f.
[215] BGH NJW 1983, 1910, 1911; BGH NJW 1987, 1890, 1892.
[216] BGHZ 179, 13 Rn. 8 = NJW 2009, 669; MüKo-BGB/*Ulmer/Schäfer*, Vor § 705 Rn. 68; *Ulmer*, in: FS Hommelhoff, 2012, S. 1249, 1253 f.
[217] Vgl. BGH AG 2009, 870.
[218] BGHZ 48, 163, 166 ff. = NJW 1967, 1963; BGH NJW 1987, 1890, 1892; BGHZ 179, 13 Rn. 12 = NJW 2009, 669; MüKo-AktG/*Schröer*, § 136 Rn. 64.

noch nicht das Abspaltungsverbot.[219] Dass der Aktionär dadurch in Konflikt mit seiner Treubindung gerät, ist zwar denkbar, dürfte aber eher der Ausnahmefall sein, der nicht dazu zwingt, Stimmbindung von vornherein zu untersagen.[220]

§ 136 Abs. 2 AktG stellt sicher, dass die Verwaltung nicht über Stimmbindungen für ein ihr günstiges Abstimmungsverhalten in der Hauptversammlung sorgen kann und so deren Kontrollfunktion beeinträchtigt wird. Stimmbindungen an Weisungen (Abs. 2 Satz 1) oder an Verwaltungsvorschläge (Abs. 2 Satz 2) sind danach verboten. Wer Vertragspartner des Aktionärs ist, für das Stimmbindungsverbot gleichgültig, solange nach dem Vertrag der Gesellschaft selbst oder dem Vorstand oder Aufsichtsrat das Weisungsrecht zusteht. Hat nach dem Stimmbindungsvertrag nur ein Teil der Organmitglieder, etwa aufgrund der jeweiligen Geschäftsordnung, einen maßgeblichen Einfluss auf die Willensbildung in dem jeweiligen Organ, genügt dies für die Nichtigkeit des Stimmbindungsvertrages.[221]

13.9 Stimmvollmacht, Legitimationsübertragung und Bankenstimmrecht

Das **Stimmrecht ist kein höchstpersönliches Recht** und kann dementsprechend gemäß § 134 Abs. 3 Satz 1 AktG durch einen Bevollmächtigten ausgeübt werden. Die Satzung kann die Möglichkeit, jemand anderen zur Ausübung des Stimmrechts zu bevollmächtigen, nicht ausschließen. Die rechtliche Grenze der Vollmachtserteilung bildet das Abspaltungsverbot. Das Stimmrecht als mitgliedschaftliche Befugnis kann von der Aktie nicht getrennt und auf einen anderen als den Aktionär übertragen werden.[222] Eine unwiderrufliche und das Recht zur Ausübung durch den Aktionär verdrängende Vollmacht ist nach § 134 BGB nichtig.[223]

Die **Erteilung und der Widerruf** der Vollmacht bestimmen sich nach den allgemeinen zivilrechtlichen Vorschriften der §§ 167 ff. BGB. Nach § 172 Abs. 2 BGB ist ein im Wege schriftlicher Vollmachtserteilung Bevollmächtigter selbst dann, wenn der Aktionär die Vollmacht ihm gegenüber bereits widerrufen hat, grundsätzlich solange zu einer wirksamen Vertretung befähigt, wie er die Vollmachtsurkunde nicht an den Aktionär zurückgegeben hat. Nach § 134 Abs. 3 Satz 3 AktG ist für die Erteilung und den Widerruf der Vollmacht und für ihren Nachweis Textform (§ 126b BGB) erforderlich, es sei denn, die Satzung bestimmt generell oder ein durch die Satzung ermächtigter Vorstand im Einzelfall etwas Anderes. Zur Wahrung der Textform genügen auch Fax, E-Mail oder SMS. Nach

---

[219] Hüffer/*Koch*, § 133 Rn. 27; Hölters/*Hirschmann*, § 133 Rn. 41; Spindler/Stilz/*Rieckers*, § 136 Rn. 50; MüKo-AktG/*Schröer*, § 136 Rn. 70 ff.; *Zöllner*, ZHR 155 (1991), 168, 180 f.; a. A. *Habersack*, ZHR 164 (2000), 1, 11 f.; *Hüffer*, 10. Aufl. 2012, § 133 Rn. 27.
[220] Hüffer/*Koch*, § 133 Rn. 27.
[221] Hüffer/*Koch*, § 136 Rn. 26; MüKo-AktG/*Schröer*, § 136 Rn. 77.
[222] RGZ 132, 149, 159; BGH NJW 1987, 780; Hüffer/*Koch*, § 134 Rn. 21.
[223] BGH NJW 1987, 780 f.

§ 134 Abs. 3 Satz 3 AktG kann die Satzung von dem grundsätzlich geltenden Textformerfordernis abweichen. Erschwerungen in Bezug auf die Form dürfen nur nichtbörsennotierte Gesellschaft verlangen, bei börsennotierten Gesellschaften darf jedoch gemäß § 134 Abs. 3 Satz 3 AktG nicht über das Textformerfordernis hinausgegangen werden.

Grenzen in Bezug auf den Kreis potenzieller **Bevollmächtigter** ergeben sich aus § 136 Abs. 2 AktG, wonach die Willensbildung der Gesellschaft nicht durch ihre Verwaltungsorgane (Vorstand und Aufsichtsrat) erfolgen darf. Die Ausübung von Stimmrechten der Aktionäre durch Vorstand oder Aufsichtsrat würde ihnen Einfluss auf die Überwachung der eigenen Verwaltungstätigkeit einräumen und ist deshalb nicht zulässig.[224] Die Bevollmächtigung einzelner Organmitglieder soll indes nicht per se verboten sein.[225] Werden sie unmittelbar von der Gesellschaft benannt, handelt es sich um das sog. Proxy Voting, dessen generelle Zulässigkeit inzwischen die Regelung des § 134 Abs. 3 Satz 5 AktG impliziert. Daneben gelten weitere ungeschriebene Vorgaben. Die Gefahr von Interessenkonflikten und Einflussnahme auf das Abstimmungsverhalten werden dadurch aufgewogen, dass das Proxy Voting den weitgehenden Rückzug der Depotbanken aus dem Geschäft der Stimmrechtsvertretung zumindest teilweise kompensieren kann.[226]

§ 134 Abs. 3 Satz 5 AktG setzt die Zulässigkeit des **Proxy-Votings** zwar voraus; inhaltliche Regelungen und Vorgaben zur Ausgestaltung fehlen jedoch im Gesetz. Unzweifelhaft ist jedoch, dass die Gesellschaft Stimmrechtsvertreter benennen kann, die der Aktionär dann bevollmächtigt. Wirksamkeitsvoraussetzung ist aber weiter, dass der Aktionär den von der Gesellschaft benannten Stimmrechtsvertretern zum Gegenstand der Beschlussfassung ausdrücklich Weisung erteilt hat.[227] Insofern ist nach zutreffender herrschender Auffassung der Gesetzeswortlaut des § 134 Abs. 3 Satz 5 AktG zu weit geraten und bedarf der einschränkenden Auslegung.[228] Dafür spricht auch § 135 Abs. 3 Satz 3 AktG, der für die Stimmrechtsausübung durch Depotbanken die Weisung des Aktionärs zwingend voraussetzt. Ein Grund, die Stimmrechtsvertreter der Depotbanken anders zu behandeln als diejenigen der Gesellschaft, ist nicht ersichtlich.[229] Als Stimmrechtsvertreter sind solche Mitarbeiter der Gesellschaft zu benennen, denen Professionalität und Unabhängigkeit von der Verwaltung zugetraut werden kann.[230] Ein systematisches Einwerben von Vollmachten

---

[224] Ganz h. M., *Bachmann*, WM 1999, 2100, 2103 f.; *Habersack*, ZHR 165 (2001), 172, 185; *Möhring*, in: FS Geßler, 1971, S. 127; *Zöllner*, in: FS Peltzer, 2001, S. 661, 663 f.; a. A. LG Stuttgart AG 1974, 260.

[225] Spindler/Stilz/*Rieckers*, § 134 Rn. 50; MüKo-AktG/*Schröer*, § 134 Rn. 37.

[226] Hüffer/*Koch*, § 134 Rn. 26a.

[227] Vgl. Empfehlung in Ziff. 2.3.3 S. 2 DCGK.

[228] So Hüffer/*Koch*, § 134 Rn. 26b; Hölters/*Hirschmann*, § 134 Rn. 51; MüKo-AktG/*Schröer*, § 134 Rn. 44 f.; K. Schmidt/Lutter/*Spindler*, § 134 Rn. 63; *Butzke*, Die Hauptversammlung der Aktiengesellschaft, 5. Aufl. 2011, Abschn. E 67; *Hüther*, AG 2001, 68, 71 ff.; *Noack*, ZIP 2001, 57, 62; a. A. Grigoleit/*Herrler*, § 134 Rn. 34; Bürgers/Körber/*Holzborn*, § 134 Rn. 22; Spindler/Stilz/*Rieckers*, § 134 Rn. 55 f.; *Bachmann* AG 2001, 635, 638 f.

[229] MüKo-AktG/*Schröer*, § 134 Rn. 40; Hüffer/*Koch*, § 134 Rn. 26b.

[230] *Noack*, ZIP 2001, 57, 62.

durch die AG bleibt verboten.[231] Dies würde die Durchsetzung von Verwaltungsinteressen zulasten der Hauptversammlung begünstigen und ist deshalb mit dem Rechtsgedanken des § 136 Abs. 2 AktG nicht vereinbar.

Von der Stimmrechtsvollmacht abzugrenzen ist die **Legitimationsübertragung**. Sie begründet die Befugnis desjenigen, dem die Aktien auf diese Weise übertragen wurden (Legitimationszessionar), das Stimmrecht aus fremden Aktien im eigenen Namen auszuüben. Rechtliche Grundlage ist eine Ermächtigung entsprechend § 185 BGB. § 129 Abs. 3 AktG setzt die Legitimationszession als zulässig voraus. Hintergrund der Legitimationsübertragung ist das Bestreben bestimmter Aktionäre, anonym zu bleiben. Diesem Ansinnen folgend, ist der Legitimationszessionar, der sich unter Vorlage der Inhaberaktien mit einem Fremdbesitzervermerk in das Teilnehmerverzeichnis der Hauptversammlung eintragen lässt, nicht verpflichtet, die Ermächtigung durch den Aktionär nachzuweisen. Kreditinstitute (§ 135 Abs. 1 AktG) und geschäftsmäßig Handelnde (§ 135 Abs. 8 AktG) dürfen Stimmrechte aus Inhaberaktien indes nicht in dieser Weise im eigenen Namen ausüben. Die gewünschte Anonymität wird aber durch eine Vertretung für den, den es angeht, gewahrt (§ 135 Abs. 4 Satz 2 AktG).

§ 135 AktG regelt das Auftrags- bzw. **Depotstimmrecht** der Banken. Die Norm soll möglichst die Interessen an der Sicherung einer ausreichenden Hauptversammlungspräsenz einerseits und dem Schutz vor Eigeninteressen der Kreditinstitute andererseits austarieren. Die Banken werden etwa dann ein verstärktes (und unter Umständen zum Interesse des Aktionärs gegenläufiges) Eigeninteresse haben, wenn sie einen nennenswerten Eigenbesitz an den betreffenden Aktien haben; oftmals gegenläufig zum Interesse des Aktionärs an hohen Dividenden wird das Interesse der Bank sein, wenn sie gegenüber der AG ein Kreditengagement unterhält. Die Tendenz wird dann eher zur Thesaurierung und damit Stärkung der Kredittragfähigkeit als zur Verminderung der Eigenkapitalpositionen gehen.[232]

Kreditinstitute und ihnen nach § 135 Abs. 10 i. V. m. § 125 Abs. 5 AktG gleichgestellte Institute bedürfen für die Ausübung des Stimmrechts fremder Aktien einer Vollmacht. Das gilt auch für ausländische Kreditinstitute, für die nach dem maßgeblichen Gesellschaftsstatut deutsches Recht Anwendung findet.[233] Die Voraussetzung der fremden Aktien liegt nur vor, wenn das Kreditinstitut kein Aktionär und bei Namensaktien nicht im Aktienregister nach § 67 Abs. 2 AktG eingetragen ist. Ist das Kreditinstitut Treuhänder, hält es die Aktien im Eigenbesitz.

Die Erteilung der Vollmacht erfolgt in der Praxis **formularmäßig**. Ein nach früherem Recht bestehendes Schriftformerfordernis ist durch Art. 1 Nr. 14a NaStraG aufgehoben worden. Darüber hinaus ist umstritten, ob die Aktionärsrechterichtlinie[234] zu einer richtlinienkonformen Auslegung dahingehend zwingt, dass wenigstens Textform zu verlangen

---

[231] *Habersack*, ZHR 165 (2001), 172, 187; Hüffer/*Koch*, § 134 Rn. 26b.
[232] *Raiser/Veil*, KapGesR § 16 Rn. 95 ff.
[233] Vgl. MüKo-AktG/*Schröer*, § 135 Rn. 29.
[234] RL 2007/36/EG v. 11.7.2007.

ist.²³⁵ Jedenfalls erforderlich ist wegen § 135 Abs. 1 Satz 2 Hs. 2 AktG die Dokumentationsfähigkeit der Vollmachterklärung, um die Nachvollziehbarkeit zu gewährleisten.²³⁶ Die Erklärung darf nach § 135 Abs. 1 Satz 3 AktG nicht mit anderen Erklärungen, z. B. AGB, verbunden werden. Das Vollmachtformular muss zudem explizit auf alternative Vertretungsmöglichkeiten hinweisen.

Nach § 135 Abs. 5 Satz 2 AktG sind zwei **Formen der Vollmachtausübung** möglich, i) die Stimmabgabe im Namen des Aktionärs und ii) die Stimmabgabe unter Offenlegung der Vertretung unter Wahrung der Anonymität des Aktionärs. Letztere Variante ist der Grundfall und immer dann zu wählen, wenn die Vollmacht nichts anderes bestimmt (§ 135 Abs. 5 Satz 2 AktG). Ist die Briefwahl bei der Gesellschaft zugelassen, so darf das bevollmächtigte Kreditinstitut sich dieser bedienen (§ 135 Abs. 5 Satz 3 AktG). Zur Legitimation des Kreditinstituts bei der Stimmabgabe genügt bei börsennotierten Gesellschaften die Vorlage eines Legitimationsnachweises nach § 123 Abs. 3 AktG; im Übrigen sind die satzungsmäßigen Erfordernisse für die Ausübung des Stimmrechts zu erfüllen.

Das Kreditinstitut darf seinen Angestellten stets Untervollmacht erteilen. Soll darüber hinaus Untervollmacht erteilt werden, muss dies gemäß § 135 Abs. 5 Satz 1 AktG ausdrücklich durch den Aktionär gestattet und die Gestattung in die Vollmachtsurkunde aufgenommen worden sein.²³⁷

Die Weisungen des Aktionärs an das Kreditinstitut müssen bestimmte Gegenstände der Tagesordnung betreffen und ausdrücklich erfolgen. Von dem Ausnahmefall des § 135 Abs. 3 Satz 1 Hs. 2 AktG abgesehen, ist das Kreditinstitut an die Weisungen gebunden. Ein abweichendes Verhalten kann zulässig sein, wenn die Befolgung der Weisung aufgrund veränderter Sach- und Antragslage evident gesellschaftsschädlich wäre²³⁸ oder den Interessen des Aktionärs offensichtlich zuwider liefe.²³⁹ In diesen Fällen besteht eine Berichtspflicht nach § 665 BGB.

Banken in der Rechtsform der Aktiengesellschaft dürfen das Stimmrecht ihrer Aktionäre in der eigenen Hauptversammlung gemäß § 135 Abs. 3 Satz 3 AktG (ggf. i. V. m. Abs. 4 Satz 2 AktG) nur ausüben, soweit der Aktionär eine ausdrückliche Weisung zu den einzelnen Versammlungsgegenständen erteilt hat. Die Einhaltung eines Formerfordernisses ist dabei nicht erforderlich²⁴⁰

Ist das Kreditinstitut an einer Gesellschaft, in deren Hauptversammlung es als Vertreter Stimmabgaben vornehmen will, unter Berücksichtigung von Anteilen abhängiger Unternehmen zu mehr als 20 Prozent am Grundkapital beteiligt, müssen seine Kunden zu

---

[235] Bürgers/Körber/*Holzborn*, § 135 Rn. 6 m. w. N.; a. A. Spindler/Stilz/*Rieckers*, § 135 Rn. 16.

[236] Hüffer/*Koch*, § 135 Rn. 9a; Spindler/Stilz/*Rieckers*, § 135 Rn. 17; vgl. auch *Ratschow*, DStR 2007, 1402, 1407 f.

[237] Henssler/Strohn/*Liebscher*, § 135 Rn. 7.

[238] LG Düsseldorf, AG 1991, 409; Henssler/Strohn/*Liebscher*, § 135 Rn. 8; offen lassend OLG Düsseldorf AG 1994, 421, 422.

[239] *Henssler*, ZHR 157 (1993), 91, 103 ff.; Henssler/Strohn/*Liebscher*, § 135 Rn. 8.

[240] MüKo-AktG/*Schröer*, § 135 Rn. 132.

den einzelnen Gegenständen der Tagesordnung ausdrückliche Weisungen erteilen. Will das Kreditinstitut seine eigenen Stimmrechte statt derer der Kunden ausüben, ist es benachrichtigungspflichtig nach § 665 Satz 2 BGB.[241] Nach § 135 Abs. 7 AktG führt nur ein Verstoß gegen § 135 Abs. 1 Satz 1 AktG zur Unwirksamkeit der Stimmabgabe. Eine Anfechtbarkeit des Hauptversammlungsbeschlusses besteht in diesem Fall aber nur dann, wenn es für das Beschlussergebnis auf die betroffenen Stimmen ankommt. Alle übrigen Verstöße, nämlich gegen § 135 Abs. 1 Sätze 2 bis 7, Abs. 2 bis 6 AktG, lassen dagegen die Wirksamkeit der Stimmabgabe unberührt.[242]

Literatur

Angerer, Die Beschränkung des Rede- und Fragerechts des Aktionärs in der Hauptversammlung, ZGR 2011, 27
Arnold, Aktionärsrechte und Hauptversammlung nach dem ARUG, Der Konzern 2009, 88
Arnold/Carl/Götze, Aktuelle Fragen bei der Durchführung der Hauptversammlung, AG 2011, 349
Bachmann, Rechtsfragen der Wertpapierleihe, ZHR 173 (2009), 596
Bachmann, Namensaktie und Stimmrechtsvertretung, WM 1999, 2100
Bachmann, Verwaltungsvollmacht und „Aktionärsdemokratie" – Selbstregulative Ansätze für die Hauptversammlung, AG 2001, 635
Bayer/Scholz/Weiß, Anmeldung und Berechtigungsnachweis bei Einberufung einer Hauptversammlung durch die Aktionärsminderheit gem. § 122 Abs. 3 AktG, AG 2013, 742
Bernhardt, Aufsichtsrat – die schönste Nebensache der Welt?, ZHR 159 (1995), 310
Besse, Online-Hauptversammlung und Versammlungsleitung – welche rechtlichen Fragen gilt es zu klären?, AG 2012, R358
Binder, Mittelbare Einbringung eigener Aktien als Sacheinlage und Informationsgrundlagen von Finanzierungsentscheidungen in Vorstand und Aufsichtsrat, ZGR 2012, 757
Butzke, Die Hauptversammlung der Aktiengesellschaft, 5. Auflage, 2011
Decher, Information im Konzern und Auskunftsrecht der Aktionäre gem § 131 Abs 4 AktG, ZHR 158 (1994), 473
Florstedt, Die Unabhängigkeit des Aufsichtsratsmitglieds vom kontrollierenden Aktionär, ZIP 2013, 337
Godin/Wilhelmi, Aktiengesetz, 3. Auflage, 1967
Goette, Aktuelle Rechtsprechung des Bundesgerichtshofs zum Aktienrecht (Teil II), DStR 2005, 603
Habersack, Unwirksamkeit "zustandsbegründender" Durchbrechungen der GmbH-Satzung sowie darauf gerichteter schuldrechtlicher Nebenabreden, ZGR 1994, 354
Habersack, Mitwirkungsrechte der Aktionäre nach Macrotron und Gelatine, AG 2005, 137
Habersack, Zweck und Gegenstand der Sonderprüfung nach § 142 AktG, FS Wiedemann, 2001, S. 889
Habersack, Grenzen der Mehrheitsherrschaft in Stimmrechtskonsortien, ZHR 164 (2000), 1
Habersack, Aktienrecht und Internet, ZHR 165 (2001), 172
Henssler, Verhaltenspflichten bei der Ausübung von Aktienstimmrechten durch Bevollmächtigte, ZHR 157 (1993), 91
Henze, Holzmüller vollendet das 21. Lebensjahr, FS Ulmer, 2003, S. 211

---

[241] Henssler/Strohn/*Liebscher*, § 135 Rn. 10.
[242] Hüffer/*Koch*, § 135 Rn. 46.

Hemeling, Gesellschaftsrechtliche Fragen der Due Diligence beim Unternehmenskauf, ZHR 169 (2005), 274

Hoffmann-Becking, Münchener Handbuch des Gesellschaftsrechts, 4. Auflage, 2015

Hüffer, Die Gesellschafterversammlung – Organ der GmbH oder bloßes Beschlussverfahren?, FS 100 Jahre GmbHG, 1992, S. 521

Kersting, Eine Niederlage für Berufskläger? – Zur Zulässigkeit inhaltlicher Beschränkungen des Frage- und Rederechts der Aktionäre gem. § 131 II 2 AktG, NZG 2010, 446

Kocher, Einschränkungen des Anspruchs auf gleiche Information für alle Aktionäre – Keine Angst vor § 131 Abs. 4 AktG?, Der Konzern 2008, 611

Kremer, Zur Praxis der Hauptversammlungsleitung, FS Hoffmann-Becking, 2013, S. 679

Liebscher, Ungeschriebene Hauptversammlungszuständigkeiten im Lichte von Holzmüller, Macroton und Gelatine, ZGR 2005, 1

Martens, Die Reform der aktienrechtlichen Hauptversammlung, AG 2004, 238

Meilicke/Heidel, Das Auskunftsrecht des Aktionärs in der Hauptversammlung (Teil I), DStR 1992, 72

Möhring, Proxy-Stimmrecht und geltendes deutsches Aktienrecht, FS Geßler, 1971, S. 127

Noack, ARUG – das nächste Stück der Aktienrechtsreform in Permanenz, NZG 2008, 441

Noack, Gesellschaftervereinbarungen, 1994

Noack, Stimmrechtsvertretung in der Hauptversammlung nach NaStraG, ZIP 2001, 57

Priester, Satzungsänderung und Satzungsdurchbrechung, ZHR 151 (1987), 40

Raiser/Veil, Recht der Kapitalgesellschaften, 6. Auflage, 2015

Ratschow, Die Aktionärsrechte-Richtlinie – neue Regeln für börsennotierte Gesellschaften, DStR 2007, 1402

Reichert, Mitwirkungsrechte und Rechtsschutz der Aktionäre nach Macrotron und Gelatine, AG 2005, 150

Seibert/Florstedt, Der Regierungsentwurf des ARUG – Inhalt und wesentliche Änderungen gegenüber dem Referentenentwurf, ZIP 2008, 2145

Simon, Von Holzmüller zu Gelatine – Ungeschriebene Hauptversammlungszuständigkeiten im Lichte der BGH-Rechtsprechung (Teil 1), DStR 2004, 1482

Simon, Von Holzmüller zu Gelatine – Ungeschriebene Hauptversammlungszuständigkeiten im Lichte der BGH-Rechtsprechung (Teil 2), DStR 2004, 1528

Schmidt, K., Gesellschaftsrecht, 4. Auflage, 2002

Spitze/Dieckmann, Verbundene Unternehmen als Gegenstand des Interesses von Aktionären, ZHR 158 (1994), 447

Ulmer, Die unterwanderte Schutzgemeinschaft, FS Hommelhoff, 2012, S. 1249

Wachter, Beschränkung des Frage- und Rederechts von Aktionären, DB 2010, 829

Werner, Fehlentwicklungen in aktienrechtlichen Auskunftsstreitigkeiten – Zugleich ein Beitrag über die Zulässigkeit negativer Feststellungsanträge im Auskunftserzwingungsverfahren, FS Heinsius, 1991, S. 911

Wunsch, Börsennotierte Aktien als Gegenstand erbschaftsteuerrechtlich veranlasster Poolvereinbarungen, BB 2011, 2315

Zimmermann, Vertrauensentzug, und Stimmrechtsausübung, FS Rowedder, 1994, S. 593

Zöllner, Die Schranken mitgliedschaftlicher Stimmrechtsmacht, 1963

Zöllner, Zu Schranken und Wirkung von Stimmbindungsverträgen, insbesondere bei der GmbH, ZHR 155 (1991), 168

Zöllner, Stimmrechtsvertretung der Kleinaktionäre, FS Peltzer, 2001, S. 661

14 Beschlussmängelrecht

14.1 Überblick

Die §§ 241 bis 257 AktG enthalten das aktienrechtliche Beschlussmängelrecht. Es finden sich Regeln zur materiell-rechtlichen Fehlerhaftigkeit von Hauptversammlungsbeschlüssen sowie zur prozessualen Seite, wie, durch wen und mit welchen Wirkungen fehlerhafte Beschlüsse angegriffen oder beseitigt werden können. Materiell-rechtlich unterscheidet das Aktiengesetz zwischen anfechtbaren und nichtigen Beschlüssen und stellt mit der Anfechtungs- und der Nichtigkeitsklage zwei spezifisch kapitalgesellschaftsrechtliche Klagearten zur Verfügung, die grundsätzlich den in der Zivilprozessordnung geregelten allgemeinen Klagearten vorgehen.

Den gesetzlichen Regelungen zum Beschlussmängelrecht liegen zwei divergierende Aspekte zugrunde. Zum einen begründen ein hoher Organisations- und Kostenaufwand sowie die inhaltliche Tragweite der auf Hauptversammlungen gefassten Beschlüsse ein legitimes Interesse an deren **Bestandssicherheit**; zum anderen müssen grundlegende aktienrechtliche Vorschriften zum **Schutz der Allgemeinheit und der Aktionäre** auch durchsetzbar sein und dürfen nicht generell hinter ein solches Bestandsinteresse zurücktreten.

Hinzu kommt der Gedanke des **Minderheitsschutzes**, in dessen Diensten das subjektive Anfechtungsrecht einzelner Aktionäre dem Missbrauch von Mehrheitsmacht wirksam begegnen kann. Kehrseite des Minderheitsschutzes ist das rechtstatsächliche Phänomen der sog. „räuberischen Aktionäre", die etwa durch die Aneinanderreihung zahlloser Fragen Anfechtungsgründe provozieren. Da Maßnahmen im Falle der Anfechtung des zugrundeliegenden Beschlusses in der Regel bis zur rechtskräftigen Entscheidung nicht umgesetzt werden können, erwächst für den anfechtungswilligen Aktionär ein erhebliches Drohpotenzial. Die Gesellschaft wird je nach Bedeutung der Maßnahme für die strategische Entwicklung des Unternehmens oft bereit sein, den Aktionär durch Zahlung einer Geldsumme zu einem Verzicht auf sein Anfechtungsrecht zu bewegen.[1]

Die Bewältigung dieses Interessenkonflikts versucht der Gesetzgeber zu erreichen, indem er zwar ein umfassendes Recht auf Überprüfung von Hauptversammlungsbeschlüssen einräumt, Aktionär und sonstige Klageberechtigte jedoch im Interesse der Rechtssicherheit zwingt, ihre Einwände gegen Fehler jeder Art, die nicht so schwerwiegend sind, dass sie zur Nichtigkeit führen, gemäß § 246 Abs. 1 AktG innerhalb einer Klagefrist von einem Monat gerichtlich geltend zu machen.[2] Anders als anfechtbare Beschlüsse sind nichtige Beschlüsse indes von Anfang an unwirksam und können von jedermann und, sofern Heilung generell ausscheidet oder noch nicht eingetreten ist, zeitlich unbeschränkt geltend gemacht werden. Eine dritte Kategorie sind die schwebend unwirksamen Beschlüsse. Sie sind immer dann anzutreffen, wenn ihre Wirksamkeit von der Zustimmung betroffener Aktionärsgruppen abhängt (z. B. §§ 141 Abs. 1, 179 Abs. 3, 182 Abs. 2 AktG). Wird die Zustimmung dieser Gruppen verweigert, werden die Beschlüsse endgültig unwirksam und damit nichtig.

14.2 Nichtige Beschlüsse

Voraussetzung für die Anwendbarkeit des Beschlussmängelrechts der §§ 241 ff. AktG ist, dass überhaupt ein **Hauptversammlungsbeschluss** vorliegt, der als mehrseitiges Rechtsgeschäft eigener Art sowohl die Ablehnung als auch die Annahme eines zuvor im Rahmen der Tagesordnung gestellten Antrags sein kann. Vorgänge rein tatsächlicher Natur, bei denen nicht das Mindestmaß an formellen Vorschriften eingehalten wurde, sind auch dann keine Hauptversammlungsbeschlüsse im Rechtssinn, wenn sie fälschlicher Weise als solche bezeichnet werden. Sie werden mitunter als Scheinbeschlüsse bezeichnet[3]; andere Vertreter im Schrifttum betrachten diese Kategorie als gänzlich entbehrlich.[4]

Nichtige Beschlüsse entfalten weder im Innenverhältnis zur Gesellschaft noch im Außenverhältnis Wirkung, ohne dass dies zuvor gerichtlich festgestellt werden müsste.[5] Der Vorstand darf sie nicht ausführen, der Registerrichter darf sie nicht eintragen. Werden Nichtigkeitsgründe erst nach der Eintragung bekannt, so ist die Eintragung unter den Voraussetzungen des § 398 FamFG von Amts wegen zu löschen, wenn keine Heilung eingetreten oder nicht möglich ist. Die Nichtigkeit ist irreversibel und kann auch nicht

---

[1] Vgl. hierzu beispielhaft die empirische Untersuchung von *Baums/Drinhausen/Keinath*, ZIP 2011, 2329, 2331 ff.

[2] Spindler/Stilz/*Würthwein*, § 241 Rn. 4.

[3] Vgl. GroßKomm-AktG/*K. Schmidt*, § 241 Rn. 11.

[4] MüKo-AktG/*Hüffer/Schäfer*, § 241 Rn. 11; KölnKomm-AktG/*Zöllner*, § 241 Rn. 49 ff.; differenzierend *Casper*, Die Heilung nichtiger Beschlüsse im Kapitalgesellschaftsrecht, 1998, S. 41 ff; Spindler/Stilz/*Würthwein*, § 241 Rn. 62.

[5] *Casper*, Die Heilung nichtiger Beschlüsse im Kapitalgesellschaftsrecht, 1998, 33 ff. m. w. N.

durch nachträgliche Zustimmung aller Aktionäre beseitigt werden. Sie kann daher auch von Aktionären geltend gemacht werden, die dem Beschluss zugestimmt haben.[6]

14.2.1 Nichtigkeitsgründe

§ 241 AktG enthält in seinem ersten Halbsatz eine Aufzählung von gesetzlich geregelten Fällen, in denen ein Beschluss ohne weiteres nichtig ist. Der zweite Halbsatz leitet einen aus vier Ziffern bestehenden Katalog ein, der weitere Nichtigkeitsgründe auflistet. Die in dem ersten Halbsatz aufgezählten Fälle bilden zusammen mit dem Nummernkatalog einen **abschließenden Kanon aktienrechtlicher Nichtigkeitsgründe**. Es gibt keine ungeschriebenen Nichtigkeitsgründe.[7]

§ **241 Nr. 1 AktG** enthält besonders schwerwiegende Einberufungsmängel.[8] Ein Beschluss ist nach § 241 Nr. 1 AktG nichtig, wenn die Hauptversammlung überhaupt nicht oder durch einen dazu Unbefugten einberufen wurde. Ebenfalls nichtig ist ein Hauptversammlungsbeschluss, wenn in der Ladung die in § 121 Abs. 3 Satz 1 AktG genannten wesentlichen Angaben fehlen. Zudem greift die Nichtigkeitsfolge, wenn unter Verstoß gegen § 121 Abs. 4 AktG die Versammlung entweder gar nicht oder fehlerhaft bekannt gemacht wurde. Das gilt auch, wenn die Gesellschaft die Bekanntmachung per eingeschriebenem Brief vornimmt, obwohl ihr nicht alle Aktionäre bekannt sind oder – falls dies doch der Fall ist – die Satzung etwas anderes (strengeres) statuiert (§ 121 Abs. 4 Satz 2 AktG). § 121 Abs. 6 AktG setzt die Geltung der §§ 121 bis 128 AktG außer Kraft, sofern sämtliche Aktionäre erschienen sind (*Vollversammlung*) und keiner der erschienenen Aktionäre der Beschlussfassung widersprochen hat.

Nach § **241 Nr. 2 AktG** führen Beurkundungsmängel zur Nichtigkeit von Hauptversammlungsbeschlüssen, wenn der Beschluss überhaupt nicht beurkundet wurde oder wenn die Mindestangaben des § 130 Abs. 2 AktG fehlen; ferner begründet das Fehlen einer Unterschrift unter das Hauptversammlungsprotokoll einen Nichtigkeitsgrund. Wer die Unterschrift leisten muss, ergibt sich aus § 130 Abs. 4 AktG (Notar) bzw. § 130 Abs. 1 Satz 3 AktG für nichtbörsennotierte Gesellschaften (Aufsichtsratsvorsitzender *oder* Notar, wenn Beschlüsse mit satzungsändernder Dreiviertelmehrheit zu fassen sind).

§ **241 Nr. 3 AktG** betrifft inhaltliche Beschlussmängel, die die Nichtigkeitsfolge nach sich ziehen. Nr. 3 Var. 1 erklärt Beschlüsse für nichtig, die mit dem Wesen der Aktiengesellschaft nicht vereinbar sind, Nr. 3 Var. 2 und 3 solche, die ausschließlich oder überwiegend zum Schutz der Gläubiger oder sonst im öffentlichen Interesse gegeben sind. Über das Verhältnis der Varianten 1 und 3 des § 241 Nr. 3 AktG herrscht im Schrifttum

---

[6] Für die GmbH BGHZ 11, 231, 239 = NJW 1954, 385 ff.
[7] Hüffer/*Koch*, § 241 Rn. 7; anders LG Frankfurt AG 2005, 892 und LG Köln AG 2005, 696, die Nichtigkeit annehmen, wenn der Antrag auf Abwahl des Versammlungsleiters unbeachtet geblieben ist.
[8] Spindler/Stilz/*Würthwein*, § 241 Rn. 127 ff; Hüffer/*Koch*, § 241 Rn. 8 ff.

reger Streit, der für die Praxis indes wenig fruchtbar ist, weil die unterschiedlichen systematischen Auffassungen meist zu denselben Ergebnissen führen. Umstritten ist vor allem ob das „Wesen der AG" in den „sonst im öffentlichen Interesse gegebenen Vorschriften" aufgeht[9] oder ob die Gesamtheit aller zwingenden (nur) aktienrechtlichen Normen das Wesen der Aktiengesellschaft beschreibt und der Tatbestand der „sonst im öffentlichen Interesse gegebenen Vorschriften" die Involvierung Außenstehender verlangt.[10] Nach gefestigter **Rechtsprechung** gehören dazu etwa die Vorschriften des Mitbestimmungsgesetzes.[11] Weiterhin gehören in diese Kategorie Verstöße gegen Vorschriften des Straf-, Kartell- oder Verwaltungsrechts.[12]

§ 241 Nr. 4 AktG erklärt Beschlüsse mit sittenwidrigem Inhalt für nichtig und ist somit enger gefasst als § 138 BGB, der auch Rechtsgeschäfte für nichtig erklärt, die auf sittenwidrige Art und Weise zustande gekommen sind. Der Vorschrift kommt kaum praktische Relevanz zu.[13]

Eher klarstellenden Charakter haben **§ 241 Nr. 5 und Nr. 6 AktG**. Nach Nr. 5 werden anfechtbare Beschlüsse durch ein rechtskräftiges Urteil auf eine Anfechtungsklage für nichtig erklärt; ebenfalls nichtig sind Beschlüsse, die nach § 398 FamFG von Amts wegen aufgrund rechtskräftiger Entscheidung gelöscht wurden.

14.2.2 Heilung

§ 242 AktG verhilft nichtigen Beschlüssen trotz des Mangels zur Gültigkeit und dient der **Rechtssicherheit**.[14] Der Rechtsverkehr soll auf die Eintragung vertrauen können. § 242 ist bei Beschlüssen, die nach § 241 AktG nichtig sind, sowie in den in § 242 Abs. 3 AktG genannten Fällen anwendbar. Weil § 242 Abs. 3 AktG Beschlüsse nach §§ 192 Abs. 4 und 212 AktG nicht nennt, scheidet diesbezüglich eine Heilung aus. Flankiert wird § 242 AktG von § 256 Abs. 6 AktG, der Nichtigkeitsgründe eines festgestellten Jahresabschlusses erfasst. Auf Mängel der Ursprungssatzung ist § 242 AktG entsprechend anwendbar.[15]

Beurkundungsmängel nach § 130 Abs. 1, 2 Satz 1 und Abs. 4 AktG, die nach § 241 Nr. 2 AktG nichtig sind, werden sofort mit Eintragung ins Handelsregister geheilt. Eine

---

[9] H.M., vgl. *Casper*, Die Heilung nichtiger Beschlüsse im Kapitalgesellschaftsrecht, 1998, 207 ff.; MüKo-AktG/*Hüffer/Schäfer*, § 241 Rn. 49 ff.; KölnKomm-AktG/*Zöllner*, § 241 Rn. 97; Spindler/Stilz/*Würthwein*, § 241 Rn. 206 ff.

[10] GroßKomm-AktG/*K. Schmidt*, § 241 Rn. 54 ff.; GroßKomm-AktG/*Röhricht*, § 23 Rn. 202 f.; K. Schmidt/Lutter/*Schwab*, § 241 Rn. 24.

[11] BGHZ 83, 106, 109 ff.=AG 1982, 218; BGHZ 83, 151, 153 ff.=AG 1982, 223; BGHZ 89, 48, 50=AG 1984, 48; OLG München NJW 1981, 2201; OLG Karlsruhe NJW 1980, 2137.

[12] *Raiser/Veil*, § 16 Rn. 130.

[13] Vgl. aber BGHZ 15, 382, 385; 101, 113, 116 zur Gläubigerschädigung.

[14] BGHZ 99, 211=NJW 1987, 902.

[15] BGHZ 144, 365=NJW 2000, 2819.

14.2 Nichtige Beschlüsse

Heilung ohne Eintragung gibt es nicht.[16] Geheilt werden können auch nicht eintragungspflichtige Beschlüsse, nicht aber eintragungsunfähige Beschlüsse.[17] Der Beschluss muss in das Handelsregister des nach § 14 AktG zuständigen Gerichts eingetragen sein; bei Sitzverlegung ist die Eintragung am neuen Sitz maßgeblich (§ 45 Abs. 2 Satz 4 AktG). Eine Eintragung am Sitz der Zweigniederlassung genügt nicht.[18]

Die Heilung von **Einberufungs- und Inhaltsmängeln** erfordert neben der Eintragung den Ablauf der **dreijährigen Frist**, ohne dass der Mangel in dieser Zeit gerichtlich geltend gemacht worden wäre (§ 242 Abs. 2 Satz 1 AktG). Für die Fristberechnung gelten die §§ 187 Abs. 1, 188 Abs. 2 BGB. Die Frist beginnt mit der Eintragung, nicht mit einer Eintragungsverfügung oder mit der Bekanntmachung.[19] Durch eine Klageerhebung verlängert sich die Frist, bis über die Klage entschieden ist oder sie sich aus anderen Gründen erledigt hat (§ 242 Abs. 2 Satz 2 AktG). Die Klage bewirkt weder eine Ablaufhemmung noch eine Unterbrechung.[20] Die Frist wird nur durch die Erhebung der Nichtigkeitsklage nach § 249 AktG, nicht jedoch durch eine allgemeine Feststellungsklage nach § 256 ZPO verlängert.[21]

Sind bei einer Einberufung durch eingeschriebenen Brief nach § 121 Abs. 4 Satz 2 AktG einzelne Aktionäre übergangen worden, muss neben den Ablauf der dreijährigen Frist noch eine **Genehmigung** der übergangenen Aktionäre nach § 242 Abs. 2 Satz 4 AktG kommen.

Mit der Heilung wird der nichtige Beschluss wirksam und gesetzesgemäß.[22] Der **Nichtigkeitsgrund wird rückwirkend beseitigt** und der Beschluss ab dem Zeitpunkt seiner Eintragung im Handelsregister wirksam. Die Heilungswirkung bindet alle Organe der AG aber auch jeden Dritten (inter-omnes-Wirkung).[23] Die Nichtigkeit kann auch in anderer Weise als durch die Nichtigkeitsklage, also etwa durch eine allgemeine Feststellungsklage nach § 256 ZPO, nicht mehr geltend gemacht werden.[24] Der Vorstand handelt nicht mehr pflichtwidrig, wenn er einen geheilten Beschluss befolgt. Folgerichtig kann er sich auch nicht mehr schadensersatzpflichtig machen (§ 93 Abs. 4 Satz 1 AktG).[25] Die Heilungs-

---

[16] BGHZ 11, 231 = NJW 1954, 385; BGHZ 22, 101 = NJW 1956, 1873.
[17] Hüffer/*Koch*, § 242 Rn. 2; MüKo-AktG/*Hüffer/Schäfer*, § 242 Rn. 4; Hölters/*Englisch*, § 242 Rn. 2; a. A. Spindler/Stilz/*Casper*, § 242 Rn. 6; Henssler/Strohn/*Drescher*, § 242 Rn. 3.
[18] MüKo-AktG/*Hüffer/Schäfer*, § 242 Rn. 5.
[19] Henssler/Strohn/*Drescher*, § 242 Rn. 4.
[20] BGH NJW 1989, 904.
[21] GroßKomm-AktG/*K. Schmidt*, § 242 Rn. 12; *Casper*, Die Heilung nichtiger Beschlüsse im Kapitalgesellschaftsrecht, 1998, 124; MüKo-AktG/*Hüffer/Schäfer*, § 242 Rn. 8; a. A. K. Schmidt/Lutter/*Schwab*, § 242 Rn. 7; im Ergebnis auch KölnKomm-AktG/*Zöllner*, § 242 Rn. 52.
[22] BGH NJW 1989, 904.
[23] MüKo-AktG/*Hüffer/Schäfer*, § 242 Rn. 20.
[24] Vgl. OLG Brandenburg NZG 1999, 219; Spindler/Stilz/*Casper*, § 242 Rn. 14.
[25] Vgl. BGHZ 33, 175 = NJW 1961, 26; Spindler/Stilz/*Fleischer*, § 93 Rn. 270; MüKo-AktG/*Spindler*, § 93 Rn. 209; a. A. K. Schmidt/Lutter/*Schwab*, § 242 Rn. 17.

wirkung auch für den Vorstand kann nicht dadurch unterlaufen werden, dass der Ersatzanspruch auf eine unterlassene rechtzeitige Beschlussmängelklage gestützt wird.[26]

Die Heilungswirkung wird aufgehoben und der Beschluss ist nach § 241 Nr. 6 AktG von Anfang an nichtig, wenn seine Eintragung von Amts wegen gelöscht wird. Dies ist nur dann nicht der Fall, wenn ein Freigabeverfahren vorausgegangen ist (§ 242 Abs. 2 Satz 5 AktG).

14.2.3 Prozessuale Besonderheiten

Für die prozessuale Geltendmachung von Nichtigkeitsgründen stellt § 249 AktG die Nichtigkeitsklage, eine besondere Form der allgemeinen Feststellungsklage,[27] zur Verfügung. Zur Erhebung der besonderen Nichtigkeitsklage sind nur die in § 249 Abs. 1 Satz 1 AktG genannten Personen befugt. Für diese gelten auch keine weiteren Anforderungen, wie etwa der Nachweis einer Klagebefugnis nach § 245 AktG oder die Darlegung eines Feststellungsinteresses.[28] Alle anderen sind auf die allgemeine Feststellungsklage nach § 256 ZPO angewiesen. Dass die besondere Nichtigkeitsklage insoweit keine Sperrwirkung entfaltet, stellt § 249 Abs. 1 Satz 2 AktG klar. Dritte müssen jedoch – wie bei jeder allgemeinen Feststellungsklage – ein Feststellungsinteresse darlegen.[29] Wird nur eine Anfechtungsklage erhoben, prüft das Gericht auch in diesem Rahmen geltend gemachte Nichtigkeitsgründe. Stellt sich heraus, dass auf die Anfechtungsklage nur ein Nichtigkeitsgrund vorliegt, ist der Klage stattzugeben.[30]

Das auf eine Feststellungsklage ergehende Urteil bindet nach §§ 249 Abs. 1 Satz 1, 248 Abs. 1 Satz 1 AktG grundsätzlich nur die Aktionäre und die Verwaltungsmitglieder. Hat der Beschluss jedoch Außenwirkung, ist diese niemals eingetreten und die gerichtliche Feststellung wirkt in diesem Fall auch *ex tunc* gegenüber Dritten.[31]

14.3 Schwebend unwirksame Beschlüsse

Eine eigene Kategorie bilden die schwebend unwirksamen Beschlüsse. Für einige Beschlüsse verlangt das AktG die Zustimmung der jeweils davon betroffenen Aktionärsgruppe (z. B. §§ 141 Abs. 1, 179 Abs. 3, 182 Abs. 2 AktG). Die Beschlüsse werden erst mit

---

[26] Spindler/Stilz/*Casper*, § 242 Rn. 17; a. A. MüKo-AktG/*Hüffer/Schäfer*, § 242 Rn. 22; Spindler/Stilz/*Fleischer*, § 93 Rn. 273.

[27] H.M., vgl. Spindler/Stilz/*Dörr*, § 249 Rn. 4; Hölters/*Englisch*, § 249 Rn. 2; MüKo-AktG/*Hüffer/Schäfer*, § 249 Rn. 4; *Wiedemann*, GesellschaftsR I, § 8 IV 2; Hüffer/*Koch*, § 249 Rn. 10; a. A. für Gestaltungsklage: GroßKomm-AktG/*K. Schmidt*, § 249 Rn. 4 f.

[28] K. Schmidt/Lutter/*Schwab*, § 249 Rn. 3.

[29] OLG Naumburg AG 1998, 430 f.; K. Schmidt/Lutter/*Schwab*, § 249 Rn. 11.

[30] BGHZ 33, 318, 324; KölnKomm-AktG/*Zöllner*, § 246 Rn. 83.

[31] Spindler/Stilz/*Würthwein*, § 241 Rn. 37.

der erforderlichen Zustimmung wirksam. Wird sie verweigert, werden sie endgültig unwirksam und damit der Sache nach nichtig. Für die Geltendmachung der Unwirksamkeit steht nach h. M. indes nur die allgemeine Feststellungsklage zur Verfügung.[32] Anderes gilt indes, wenn das Gesetz den Beschlüssen, denen die Zustimmung verweigert wird, explizit die Nichtigkeitsfolge zuordnet (§§ 173 Abs. 3 Satz 3; 217 Abs. 2 Satz 4, 228 Abs. 2 Satz 1, 234 Abs. 3 Satz 1, 235 Abs. 2 Satz 1 AktG). Die Nichtigkeit derartiger Beschlüsse ist mit der Nichtigkeitsklage nach § 249 AktG zu rügen.[33]

14.4 Anfechtbare Beschlüsse

Anfechtbare Beschlüsse sind anders als nichtige Beschlüsse grundsätzlich wirksam, solange sie nicht gemäß § 241 Abs. 1 Nr. 5 AktG durch Gerichtsurteil für nichtig erklärt werden. Die Urteilswirkungen treten erst mit Rechtskraft des Urteils ein. Bis zur rechtskräftigen Feststellung sind anfechtbare Beschlüsse – trotz Fehlerhaftigkeit – somit schwebend wirksam und daher zu beachten.[34] Endgültige Wirksamkeit tritt ein, wenn keine Anfechtungsklage erhoben oder diese abgewiesen wird. Wird ein Beschluss für nichtig erklärt, so entfaltet diese Rechtswirkung rückwirkende Kraft.[35]

14.4.1 Anfechtungsgründe

Die Anfechtung ist zulässig, wenn der Hauptversammlungsbeschluss das Gesetz oder die Satzung verletzt (§§ 243 Abs. 1, 251 AktG). Der Verstoß kann entweder in der Verletzung von Verfahrensvorschriften oder von materiellem Recht liegen.

14.4.1.1 Verfahrensmängel

Das Gesetz sanktioniert die Nichtbeachtung bestimmter Verfahrensvorschriften, die das Zustandekommen von Hauptversammlungsbeschlüssen betreffen, mit der Anfechtbarkeit des nicht verfahrenskonform zustande gekommenen Beschlusses. Nur ganz erhebliche Verfahrensverstöße werden vom Gesetz mit der Nichtigkeit des jeweiligen Beschlusses bedacht. Neben der Verletzung von Informationspflichten, die in § 243 Abs. 4 AktG eine eigenständige Regelung erfahren hat, verbleiben für die Anfechtbarkeit vor allem die Nichteinhaltung der Einberufungsfrist, die verspätete oder nicht vollständige Bekanntmachung

---

[32] Spindler/Stilz/*Dörr*, § 249 Rn. 6; Hüffer/*Koch*, § 249 Rn. 21; für die Zulässigkeit der Nichtigkeitsklage analog § 249 AktG jedenfalls bei endgültig unwirksamen Beschlüssen: Spindler/Stilz/*Casper*, Vor § 241 Rn. 12; GroßKomm-AktG/*K. Schmidt*, § 249 Rn. 9; MüKo-AktG/*Hüffer/Schäfer*, § 249 Rn. 38, der jedoch bei endgültiger Unwirksamkeit neben der Nichtigkeitsklage auch die allgemeine Feststellungsklage anerkennt.
[33] Hüffer/*Koch*, § 249 Rn. 3.
[34] GroßKomm-AktG/*K. Schmidt*, § 241 Rn. 24; KölnKomm-AktG/*Zöllner*, § 243 Rn 14.
[35] MüKo-AktG/*Hüffer/Schäfer*, § 248 Rn. 14 ff.; GroßKomm-AktG/*K. Schmidt*, § 248 Rn. 5.

der Tagesordnung, der unberechtigte Ausschluss eines Aktionärs von der Teilnahme oder der Abstimmung sowie Fehler bei der Stimmauszählung und Ergebnisfeststellung.

Um eine klare Differenzierung zwischen zur Nichtigkeit und zur Anfechtbarkeit führenden Verfahrensverstößen auch auf Rechtsfolgenseite zu erreichen, wird von der h. M. bei nur anfechtbaren Beschlüssen mehr als die bloße Gesetzesverletzung gefordert. Voraussetzung für ein stattgebendes Anfechtungsurteil und damit die Nichtigerklärung durch das Gericht ist, anders als bei der Nichtigkeitsklage, dass der zum Beschlussmangel führende Verstoß für die Beschlussfassung **relevant** geworden ist.[36] Danach berechtigt ein Verfahrensverstoß dem Grundsatz nach nur dann zur Anfechtung des fehlerhaft zustande gekommenen Beschlusses, wenn sich die hiervon betroffenen Stimmen auf das Abstimmungsergebnis ausgewirkt hätten. Dieser rein quantitative Relevanztest, der nicht mehr als eine bloße Kausalitätsbetrachtung war, wurde früher von der Rechtsprechung ohne Ansehen des Einzelfalls und unabhängig davon vertreten, ob und wie schwerwiegend Aktionärsrechte verletzt wurden.[37] Eine bloße Kausalitätsbetrachtung greift aber in den Fällen, in denen Schutzvorschriften von Minderheitsaktionären betroffen sind, zu kurz. Der Beschluss bleibt deshalb nach inzwischen h. M. auch dann anfechtbar, wenn sich die Stimmabgabe der Minderheit auf das Ergebnis rechnerisch nicht auswirkt oder wenn der Verfahrensverstoß für das Abstimmungsverhalten eines objektiv urteilenden Aktionärs folgenlos geblieben ist.[38]

Der Gesetzgeber hat die Relevanztheorie durch das UMAG[39] anerkannt und sie – wenn auch ausdrücklich nur für Informationsmängel – in § 243 Abs. 4 Satz 1 AktG zum maßgeblichen Beurteilungskriterium für die Anfechtbarkeit erhoben. Auf dieser Grundlage lassen sich Orientierungshilfen für die **Behandlung einzelner Verfahrensverstöße** bestimmen. Verfahrensverstöße im Zusammenhang mit der Vorbereitung der Hauptversammlung sind in der Regel relevant; das gilt in erster Linie bei Verstößen gegen die Vorschriften zur ordnungsgemäßen Einberufung und Ladung der Aktionäre sowie für die Bekanntmachung der Tagesordnung.[40] Gleiches gilt bei Durchführungsfehlern, etwa unverhältnismäßigen Ordnungsmaßnahmen oder unzulässigen Redezeitbeschränkungen.[41]

---

[36] BGHZ 149, 158, 164 f. = NJW 2002, 1128; BGHZ 153, 32, 36 f. = NJW 2003, 970; 160, 385, 391 = NJW 2004, 3561; BGH AG 2008, 83 Rn. 6; KölnKomm-AktG/*Zöllner*, § 243 Rn. 81 ff.; Spindler/Stilz/*Würthwein*, § 241 Rn. 36; *K. Schmidt*, GesR, § 28 IV 5d.

[37] Vgl. nur BGHZ 36, 121, 139 f.

[38] Vgl. BGHZ 160, 385, 392 = NJW 2004, 3561; BGH AG 2008, 83 Rn. 6; KölnKomm-AktG/*Zöllner*, § 243 Rn. 81 ff.; Spindler/Stilz/*Würthwein*, § 241 Rn. 36; *K. Schmidt*, GesR, § 28 IV 5d; MüKo-AktG/*Hüffer/Schäfer*, § 243 Rn. 30; GroßKomm-AktG/*K. Schmidt*, § 243 Rn. 21 ff.

[39] Gesetz v. 22.9.2005 (BGBl. I S. 2802).

[40] Hüffer/*Koch*, § 243 Rn. 15; *Raiser/Veil*, § 16 Rn. 151.

[41] K. Schmidt/Lutter/*Schwab*, § 243 Rn. 35; MüKo-AktG/*Hüffer/Schäfer*, § 243 Rn. 37; Hüffer/*Koch*, § 243 Rn. 16.

14.4.1.2 Informationsmängel

Neben Fehlern bei der Organisation und Durchführung der Hauptversammlung kommt maßgeblich die **mangelhafte Information** der Aktionäre als Anfechtungsgrund in Betracht. Hauptanwendungsfall des Informationsmangels ist die Verweigerung einer Auskunft. Ein Anfechtungsgrund ist dann gegeben, wenn eine verweigerte Auskunft einen Beschlussgegenstand betrifft.[42] Weil das Auskunftsrecht eine wichtige Rolle für die angemessene Wahrnehmung des Teilnahme- und Stimmrechts der Aktionäre spielt, entfaltet bei der Auskunftsverweigerung das Relevanzerfordernis keine einschränkende Wirkung.[43] Auch bei unwesentlichen Rechtsverstößen kann die Anfechtbarkeit nicht mit fehlender Relevanz verneint werden. Andererseits kann es bereits auf Tatbestandsebene zu dem Befund kommen, dass die begehrte Auskunft zur sachgemäßen Beurteilung des Gegenstands der Tagesordnung schon nicht erforderlich war. Dies erfordert eine objektive ex-ante-Beurteilung und führt unter Umständen zu dem Ergebnis, dass schon kein Informationsmangel vorlag. Auf das Relevanzkriterium kann es dann schon gar nicht ankommen, weil es an einer Rechtsverletzung fehlt. War die Auskunft indes erforderlich, so ist die Verweigerung der Erteilung zwangsläufig relevant.[44]

Weitere von § 243 Abs. 4 Satz 1 AktG erfasste **Informationspflichten**, deren Verletzung die Anfechtbarkeit der jeweiligen Hauptversammlungsbeschlüsse begründen können, sind etwa: die Pflicht zur Auslegung der Zahlenwerke nach § 175 Abs. 2 Satz 1 AktG zur Vorbereitung auf den Gewinnverwendungsbeschluss; die Pflicht zur Entsprechenserklärung nach § 161 Abs. 1 Satz 1 AktG; die Berichtspflicht nach § 186 Abs. 4 Satz 2 AktG im Zusammenhang mit einem Bezugsrechtsausschluss;[45] nicht mit Abfindung oder Ausgleich in Zusammenhang stehende[46] Informationspflichten aus einem Verschmelzungsbericht (§ 8 UmwG); Informationspflichten nach § 179a Abs. 2 AktG.[47]

Die Anfechtungsklage ist nach **§ 243 Abs. 4 Satz 2 AktG** auch beim Vorliegen eines Verfahrensfehlers in Form eines Informationsmangels ausgeschlossen, wenn das Gesetz für **Bewertungsrügen** das Spruchverfahren eröffnet. Der Anfechtungsausschluss wegen Bewertungsmängeln durch Verweisung in das Spruchverfahren (§§ 304 Abs. 3 Satz 2, 305 Abs. 5 Satz 1, 320b Abs. 2 Satz 1, 327 f Satz 1 AktG) könnte einfach umgangen werden, wenn anstelle der Bewertung selbst die auf sie bezogenen Informationen mit der Anfechtungsklage angegriffen werden könnten.[48] Der Klageausschluss wird indes zweierlei eingeschränkt: erstens gilt § 243 Abs. 4 Satz 2 AktG nicht bei „Totalverweigerung", wenn

---

[42] Hüffer/*Koch*, § 243 Rn. 47.
[43] BGHZ 160, 385, 391 f. = NJW 2005, 828.
[44] BGHZ 36, 121, 140 = NJW 1962, 104; Hüffer/*Koch*, § 243 Rn. 47; Bayer/Habersack/*Zöllner*, Aktienrecht im Wandel, 2007, Bd. 2: Entwicklung des Aktienrechts, 10. Kap Rn. 70.
[45] BGHZ 83, 319, 325 f. = NJW 1982, 2444.
[46] Sonst gilt § 243 Abs. 4 Satz 2 AktG, der für Bewertungsrügen die Anfechtung ausschließt, sofern das Spruchverfahren eröffnet ist; das kann bei der Verschmelzung nach § 34 UmwG der Fall sein.
[47] BGHZ 82, 188, 196 f. und 200 = NJW 1982, 933.
[48] Hüffer/*Koch*, § 243 Rn. 47b.

also der Vorstand eindeutig jegliche Informationserteilung verweigert.[49] Zweitens bezieht sich die Norm nur auf in der Hauptversammlung aufgetretene Informationsmängel. Das Berichtswesen vor und außerhalb der Hauptversammlung wird von der Einschränkung des Anfechtungsausschlusses nicht erfasst.[50]

14.4.1.3 Unvereinbarkeit mit materiellem Recht

Anfechtbar nach § 243 Abs. 1 AktG sind Hauptversammlungsbeschlüsse, die ihrem Inhalt nach gegen **Gesetz oder Satzung verstoßen**. Verstöße gegen konkrete Vorschriften des Gesetzes oder der Satzung begründen aber eher selten eine Anfechtbarkeit nach § 243 Abs. 1 AktG. Das liegt zum einen an der Nichtigkeitsregelung des § 241 Nr. 3 AktG (gläubigerschützende Vorschriften, öffentliches Interesse), die bereits eine Reihe von inhaltlich mangelhaften Beschlüssen erfasst; zum anderen enthalten die §§ 251, 254, 255 AktG spezielle Sonderregelung zur Anfechtbarkeit. Schließlich führen Verstöße gegen die Kapitalerhaltungsvorschriften der §§ 57 oder 58 Abs. 4 AktG sowie gegen Normen, die das Strukturbild der Aktiengesellschaft prägen, zur Nichtigkeit.[51]

Von praktisch erheblicherer Bedeutung als die Verletzung von Einzelnormen ist deshalb die Anfechtung wegen **Verletzung von Generalklauseln**, wobei hier die gesellschaftsrechtliche Treuepflicht an erster Stelle steht.[52] Außerdem fallen Verstöße gegen das Gleichbehandlungsgebot aus § 53a AktG und auch gegen § 138 Abs. 1 BGB unter § 243 Abs. 1 AktG, soweit der Beschluss nicht schon nach § 241 Nr. 4 AktG nichtig ist.

Die sog. **materielle Beschlusskontrolle** hat sich in der Rechtsprechung in einer Reihe von Entscheidungen als eigenes Rechtsinstitut herausgebildet und ist in einer Reihe von Grundsatzentscheidungen immer weiter ausgebaut und in seinen Randbereichen verfeinert worden.[53] Die gesellschaftsrechtliche Literatur hat sich im Prinzip einhellig der materiellen Beschlusskontrolle angeschlossen.[54] Die Notwendigkeit einer solchen materiellen Beschlusskontrolle ergibt sich aus dem Mehrheitsprinzip und des damit verbundenen Missbrauchspotenzials zulasten von Minderheitsaktionären. Gerade bei eindeutigen und stabilen Mehrheitsverhältnissen bedarf die Mehrheitsmacht eines Korrektivs, das dogmatisch seine Grundlage in den Rechtsinstituten der Treuepflicht und des Gleichbehandlungsgebots findet.[55]

---

[49] Hölters/*Englisch*, § 243 Rn. 96; Hüffer/*Koch*, § 243 Rn. 47c m. w. N.

[50] RegBegr. BT-Drs. 15/5092, 26; K. Schmidt/Lutter/*Schwab*, § 243 Rn. 46; Hüffer/*Koch*, § 243 Rn. 47c m. w. N.

[51] MüKo-AktG/*Hüffer/Schäfer*, § 243 Rn. 43.

[52] BGHZ 132, 84, 93; Hüffer/*Koch*, § 243 Rn. 24; GroßKomm-AktG/*K. Schmidt*, § 243 Rn. 42; K. Schmidt/Lutter/*Schwab*, § 243 Rn. 4.

[53] BGHZ 65, 15, 19 = NJW 1976, 191 („ITT"); BGHZ 71, 40, 44 ff. = NJW 1978, 1316 („Kali + Salz"); BGHZ 83, 319, 321 ff. = NJW 1982, 2444 („Holzmann"); BGHZ 103, 184, 189 f. = NJW 1988, 1579 („Linotype").

[54] Vgl. statt vieler MüKo-AktG/*Hüffer/Schäfer*, § 243 Rn. 47 ff.; K. Schmidt/Lutter/*Schwab*, § 243 Rn. 11; Spindler/Stilz/*Würthwein*, § 243 Rn. 165 ff; Hüffer/*Koch*, § 243 Rn. 22.

[55] Hüffer/*Koch*, § 243 Rn. 23.

Dieser allgemeine Befund ist von der Rechtsprechung in verschiedenen **Fallgruppen** konkretisiert worden. Fallgruppen mit erheblicher praktischer Relevanz, bei denen der BGH eine Inhaltskontrolle vornimmt, sind die des Bezugsrechtsausschlusses bei einer Kapitalerhöhung,[56] der Schaffung eines genehmigten Kapitals[57] sowie der Begründung einer faktischen Abhängigkeit der Gesellschaft.[58] Eine materielle Inhaltskontrolle abgelehnt hat der BGH indes bei Auflösungsbeschlüssen mit der Begründung, dass dies zu einer im Gesetz nicht vorgesehenen Kapitalbindung des Mehrheitsaktionärs führen würde.[59] Im Einzelnen ergeben sich schwierige Abgrenzungsprobleme zu der Frage, welche Beschlussgegenstände der materiellen Beschlusskontrolle zugänglich sind.

Ebenso schwierig und von der Rechtsprechung noch nicht abschließend geklärt ist der Beurteilungsmaßstab einer **Inhaltskontrolle**. Auf einer ersten Stufe ist der Beschluss am Maßstab des Rechtsmissbrauchs und der Gleichbehandlung zu messen. Besonders tief in die Mitgliedschaft eingreifende Maßnahmen verlangen der Aktionärsmehrheit auf einer zweiten Stufe ab, den Eingriff in die Mitgliedschaft von Minderheitsaktionären an den Kriterien der Erforderlichkeit und der Verhältnismäßigkeit zu messen.[60] Ob diese Maßstäbe gewahrt sind, ist **Gegenstand richterlicher Prüfung**. Der Beschluss ist also gesetzeswidrig nach § 243 Abs. 1 AktG, wenn er in die Mitgliedschaft der Minderheitsaktionäre eingreift und der Eingriff nicht durch Gesellschaftsinteresse sachlich gerechtfertigt oder zwar gerechtfertigt, aber nach Abwägung des Gesellschaftsinteresses und der Interessen der betroffenen Minderheitsaktionäre unverhältnismäßig ist.[61] Eine gerichtliche Inhaltskontrolle ist indes dann nicht möglich, wenn das Gesetz selbst einen Eingriff in die Mitgliedschaft vorsieht, ohne dabei eine sachliche Rechtfertigung durch das Gesellschaftsinteresse zu fordern, oder wenn der Gesetzgeber als Ergebnis eines Abwägungsvorgangs eine bewusste normative Entscheidung gegen das Interesse der Minderheitsaktionäre getroffen hat.

14.4.2 Anfechtungsklage

Anfechtbare Beschlüsse sind bis zur erfolgreichen Anfechtung wirksam. Die Anfechtung ist lediglich in den im Gesetz genannten Fällen möglich. Erforderlich ist die Erhebung einer Anfechtungsklage nach § 246 Abs. 1 AktG, zu der nur ein bestimmter Kreis von Personen berechtigt ist und die binnen einer Frist von einem Monat zu erfolgen hat (§§ 245, 246 AktG). Ist die Anfechtungsklage begründet, erklärt das Gericht den angefochtenen

---

[56] BGHZ 71, 40, 43 ff. = NJW 1978, 1316 („Kali + Salz").
[57] BGHZ 83, 319, 321 = NJW 1982, 2444 („Holzmann"); vgl. insoweit die mittlerweile vollzogenen Rechtsprechungsänderung in BGHZ 136, 133, 139 = NJW 1997, 2815 („Siemens/Nold").
[58] BGHZ 80, 69, 74 = NJW 1981, 1512 („Süssen").
[59] BGHZ 103, 184, 189 f. = NJW 1988, 1579 („Linotype").
[60] Hüffer/*Koch*, § 243 Rn. 24.
[61] BGHZ 71, 40, 43 ff. = NJW 1978, 1316 („ISS"); BGHZ 83, 319, 321 = NJW 1982, 2444 („Holzmann"); BGHZ 120, 141, 145 f. = NJW 1993, 400.

Beschluss nach § 241 Nr. 5 AktG für von Anfang an nichtig. Die Hauptversammlung kann die Anfechtbarkeit eines gegen Gesetz oder Satzung verstoßenden Beschlusses nach § 244 AktG beseitigen, wenn sie den anfechtbaren Beschluss innerhalb der Anfechtungsfrist durch einen neuen Beschluss bestätigt, der nicht mehr an dem zunächst zur Anfechtung berechtigenden Fehler leidet. Die Bestätigung entfaltet ex-nunc-Wirkung.[62]

14.4.2.1 Anfechtungsbefugnis

§ 245 AktG bestimmt den Kreis der Anfechtungsberechtigten. Die Begrenzung dieses Kreises vollzieht sich im Wesentlichen durch die Erfordernisse der Aktionärseigenschaft, der Teilnahme an der Hauptversammlung und des Widerspruchs zur Niederschrift (§ 245 Nr. 1 AktG). Diese Einschränkungen in personeller und sachlicher Hinsicht dienen dem Ausschluss von Popularklagen.[63]

14.4.2.1.1 Erschienene Aktionäre

Nach § 245 Nr. 1 AktG haben Aktionäre eine Anfechtungsbefugnis, wenn sie in der Hauptversammlung erschienen sind und gegen den Beschluss Widerspruch zur Niederschrift erklärt haben. Auch Inhaber von stimmrechtslosen Vorzügen sind nach § 245 Nr. 1 AktG anfechtungsbefugt.[64] Die **Aktionärseigenschaft** muss jedoch bereits vor Bekanntmachung der Tagesordnung vorgelegen haben und im Zeitpunkt der Klageerhebung noch bestehen. Die Veräußerung der Aktien während des Anfechtungsprozesses lässt entsprechend § 265 ZPO die Aktivlegitimation des Anfechtungsklägers nicht entfallen.[65] Nichts anderes gilt für jeden anderen (auch unfreiwilligen) Verlust der Aktionärsstellung,[66] etwa durch einen Squeeze-Out nach § 327a AktG, wenn an der Fortführung des Verfahrens ein berechtigtes und nicht schon im Spruchverfahren geschütztes Interesse besteht.[67]

Das **Erscheinen** des Aktionärs als weitere Voraussetzung für eine Anfechtungsbefugnis kann durch das Teilnehmerverzeichnis bewiesen werden. Erschienen im Sinne der Norm ist auch, wer – die Zulässigkeit der Online-Teilnahme durch die Satzung oder den dazu ermächtigten Vorstand vorausgesetzt – online teilnimmt.[68]

Die Anfechtungsbefugnis im Einzelfall setzt schließlich nach § 245 Nr. 1 AktG einen **Widerspruch zur Niederschrift** gegen den anzugreifenden Beschluss voraus. Erforderlich und ausreichend ist eine Erklärung, dass gegen die Rechtmäßigkeit des Beschlusses Bedenken bestehen und aus diesem Grund gerichtliche Schritte erwogen werden. Die bloße

---

[62] BGHZ 157, 206, 209 f.=NJW 2004, 1165; BGH NJW 1972, 1320; KölnKomm-AktG/*Zöllner*, § 244 Rn. 8; MüKo-AktG/*Hüffer/Schäfer*, § 244 Rn. 12.

[63] Spindler/Stilz/*Dörr*, § 245 Rn. 2.

[64] BGHZ 14, 264, 271=NJW 1954, 1563 zur GmbH; MüKo-AktG/*Hüffer/Schäfer*, § 245 Rn. 20; Hüffer/*Koch*, § 245 Rn. 5.

[65] BGHZ 169, 221 Rn. 15=NJW 2007, 300; GroßKomm-AktG/*K. Schmidt*, § 245 Rn. 17.

[66] BGHZ 169, 221 Rn. 16=NJW 2007, 300.

[67] OLG München AG 2009, 912, 913; OLG Frankfurt AG 2010, 679 f.; OLG Stuttgart AG 2006, 340, 341 f.

[68] Hüffer/*Koch*, § 245 Rn. 12.

Stimmabgabe gegen den Beschlussgegenstand im Rahmen der Abstimmung ist noch kein Widerspruch; umgekehrt sperrt aber auch die Stimmabgabe *für* den Beschlussgegenstand nicht die Erhebung eines Widerspruchs. Unterbleibt der Widerspruch, so geht die Anfechtungsbefugnis verwirkungsähnlich wegen sonst widersprüchlichen Verhaltens verloren.[69] Ist der Verstoß nicht erkennbar, kann nach zutreffender h. M. auf das Widerspruchserfordernis verzichtet werden. Wenn der Aktionär einen Fehler nicht rechtzeitig erkennen kann, ist es auch nicht widersprüchlich, wenn er die Anfechtungsrüge erst später erhebt.[70]

14.4.2.1.2 Nicht erschienene Aktionäre

Sind Aktionäre **nicht in der Hauptversammlung erschienen**, dürfen sie nur unter den besonderen Voraussetzungen des § 245 Nr. 2 AktG anfechten, wenn sie also zu Unrecht nicht zugelassen worden sind oder Einberufungs- oder Bekanntmachungsfehler vorliegen. Aktionäre, die erscheinen, dann aber nur teilweise an der Versammlung teilnehmen, fallen nicht unter Nr. 2, sondern unter Nr. 1. Sie können und müssen während der gesamten Versammlungsdauer Widerspruch erheben.[71] Sind jedoch einzelne Tagesordnungspunkte nicht ordnungsgemäß bekannt gemacht worden und verlässt ein Aktionär aus diesem Grund die Versammlung (zu) frühzeitig, darf ihm dies nicht zum Nachteil gereichen. Er fällt dann unter Nr. 2 und darf – gestützt auf den Bekanntmachungsfehler – auch anfechten, wenn er keinen Widerspruch zur Niederschrift erklärt hat.[72] Ähnliches gilt bei **Saalverweisen**. Hinausgeworfene Aktionäre können, anders als solche, die sich nach anfänglichem Erscheinen freiwillig absentiert haben, nicht während der gesamten Versammlungsdauer frei über den Widerspruch entscheiden.[73]

14.4.2.1.3 Vorstand und Organmitglieder

Anfechtungsbefugt sind zudem der Vorstand als Gesamtorgan sowie einzelne Mitglieder des Vorstands oder des Aufsichtsrats, sofern sie sich durch die Ausführung des Beschlusses schadensersatzpflichtig machen würden oder ein Straf- oder Ordnungswidrigkeitstatbestand verwirklicht würde. Entscheidend ist auch hier die Stellung als Vorstands- oder Aufsichtsratsmitglied zum Zeitpunkt der Klageerhebung.

14.4.2.2 Anfechtungsfrist

Die Anfechtungsfrist von einem Monat nach § 246 Abs. 1 AktG ist eine **materiell-rechtliche Ausschlussfrist**. Hemmung, Unterbrechung oder Wiedereinsetzung in den vorigen Stand scheiden deshalb von vorne herein aus.[74] Beginn, Ende und Lauf der Frist bestimmen sich nach den allgemeinen zivilrechtlichen Regelungen der §§ 187 Abs. 1, 188

---

[69] MüKo-AktG/*Hüffer/Schäfer*, § 245 Rn. 36; zust. *Noack*, AG 1989, 78, 79 f.

[70] KölnKomm-AktG/*Zöllner*, § 245 Rn. 42 f., 57; MüKo-AktG/*Hüffer/Schäfer*, § 245 Rn. 37; Spindler/Stilz/*Dörr*, § 245 Rn. 30; GroßKomm-AktG/*K. Schmidt*, § 245 Rn. 19.

[71] MüKo-AktG/*Hüffer/Schäfer*, § 245 Rn. 43; GroßKomm-AktG/*K. Schmidt*, § 245 Rn. 24.

[72] Hüffer/*Koch*, § 245 Rn. 17.

[73] Spindler/Stilz/*Dörr*, § 245 Rn. 36; MüKo-AktG/*Hüffer/Schäfer*, § 245 Rn. 44.

[74] *Raiser/Veil*, § 16 Rn. 125; BGH NJW 1952, 98.

Abs. 2, 193 BGB. Die Anfechtungsfrist beginnt also am Tag nach der Hauptversammlung, auf der der angefochtene Beschluss gefasst wurde, zu laufen. Verstreicht die Frist, ohne dass Anfechtungsklage erhoben würde, hat dies zwar in Bezug auf den anfechtbaren Beschluss keine Heilungswirkung; seine Fehlerhaftigkeit kann jedoch vom Zeitpunkt des Ablaufens eines Monats nicht mehr geltend gemacht werden. Davon unbenommen bleibt aber die Möglichkeit, weiterhin Nichtigkeitsklage zu erheben.

14.4.2.3 Streitgegenstand

Anfechtungs- und Nichtigkeitsklage haben denselben Streitgegenstand und verfolgen dasselbe Rechtsschutzziel.[75] Deshalb prüft das Gericht bei Erhebung einer Nichtigkeitsklage auch die Anfechtungsgründe und umgekehrt. Streitgegenstand der Anfechtungsklage ist nach h. M das Begehren des Klägers, die Nichtigkeit des von ihm bezeichneten Hauptversammlungsbeschlusses wegen des von ihm vorgebrachten Sachverhalts mit Wirkung für und gegen jedermann zu klären.[76] Dies entspricht dem im Zivilprozessrecht vorherrschenden zweigliedrigen Streitgegenstandsbegriff. Wichtigste Folge aus dieser Auffassung ist, dass eine erneute, auf einen anderen Beschlussmangel gestützte Klage auch nach klageabweisendem Urteil zulässig und möglich ist.

Nach einer anderen Auffassung ist die Anfechtungs- und Nichtigkeitsklage eine bloße Rechtskontrollklage und hat zum Streitgegenstand den Beschluss als Gesamtheit, ohne dass es auf eine Konkretisierung des zugrunde liegenden Lebenssachverhalts ankäme.[77] Diese Konzeption hat zur Folge, dass einer erneuten Anfechtungsklage auch dann der Einwand der entgegenstehenden Rechtskraft entgegengehalten werden kann, wenn sie auf einen völlig anderen Lebenssachverhalt gestützt wird.

Der **BGH** hat, nachdem er sich zwischenzeitlich scheinbar der letztgenannten Auffassung angeschlossen hatte[78], nunmehr im Sinne der h.L. klargestellt, dass sich der Streitgegenstand der aktienrechtlichen Anfechtungsklage durch die jeweils geltend gemachten Beschlussmängelgründe als Teil des zugrunde liegenden Lebenssachverhalts bestimmt.[79] Konsequenz dieses Streitgegenstandsbegriffs ist die Behandlung des „Nachschiebens von Gründen" im Anfechtungsprozess. Bei der Erhebung der Anfechtungsklage und bis zum Ablauf der Anfechtungsfrist müssen sämtliche Gründe vorgetragen sein, auf die der Kläger die Anfechtungsklage stützen will.[80]

---

[75] BGHZ 134, 164 ff.; BGHZ 135, 260, 262; MüKo-AktG/*Hüffer/Schäfer*, § 246 Rn. 18; Groß-Komm-AktG/*K. Schmidt*, § 246 Rn. 61.

[76] Vgl. BGH AG 2010, 452 Rn. 3; LG München I AG 2004, 159, 160; Henssler/Strohn/*Drescher*, § 246 Rn. 9; MüKo-AktG/*Hüffer/Schäfer*, § 246 Rn. 18.

[77] KölnKomm-AktG/*Zöllner*, § 246 Rn. 47 ff.; zust. Grigoleit/*Ehmann*, § 246 Rn. 4 f.; Hölters/*Englisch*, § 246 Rn. 14.

[78] BGHZ 152, 1, 4 ff. = NJW 2002, 3465.

[79] BGH AG 2010, 452 Rn. 3; BGH AG 2011, 335 Rn. 10.

[80] BGH NZG 2005, 479, 480.

14.4.3 Schwebezustand und Freigabeverfahren

Bis zum Ablauf der Anfechtungsfrist oder, wenn eine Anfechtungs- oder Nichtigkeitsklage erhoben wurde, bis zur Rechtskraft des Anfechtungsurteils, entsteht ein Schwebezustand, der in erster Linie den **Vorstand in eine bisweilen schwierige Situation bringen kann**. Trotz formell zunächst wirksamen Beschlusses muss der Vorstand im Rahmen einer eigenen Prüfung entscheiden, ob er den Beschluss für anfechtbar hält oder nicht. Hält er ihn für anfechtbar, muss er die ihm gemäß § 83 Abs. 2 AktG obliegende Ausführung des Beschlusses einstweilen zurückstellen, bis entweder die Anfechtungsfrist abgelaufen ist oder ein rechtskräftiges, klageabweisende Urteil vorliegt. Nur ganz ausnahmsweise ist der Vorstand gehalten, die Maßnahme auch bei berechtigten Zweifeln an der Wirksamkeit des zugrunde liegenden Beschlusses auszuführen; dies ist dann der Fall, wenn die Gesellschaft durch die Nicht-Ausführung des Beschlusses voraussichtlich einen größeren Schaden erleiden würde, als wenn die Maßnahme nachträglich rückabgewickelt werden müsste oder wenn der Vorstand eine erhobene Klage für evident unbegründet hält.[81] Der Anfechtende kann die Ausführung oder eine drohende Registereintragung im Wege des einstweiligen Rechtsschutzes verhindern.

Kommt der Vorstand zu der Einschätzung, dass ein Beschluss anfechtbar ist, so kann er auch selbst **verpflichtet** sein, Anfechtungsklage zu erheben, wenn dies kein anderer tut. Lässt er die Anfechtungsfrist verstreichen und erleidet die Gesellschaft durch die Ausführung des Beschlusses einen Schaden, so **haftet** der Vorstand der Gesellschaft nach § 93 Abs. 2 AktG. Das Anfechtungsrecht wandelt sich also unter Umständen in eine Anfechtungspflicht.

Auch das Registergericht wird von dem Schwebezustand nach Erhebung der Anfechtungsklage tangiert. Es ist verpflichtet, eintragungsbedürftige Hauptversammlungsbeschlüsse vor der Eintragung auf formelle und materielle Rechtmäßigkeit zu prüfen und eine eigene Ermessensentscheidung über die Eintragung zu fällen. Vor Ablauf der Anfechtungsfrist wird das Registergericht das Eintragungsverfahren in aller Regel aussetzen, bis die Frist verstrichen ist.[82] In einigen Fällen (§§ 319 Abs. 5, 320 Abs. 1, 327e Abs. 2 AktG, 16 Abs. 2 UmwG) sieht das Gesetz eine **Registersperre** vor. Das Registergericht darf diese Beschlüsse nicht eintragen. In allen anderen Fällen von eintragungsfähigen Beschlüssen besteht zwar keine gesetzliche, häufig aber eine faktische Registersperre: da dem Registerrichter im Eintragungsverfahren das Haftungsprivileg des Spruchrichters nach § 839 Abs. 2 BGB nicht zugutekommt, wird er immer den aus seiner Sicht risikoloseren Weg wählen. Das wird in aller Regel die vorläufige Aussetzung des Verfahrens bis zum Abschluss des Anfechtungsverfahrens gemäß §§ 381, 21 FamFG sein.

Bei Beschlüssen, die Strukturveränderungen oder Finanzierungen der Gesellschaft dienen, ergibt sich aus den mit dem Schwebezustand verbundenen Unsicherheiten einer

---

[81] *Raiser/Veil*, § 16 Rn. 126; *Langenbucher*, § 6 Rn. 314.
[82] Hüffer/*Koch*, § 243 Rn. 52; K. Schmidt/Lutter/*Langenbucher*, § 294 Rn. 17; für eine sofortige Eintragung: GroßKomm-AktG/*K. Schmidt*, § 243 Rn. 72.

Anfechtungsklage ein **Druck- und Erpressungspotenzial** für geneigte Aktionäre, dem der Gesetzgeber durch Schaffung eines sog. **Freigabeverfahrens** zu begegnen versucht. Mithilfe des Freigabeverfahrens soll die Registersperre bei Anhängigkeit einer Klage überwunden werden können. Das Freigabeverfahren ist zunächst im unmittelbaren Regelungszusammenhang mit Maßnahmen wie Verschmelzung (§ 16 Abs. 3 UmwG), Eingliederung (§§ 319 Abs. 6, 320 Abs. 1 AktG) und Squeeze-out (§ 327e Abs. 2 AktG) normiert worden; mit dem UMAG hat der Gesetzgeber das Freigabeverfahren auf Maßnahmen der Kapitalbeschaffung und Kapitalherabsetzung sowie auf Unternehmensverträge erstreckt und sich hinsichtlich dieser Maßnahmen für eine normative Bündelung in § 246a AktG entschieden. Bei erfolgreichem Freigabeverfahren kann das Registergericht trotz einer anhängigen Klage den streitgegenständlichen Beschluss eintragen. Die Wirkung der Eintragung bleibt auch bei nachher erfolgreicher Anfechtungsklage unberührt; diese zunächst unbillig anmutende Rechtsfolge wird indes durch einen auf Geld gerichteten Schadensersatzanspruch des klagenden Aktionärs nach § 246a Abs. 4 Satz 1 AktG kompensiert. Naturalrestitution, die auf die Rückgängigmachung der Eintragung abzielen müsste, schließt § 246a Abs. 4 Satz 2 Hs. 2 AktG ausdrücklich aus.[83]

Ein Freigabebeschluss nach § 246a Abs. 2 AktG ergeht, wenn die Klage unzulässig oder offensichtlich unbegründet ist (Nr. 1), wenn der Kläger nicht binnen einer Woche nach Zustellung des Antrags durch Urkunden nachgewiesen hat, dass er seit Bekanntmachung der Einberufung einen anteiligen Betrag von mindestens 1.000 Euro hält (Nr. 2) oder schließlich, wenn das alsbaldige Wirksamwerden des Hauptversammlungsbeschlusses vorrangig erscheint, weil die vom Antragsteller dargelegten wesentlichen Nachteile für die Gesellschaft und ihre Aktionäre die Nachteile für den Antragsgegner überwiegen, es sei denn, es liegt eine besondere Schwere des Rechtsverstoßes vor (Nr. 3). Die Interessenabwägung nach Nr. 3 findet also nur bei „leichten" bis „normalen" Rechtsverstößen statt. Handelt es sich um einen als „schwer" i. S. d. Norm qualifizierten Rechtsverstoß, scheidet eine Freigabe auch bei den schwersten zu erwartenden Nachteilen für die Gesellschaft aus.

Der Gesetzgeber weist im Zusammenhang mit der Interessenabwägung nach § 246a Abs. 2 Nr. 3 AktG darauf hin, dass sich ein „schwerer" Rechtsverstoß für den klagenden Aktionär so gravierend ausnehmen muss, dass er auf andere Weise, etwa durch Schadensersatzansprüche, nicht ausgeglichen werden könne.[84] Beispiele sind etwa eine Kapitalerhöhung ohne Hauptversammlungsbeschluss oder ein Beherrschungs- oder Gewinnabführungsvertrag ohne Zustimmung der Hauptversammlung. Andererseits lasse die Nichtigkeit eines Beschlusses nicht automatisch den Rückschluss zu, dass der Rechtsverstoß von einer besonderen Schwere i. S. d. § 246a Abs. 2 Nr. 3 AktG geprägt sei. Kleinere formale Fehler, die zwar nach § 241 AktG zur Nichtigkeit führten, müssten nicht zwingend schwer sein.[85]

Liegen nur „leichte" oder „normale" Rechtsverstöße vor und findet die Interessenabwägung aus diesem Grund statt, kommt dem Umstand, dass ein klagender Aktionär nur

---

[83] K. Schmidt/Lutter/*Schwab*, § 246 Rn. 37.
[84] Begr. RegE ARUG BT-Drucks. 16/11642, S. 64.
[85] Begr. RegE ARUG BT-Drucks. 16/11642, S. 64.

über eine kleine Zahl an Aktien verfügt, eine herausragende Bedeutung zu; die Gesellschaft hat dann einen klaren Abwägungsvorsprung.[86]

Das Registergericht ist an den gemäß § 246a Abs. 3 Satz 4 AktG unanfechtbaren Beschluss im Freigabeverfahren gebunden (§ 246a Abs. 3 Satz 5 AktG). Die festgestellte Bestandskraft entfaltet *erga-omnes*-Wirkung, weshalb gemäß § 242 Abs. 2 Satz 5 AktG ein stattgebendes Urteil nicht nach § 248 Abs. 1 Satz 3 AktG ins Handelsregister eingetragen werden kann.

14.4.4 Wirkungen des stattgebenden Anfechtungsurteils

Die Anfechtungsklage als Gestaltungsklage wirkt, wenn sie Erfolg hat, *ex tunc* gegen alle Aktionäre und Verwaltungsmitglieder, §§ 248 Abs. 1, 249 Abs. 1 AktG. Die Nichtigkeit von Aufsichtsratswahlen wirkt darüber hinaus nach § 252 Abs. 1 AktG auch für und gegen die Arbeitnehmer der Gesellschaft sowie für und gegen alle in § 250 Abs. 2 AktG als im Rahmen der Anfechtungsklage genannten parteifähigen Arbeitnehmerorganisationen und -vertretungen. Nach zutreffender h. M. geht die Wirkung des Anfechtungsurteils aber über das im Gesetz genannte Maß hinaus; sie entfaltet sich für und gegen jedermann (*erga omnes*-Wirkung).[87]

Praktische Schwierigkeiten ergeben sich immer dann, wenn ein Beschluss durch Anfechtungsurteil *ex tunc* nichtig wird, der Vorstand jedoch schon vorher mit seiner Durchführung oder Umsetzung begonnen hat, ohne ein Freigabeverfahren durchgeführt zu haben. Ist beispielsweise aufgrund eines nichtigen (bzw. für nichtig erklärten) Gewinnverwendungsbeschlusses bereits Gewinn verteilt worden, so kann dieser nicht einfach nach Bereicherungsrecht zurückverlangt werden. Das Aktiengesetz enthält mit § 62 Abs. 1 Satz 2 AktG eine speziellere Vorschrift, die gutgläubige Aktionäre unabhängig davon schützt, ob sie entreichert sind oder nicht.

Wird ein Beschluss zur **Wahl einzelner Aufsichtsratsmitglieder** für nichtig erklärt, war der Betroffene niemals Organmitglied. Aus Gründen des Rechtsschutzes führt dies allerdings nicht dazu, dass sämtliche Beschlüsse des Aufsichtsrats, an denen das betroffene Mitglied mitgewirkt hat, *ex tunc* nichtig würden. Aufsichtsratsbeschlüsse sind vielmehr nur dann nichtig, wenn die Stimme des Nicht-Mitglieds rechnerisch für das Abstimmungsergebnis relevant gewesen ist. Bei Beschlüssen mit Außenwirkung werden gutgläubige Dritte häufig über die Anwendung allgemeiner Rechtscheinsregeln geschützt werden können.[88] Ausführungsgeschäfte, die der Vorstand auf Grundlage des für nichtig erklärten Beschlusses vorgenommen hat und die sich im Rahmen seiner gesetzlichen Vertretungsmacht nach § 82 Abs. 1 AktG bewegen, bleiben wirksam.

---

[86] *Raiser/Veil*, § 16 Rn. 131.
[87] Hüffer/*Koch*, § 248 Rn. 5; MüKo-AktG/*Hüffer/Schäfer*, § 248 Rn. 13; Spindler/Stilz/*Dörr*, § 248 Rn. 6; KölnKomm-AktG/*Zöllner*, § 249 Rn. 13, 16; GroßKomm-AktG/*K. Schmidt*, § 248 Rn. 4; Hölters/*Englisch*, § 248 Rn. 8; a. A. K. Schmidt/Lutter/*Schwab*, § 248 Rn. 5.
[88] *Raiser/Veil*, § 16 Rn. 162.

Strukturändernde Beschlüsse, die sich später als nichtig erweisen oder erfolgreich angefochten werden, genießen einen höheren Bestandsschutz als andere Beschlüsse, sofern sie im Handelsregister eingetragen worden sind. Niederschlag im Gesetz hat dieser Grundsatz etwa in § 20 Abs. 2 UmwG gefunden, der der Eintragung der Maßnahme konstitutive Wirkung beimisst. Etwaige Mängel der Verschmelzung lassen die Wirkungen der Eintragung unberührt. Wird die Verschmelzung etwa im Rahmen des abgekürzten Unbedenklichkeitsverfahrens nach § 16 Abs. 3 UmwG eingetragen, kann der Anfechtungskläger für den Fall, dass er den Anfechtungsprozess später gewinnt, lediglich Schadensersatz von der Gesellschaft verlangen, § 16 Abs. 3 Satz 10 UmwG, wobei ausdrücklich klargestellt wird, das Inhalt des Schadensersatzanspruchs nicht die Beseitigung der Eintragungswirkungen sein kann.[89]

Entsprechende Regeln fehlen im Recht der **Unternehmensverträge**. Dort wendet die Rechtsprechung die Regeln über die fehlerhafte Gesellschaft an. Damit bleibt der Unternehmensvertrag wirksam, wenn der ihn betreffende Hauptversammlungsbeschluss im Anfechtungsprozess nachträglich für nichtig erklärt wird; er kann jedoch *ex nunc* nach den Regeln des § 297 AktG beendet und abgewickelt werden.[90]

Weil das Anfechtungsurteil rein kassatorische Wirkung hat, den angegriffenen Beschluss mithin lediglich beseitigt, hat sich in der Praxis für bestimmte Fälle die Verbindung der Anfechtungs- mit einer **positiven (allgemeinen) Beschlussfeststellungsklage** als übliche Vorgehensweise herausgebildet.[91] Steht fest, dass ohne den mit der Anfechtungsklage angegriffenen Fehler ein bestimmter Beschluss ergangen wäre, wäre es unbillig und formalistisch den Anfechtungskläger auf die nächste Hauptversammlung zu verweisen. Die positive Beschlussfeststellungsklage wird mit der Anfechtungsklage verbunden, unterliegt der Anfechtungsfrist des § 246 Abs. 1 AktG und das Urteil entfaltet *erga-omnes*-Wirkung.[92] Um dem Erfordernis rechtlichen Gehörs hinreichend Rechnung zu tragen, ist den Aktionären die positive Beschlussfeststellungsklage – notfalls durch das Gericht – zur Kenntnis zu bringen, damit sie sich eventuell als Nebenintervenienten an dem Prozess beteiligen können.[93]

14.4.5 Missbrauch der Anfechtungsbefugnis

Insbesondere bei eintragungsbedürftigen Hauptversammlungsbeschlüssen trifft die Erhebung von Anfechtungsklagen die Gesellschaft mitunter schwer. Denn die Anfechtungsklage löst in bestimmten Fällen[94] eine Registersperre aus; eine Eintragung darf dann nicht

---

[89] Semler/Stengel/*Schwanna*, § 16 Rn. 50.
[90] BGHZ 103, 1, 5; BGHZ 105, 324; BGHZ 116, 37, 39; *Raiser/Veil*, § 16 Rn. 164.
[91] BGHZ 76, 154, 157 (zur GmbH); BGHZ 76, 191, 197 ff. (zur AG); KölnKomm-AktG/*Zöllner*, § 248 Rn. 25; *ders.*, ZGR 1982, 623.
[92] BGHZ 76, 191, 199.
[93] BGHZ 97, 28, 31.
[94] Vgl. §§ 319 Abs. 5, 320 Abs. 3, 327e Abs. 2 AktG, §§ 16 Abs. 2, 176 Abs. 1 UmwG.

14.4 Anfechtbare Beschlüsse

erfolgen. In anderen Fällen entscheidet der Registerrichter nach pflichtgemäßem Ermessen, ob er die Eintragung vornimmt oder das Verfahren einstweilen aussetzt.[95] Aus Angst vor Amtshaftung wird er das Verfahren jedoch im Zweifel bis zu einer Entscheidung über die anhängige Anfechtungsklage aussetzen, was einer jedenfalls faktischen Registersperre gleichkommt.[96] Die Verzögerung, die mit der Registersperre zwangsläufig verbunden ist, birgt vor allem bei bedeutsamen Strukturmaßnahmen ein erhebliches Erpressungspotenzial für den rechtsmissbräuchlich anfechtenden Aktionär, das er bestmöglich versuchen wird zu kommerzialisieren.[97]

Die Ausübung des Anfechtungsrechts unterliegt den allgemeinen Schranken privater Rechtsausübung und kann gemäß § 242 BGB wegen Rechtsmissbrauchs unwirksam sein.[98] Hauptanwendungsfälle sind insofern die grob eigennützige Rechtsausübung.[99] Die subjektive Einfärbung des Missbrauchseinwands macht es der Gesellschaft indes häufig schwierig, den Einwand vor Gericht zu beweisen. Dies dürfte aber häufig dann gelingen, wenn der klagende Aktionär von vorne herein zu erkennen gibt, dass er gegen Zahlung eines überhöhten Betrages auf die Klage verzichten oder sie zurücknehmen werde.[100] In diesen Fällen kann die Gesellschaft unter Umständen sogar zum „Gegenangriff" übergehen und den Aktionär wegen vorsätzlicher sittenwidriger Schädigung (§ 826 BGB) in Anspruch nehmen.[101]

Kann dem Aktionär im Einzelfall nachgewiesen werden, dass er nur aus grobem Eigennutz Anfechtungsklage erhoben hat, so entfällt damit die Anfechtungsbefugnis, was die Anfechtungsklage unbegründet macht.[102] Erbringt die Gesellschaft dennoch Zahlungen oder sonstige Leistungen, die lediglich dazu dienen, den „Lästigkeitswert" der Klage abzukaufen, begründen diese als verbotene Einlagenrückgewähr i. S .d. § 57 AktG den besonderen aktienrechtlichen Rückgewähranspruch des § 62 AktG. Die vergleichsweise Beilegung der Beschlussmängelstreitigkeit aus anderen Gründen und damit verbundene Zahlungen bleiben aber zulässig.

---

[95] Hüffer/*Koch*, § 245 Rn. 23.
[96] Eine gewisse Abhilfe schafft hier das Freigabeverfahren gemäß § 246a AktG, näher dazu unter 4. Teil 14.4.3.
[97] *Raiser/Veil*, § 16 Rn. 168; Hüffer/*Koch*, § 245 Rn. 23.
[98] BGHZ 107, 296, 310 f. = NJW 1989, 2689; MüKo-AktG/*Hüffer/Schäfer*, § 245 Rn. 55 ff.; Groß-Komm-AktG/*K. Schmidt*, § 245 Rn. 53; Hüffer/*Koch*, § 245 Rn. 23.
[99] OLG Stuttgart AG 2003, 456, 457.
[100] *Raiser/Veil*, § 16 Rn. 170.
[101] OLG Frankfurt ZIP 2009, 271.
[102] BGH AG 1992, 448.

Literatur

Baums/Drinhausen/Keinath, Anfechtungsklagen und Freigabeverfahren. Eine empirische Studie, ZIP 2011, 2329
Casper, Die Heilung nichtiger Beschlüsse im Kapitalgesellschaftsrecht, 1998
Langenbucher, Aktien- und Kapitalmarktrecht, 3. Auflage, 2015
Raiser/Veil, Recht der Kapitalgesellschaften, 6. Auflage, 2015
Schmidt, K., Gesellschaftsrecht, 4. Auflage, 2002
Wiedemann, Gesellschaftsrecht, 2004

Teil V
Die Finanzverfassung

Der Grundsatz der Vermögensbindung 15

15.1 Vermögensbindung und Verbot der Einlagenrückgewähr

15.1.1 Anwendungsbereich

Nach § 57 Abs. 1 Satz 1 AktG sind jegliche Leistungen der Aktiengesellschaft, die aufgrund der Aktionärsstellung an Aktionäre erbracht werden, verboten, es sei denn sie erfolgen aus dem Bilanzgewinn (sog. **Prinzip der Vermögensbindung**). Darüber hinaus lässt das Gesetz für einige Fälle Ausnahmen von diesem Grundsatz zu.[1]

Als **Zwecke** der aktienrechtlichen Vermögensbindung werden in der Literatur das Interesse der Gläubiger an der Erhaltung eines Haftungsfonds,[2] die Sicherung der Gleichbehandlung der Aktionäre durch das Verhindern disproportionaler Vorteilszuwendungen,[3] die Einhaltung der gesetzlichen Kompetenzordnung,[4] die durch Zuwendungen außerhalb des gesetzlich vorgeschriebenen Gewinnverwendungsverfahrens durchbrochen würde, und die Sicherstellung eines vollständigen und zutreffenden Gewinnausweises genannt.[5]

---

[1] Vgl. RGZ 107, 161, 168; RGZ 149, 385, 400; BGH AG 2008, 120 Rn. 16; BGHZ 190, 7 Rn. 15 = NJW 2011, 2719; MüKo-AktG/*Bayer*, § 57 Rn. 7; KölnKomm-AktG/*Drygala*, § 57 Rn. 16.

[2] RGZ 18, 1, 5; RGZ 54, 128, 132; RGZ 80, 148, 152; RGZ 107, 161, 168; KölnKomm-AktG/*Drygala*, § 57 Rn. 9 f.; MüKo-AktG/*Bayer*, § 57 Rn. 1; GroßKomm-AktG/*Henze*, § 57 Rn. 7; Spindler/Stilz/*Cahn/v. Spangenberg*, § 57 Rn. 4 (Fn. 5 mit zahlreichen weiteren, auch historischen Nachweisen).

[3] RGZ 54, 128, 132; RGZ 107, 161, 168; *Bitter*, ZHR 168 (2004), 302 (310 f., 329, 335 ff.); KölnKomm-AktG/*Drygala*, § 57 Rn. 11 ff.; GroßKomm-AktG/*Henze*, § 57 Rn. 7; MüKo-AktG/*Bayer*, § 57 Rn. 2; Spindler/Stilz/*Cahn/v. Spangenberg*, § 57 Rn. 4 m. w. N.

[4] KölnKomm-AktG/*Lutter*, 2. Aufl., § 57 Rn. 2; GroßKomm-AktG/*Henze*, § 57 Rn. 7; MüKo-AktG/*Bayer*, § 57 Rn. 2; Spindler/Stilz/*Cahn/v. Spangenberg*, § 57 Rn. 4 m. w. N.

[5] KölnKomm-AktG/*Drygala*, § 57 Rn. 14; GroßKomm-AktG/*Henze*, § 57 Rn. 7; Spindler/Stilz/*Cahn/v. Spangenberg*, § 57 Rn. 4 m. w. N.

Anders als der Wortlaut des § 57 Abs. 1 Satz 1 AktG suggeriert, kommt es nicht darauf an, ob es sich bei dem Zurückgewährten um eine Einlage i. S. d. § 54 AktG handelt oder einen sonstigen Vermögensgegenstand. Allein relevant ist die Beeinträchtigung des Gesellschaftsvermögens dem Wert nach.[6] Ebenso wenig und im Unterschied zu § 30 Abs. 1 GmbHG kommt es darauf an, ob das von der Gesellschaft weggegebene Vermögen zur Deckung der Grundkapitalziffer erforderlich ist. Der Begriff „Vermögen" ist dabei weit zu verstehen. Er umfasst nicht nur bilanzierungsfähige Gegenstände, sondern auch konkrete Erwerbsaussichten und Geschäftschancen der Gesellschaft.[7] Die Anforderungen an das Merkmal der Leistung oder Rückgewähr sind gering. Die Vermögensverschiebung muss nicht unmittelbar sein.[8] Als Leistung wird vielmehr gleichermaßen jeder von Aktionären wirtschaftlich veranlasste und zulasten der Gesellschaft gehende Transfer positiven wie auch negativen Vermögens qualifiziert.[9] Umstritten ist in diesem Zusammenhang, ob die Verschiebung von Schulden, die ein Akquisitionsvehikel im Rahmen eines Unternehmenskaufs aufgenommen hat, auf die Zielgesellschaft, etwa durch Umwandlungsmaßnahmen, unter das Verbot des § 57 Abs. 1 Satz 1 AktG fällt.[10] Der Regelfall des § 57 Abs. 1 Satz 1 AktG betrifft Leistungen der Aktiengesellschaft an ihre Aktionäre. Darüber hinaus können aber auch Leistungen von oder an Dritte unter die Norm fallen, wenn sie das Gesellschaftsvermögen belasten.[11]

15.1.2 Verbotene Leistungen

Wird die Beeinträchtigung des Gesellschaftsvermögens durch Umsatzgeschäfte verschleiert, spricht man von verdeckter Einlagenrückgewähr. Aus dem mit § 57 Abs. 1 Satz 1 AktG verfolgten Prinzip der Vermögensbindung folgt, dass nicht nur offene, sondern auch verdeckte Leistungen von dem Rückgewährverbot erfasst werden. Unter besonderen Voraussetzungen können auch Leistungen Dritter und an Dritte gegen § 57 Abs. 1 Satz 1 AktG verstoßen. Das Sonderproblem der Aktionärsdarlehen löst das Gesetz seit Inkrafttreten des MoMiG 2008 mit dem Insolvenzrecht.

Ungeschriebenes Tatbestandsmerkmal verbotener Auszahlungen ist, dass sie ihre Grundlage im Mitgliedschaftsverhältnis (*causa societatis*) haben. Die Abgrenzung von

---

[6] Vgl. RGZ 146, 84, 87 und 94; OLG Frankfurt AG 1992, 194, 196; MüKo-AktG/*Bayer*, § 57 Rn. 9; *Bitter*, ZHR 168 [2004], 302, 308 ff.

[7] Spindler/Stilz/*Cahn/v. Spangenberg*, § 57 Rn. 9.

[8] BGHZ 190, 7 Rn. 16.

[9] Zur Begründung einer Verbindlichkeit zulasten der AG vgl. BGH ZIP 2011, 1306, 1308 f. – Deutsche Telekom.

[10] *Klein/Stephanblome*, ZGR 2007, 351, 376 ff. und 383 ff.; *Priester*, in: FS Spiegelberger, 2009, S. 890, 892 ff.; *Seibert*, in: FS Schwark, 2009, S. 261, 267 f.; a. A. *Riegger*, ZGR 2008, 233, 246 f.

[11] Hüffer/*Koch*, § 57 Rn. 3.

zulässigen Drittgeschäften erfolgt durch das Kriterium des Drittvergleichs.[12] Hätte die Gesellschaft den Vermögenstransfer in der konkreten Art und Weise, wie er durchgeführt wurde, gleichermaßen an einen Dritten durchgeführt, handelt es sich nicht um eine verbotene Zahlung. Bei der Betrachtung ist also auf Marktüblichkeit, aber auch auf den in der Satzung niedergelegten Unternehmensgegenstand abzustellen.

Beispiele für in der Praxis eher selten vorkommende **offene Einlagenrückgewähr** sind die Vorauszahlung auf die Dividende, ohne dass dies durch das in § 59 AktG verankerte Recht zur Abschlagszahlung legitimiert ist,[13] die Gewährung eines ungesicherten Darlehens an einen Aktionär[14] sowie der Abkauf von Anfechtungsklagen.[15]

Bei der Beurteilung, ob ein Umsatzgeschäft eine **verdeckte Einlagenrückgewähr** darstellt, sind subjektive Elemente nicht relevant. Es kommt lediglich auf das objektive Missverhältnis zwischen Leistung und Gegenleistung an. Beispiele für verdeckte Rückgewähr von Einlagen sind die Übernahme von Bauleistungen zu „Dumping-Preisen", die ersichtlich schon die anfallenden Kosten nicht decken,[16] die Sicherheitenbestellung zugunsten von Aktionären[17] sowie die vorfällige Tilgung von Darlehen, die den Aktionär von eventuellen Bürgschaftsverpflichtungen befreit.[18] Ebenfalls oftmals anzutreffen sind Beraterverträge, aus denen Aktionäre Honorare erhalten, ohne jedoch erkennbare Beratungsleistungen zu erbringen.[19] Verboten ist schließlich die Herausgabe geistigen Eigentums, wie z. B. Warenzeichen oder Markenrechten, ohne angemessenen finanziellen Ausgleich an den Hauptaktionär im Zuge dessen Ausscheidens aus der AG.[20]

15.1.3 Ausnahmen

Die Gewährung von Dividenden ist der einfachste und übliche Weg, finanzielle Mittel von der Gesellschaft an die Aktionäre zurückzugeben. Es handelt sich streng genommen um keine Ausnahme vom Verbot der Einlagenrückgewähr; denn die Dividendengewährung ist keine Einlage i. S. v. § 57 AktG und unterfällt nicht dem sonst sehr weitgehenden Grundsatz der Vermögensbindung. Dass Dividenden nicht dem sonst rigorosen Kapitalschutzsystem in der AG unterfallen, gleicht das Gesetz dadurch aus, dass die Verwaltung vor der Beschlussfassung der Hauptversammlung über die Dividendenausschüttung gemäß § 58 Abs. 2 AktG einen Betrag von bis zu 50 Prozent des Jahresüberschusses nach eigenem

---

[12] BGHZ 179, 71 = NJW 2009, 850 Rn 12 – MPS.
[13] RGZ 107, 161, 168.
[14] LG Dortmund AG 2002, 97, 98 f.
[15] BGH NJW 1992, 2821.
[16] BGH NJW 1987, 1194.
[17] OLG Düsseldorf AG 1980, 273, 274; OLG Hamburg AG 1980, 275, 279.
[18] KG NZG 1999, 161 f.
[19] Hüffer/*Koch*, § 57 Rn. 12.
[20] OLG Frankfurt AG 1996, 324, 326 f.

Ermessen und, wenn die Satzung es zulässt, sogar einen noch größeren Anteil des Jahresüberschusses in andere Gewinnrücklagen i. S. v. § 266 Abs. 3 A. III. 4. HGB einstellen kann.

Diese **Ermessensentscheidung** ist zwar in zweierlei Hinsicht begrenzt: erstens deckelt § 58 Abs. 2 Satz 3 AktG die Möglichkeit, Jahresüberschuss in Gewinnrücklagen einzustellen, wenn die anderen Gewinnrücklagen bereits 50 Prozent des Grundkapitals übersteigen oder durch die konkrete Einstellung übersteigen würden. Zweitens erklärt § 254 Abs. 1 AktG Gewinnverwendungsbeschlüsse für anfechtbar, wenn eine Mindestdividende von vier Prozent des Grundkapitals unterschritten wird. Der ausschüttungsfähige Gewinn wird dem Verfügungsbereich der Aktionäre indes nicht nur durch die Ermessensrücklagen entzogen. Bei der **Aufstellung des Jahresabschlusses** kann der Vorstand durch die Ausnutzung der handelsrechtlichen Bewertungswahlrechte im Ergebnis dafür sorgen, dass der Betrag, der am Ende zur Ausschüttung zur Verfügung steht, von vorne herein geringer ist. Ist der Jahresabschluss aufgestellt, muss zudem noch ein Betrag in die **gesetzliche Rücklage** gemäß § 150 AktG eingestellt und der **Verlustvortrag** vom Jahresüberschuss abgezogen werden (§ 58 Abs. 1 Satz 3 AktG). Jenseits der Verhinderung offensichtlichen Ermessensmissbrauchs durch § 58 Abs. 2 Satz 3 AktG und § 254 Abs. 1 AktG verbleibt damit der Verwaltung insgesamt ein gehöriger Einfluss auf die Thesaurierungs- bzw. Ausschüttungsquote der AG und somit auf die Verwendung des Jahreserfolgs.[21]

Das Gesetz lässt aber auch für bestimmte Fälle außerhalb der Dividendenausschüttung **Ausnahmen vom Verbot der Einlagenrückgewähr** zu. So fällt etwa die Zahlung des Erwerbspreises beim zulässigen Erwerb eigener Aktien nicht in den verbotenen Bereich (§ 57 Abs. 1 Satz 2 AktG); auch Leistungen bei Bestehen eines Beherrschungs- oder Gewinnabführungsvertrags oder Leistungen, die von einem vollwertigen Gegenleistungs- oder Rückgewähranspruch gegenüber den Aktionären gedeckt sind, sind vom Verbot des Abs. 1 Satz 1 ausgenommen (§ 57 Abs. 1 Satz 3 AktG). Im faktischen Konzern wird nach zutreffender h. M. die strikte Vermögensbindung des § 57 Abs. 1 Satz 1 AktG durch die Sonderregelungen in §§ 311, 317 AktG verdrängt.[22] Ebenfalls nicht verboten sind nach § 57 Abs. 1 Satz 4 AktG die Rückerstattung von Aktionärsdarlehen und wirtschaftlich äquivalente Rechtshandlungen. Weitere im Aktiengesetz verstreute Ausnahmen betreffen Leistungen beim Erwerb wechselseitiger Beteiligungen (§ 71d Satz 2 AktG), Rückzahlungen im Rahmen einer Kapitalherabsetzung (§ 222 Abs. 3 AktG) sowie die Zahlungen im Zusammenhang mit der Einziehung von Aktien (§ 237 Abs. 2 AktG).

---

[21] Kritisch dazu Spindler/Stilz/*Cahn/v. Spangenberg*, § 58 Rn. 4 ff.; GroßKomm/*Henze*, § 58 Rn. 13; Hüffer/*Koch*, § 58 Rn. 2; neutral K. Schmidt/Lutter/*Fleischer*, § 58 Rn. 3 ff.

[22] Vgl. LG Düsseldorf AG 1979, 290, 291 f.; MüKo-AktG/*Bayer*, § 57 Rn. 146; *Hentzen*, ZGR 2005, 480, 507.

15.1.4 Rechtsfolgen

Verstöße gegen das Verbot der Einlagenrückgewähr aus § 57 Abs. 1 Satz 1 AktG führen nicht zur Nichtigkeit nach § 134 BGB von **Verpflichtungs- und Verfügungsgeschäft**. Dies ergibt sich im Wege des Umkehrschlusses aus § 62 AktG, der bestimmt, dass Aktionäre, die verbotswidrig Leistungen erlangt haben, zur Rückgewährung an die Gesellschaft verpflichtet sind. Der Gesetzgeber sieht also für Verstöße gegen das Prinzip der Vermögensbindung eine das Bereicherungsrecht des BGB verdrängende spezielle Rechtsfolgenregelung vor. So steht etwa dem Aktionär als Rückgewährschuldner nicht der Entreicherungseinwand zur Seite, wie ihn § 818 Abs. 3 BGB kennt und § 62 Abs. 3 AktG ordnet eigene, längere Verjährungsfristen für die Ansprüche der AG an. Dass daneben die Nichtigkeitsfolge des § 134 BGB eintreten soll, kann schwerlich gewollt sein, weil dies wiederum zwangsläufig Konkurrenzprobleme mit dem Bereicherungsrecht nach sich ziehen würde.[23]

Gegen die Geltung der Nichtigkeitsfolge speziell in Bezug auf das dingliche Verfügungsgeschäft spricht zudem, dass die Zweifel an der dinglichen Zuordnung von Vermögensgegenständen, die sich aus unwirksamen Verfügungen ergeben, vermieden werden.[24] Ist das dingliche Erfüllungsgeschäft noch nicht vollzogen und verlangt der Aktionär gestützt auf das rechtlich wirksame Verpflichtungsgeschäft Erfüllung, so kann ihm die Gesellschaft den Einwand treuwidrigen Verhaltens entgegenhalten, weil er die Leistung wegen § 62 AktG unmittelbar nach Empfang zurückgewähren müsste („dolo agit qui petit quod statim redditurus est").[25] **Das Rechtsfolgenkonzept der §§ 57, 62 AktG** basiert ausschließlich auf einer **Innenhaftung** der Leistungsempfänger gegenüber der Gesellschaft. Darüber hinausgehende Direktansprüche einzelner Gläubiger aus § 823 Abs. 2 BGB kommen somit schon aus gesetzessystematischen Gründen nicht in Betracht. Das Verbot der Einlagenrückgewähr schützt die Gesamtheit aller Gläubiger und Aktionäre und vermittelt keinen Individualschutz.[26]

Verwaltungsmitglieder können mithilfe des speziellen Haftungstatbestands des §§ 93 Abs. 3 Nr. 1 und 2 AktG (bei Aufsichtsratsmitgliedern i. V. m. § 116 Satz 1 AktG) zur Verantwortung gezogen werden. Unter den zusätzlichen Voraussetzungen des § 117 AktG kann auch eine Ersatzpflicht der Aktionäre bestehen.

---

[23] BGHZ 196, 312 Rn. 14 ff. = NJW 2013, 1742; MüKo-AktG/*Bayer*, § 57 Rn. 157 ff.; KölnKomm-AktG/*Drygala*, § 57 Rn. 133 f.; Hüffer/*Koch*, § 57 Rn. 32; *T. Winter*, NZG 2012, 1371 ff.; *Witt*, ZGR 2013, 668 ff.

[24] BGHZ 196, 312 Rn. 19.

[25] BGHZ 196, 312 Rn. 18.

[26] Zu § 30 GmbHG: BGHZ 110, 342, 359 f. = NJW 1990, 1725; MüKo-AktG/*Oechsler*, § 71 Rn. 343.

15.2 Erwerb eigener Aktien

Neben der Kapitalherabsetzung stellt der Rückerwerb eigener Aktien eine in der Praxis genutzte Möglichkeit dar, Liquidität (wieder) an die Aktionäre auszukehren. § 57 Abs. 1 Satz 2 AktG suspendiert zu diesem Zweck das Verbot des § 57 Abs. 1 Satz 1 AktG in Bezug auf den für eigene Aktien zu gewährenden Kaufpreis. Eigene Aktien vermitteln der Gesellschaft im Prinzip eine Beteiligung an ihrem eigenen Vermögen und sind aus diesem Grund für sie wertlos.[27] Mangels werthaltiger Gegenleistung mindert ein entgeltlicher Erwerb eigener Aktien das Gesellschaftsvermögen deshalb in gleichem Umfang wie Dividendenzahlungen.[28]

15.2.1 Chancen des Aktienrückkaufs

Der Rückerwerb eigener Aktien kann für die **Gesellschaft** in mehrerlei Hinsicht **vorteilhaft** sein. So können zunächst günstige Veränderungen der **Kapitalstruktur** vorgenommen werden. Die mit dem Erwerb verbundene Reduzierung des Eigenkapitals erhöht in der Regel den Ertrag je Aktie.[29] Wird der Rückerwerb durch die Gesellschaft fremdfinanziert, lässt sich bei niedrigen Fremdkapitalzinsen eine Hebelwirkung bei Erhöhung der Eigenkapitalrendite erzielen.[30] Die Gesellschaft kann die eigenen Aktien jederzeit und ohne weiteres wieder ausgeben, verfügt also über **bewegliches Kapital**,[31] das sie z. B. als Währung im Rahmen von spontanen Unternehmensakquisitionen oder zur Bedienung von Mitarbeiterbeteiligungsprogrammen verwenden kann.[32] Übermäßige Barreserven werden häufig durch einen Erwerb eigener Aktien abgebaut, indem die Gesellschaft ihren Aktionären eine Sonderausschüttung zukommen lässt. Der Vorteil an einem solchen Vorgehen ist, dass dadurch überzogene Dividendenerwartungen für die Zukunft vermieden werden.[33] Bei börsennotierten Gesellschaften können Aktienrückkäufe zur Stabilisierung des Kursniveaus eingesetzt werden.[34]

Auch **Aktionären** kommt der Rückkauf eigener Aktien durch die Gesellschaft in bestimmten Konstellationen **zugute**. In nicht börsennotierten Gesellschaften kommt mitunter für deinvestitionswillige Aktionäre lediglich die Option in Betracht, ihre Aktien an

---

[27] Spindler/Stilz/*Cahn*, § 71 Rn. 1 m. w. N.
[28] Spindler/Stilz/*Cahn*, § 71 Rn. 1.
[29] Begr RegE KonTraG, BT-Drs. 13/9712 S. 13.
[30] Spindler/Stilz/*Cahn*, § 71 Rn. 3 m. w. N.
[31] Spindler/Stilz/*Cahn*, § 71 Rn. 4; *Lutter* AG 1997, August-Sonderheft, 52, 56: „Pulsierendes" Eigenkapital.
[32] Spindler/Stilz/*Cahn*, § 71 Rn. 4 m. w. N.
[33] *Huber*, in: FS Kropff, 1997, S. 101, 106; GroßKomm-AktG/*Merkt*, § 71 Rn. 20.
[34] *v. Rosen/Helm*, AG 1996, 434, 437; *Escher-Weingart/Kübler*, ZHR 162 (1998) 537, 554; Spindler/Stilz/*Cahn*, § 71 Rn. 6.

die Gesellschaft selbst zu veräußern. Wenn die Aufnahme außenstehender Dritte in den Aktionärskreis nicht erwünscht oder durch eine Vinkulierungsklausel sogar ausgeschlossen ist, die übrigen Aktionäre aber auch nicht willens oder in der Lage sind, die Aktien eines veräußerungswilligen Aktionärs entsprechend ihrer Beteiligungsquote zu übernehmen, kann ein Rückerwerb durch die Gesellschaft Abhilfe schaffen und ein Ausscheiden ermöglichen. Die Machtverhältnisse bleiben dabei unverändert. In personalistischen Aktiengesellschaften kann zudem ein Erwerb durch die Gesellschaft die einzige Möglichkeit sein, dauerhafte Konflikte zwischen Mehrheit und Minderheit aus der Welt zu schaffen, indem der Minderheit das Ausscheiden aus der Gesellschaft ermöglicht wird.[35] Die verbleibenden Aktionäre profitieren zudem mittelbar von einer höheren Aktienrendite und – bei börsennotierten Gesellschaften – von einer Steigerung des Aktienkurses.[36]

Ein **vorteilhafter Aspekt des Aktienrückkaufs aus Verwaltungssicht** kann die Möglichkeit sein, eine Übernahme der Gesellschaft zu erschweren.[37] Denn Aktionäre, die im Rahmen eines Rückkaufsprogramms ihre Aktien nicht veräußern, werden tendenziell auch gegenüber Übernahmeinteressenten nur zu einem höheren Preis oder überhaupt nicht veräußern. Die verkaufswilligen Aktionäre kommen indes bereits beim Rückerwerb zum Zug und scheiden für Übernahmebieter als Verkäufer aus.[38] Dies hat in der Regel zur Folge, dass der Preis für einen Kontrollerwerb erhöht wird, was sich bei börsennotierten Gesellschaften dadurch verstärken kann, dass Rückkäufe den Aktienkurs steigern können und eine Übernahme so weniger attraktiv machen.[39] Hinzukommt, dass der Rückerwerb das liquide Gesellschaftsvermögen verringert und so die Akquisitionsfinanzierung aus Gesellschaftsmitteln erschwert.[40]

15.2.2 Risiken des Aktienrückkaufs

Der Erwerb eigener Aktien kann aber auch mit einigen **Risiken** verbunden sein, denen die Anforderungen und Beschränkungen der §§ 71 ff. AktG begegnen sollen. Die Zahlung des Erwerbspreises für eigene Aktien ist eine Kapitalrückzahlung zulasten der Gesellschaft, die den Verschuldungsgrad und die Insolvenzanfälligkeit der Gesellschaft und damit die Risikoneigung der Eigenkapitalgeber erhöht.[41] Da der Wert der Aktien stets vom Wert des sonstigen Gesellschaftsvermögens abhängt, bieten eigene Aktien als Vollstreckungsgegenstand keine zusätzliche Sicherheit. Dementsprechend sind gemäß § 272 Abs. 1a HGB bilanziell der Nennbetrag eigener Aktien offen als Kapitalrückzahlung vom Grund-

---

[35] *Escher-Weingart/Kübler* ZHR 162 (1998) 537, 553.
[36] Spindler/Stilz/*Cahn*, § 71 Rn. 7.
[37] *Berrar/Schnorbus*, ZGR 2003, 59, 100 ff.; Spindler/Stilz/*Cahn*, § 71 Rn. 11.
[38] *Böhm*, in v. Rosen/Seifert, Die Übernahme börsennotierter Unternehmen, S. 327, 336.
[39] Spindler/Stilz/*Cahn*, § 71 Rn. 11.
[40] *Kellerhais/Rausch*, AG 2000, 222, 224.
[41] Spindler/Stilz/*Cahn*, § 71 Rn. 14.

kapital abzusetzen und darüber hinausgehende Anschaffungskosten mit den frei verfügbaren Rücklagen zu verrechnen. Das Gesetz unterstreicht damit den Ausschüttungscharakter eines entgeltlichen Aktienrückerwerbs.[42]

Neben Risiken, die sich aus der veränderten Kapitalstruktur ergeben, bestünde bei unreguliertem Rückerwerb eigener Aktien die Gefahr der **Einflussnahme auf die Hauptversammlung** seitens der Verwaltung durch Ausübung von Stimmrechten. Dies würde die Aushöhlung der aktienrechtlichen Kompetenzordnung bedeuten. Ebenfalls gefährlich wäre die Möglichkeit des unregulierten Auskaufens unliebsamer Aktionäre.[43] Da eine Opposition gegen Aufsichtsrat und Vorstand durchaus heilsam sein kann, gilt es, eine zu weitgehende Emanzipation der Verwaltung von den Aktionären zu verhindern.[44]

Die **Aktionäre** müssen vor einer **Ungleichbehandlung** bei Erwerb und Veräußerung eigener Aktien geschützt werden. Ein ungleichmäßiger Erwerb hat insbesondere dann nachteilige Auswirkungen auf die verbleibenden Aktionäre, wenn der Erwerbspreis über dem aktuellen Börsenkurs liegt. Selbst bei angemessener Gegenleistung können übergangene Aktionäre benachteiligt sein, wenn sie – z. B. aufgrund von Marktenge oder fehlender Liquidität – ihre Aktien nicht zu gleichen Bedingungen an Dritte veräußern können. Können die rückerworbenen Aktien später nur mit Verlust wieder veräußert werden, geht dies naturgemäß zu Lasten der Gewinnanteile der verbleibenden Aktionäre.[45] Bei zu billiger Ausgabe der Aktien an Dritte droht den Aktionären eine Verwässerung des Wertes ihrer Beteiligung sowie – bezogen auf die Verhältnisse nach dem Erwerb – der Beteiligungsquote. Die Gefahrenlage beim Rückerwerb weist damit große Ähnlichkeit zum Bezugsrechtsausschluss auf.[46]

15.2.3 Zulässige Erwerbstatbestände

§ 71 Abs. 1 AktG geht dem Wortlaut nach davon aus, dass der Rückerwerb eigener Aktien grundsätzlich verboten ist. Das ergibt sich daraus, dass die Vorschrift in einem acht Ziffern umfassenden Katalog explizit Voraussetzungen und Tatbestände auflistet, bei deren Vorliegen der Erwerb erlaubt ist. Verbotsadressaten sind die Gesellschaft selbst, für Rechnung der Gesellschaft handelnde Dritte, abhängige oder im Mehrheitsbesitz der Gesellschaft stehende Unternehmen und wiederum Dritte die für Rechnung solcher Unternehmen handeln (§ 71d AktG).

---

[42] Spindler/Stilz/*Cahn*, § 71 Rn. 14.
[43] Spindler/Stilz/*Cahn*, § 71 Rn. 15.
[44] *Huber*, in: FS Duden, 1977, S. 137, 141.
[45] Spindler/Stilz/*Cahn*, § 71 Rn. 16 m. w. N.
[46] Spindler/Stilz/*Cahn*, § 71 Rn. 16 m. w. N.

15.2.3.1 Tatbestände der § 71 Nr. 1 – 7 AktG

§ 71 Abs. 1 Nr. 1 AktG erlaubt den Rückerwerb, wenn für die Gesellschaft unmittelbar ein Schaden bevorsteht und der Rückerwerb zur Abwendung dieses Schadens notwendig ist. Beispiele für eine solche prekäre Situation sind etwa das Unvermögen der Gesellschaft, ohne den Rückerwerb fällige Forderungen zu bedienen[47] oder die Abwehr gezielter Schädigungen durch Dritte, die existenzgefährdende Kursstürze herbeizuführen versuchen.[48] In der Regel nicht erfasst von dem Erlaubnistatbestand werden die Abwehr feindlicher Übernahmen[49] oder Kurspflege bzw. das Ausnutzen von Kursunterschieden durch die Verwaltung (Arbitrage). Ist jedoch zu befürchten, dass ein feindlicher Übernahmeinteressent die Gesellschaft ausplündern will, so darf die Verwaltung sich ausnahmsweise Aktien zurückkaufen und sich dabei auf § 71 Abs. 1 Nr. 1 AktG berufen.[50]

§ 71 Abs. 1 Nr. 2 AktG erlaubt den Rückkauf eigener Aktien für Mitarbeiterbeteiligungsprogramme. Die rückerworbenen Aktien werden an Arbeitnehmer oder Rentner ausgegeben. Umstritten ist, ob Nr. 2 voraussetzt,[51] dass die Aktien tatsächlich direkt an die Begünstigten veräußert werden oder stattdessen auch Aktienoptionen eingeräumt werden können.[52]

§ 71 Abs. 1 Nr. 3 AktG erlaubt den Rückkauf mit Blick auf Kompensationsverpflichtungen gegenüber Aktionären, die im Zusammenhang mit Strukturmaßnahmen wie Konzernierung oder Eingliederung oder Umwandlungsmaßnahmen nach dem UmwG entstehen.

§ 71 Abs. 1 Nr. 6 AktG erlaubt den Erwerb zur Vorbereitung einer Kapitalherabsetzung durch Einziehung von Aktien. Nr. 7 gestattet Kreditinstituten, Finanzdienstleistungsinstituten oder Finanzunternehmen in der Rechtsform der Aktiengesellschaft den Erwerb eigener Aktien zum Zwecke des Eigenhandels.

15.2.3.2 § 71 Abs. 1 Nr. 8

Von herausgehobener praktischer Relevanz ist die Möglichkeit, die Verwaltung durch einen **Hauptversammlungsbeschluss** zu Aktienrückkäufen ohne Zielvorgaben zu ermächtigen. Die Ermächtigung läuft höchstens für fünf Jahre und darf ein Erwerbsvolumen von zehn Prozent des Grundkapitals nicht übersteigen. Wurden zehn Prozent zurückgekauft, ist eine neue Ermächtigung durch die Hauptversammlung auch dann erforderlich,

---

[47] Spindler/Stilz/*Cahn*, § 71 Rn. 54; MüKo-AktG/*Oechsler*, § 71 Rn. 114; KölnKomm-AktG/*Lutter/Drygala*, § 71 Rn. 31.
[48] K. Schmidt/Lutter/*Bezzenberger*, § 71 Rn. 31; Spindler/Stilz/*Cahn*, § 71 Rn. 55; Hüffer/*Koch*, § 71 Rn. 9.
[49] MüKo-AktG/*Oechsler*, § 71 Rn. 116 ff.
[50] K. Schmidt/Lutter/*Bezzenberger*, § 71 Rn. 32; Spindler/Stilz/*Cahn*, § 71 Rn. 57; Hüffer/*Koch*, § 71 Rn. 9.
[51] K. Schmidt/Lutter/*Bezzenberger*, § 71 Rn. 35; Hüffer/*Koch*, § 71 Rn. 12; Grigoleit/*Grigoleit/Rachlitz*, § 71 Rn. 38.
[52] Spindler/Stilz/*Cahn*, § 71 Rn. 64; MüKo-AktG/*Oechsler*, § 71 Rn. 144.

wenn die Gesellschaft zwischenzeitlich einen Anteil der erworbenen Aktien wiederverkauft hat. Auch wenn parallele Ermächtigungen in der Welt sind, darf insgesamt die Zehn-Prozent-Schwelle nicht überschritten werden.[53]

Der **Mindestinhalt** des Ermächtigungsbeschlusses ergibt sich aus § 71 Abs. 1 Nr. 8 AktG. Die Hauptversammlung kann den Erwerbszweck im Ermächtigungsbeschluss festlegen, muss dies aber nicht. Erteilt die Hauptversammlung die Ermächtigung unbeschränkt oder beschließt verschiedene Zwecke, so ist die Zweckbestimmung Aufgabe des Vorstands.[54]

Als mögliche **Zwecke** kommen in Betracht die Verminderung des Eigenkapitals zu Lasten freier Rücklagen („Eigenkapital auf Zeit"[55]), die Vorbereitung der Einziehung im Rahmen der Kapitalherabsetzung nach § 237 Abs. 1 Satz 1, 2. Fall AktG ohne zugrundeliegenden Einziehungsbeschluss (und damit in Abweichung zu § 71 Abs. 1 Nr. 6 AktG), vorbehaltlich der wertpapierübernahmerechtlichen Restriktionen des § 33 WpÜG die Abwehr von feindlichen Übernahmen und – ebenfalls vorbehaltlich kapitalmarktrechtlicher Vorschriften – die gestaltende und stützende Einwirkung auf die Börsenkursbildung (Kurspflege).[56] Ausgeschlossen ist nach Nr. 8 Satz 2 jedoch der Handel in eigenen Aktien, der sich durch kontinuierlichen Kauf und Verkauf sowie der Spekulation auf Trading-Gewinne auszeichnet.[57] Der Hauptversammlungsbeschluss bedarf einer einfachen Mehrheit.

Nach §§ 71 Abs. 1 Nr. 8 Satz 5 i. V. m. 193 Abs. 2 Nr. 4, 192 Abs. 2 Nr. 3 AktG ist die Bedienung von **Aktienoptionen** für den Vorstand zulässiges Ziel eines Rückerwerbs eigener Aktien. Ob auch Aktienoptionen zugunsten von Aufsichtsratsmitgliedern von der Verweisungskette erfasst sind, ist umstritten. Der BGH und Teile des Schrifttums bejahen dies[58] und lehnen demzufolge die Zulässigkeit ab. Überzeugender ist die Gegenauffassung, die § 71 Abs. 1 Nr. 8 Satz 5 AktG lediglich als partielle Rechtsfolgenverweisung betrachtet. § 192 Abs. 2 Nr. 3 AktG ist nach dieser Lesart weder unmittelbares noch mittelbares Verweisziel des § 71 Abs. 1 Nr. 8 Satz 5 AktG.[59]

15.2.3.3 Einzelheiten zu Erwerb und Wiederveräußerung

§ 71 Abs. 1 Nr. 8 Satz 3 AktG stellt explizit klar, dass die Gesellschaft sowohl beim Erwerb als auch bei der Wiederveräußerung eigener Aktien an den Gleichbehandlungsgrundsatz gebunden ist, dessen Einhaltung jedenfalls der Erwerb und die Veräußerung

---

[53] Spindler/Stilz/*Cahn*, § 71 Rn. 101; MüKo-AktG/*Oechsler*, § 71 Rn. 205.
[54] LG Berlin AG 2000, 328, 329; RegBegr. BT-Drs. 13/9712 S. 13.
[55] *Huber*, in: FS Kropff, 1997, S. 101, 109.
[56] Hüffer/*Koch*, § 71 Rn. 19i.
[57] RegBegr. BT-Drs. 13/9712 S. 13.
[58] BGHZ 158, 122, 125 ff. = NJW 2004, 1109; *Habersack*, ZGR 2004, 721, 724 ff.; *Meyer/Ludwig*, ZIP 2004, 940, 944.
[59] OLG Schleswig AG 2003, 102, 103 f.; *Fischer*, ZIP 2003, 282, 283; *Hoff*, WM 2003, 910, 913; *Lutter*, in: FS Hadding, 2004, S. 561, 568 f.; *Schaefer*, NZG 1999, 531, 533; Hüffer/*Koch*, § 71 Rn. 19h m. w. N. und kritischer Auseinandersetzung mit BGH-Rechtsprechung.

über die **Börsen** gewährleisten (§ 71 Abs. 1 Nr. 8 Satz 4 AktG). Dementsprechend ist der Rückkauf über die Börse auch die häufigste Form des Erwerbs eigener Aktien.[60]

Alternativ in Betracht kommt stattdessen – und zwar auch, wenn die Aktien börsennotiert sind[61] – ein öffentliches Rückkaufangebot (*tender offer*), auf das das WpÜG nach h. M. jedenfalls nicht unmittelbar anwendbar ist.[62] Dabei kann die Gesellschaft den Erwerb einer bestimmten Anzahl von Aktien zu einem festen Preis (*fixed price tender offer*) oder aber auch innerhalb einer Preisspanne (*dutch auction*) anbieten. Übersteigt bei einem Festpreisangebot die Zahl der zum Verkauf angebotenen Aktien das von der Gesellschaft festgelegte Erwerbsvolumen, erfolgt ein Erwerb nach Quoten.[63] Bei der *dutch auction* wird zu dem niedrigsten Preis kontrahiert, der der Gesellschaft noch den Erwerb des angestrebten Volumens sichert. Damit gehen diejenigen Aktionäre als Veräußerer leer aus, deren Angebotspreis unter dem im Rahmen der Auktion ermittelten Grenzpreis lag. Der Gleichbehandlungsgrundsatz ist auch bei diesem Verfahren gewahrt.[64]

Der in der Praxis vorkommende Paketerwerb (*negotiated repurchase*) von einem individuell von der Gesellschaft ausgewählten Investor ist nach h. M. nicht mit dem Gleichbehandlungsgrundsatz vereinbar und daher nur ausnahmsweise zulässig.[65]

Der Gleichbehandlungsgrundsatz gilt gemäß § 71 Abs. 1 Nr. 8 Satz 3 AktG bei Erwerb und Veräußerung eigener Aktien und ist in jedem Fall bei Erwerb oder Veräußerung über die Börse gewahrt (§ 71 Abs. 1 Nr. 8 Satz 4 AktG). Zudem gebietet das Gleichbehandlungsgebot bei einem Erwerbsangebot außerhalb des Börsenhandels nach h. M. ein Andienungsrecht für alle Aktionäre, die die Angebotsbedingungen erfüllen („**umgekehrtes Bezugsrecht**").[66]

Auch im umgekehrten Fall der Wiederveräußerung stellt sich die Frage, ob alle Aktionäre angesprochen werden müssen. Aufgrund der Nähe zur Kapitalerhöhung wird man jedenfalls dann, wenn die Wiederveräußerung nicht über die Börse und nicht gleichmäßig an alle Aktionäre erfolgt, die Vorschriften über den Bezugsrechtsausschluss analog anwenden müssen.[67] Dafür spricht, dass bei einem „billigen" Veräußerungspreis der für die Kapitalerhöhung typische Verwässerungseffekt auch bei der Wiederveräußerung der eigenen Aktien eintritt.

---

[60] Habersack/Mülbert/Schlitt/*Arnold*, § 9 Rn. 40; *Langenbucher*, § 9 Rn. 62.

[61] *Leuering*, AG 2007, 435, 436 ff.; Spindler/Stilz/*Cahn*, § 71 Rn. 123 ff.

[62] Habersack/Mülbert/Schlitt/*Arnold*, § 9 Rn. 43; Spindler/Stilz/*Cahn*, § 71 Rn. 159.

[63] Spindler/Stilz/*Cahn*, § 71 Rn. 123; Hüffer/*Koch*, § 71 Rn. 19k.

[64] Habersack/Mülbert/Schlitt/*Arnold*, § 9 Rn. 42; Spindler/Stilz/*Cahn*, § 71 Rn. 124.

[65] RegBegr. BT-Drs. 13/9712 S. 13 f.; *Huber*, in: FS Kropff, 1997, S. 101, 113 und 116; Spindler/Stilz/*Cahn*, § 71 Rn. 127; Hüffer/*Koch*, § 71 Rn. 19k m. w. N.; für Zulässigkeit MüKo-AktG/*Oechsler*, § 71 Rn. 242 ff. m. w. N.

[66] Hüffer/*Koch*, § 71 Rn. 19k; KölnKomm-AktG/*Lutter/Drygala*, § 71 Rn. 173 ff.; *Paefgen*, AG 1999, 67, 68; MüKo-AktG/*Oechsler*, § 71 Rn. 223; a. A. *Langenbucher*, § 9 Rn. 68; Spindler/Stilz/*Cahn*, § 71 Rn. 121 m. w. N.

[67] Spindler/Stilz/*Cahn*, § 71 Rn. 136; Hüffer/*Koch*, § 71 Rn. 19m; MüKo-AktG/*Oechsler*, § 71 Rn. 247 ff.; Hölters/*Laubert*, § 71 Rn. 27.

15.2.3.4 Grenzen zulässigen Erwerbs

§ 71 Abs. 2 AktG zieht dem nach Abs. 1 zulässigen Erwerb eigener Aktien verschiedene Grenzen. Nach § 71 Abs. 2 Satz 1 AktG dürfen in den Fällen des § 71 Abs. 1 Nr. 1 bis 3, Nr. 7 und Nr. 8 AktG auf die erworbenen Aktien zusammen mit anderen im Bestand der Gesellschaft befindlichen Aktien höchstens **zehn Prozent des Grundkapitals** entfallen. Die Gesellschaft muss zudem gemäß § 71 Abs. 2 Satz 2 AktG im Zeitpunkt des Erwerbs eine Rücklage in Höhe der Aufwendungen für diesen Erwerb bilden können. Nach § 71 Abs. 2 Satz 3 AktG müssen (außer in den Fällen von Abs. 1 Nr. 3) als weitere Erwerbsvoraussetzung die Aktien voll eingezahlt sein.

Die §§ 71a und 71d AktG sollen **Umgehungsgeschäfte** verhindern. Vorschuss-, Darlehens- und Sicherungsgeschäfte zugunsten Dritter, die diesen den Erwerb von Aktien der Gesellschaft ermöglichen oder erleichtern sollen, sind nach § 71a Abs. 1 AktG nichtig. Ebenfalls nichtig sind nach § 71a Abs. 2 AktG Verträge zwischen der Gesellschaft und Dritten, durch die diese berechtigt oder verpflichtet werden, Aktien der Gesellschaft auf deren Rechnung zu erwerben. Dritte, die im eigenen Namen, aber für Rechnung der Gesellschaft handeln, sowie abhängige Unternehmen dürfen nach § 71d AktG Aktien lediglich mit den Beschränkungen erwerben, die auch beim Erwerb durch die Gesellschaft selbst gelten würden.

15.2.3.5 Rechtsfolgen eines Verstoßes gegen § 71 AktG

Wird beim Erwerb eigener Aktien gegen § 71 Abs. 1, 2 AktG verstoßen, berührt dies gemäß § 71 Abs. 4 Satz 1 AktG nicht die Wirksamkeit des Verfügungsgeschäfts. Jedoch müssen die Aktien gemäß § 71c Abs. 1 AktG innerhalb eines Jahres wieder veräußert werden. Wird die Zehn-Prozent-Schwelle des § 71 Abs. 2 AktG überschritten, so müssen Aktien im Gegenwert des die Schwelle überschreitenden Betrags innerhalb von drei Jahren veräußert werden (§ 71c Abs. 2 AktG). Scheitert eine Veräußerung innerhalb der Fristen des § 71c Abs. 1 und 2 AktG so ordnet § 71c Abs. 3 AktG die Einziehung an.

Das Verpflichtungsgeschäft für einen gesetzeswidrigen Erwerb ist nach § 71 Abs. 4 Satz 2 AktG nichtig. Ist es dennoch durchgeführt worden, ergibt sich aus Sicht der Gesellschaft ein Rückforderungsanspruch aus § 62 AktG im Hinblick auf den gezahlten Kaufpreis. Der Aktionär ist hingegen auf den „schwächeren" Bereicherungsanspruch aus den §§ 812 ff. BGB verwiesen. Handeln Vorstand und Aufsichtsrat in Rückerwerbssituationen pflichtwidrig, kommt ein Schadensersatzanspruch der Gesellschaft nach §§ 93, 116 AktG in Betracht.

Literatur

Berrar/Schnorbus, Rückerwerb eigener Aktien und Übernahmerecht, ZGR 2003, 59
Bitter, Rechtsperson und Kapitalerhaltung, ZHR 168 (2004), 303
Escher-Weingart/Kübler, Erwerb eigener Aktien, ZHR 162 (1998), 537
Fischer, Zur Bedienung aktienbasierter Vergütungsmodelle für Aufsichtsräte mit rückerworbenen Aktien, ZIP 2003, 282

Habersack, Die erfolgsabhängige Vergütung des Aufsichtsrats und ihre Grenzen, ZGR 2004, 721
Hentzen, Konzerninnenfinanzierung nach BGHZ 157, 72, ZGR 2005, 480
Hoff, Aktienoptionen für Aufsichtsräte über § 71 Abs. 1 Nr. 8 AktG?, WM 2003, 910
Huber, Rückkauf eigener Aktien, FS Kropff, 1997, S. 101
Kellerhais/Rausch, Die Liberalisierung von Aktienrückkäufen – Bundesdeutsche Erfahrungen, AG 2000, 222
Klein/Stephanblome, Der Downstream Merger – aktuelle umwandlungs- und gesellschaftsrechtliche Fragestellungen, ZGR 2007, 351
Langenbucher, Aktien- und Kapitalmarktrecht, 3. Auflage, 2015
Leuring, Der Rückerwerb eigener Aktien im Auktionsverfahren, AG 2007, 425
Lutter, Zur Zulässigkeit der Vergütung des Aufsichtsrats in Aktien der Gesellschaft, FS Hadding, 2004, S. 561
Meyer/Ludwig, Aktienoptionen für Aufsichtsräte ade?, ZIP 2004, 940
Paefgen, Eigenkapitalderivate bei Aktienrückkäufen und Managementbeteiligungsmodellen, AG 1999, 67
Priester, Kapitalschutz beim Down-stream-merger, FS Spiegelberger, 2009, S. 890
Riegger, Kapitalgesellschaftsrechtliche Grenzen der Finanzierung von Unternehmensübernahmen durch Finanzinvestoren, ZGR 2008, 233
v. Rosen/Helm, Der Erwerb eigener Aktien durch die Gesellschaft, AG 1996, 434
v. Rosen/Seifert, Die Übernahme börsennotierter Unternehmen, 1999
Seibert, Gute Aktionäre – Schlechte Aktionäre: Private Equity und gesellschaftsrechtliche Maßnahmen gegen befürchtete Missbräuche, FS Schwark, 2009, S. 261
Schaefer, Aktuelle Probleme der Mitarbeiterbeteiligung nach Inkrafttreten des KonTraG, NZG 1999, 531
Witt, Rechtsfolgen eines Verstoßes gegen § 57 AktG, ZGR 2013, 668
Winter, T., § 57 AktG – kein Verbotsgesetz i. S. des § 134 BGB, NZG 2012, 1371

Die Finanzierung durch Eigenkapital 16

Werden die finanziellen Mittel knapp, so muss die Gesellschaft sich entscheiden, ob sie den gestiegenen Finanzbedarf durch zusätzliches Eigenkapital, durch die Aufnahme von Fremdkapital oder durch gemischte Finanzierungsformen (sog. hybrides Kapital) deckt.

Zum Eigenkapital einer Kapitalgesellschaft werden die in § 266 Abs. 3 A HGB aufgeführten und in § 272 HGB näher beschriebenen Passivposten der Bilanz gezählt.[1] Im Bereich von Kapitalerhöhungen nach §§ 182 ff. AktG ist das gezeichnete Kapital der maßgebliche Bilanzposten. Dabei handelt es sich um das satzungsmäßige Grundkapital der AG, das mindestens 50.000 Euro betragen muss (§§ 272 Abs. 1 Satz 1 HGB, 7, 152 Abs. 1 Satz 1 AktG). Das Grundkapital wird der Gesellschaft gegen Gewährung einer mitgliedschaftlichen Stellung grundsätzlich endgültig und vorbehaltlos überlassen.[2] Es stellt den Haftungsfonds der Gesellschaft dar, der dem Schutz ihrer Gläubiger dient und Grundlage des Ausschlusses der persönlichen Haftung der Aktionäre ist.

Eine **Kapitalerhöhung** erfolgt durch die Ausgabe neuer Aktien gegen Einlagen und ist stets mit einer Veränderung der Grundkapitalziffer und damit mit einer Satzungsänderung verbunden (§ 23 Abs. 3 Nr. 3 AktG). Eigenkapitalgeber tragen das Risiko, in der Insolvenz der Gesellschaft an letzter Stelle befriedigt zu werden.

Es gibt verschiedene **Gründe**, die für eine Kapitalerhöhung als vorzugswürdig gegenüber alternativen Finanzierungsformen sprechen. Bei börsennotierten Gesellschaften mag ein günstiges Börsenumfeld zu Konditionen führen, die Banken oder sonstige Fremdkapitalgeber nicht bereit wären, zur Verfügung zu stellen. Häufig werden zur Durchführung bestimmter Umstrukturierungen junge Aktien benötigt, die im Wege der Kapitalerhöhung gewonnen werden. So erhalten etwa bei einer Verschmelzung nach §§ 2, 69 ff. UmwG oder Spaltung nach §§ 125, 142 UmwG die Anteilsinhaber des übertragenden

---

[1] Hölters/*v. Dryander/Niggemann*, Vor § 182 Rn. 1.
[2] GroßKomm-AktG/*Wiedemann*, § 182 Rn. 5; Hölters/*v. Dryander/Niggemann*, Vor § 182 Rn. 2.

Rechtsträgers, der als Folge der Verschmelzung erlischt oder als Folge einer Spaltung einen Vermögensabgang erleidet, Anteile am übernehmenden Rechtsträger. Sofern der übernehmende Rechtsträger keine oder nicht genügend eigene Aktien im Bestand hat, ist eine Kapitalerhöhung unumgänglich. Weitere Motive können die Reduzierung des Verschuldungsgrades und – damit häufig korrelierend – die Verbesserung des Ratings durch die Schaffung einer solideren Eigenkapitalbasis sein.[3]

Für die Aktionäre einer AG birgt die Kapitalerhöhung die Gefahr, dass ihre Rechtspositionen verwässert werden. Das gilt zum einen im **Vermögensbereich**, wenn die Gesellschaft junge Aktien unter dem rechnerischen Fundamentalwert herausgibt und damit kompensationslos den Wert der Altaktien senkt. Zum anderen können aber auch die **Stimmrechte** verwässert werden, wenn Aktionäre nicht in der Lage sind, junge Aktien proportional zu ihrer bisherigen Beteiligung zu erwerben oder schon das Bezugsrecht aller Altaktionäre ausgeschlossen wird.

Das Gesetz kennt insgesamt vier verschiedene Arten der Kapitalerhöhung: die Kapitalerhöhung gegen Einlagen nach §§ 182 ff. AktG, die bedingte Kapitalerhöhung nach §§ 192 ff. AktG, die Kapitalerhöhung aus genehmigtem Kapital nach §§ 202 ff. AktG sowie die Kapitalerhöhung aus Gesellschaftsmitteln nach §§ 207 ff. AktG. Bei der Kapitalerhöhung aus Gesellschaftsmitteln erfolgt anders als bei den anderen drei Kapitalerhöhungsvarianten kein Mittelzufluss. Bilanziell vollzieht sich lediglich ein Passivtausch zwischen den Bilanzpositionen gezeichnetes Kapital und Rücklagen.

16.1 Die reguläre Kapitalerhöhung gegen Bareinlagen

Die Erhöhung des Grundkapitals auf Grund zeitnaher Übernahme neuer Einlagen durch die Anteilseigner gehört noch immer zu den Grundpfeilern der Mittelbeschaffung der AG.[4] Nach dem gesetzlichen Leitbild liegt die gesamte Abwicklung der Kapitalerhöhung vom Kapitalerhöhungsbeschluss über die Zeichnung bis zur Eintragung in der Hand der Gesellschaft (**Selbstemission**).

In der Praxis wird vor allem bei größeren Publikumsgesellschaften die Emission von neuen Aktien in hohem Maße von Banken als Emittenten durchgeführt (**Fremdemission**). Das Risiko des Scheiterns der Kapitalerhöhung, das im Wesentlichen in der Gefahr besteht, dass nicht alle Aktien platziert werden können, wird auf die Emissionsbank oder ein aus mehreren Banken bestehendes Emissionskonsortium abgewälzt.[5] Die Emissionsbank oder das Konsortium zeichnet dann sämtliche neuen Aktien und leistet den in § 188 Abs. 2 AktG bestimmten gesetzlichen Mindestbetrag. Schließlich übernimmt sie die Veräußerung der Aktien an erwerbsinteressierte Anleger (**Platzierung**). § 186 Abs. 5 AktG enthält Spezialregelungen für die Fremdemission.

---

[3] *Langenbucher*, Aktien- und Kapitalmarktrecht, 3. Aufl. 2015, § 10 Rn. 2.
[4] GroßKomm-AktG/*Wiedemann*, § 182 Rn. 6.
[5] MüKo-AktG/*Schürnbrand*, § 182 Rn. 8.

16.1 Die reguläre Kapitalerhöhung gegen Bareinlagen

Die reguläre Kapitalerhöhung vollzieht sich grob in zwei Verfahrensabschnitten, dem Kapitalerhöhungsbeschluss (§§ 182 ff. AktG) und der Durchführung (§§ 185 ff. AktG). Die Satzungsänderung zur Anpassung des Grundkapitals wird gemäß § 189 AktG erst mit der Durchführung wirksam. Nach dem gesetzlichen Leitbild vollzieht sich die Kapitalerhöhung im Einzelnen wie folgt: die Hauptversammlung fasst einen Beschluss über die Kapitalerhöhung (§ 182 AktG), der zur Eintragung zum Handelsregister anzumelden ist (§ 184 AktG). Im Anschluss beginnt die Zeichnungsphase der neuen Aktien (§ 185 AktG), auf die der gesetzliche Mindestbetrag entsprechend §§ 36 Abs. 2, 36a AktG zu leisten ist (§ 188 Abs. 2 AktG). Ist die Mindesteinlage geleistet, kann die Durchführung der Erhöhung des Grundkapitals zur Eintragung angemeldet werden (§ 188 AktG). Mit Eintragung der Durchführung wird die Erhöhung des Grundkapitals wirksam (§ 189 AktG); es dürfen neue Aktien ausgegeben werden (§ 191 AktG). Im Einzelnen:

16.1.1 Hauptversammlungsbeschluss

Der Kapitalerhöhungsbeschluss bedarf – was sich nicht unmittelbar aus dem Gesetzeswortlaut des § 182 Abs. 1 AktG ergibt – einer doppelten **Mehrheit**, und zwar der Kapitalmehrheit des § 182 Abs. 1 Satz 1 AktG sowie der einfachen Stimmenmehrheit des § 133 Abs. 1 AktG. Die Kapitalmehrheit muss im gesetzlichen Normalfall drei Viertel des bei der Beschlussfassung vertretenen Grundkapitals erreichen, kann aber durch die Satzung auch abgeändert werden. Eine Herabsetzung unter die einfache Mehrheit ist indes nicht zulässig.[6]

Welchen Inhalts der Hauptversammlungsbeschluss sein muss, ergibt sich aus einer Zusammenschau aus § 182 AktG und § 23 Abs. 3 Nr. 3 bis Nr. 5 AktG. Zum notwendigen Inhalt gehört die Zerlegung des Erhöhungsbetrags in Nennbetrags- oder Stückaktien und die Entscheidung, ob Inhaber- oder Namensaktien ausgegeben werden.

Zudem ist der Betrag der Kapitalerhöhung anzugeben, was in der Praxis oftmals durch die Angabe einer Preisspanne geschieht, um auf eine unerwartet hohe oder niedrige Nachfrage zu reagieren.[7] Die Festlegung eines exakten Ausgabepreises ist dann Sache der Geschäftsführung; dabei muss die Durchführungsfrist kurz bemessen sein, weil andernfalls ein Entscheidungsspielraum des Vorstands vom Gesetz nicht mehr gedeckt ist. Ist die Durchführungsfrist zu lange bemessen, ist der Hauptversammlungsbeschluss nach h. M. nichtig.[8] Nicht nur der Gesamtbetrag der Erhöhung des Grundkapitals ist in dem Beschluss festzulegen, sondern auch der Betrag der Nennbetragsaktien bzw. der auf die

---

[6] KölnKomm-AktG/*Lutter*, § 182 Rn. 6; MüKo-AktG/*Schürnbrand*, § 182 Rn. 26; Hüffer/*Koch*, § 182 Rn. 8.

[7] RGZ 55, 65, 68; Habersack/Mülber/Schlitt/*Herfs*, § 6 Rn. 57 ff.; KölnKomm-AktG/*Lutter*, § 183 Rn. 17; MüKo-AktG/*Schürnbrand*, § 182 Rn. 42.

[8] Hüffer/*Koch*, § 182 Rn. 12, 14; KölnKomm-AktG/*Lutter*, § 183 Rn. 17; MüKo-AktG/*Schürnbrand*, § 182 Rn. 45.

einzelnen Stückaktien entfallende anteilige Betrag des Grundkapitals. Wegen des aus § 9 Abs. 2 AktG folgenden Verbots der Unterpariemission dürfen die Aktien nicht unter diesem Betrag ausgegeben werden. Sollen die jungen Aktien über Pari, also zu einem höheren Preis als zum Nennbetrag ausgegeben werden (vgl. § 9 Abs. 2 AktG), ist nach § 182 Abs. 3 AktG der Mindestbetrag, unter dem die Aktien nicht ausgegeben werden dürfen, in dem Erhöhungsbeschluss festzusetzen.

§ 186 Abs. 3 Satz 1 AktG bestimmt, dass das Bezugsrecht nur im Kapitalerhöhungsbeschluss ausgeschlossen werden kann und § 186 Abs. 5 Satz 1 AktG, dass ein unmittelbares nur im Erhöhungsbeschluss durch ein mittelbares Bezugsrecht ersetzt werden kann. Anzugeben ist ferner wegen § 182 Abs. 1 Satz 5 AktG die Zahl der jungen Aktien, die sich in demselben Verhältnis erhöhen muss wie das Grundkapital. Dadurch soll verhindert werden dass sich die Beteiligungsquote der Altaktien überproportional verschlechtert.[9] Nicht zwingender Bestandteil des Erhöhungsbeschlusses, aber zweckmäßig, ist die ausdrückliche Festlegung einer Durchführungsfrist. Ohne eine solche Bestimmung ist die Kapitalerhöhung unverzüglich durchzuführen.[10] Zwingend durch die Hauptversammlung festzulegen ist eine Durchführungsfrist, wenn der Beschluss keinen exakten Erhöhungsbetrag enthält; andernfalls hätte die Verwaltung Einfluss auf Umfang der Kapitalerhöhung.[11] Als zulässig werden Fristen bis zu sechs Monaten angesehen.[12]

16.1.2 Durchführung der Kapitalerhöhung

Im Anschluss an den Kapitalerhöhungsbeschluss beginnt die **Zeichnung** der Aktien. § 185 Abs. 1 AktG regelt Inhalt und Form der Zeichnung, § 185 Abs. 2 und 3 AktG legen Rechtsfolgen fest, wenn die gesetzlichen Vorgaben nicht beachtet werden. Ferner sind gemäß § 185 Abs. 4 AktG Beschränkungen, die nicht im Zeichnungsschein enthalten sind, gegenüber der Gesellschaft unwirksam.

Die Zeichnung i. S. d. § 185 Abs. 1 AktG, die in Form einer schriftlichen Erklärung, dem Zeichnungsschein, zu erfolgen hat, ist ein Angebot des Investors an die Gesellschaft, die jungen Aktien zu übernehmen. Der Zeichnungsschein hat die in § 185 Abs. 1 Satz 3 Nr. 1 bis 4 enthaltenen Angaben zu enthalten. Durch die Annahme des Angebots seitens der Gesellschaft, auf deren Zugang regelmäßig gemäß § 151 Satz 1 BGB verzichtet wird, kommt ein Zeichnungsvertrag zustande. Dieser verpflichtet die Gesellschaft, dem Investor eine Mitgliedschaft in der Aktiengesellschaft einzuräumen; der Zeichner verpflichtet sich

---

[9] RegBegr. BT-Drs. 13/9573 S. 17.
[10] RGZ 144, 138, 141 f.; KölnKomm-AktG/*Lutter*, § 182 Rn. 17; MüKo-AktG/*Schürnbrand*, § 182 Rn. 44; *Kossmann/Heinrich*, Der Konzern 2010, 27, 29.
[11] Hüffer/*Koch*, § 182 Rn. 14.
[12] OLG München NZG 2009, 1274, 1275; MüKo-AktG/*Schürnbrand*, § 182 Rn. 44; K. Schmidt/Lutter/*Veil*, § 182 Rn. 17; *Priester*, in: FS Wiedemann, 2002, S. 1161, 1163.

zur Übernahme der jungen Aktien und zur Leistung seiner Mindesteinlage.[13] Die Mitgliedschaft entsteht jedoch nicht durch den Vertragsschluss, sondern *ipso iure* mit dem Wirksamwerden der Kapitalerhöhung nach § 189 AktG.[14]

Der Aktionär muss nach §§ 188 Abs. 2 Satz 1, 36a Abs. 1 AktG eine **Mindesteinlage** in Höhe von einem Viertel des geringsten Ausgabebetrages erbringen. Erfolgt die Emission – was dem Regelfall entspricht – über Pari, also unter Festsetzung eines von den Aktionären über den Nennbetrag zu leistenden Agios, so ist auch dieser, und zwar in voller Höhe, zu erbringen.[15]

Ist der im Kapitalerhöhungsbeschluss festgesetzte Mindestbetrag vollständig gezeichnet und weist der Vorstand nach, dass die auf die jungen Aktien zu leistende Mindesteinlage vollständig zu seiner freien Verfügung steht (§§ 188 Abs. 2 i. V. m. 37 Abs. 1 Satz 2 AktG), kann die Durchführung der Kapitalerhöhung zur Eintragung in das Handelsregister angemeldet werden. Die **Anmeldung** hat gemäß § 188 Abs. 1 AktG gemeinsam durch den Vorstand und den Aufsichtsratsvorsitzenden zu erfolgen. Will die Gesellschaft Kosten sparen, kann sie die nach § 184 AktG ebenfalls obligatorische Anmeldung des Kapitalerhöhungsbeschlusses auch erst jetzt vornehmen und diese mit der Anmeldung der Durchführung verbinden.[16] Mit der Eintragung der Durchführung wird die Kapitalerhöhung nach § 189 AktG wirksam. § 191 Satz 1 AktG stellt klar, dass vorher weder Anteilsrechte übertragen, noch Aktien ausgegeben werden können. Solche Aktien sind gemäß § 191 Satz 2 AktG nichtig; die Ausgabe vor Wirksamwerden kann gemäß § 191 Satz 3 AktG zu Schadensersatzverpflichtungen der für die Ausgabe verantwortlichen Personen führen.

16.1.3 Fehlerhafte Kapitalerhöhung

Kapitalerhöhungen sind stets fehleranfällig. **Fehler** können vom Stadium Vorbereitung des Erhöhungsbeschlusses über die Durchführung bis zur Anmeldung auftreten. Wenn ein nach § 182 Abs. 1 oder Abs. 2 AktG notwendiger Beschluss fehlt, nichtig oder unwirksam ist, ist grundsätzlich die gesamte Kapitalerhöhung unwirksam.[17] Es entstehen dann grundsätzlich auch nach Eintragung der Durchführung keine Mitgliedschaften der Zeichner. Dennoch ausgegebene Aktienurkunden sind unrichtig und ein gutgläubiger Erwerb durch

---

[13] Hüffer/*Koch*, § 185 Rn. 4; KölnKomm-AktG/*Lutter*, § 185 Rn. 5, 19 ff.; MüKo-AktG/*Schürnbrand*, § 185 Rn. 34 ff.

[14] Der Zeichnungsvertrag ist nach h. M. kein synallagmatischer Austauschvertrag, sondern ein unvollkommen zweiseitig verpflichtender Vertrag und zugleich ein korporationsrechtlicher Vertrag, vgl. Spindler/Stilz/*Servatius*, § 185 Rn. 12; GroßKomm-AktG/*Wiedemann*, § 185 Rn. 29; Hüffer/*Koch*, § 185 Rn. 4.

[15] Spindler/Stilz/*Döherreiner*, § 36a Rn. 6; Hüffer/*Koch*, § 36a Rn. 2; K. Schmidt/Lutter/*Kleindiek*, § 36 a Rn. 2.

[16] KölnKomm-AktG/*Lutter*, § 188 Rn. 44 f.; K. Schmidt/Lutter/*Veil*, § 188 Rn. 32.

[17] RGZ 144, 138, 141; *Lutter/Leinekugel*, ZIP 2000, 1225, 1226; Spindler/Stilz/*Servatius*, § 189 Rn. 5.

Dritte scheidet aus.[18] Geleistete Einlagen unterliegen einem bereicherungsrechtlichen Rückforderungsanspruch.[19] Ist die Kapitalerhöhung jedoch eingetragen und ist die Gesellschaft Verbindlichkeiten eingegangen, unterliegt die Einlage nach § 277 Abs. 3 AktG analog insoweit einer Bindungswirkung; sie kann also von dem potenziellen Aktionär insoweit nicht zurückgefordert werden bzw. ist – falls noch nicht geschehen – noch zu leisten. Stellt sich ein Kapitalerhöhungsbeschluss nachträglich als nichtig heraus, kommt eine Amtslöschung durch das Registergericht gemäß § 398 FamFG in Betracht.[20] Ist der Kapitalerhöhungsbeschluss indes nur anfechtbar, ist er zunächst wirksam, kann aber gemäß § 248 AktG auch noch nach Eintragung der Durchführung auf eine Anfechtungsklage hin für nichtig erklärt werden.[21]

Wegen der Schwierigkeiten der Rückabwicklung nichtiger oder durch Anfechtungsurteil vernichteter Kapitalerhöhungen wird der durchgeführten und eingetragenen Kapitalerhöhung unter bestimmten Voraussetzungen **Bestandsschutz** zugebilligt. Wurde der Beschlussmangel gemäß § 242 AktG geheilt, wird die Kapitalerhöhung rückwirkend wirksam.[22] Davor kann die Fehlerhaftigkeit jedoch nach h. M. nur mit Wirkung für die Zukunft geltend gemacht werden.[23] Um die damit einhergehende Rechtsunsicherheit zu beseitigen, kann der Fehler durch Neuvornahme der entsprechenden Beschlüsse geheilt werden.

Bei **Fehlern bei der Anmeldung** ist zu unterscheiden: Erfolgte überhaupt keine Anmeldung oder eine Anmeldung durch hierzu Unbefugte oder wurde die Anmeldung wieder zurückgenommen, tritt keine Wirksamkeit nach § 189 AktG ein.[24] Die Eintragung der Durchführung kann gemäß § 398 FamFG analog von Amts wegen gelöscht werden. Ist die Anmeldung unvollständig oder unrichtig, entfaltet die Eintragung nach § 189 AktG Heilungswirkung.[25]

§ 185 Abs. 3 AktG enthält eine eigenständige Regelung für bestimmte **Fehler des Zeichnungsvertrags.** So kann sich der Zeichner nach der Eintragung der Durchführung nicht mehr auf die Nichtigkeit nach § 185 Abs. 2 AktG oder die Unverbindlichkeit nach § 185 Abs. 1 Satz 3 Nr. 4 AktG berufen, wenn er aufgrund des Zeichnungsscheins Aktionärsrechte ausgeübt oder Verpflichtungen erfüllt hat. Sonstige Mängel werden ebenfalls

---

[18] Spindler/Stilz/*Servatius*, § 189 Rn. 5.

[19] KölnKomm-AktG/*Lutter*, § 189 Rn. 15.

[20] OLG Karlsruhe OLGZ 1986, 155, 157 f.; *Lutter/Friedewald*, ZIP 1986, 691, 693; MüKo-AktG/*Schürnbrand*, § 189 Rn. 31; Hüffer/*Koch*, § 189 Rn. 7.

[21] Vgl. RGZ 124, 279; Spindler/Stilz/*Servatius*, § 189 Rn. 5.

[22] Spindler/Stilz/*Servatius*, § 189 Rn. 6 m. w. N.

[23] Grundlegend *Zöllner*, AG 1993, 68; GroßKomm-AktG/*Wiedemann*, § 189 Rn. 34 ff.; MüKo-AktG/*Schürnbrand*, § 189 Rn. 23; K. Schmidt/Lutter/*Veil*, § 189 Rn. 7; Spindler/Stilz/*Servatius*, § 189 Rn. 6.

[24] Hüffer/*Koch*, § 189 Rn. 4; MüKo-AktG/*Schürnbrand*, § 189 Rn. 17.

[25] Hüffer/*Koch*, § 189 Rn. 4; MüKo-AktG/*Schürnbrand*, § 189 Rn. 18; Spindler/Stilz/*Servatius*, § 189 Rn. 7 m. w. N.

mit der Eintragung nach § 189 AktG geheilt, sofern der Mangel nicht überragende Allgemein- oder Individualinteressen, wie z. B. den Minderjährigenschutz oder den Schutz vor Fälschung oder vor Ausübung von Zwang, beeinträchtigt.[26]

16.2 Die reguläre Kapitalerhöhung gegen Sacheinlagen

In bestimmten Fällen kann es für die Gesellschaft sinnvoll sein, eine Kapitalerhöhung nicht gegen Bareinlagen durchzuführen, sondern gegen Einbringung eines bestimmten Gegenstandes. Beispiele bilden etwa bestimmte Rechte (insbes. auf dem Gebiet des geistigen Eigentums), Grundstücke oder ganze Unternehmen als Sachgesamtheiten. Ebenfalls gängig ist die Einbringung von Unternehmensanteilen, also bspw. Aktien, an anderen Unternehmen. Soll dem Einbringenden (Inferenten) im Gegenzug eine Beteiligung an der AG gewährt werden und verfügt die AG nicht über eigene Aktien, kommt eine Sachkapitalerhöhung in Betracht. Die jungen Aktien dienen sowohl beim Kauf ganzer Unternehmen als auch beim Kauf von Unternehmensbeteiligungen als Akquisitionswährung.[27]

16.2.1 Sacheinlage und Erhöhungsbeschluss

Nach der Legaldefinition des § 27 Abs. 1 Satz 1 AktG ist eine **Sacheinlage** jede Einlage, die nicht durch Einzahlung des Ausgabebetrags zu erbringen ist. Sacheinlage können nur Vermögensgegenstände sein, deren wirtschaftlicher Wert feststellbar ist.[28]

Die Vorschrift des § 183 Abs. 1 AktG ergänzt § 182 AktG, dessen Voraussetzungen der Kapitalerhöhungsbeschluss ebenfalls erfüllen muss. Da die Sachkapitalerhöhung im Regelfall mit einem Bezugsrechtsausschluss verbunden ist,[29] ist auch § 186 AktG zu beachten. Im Kapitalerhöhungsbeschluss sind der Gegenstand der Sacheinlage, die Person des Einlegers und bei Nennbetragsaktien (§ 8 Abs. 2 AktG) der Nennbetrag bzw. bei Stückaktien (§ 8 Abs. 3 AktG) die Zahl der Aktien festzusetzen, die im Austausch gewährt werden sollen (§ 183 Abs. 1 Satz 1 AktG). Der Gegenstand der Sacheinlage muss nach Identität sowie Art und Umfang hinreichend präzise bezeichnet sein.[30]

---

[26] *Schürnbrand,* AG 2014, 73; Spindler/Stilz/*Servatius,* § 189 Rn. 8.
[27] Eingehend *Dietz,* Aktien als Akquisitionswährung, 2004; *Wieneke,* NZG 2004, 61; Spindler/Stilz/*Servatius,* § 183 Rn. 1.
[28] Hüffer/*Koch,* § 183 Rn. 2.
[29] MüKo-AktG/*Schürnbrand,* § 183 Rn. 32.
[30] Hüffer/*Koch,* § 27 Rn. 10.

16.2.2 Sacheinlagevereinbarung

Um den von der Hauptversammlung gefassten Kapitalerhöhungsbeschluss umzusetzen, schließt die Gesellschaft mit jedem an der Kapitalerhöhung teilnehmenden Aktionär einen **schuldrechtlichen Vertrag**, der die Einbringung der Sacheinlage zum Gegenstand hat (Sacheinlagevereinbarung). Der potenzielle Einleger verpflichtet sich darin gegenüber der Gesellschaft, einen bestimmten Gegenstand als Einlage einzubringen und dafür neue Aktien zu zeichnen.[31] Die Sacheinlagevereinbarung muss mindestens die Festsetzungen nach § 183 Abs. 1 Satz 1 AktG enthalten. Möglich ist ein Abschluss der schuldrechtlichen Vereinbarung erst nach Kapitalerhöhungsbeschluss. So kann über die Kapitalerhöhung beschlossen werden, bevor die Einleger endgültig feststehen.[32] Wird umgekehrt erst der Vertrag geschlossen, steht dieser unter der aufschiebenden Bedingung der Beschlussfassung über die Sachkapitalerhöhung.[33] Die Sacheinlagevereinbarungen sind nach § 188 Abs. 3 Nr. 2 AktG zusammen mit der Anmeldung der Durchführung der Kapitalerhöhung (§ 188 Abs. 1 AktG) beim Handelsregister einzureichen.

Eine Kapitalerhöhung gegen Einlagen begründet stets die Pflicht zur Bareinlage. § 183 AktG erlaubt jedoch, die Bareinlage durch eine Sacheinlage zu ersetzen. Hintergrund ist die systematische Einordnung der Sacheinlageverpflichtung als **Leistung an Erfüllungs Statt** (§ 364 Abs. 1 BGB).[34] Ist das Verpflichtungsgeschäft z. B. nach §§ 134, 138 BGB nichtig, muss nach h. M. der Einleger nach Eintragung der Durchführung statt der Sacheinlage den Ausgabebetrag in bar leisten.[35] Dasselbe gilt auch, wenn nach Eintragung der Durchführung die Leistung der Sacheinlage aus anderen Gründen misslingt, etwa weil sie nach § 275 BGB unmöglich wird. Daran ändert auch nichts, dass der Einleger nach den allgemeinen Regeln des Schuldrechts von seiner Leistungspflicht befreit würde (z. B. nach § 326 BGB).[36]

16.2.3 Prüfung der Sacheinlage

§ 183 Abs. 3 Satz 1 AktG verlangt bei jeder Sachkapitalerhöhung eine **externe Prüfung** durch einen oder mehrere Prüfer. Die Prüfung hat vor der Anmeldung des Erhöhungsbeschlusses zu erfolgen (§ 184 Abs. 1 Satz 2 AktG). Die externen Prüfer bestellt das Registergericht des Satzungssitzes. Auf das Prüfungsverfahren sind nach § 183 Abs. 3 Satz

---

[31] Hüffer/*Koch*, § 183 Rn. 6.
[32] GroßKomm-AktG/*Wiedemann*, § 183 Rn. 71; MünchHdB-AG/*Scholz*, § 56 Rn. 43.
[33] LG Heidelberg DB 2001, 1607, 1609; MüKo-AktG/*Schürnbrand*, § 183 Rn. 27; Hüffer/*Koch*, § 183 Rn. 6.
[34] MüKo-AktG/*Schürnbrand*, § 183 Rn. 12; Hüffer/*Koch*, § 183 Rn. 4.
[35] OLG Hamburg AG 2010, 502, 506; Hüffer/*Koch*, § 183 Rn. 7.
[36] BGHZ 45, 338, 345 = NJW 1966, 1311; KölnKomm-AktG/*Lutter*, § 183 Rn. 64; Hüffer/*Koch*, § 183 Rn. 7.

2 AktG die Vorschriften über die Gründungsprüfung (§§ 33 Abs. 3 bis 5, 34, 35 AktG) sinngemäß anzuwenden.

Prüfungsgegenstand ist jedenfalls, ob der Wert der Sacheinlagen den geringsten Ausgabebetrag der zu gewährenden Aktien i. S. v. § 9 Abs. 1 AktG erreicht.[37] Es wird überwiegend davon ausgegangen, dass sich die Sacheinlageprüfung darüber hinaus auch darauf zu erstrecken hat, ob der Wert der Sacheinlage ein **korporatives Agio** deckt.[38] Teilweise wird hingegen angenommen, dass die Werthaltigkeitsprüfung lediglich absichern soll, dass es nicht zu einer nach § 9 Abs. 1 AktG unzulässigen Unterpariemission kommt, also lediglich die Deckung des geringsten Ausgabebetrags zu prüfen ist.[39] Gegenstand der Prüfung sei keine Relationsprüfung zum Schutz der Aktionäre.[40]

Allerdings ist der Verweis auf das Gründungsrecht in § 183 Abs. 3 AktG missglückt.[41] Nach Art. 31 Abs. 2 Satz 3, 10 Abs. 2 der Kapitalrichtlinie[42], deren Umsetzung die §§ 183 Abs. 3, 34 Abs. 1 Nr. 2 AktG dienen, muss der Sachverständigenbericht mindestens angeben, ob die Werte der Sacheinlagen wenigstens der Zahl und dem Nennbetrag oder, wenn ein Nennbetrag nicht vorhanden ist, dem rechnerischen Wert und gegebenenfalls *dem Mehrbetrag* der dafür auszugebenden Aktien entsprechen. Der Wortlaut der §§ 183 Abs. 3, 34 Abs. 1 Nr. 2 AktG widerspricht damit Art. 31 Abs. 2 S. 3, 10 Abs. 2 KapRL und ist richtlinienkonform erweiternd dahingehend auszulegen, dass sich die Prüfung der Sacheinlage auf ein Agio zu erstrecken hat.[43]

Auch Sinn und Zweck der externen Sachkapitalerhöhungsprüfung sprechen für eine Erstreckung auf das Agio. Der Hinweis, der Aktionärsschutz werde bereits durch § 255 Abs. 2 AktG realisiert,[44] verfängt nicht. Denn das Anfechtungsrecht mag vor der

---

[37] MüKo-AktG/*Peifer*, 3. Aufl. 2011, § 183 Rn. 64, der den Prüfungsgegenstand damit als erschöpft ansieht; Hüffer/*Koch*, § 183 Rn. 16.
[38] BGH AG 2012, 87, 88 („Babcock"); MüKo-AktG/*Schürnbrand*, § 183 Rn. 63; Spindler/Stilz/*Servatius*, § 183 Rn. 41; MünchHdb-AG/*Scholz*, § 57 Rn. 51; GroßKomm-AktG/*Wiedemann*, § 183 Rn. 82; K. Schmidt/Lutter/*Veil*, § 183 Rn. 26; MüKo-AktG/*Bayer*, § 205 Rn. 21 ff.; *Habersack/ Verse*, Europäisches Gesellschaftsrecht, 4. Aufl. 2011, § 6 Rn. 30 f.; *Verse*, ZGR 2012, 875, 880 f.; *Priester*, in: FS Lutter, 2000, 617, 623; offen *Busch*, in: Marsch-Barner/Schäfer, Hdb. börsennotierte AG, § 42 Rn. 32; *v. Dryander/Niggemann*, in: Hölters, mit dem Rat für die Praxis, die Prüfung auf ein korporatives Agio zu erstrecken.
[39] OLG Köln, Urt. v. 20.10.2005 – 18 U 76/04 (juris Rn. 82); MüKo-AktG/*Peifer*, 3. Aufl. 2011, § 183 Rn. 64; KölnKomm-AktG/*Lutter*, § 183 Rn. 52.
[40] So ausdrücklich WP-Hdb. Bd. I, 14. Aufl. 2012, Teil Q Rn. 1138.
[41] Vgl. eingehend *Bayer*, in: FS Ulmer 2003, S. 21, 37 ff.
[42] Richtlinie 2012/30/EU des Europäischen Parlaments und des Rates vom 25.10.2012 zur Neufassung der Richtlinie 77/91/EWG – KapRL.
[43] K. Schmidt/Lutter/*Veil*, § 183 Rn. 26; Spindler/Stilz/*Servatius*, § 183 Rn. 40; *Bayer*, in: FS Ulmer 2003, S. 21, 39 m. w. N; *Stein/Fischer*, ZIP 2014, 1362, 1363 ff.
[44] MüKo-AktG/*Peifer*, 3. Aufl. 2011, § 183 Rn. 64.

Festsetzung eines zu geringen Ausgabebetrags schützen;[45] dem Schutz davor, dass der Wert der Sacheinlage den *einmal festgesetzten* (angemessenen) Ausgabebetrag nicht erreicht, vermag es aber nicht zu dienen.[46] Anders als bei der GmbH ist die Erbringung des Agios Bestandteil der in § 54 Abs. 1 AktG niedergelegten echten mitgliedschaftlichen Leistungspflicht, von der die Aktionäre gemäß § 66 Abs. 1 Satz 1 AktG nicht befreit werden können.[47] Auch der sich aus § 9 Abs. 1 GmbHG analog ergebende Differenzhaftungsanspruch umfasst nach h. M. den Differenzbetrag zwischen gesamtem Ausgabebetrag (Nennwert zzgl. Agio) und tatsächlichem Wert der Sacheinlage.[48] Bei der GmbH erstreckt sich der Differenzhaftungsanspruch hingegen *nicht* auf das Agio.[49] Dies ist folgerichtig, ordnet man mit der h. M. die Verpflichtung zur Leistung des Aufgelds bei der GmbH nicht als mitgliedschaftliche, sondern als rein schuldrechtliche Verpflichtung ein.

Wenn also die Einzahlung des Agios – anders als in der GmbH – Bestandteil der Hauptverpflichtung der Aktionäre ist, ist nicht verständlich, warum sich die Werthaltigkeitsprüfung einer Sacheinlage nur auf die Erfüllung eines Teils dieser Verpflichtung, nämlich auf Erreichen des geringsten Ausgabebetrags, erstrecken soll. Um die erforderliche Überprüfbarkeit einer *causa societatis* getätigten Kapitalzusage herzustellen und Wertungsharmonie mit dem ebenfalls korporativ geprägten Differenzhaftungsanspruch zu schaffen, muss sich die Sacheinlageprüfung im Rahmen der Kapitalerhöhung auf das Agio beziehen.[50]

Das **Registergericht** kann nach § 184 Abs. 3 Satz 1 AktG die Eintragung des Sachkapitalerhöhungsbeschlusses ablehnen, wenn der Wert der Sacheinlage nicht unwesentlich hinter dem Nennbetrag der dafür zu gewährenden Aktien zurückbleibt. Hat eine Prüfung entgegen § 183 Abs. 3 AktG durch externe Prüfer und/oder das Registergericht nicht stattgefunden, hat dies keine Auswirkungen auf den Kapitalerhöhungsbeschluss; wird die Kapitalerhöhung mit Sacheinlagen in das Handelsregister eingetragen, ist auch sie wirksam und kann nicht von Amts wegen gelöscht werden.[51]

---

[45] In Anbetracht der nur ansatzweisen Konkretisierung des „unangemessen niedrigen" Ausgabebetrags i. S. d. § 255 AktG durch die Rechtsprechung scheint schon dieser Schutz weitestgehend leer zu laufen, vgl. *Elser*, in: Heidel, Aktien- und Kapitalmarktrecht, 3. Aufl. 2011, AktG, § 183 Rn. 31 m. w. N.

[46] *Stein/Fischer*, ZIP 2014, 1362, 1363 ff.

[47] BGH AG 2012, 87, 88 („Babcock"); KölnKomm-AktG/*Dauner-Lieb*, § 9 Rn. 23; *Baums*, in: FS Hommelhoff, 2012, S. 61, 62 m. w. N.

[48] BGH AG 2012, 87, 88 („Babcock") mit umfangreichen Nachweisen; GroßKomm-AktG/*Wiedemann*, § 183 Rn. 70; ausführlich hierzu *Verse*, ZGR 2012, 881.

[49] H.M., vgl. statt aller *Ulmer*, in: Ulmer/Habersack/Winter, GmbHG, 2. Aufl. 2013, § 9 Rn. 12 m. w. N.

[50] *Stein/Fischer*, ZIP 2014, 1362, 1363 ff.

[51] KölnKomm-AktG/*Lutter*, § 184 Rn. 13.

16.2.4 Rechtsfolgen bei Überbewertung der Sacheinlage

Bleibt die Sacheinlage wertmäßig hinter dem geringsten Ausgabebetrag zurück, liegt ein Verstoß gegen das Verbot der Unterpariemission gemäß § 9 Abs. 1 AktG vor. Das Registergericht hat die Eintragung in diesem Fall abzulehnen; der Kapitalerhöhungsbeschluss ist bei einer Unterpari-Emission nach § 241 Nr. 3 Var. 2 AktG nichtig.[52] Zur Nichtigkeit nach § 241 Nr. 3 AktG führt zudem, wenn der Wert der Sacheinlage in einem groben Missverhältnis zum tatsächlichen Ausgabebetrag der im Gegenzug gewährten Aktien steht.[53] Ist das Bezugsrecht ausgeschlossen, führt eine unangemessen niedrige Festsetzung des Ausgabebetrags nach § 255 Abs. 2 AktG zur Anfechtbarkeit des Erhöhungsbeschlusses.[54]

Bleibt der Wert der Sacheinlage nicht unwesentlich hinter dem geringsten Ausgabebetrag i. S. v. § 9 Abs. 1 AktG der dafür ausgegebenen Aktien zurück und wird die Kapitalerhöhung nach § 189 AktG durch Eintragung wirksam, hat der jeweilige Einleger die Wertdifferenz in Geld auszugleichen; auf ein Verschulden kommt es insoweit nicht an.[55] Nach der grundlegenden „Babcock"-Entscheidung des BGH wird auch das Agio von der **Differenzhaftung** erfasst.[56]

16.2.5 Sachkapitalerhöhung ohne Prüfungserfordernis (§ 183a AktG)

§§ 183a i. V. m. 33a AktG sieht vor, dass unter bestimmten Voraussetzungen von einer Prüfung durch externe Gründungsprüfer abgesehen werden kann. Dafür muss es sich bei dem Einlagegegenstand entweder um übertragbare Wertpapiere handeln, für die es einen Börsenkurs gibt (Nr. 1) oder um andere Vermögensgegenstände, die innerhalb der letzten sechs Monate durch einen Sachverständigen bewertet wurden (Nr. 2). Nach § 33a Abs. 2 AktG, auf den § 183 Abs. 3 AktG im Wege eines Rechtsgrundverweises Bezug nimmt, kann indes auf das vereinfachte Verfahren nicht zurückgegriffen werden, wenn die am Markt gebildeten Preise oder die im Rahmen einer vorherigen Bewertung ermittelten Werte der einzubringenden Vermögensgegenstände aufgrund besonderer bzw. neuer Umstände nicht mehr repräsentativ für den aktuellen Wert der einzubringenden Gegenstände sind. In diesen Fällen kann eine qualifizierte Aktionärsminderheit von fünf Prozent des Grundkapitals einen Antrag beim Amtsgericht auf Bestellung eines oder mehrerer Prüfer stellen.

---

[52] MüKo-AktG/*Schürnbrand*, § 183 Rn. 66; Spindler/Stilz/*Servatius*, § 183 Rn. 23; Hüffer/*Koch*, § 183 Rn. 20; a. A. Hölters/*v.Dryander/Niggemann*, § 183 Rn. 46; GroßKomm-AktG/*Wiedemann*, § 183 Rn. 67 f.; zur Frage der Nichtigkeit einer Sachgründung BGHZ 29, 300, 307 = NJW 1959, 934.
[53] MüKo-AktG/*Schürnbrand*, § 183 Rn. 67; Hüffer/*Koch*, § 183 Rn. 20 m. w. N.
[54] BGHZ 71, 40, 50 f. = NJW 1978, 1316; Hüffer/*Koch*, § 183 Rn. 20.
[55] BGHZ 171, 293; OLG Frankfurt AG 2010, 793, 794; KölnKomm-AktG/*Lutter*, § 183 Rn. 66; MüKoAktG/*Schürnbrand*, § 183 Rn. 70; Spindler/Stilz/*Servatius*, § 183 Rn. 70 ff.
[56] BGH AG 2012, 87, 88 („Babcock").

16.2.6 Rechtsfolgen bei Verstößen gegen § 183 Abs. 1 und Abs. 2 AktG

Fehlt die von § 183 Abs. 1 Satz 1 AktG vorgeschriebene Satzungspublizität, ohne dass es sich aber um verdeckte Sacheinlagen handelt (missglückte Festsetzung einer Sacheinlage), stellt dies ein Eintragungshindernis und einen Anfechtungsgrund dar. Beides entfällt indes, wenn die Kapitalerhöhung mit Eintragung ihrer Durchführung (§§ 188, 189 AktG) wirksam geworden ist.[57] § 183 Abs. 2 AktG verweist auf § 27 Abs. 3 und Abs. 4 AktG und ordnet somit für verdeckte Sacheinlagen sowie Hin- und Herzahlen die im Rahmen der Gründung geltenden Rechtsfolgen an.[58]

§ 27 Abs. 3 Satz 2 AktG trifft die Anordnung, dass Verträge über die Sacheinlagen und die Rechtshandlungen zu ihrer Ausführung *nicht* unwirksam sind, selbst wenn die Sacheinlage verdeckt eingebracht wurde. Daraus folgert die h. M., dass auch eine offengelegte Sacheinlagevereinbarung und die Rechtshandlungen zu deren Erfüllung nicht allein deswegen unwirksam sind, weil konkretisierende Angaben fehlen.[59] Die AG kann den Einleger nur in der Höhe aus seiner Einlageverpflichtung in Anspruch nehmen, wie bei wirtschaftlicher Gesamtbetrachtung des Kapitalaufbringungsvorgangs der von ihm insgesamt eingebrachte Wert hinter seiner Einlageverpflichtung zurückbleibt.[60] Die Nichtoffenlegung der Sacheinlage bleibt daher haftungsrechtlich ohne Sanktion.

16.3 Bezugsrecht und Bezugsrechtsausschluss

Nach § 186 Abs. 1 Satz 1 AktG haben Aktionäre bei jeder Kapitalerhöhung einen Anspruch gegen die Gesellschaft auf Zuteilung neuer Aktien im Umfang ihrer bisherigen Beteiligung. Dieses Bezugsrecht ist untrennbarer Bestandteil der Mitgliedschaft,[61] kann jedoch gemäß § 186 Abs. 3 AktG im Kapitalerhöhungsbeschluss ausgeschlossen werden. Das Bezugsrecht schützt den Aktionär zum einen vor der Verwässerung seiner Einflussmöglichkeiten in der Aktiengesellschaft. Ohne dieses Recht würde die Beteiligung des einzelnen Aktionärs am Grundkapital bei jeder Kapitalerhöhung prozentual sinken und seine Stimmkraft dementsprechend verringert werden. Zum anderen sichert es auch den wertmäßigen Anteil seiner vermögensmäßigen Beteiligung. Eine Beeinträchtigung dieses Werts kann nämlich dann hervorgerufen werden, wenn sich die Zeichner der Kapitalerhöhung, seien es Alt- oder Neuaktionäre, „zu billig" in die Gesellschaft einkaufen können. Diese Gefahr, die sich häufig in der Verschlechterung der Gewinn- und der

---

[57] MüKo-AktG/*Schürnbrand*, § 183 Rn. 53; K. Schmidt/Lutter/*Veil*, § 183 Rn. 16 f.; *Hoffmann-Becking*, in FS M. Winter, 2011, S. 237, 240 f.

[58] Vgl. dazu oben S. 17 ff.

[59] MüKo-AktG/*Peifer*, § 183 Rn. 52; Hölters/*v. Dryander/Niggemann*, § 183 Rn. 34; Hüffer/*Koch*, § 183 Rn. 14.

[60] Hölter/*v. Dryander/Niggemann*, § 183 Rn. 34.

[61] MüKo-AktG/*Schürnbrand*, § 186 Rn. 25; Spindler/Stilz/*Servatius*, § 186 Rn. 7.

Liquidationsverteilung manifestiert, besteht, wenn der Ausgabepreis der neuen Aktien unter dem Verkehrswert der Anteile liegt, der sich wiederum vom Ertragswert des Gesamtunternehmens ableitet.

§ 186 AktG findet aufgrund seiner systematischen Stellung unmittelbar bei der regulären Kapitalerhöhung gegen Einlagen Anwendung und gilt durch den Verweis in § 203 Abs. 1 AktG auch beim genehmigten Kapital. Bei der bedingten Kapitalerhöhung besteht indes wegen der mit ihr verfolgten besonderen Zwecke (§ 192 Abs. 2 AktG) ein gesetzliches Bezugsrecht der Aktionäre nicht. Bei der Kapitalerhöhung aus Gesellschaftsmitteln gewährleistet § 212 AktG zwingend den Bezug der neuen Aktien durch die Altaktionäre, ohne dass die Hauptversammlung hierauf einen Einfluss hat.

16.3.1 Inhalt und Umfang des Bezugsrechts

§ 186 Abs. 1 AktG sieht vor, dass jedem Aktionär ein Bezugsrecht zusteht. Er kann genau den Teil der neuen Aktien zeichnen, der seiner bisherigen Beteiligungsquote entspricht und hat insofern gegenüber der Gesellschaft einen Zuteilungsanspruch.[62] Maßgeblicher Zeitpunkt für die Aktionärseigenschaft ist der Zeitpunkt der Beschlussfassung über die Kapitalerhöhung.[63] Die Gesellschaft selbst hat aus eigenen Aktien gemäß § 71b AktG kein Bezugsrecht. Dies gilt nach § 71d Satz 4 AktG i. V. m. § 71b AktG auch für Aktien, die von Dritten für Rechnung der Gesellschaft gehalten werden sowie nach § 71d Satz 2 und 4 AktG i. V. m. § 71b AktG für Aktien, die von einem abhängigen oder in Mehrheitsbesitz stehenden Unternehmen oder einem Dritten, der für ein solches Unternehmen Aktien hält, gehalten werden.[64] Umstritten ist, ob den Aktionären der Muttergesellschaft bei einer Kapitalerhöhung der Tochtergesellschaft Bezugsrechte zustehen.[65]

Der **Umfang** des Bezugsrechts wird durch die Beteiligung des Aktionärs am Grundkapital der Gesellschaft bestimmt. Sind einzelne Aktionäre nicht bezugsberechtigt, erhöht sich das Bezugsrecht der übrigen Aktionäre proportional.[66] Bezugsrechte können übertragen, vererbt und gepfändet werden. Deshalb können Altaktionäre, die keine neuen Aktien zeichnen wollen, ihr Bezugsrecht veräußern und somit eine vermögensmäßige Verwässerung einschränken. Handelbar ist nur das konkrete Bezugsrecht, das mitunter auch als Bezugsanspruch bezeichnet wird und erst mit dem Wirksamwerden des Kapitalerhöhungsbeschlusses entsteht.[67]

---

[62] Hüffer/*Koch*, § 186 Rn. 4; MüKo-AktG/*Schürnbrand*, § 186 Rn. 24.
[63] Spindler/Stilz/*Servatius*, § 186 Rn. 9.
[64] K. Schmidt/Lutter/*Veil*, § 186 Rn. 5.
[65] Befürwortend vor allem *Lutter*, AG 2000, 342, 343 ff.; a. A. die wohl h. M., statt vieler *Fleischer*, ZHR 165 (2001), 513, 541 ff.; *Habersack*, WM 2001, 545 ff.; Hüffer/*Koch*, § 186 Rn. 5a.
[66] K. Schmidt/Lutter/*Veil*, § 186 Rn. 10.
[67] MüKo-AktG/*Schürnbrand*, § 186 Rn. 26.

16.3.2 Ausübung des Bezugsrechts

Das in § 186 Abs. 1 Satz 1 AktG genannte „**Verlangen**" des Aktionärs gegenüber der Gesellschaft ist an keine Form gebunden und umfasst die Erklärung, das Bezugsrecht ausüben zu wollen und eine entsprechende Zeichnungserklärung abzugeben.[68] Im Kapitalerhöhungsbeschluss kann eine **Ausübungsfrist** für die Bezugserklärung bestimmt werden, die nach § 186 Abs. 1 Satz 2 AktG mindestens zwei Wochen betragen muss. Die Frist ist gemäß § 186 Abs. 2 Satz 1 AktG zusammen mit dem Ausgabebetrag oder den Grundlagen für dessen Festlegung in den Gesellschaftsblättern bekanntzumachen. Sind nur die Grundlagen der Festlegung angegeben, muss der Vorstand gemäß § 186 Abs. 2 Satz 2 AktG spätestens drei Tage vor Ablauf der Bezugsfrist den Ausgabebetrag in den Gesellschaftsblättern und über ein elektronisches Informationsmedium bekannt machen. Bezugserklärungen, die nach Ablauf der Ausschlussfrist bei der Gesellschaft eingehen, führen zum Verlust der Bezugsanspruchs des Aktionärs.[69] Im Kapitalerhöhungsbeschluss kann vorgesehen werde, ob und auf welche Weise der Vorstand durch nicht genutzte Bezugsrechte frei werdende Aktien Dritten zum Erwerb anbieten kann.[70]

Verletzt die Gesellschaft das Bezugsrecht des Aktionärs, indem sie nach Ausübung der Bezugserklärung einen Zeichnungsvertrag nicht mehr abschließen kann oder will, macht sie sich gegenüber dem Bezugsberechtigten schadensersatzpflichtig aus §§ 280 Abs. 1, Abs. 3, 283 BGB sowie gemäß § 823 Abs. 2 i. V. m. § 186 AktG.[71] Hält die Gesellschaft eigene Aktien, hat sie diese im Zuge ihrer vorrangigen Verpflichtung zur Naturalrestitution dem Aktionär zu übertragen; andernfalls kann sich der Aktionär anderweitig die ihm nach seinem Bezugsrecht zustehenden Aktien besorgen und der Gesellschaft die Erwerbskosten in Rechnung stellen.[72] Die Gesellschaft kann ihrerseits ihre Vorstandsmitglieder in Regress nehmen, wenn sie die Verletzung des Bezugsrechts in zu vertretender Weise verursacht haben.[73]

16.3.3 Ausschluss des Bezugsrechts

Obwohl das Bezugsrecht für die Altaktionäre von großer Bedeutung ist, kann es gemäß § 186 Abs. 3 AktG ausgeschlossen werden. Die Folge ist, dass sich neue Aktionäre zu günstigen Preisen in die Aktiengesellschaft einkaufen können und somit die **wirtschaftliche**

---

[68] Henssler/Strohn/*Hermanns*, § 186 Rn. 5.

[69] Hüffer/*Koch*, § 186 Rn. 16; MüKo-AktG/*Schürnbrand*, § 186 Rn. 55; GroßKomm-AktG/*Wiedemann*, § 186 Rn. 97.

[70] Spindler/Stilz/*Servatius*, § 186 Rn. 21.

[71] KölnKomm-AktG/*Lutter*, § 186 Rn. 41; Hüffer/*Koch*, § 186 Rn. 18; MüKo-AktG/*Schürnbrand*, § 186 Rn. 59.

[72] Hüffer/*Koch*, § 186 Rn. 17 f.; KölnKomm-AktG/*Lutter*, § 186 Rn. 40 f.

[73] Hüffer/*Koch*, § 186 Rn. 18.

16.3 Bezugsrecht und Bezugsrechtsausschluss

Beteiligung der Altaktionäre verwässert wird. Auch die **Herrschaftsverhältnisse** verschieben sich, weil die Beteiligung der Neuaktionäre zwangsläufig auf Kosten der prozentualen Beteiligungshöhe der Altaktionäre geht. Die Erschwerung der Ausübung des Bezugsrechts durch unangemessen hohe Ausgabekurse oder unzumutbare Nebenbedingungen (sog. faktischer Bezugsrechtsausschluss)[74] kann zu ähnlichen Belastungen führen.

Obwohl dem Gesetzgeber die Gefährdungslage des (faktischen) Bezugsrechtsausschluss bekannt ist, wird er unter bestimmten Voraussetzungen in Kauf genommen. Ein **Bezugsrechtsausschluss kann etwa dann erforderlich sein**, wenn die Gesellschaft einen dringenden Kapitalbedarf hat, dessen Deckung durch Fremdkapital entweder nicht möglich oder nicht opportun ist. Daneben nennt auch das Gesetz selbst Fallgruppen, in denen ein Bezugsrechtsausschluss zulässig sein kann, so etwa bei der Kapitalerhöhung gegen Sacheinlagen (§ 183 AktG), bei der Bedienung von Aktienbezugsrechten oder Wandel- und Optionsanleihen sowie bei der Vorbereitung von Unternehmenszusammenschlüssen (§ 192 Abs. 2 Nr. 1 bis 3 AktG).[75]

Allerdings ist dieser schwere Eingriff in eines der essentiellen Aktionärsrechte nur bei Beachtung **strenger Verfahrensvorschriften** zulässig und unterliegt zudem auch **materiellen Voraussetzungen**.

16.3.3.1 Formelle Voraussetzungen

Der Bezugsrechtsausschluss unterliegt zunächst formellen Schranken. Damit die Aktionäre hinreichend über die für sie drohenden Nachteile informiert werden, verlangt § 186 Abs. 4 Satz 1 AktG für einen Beschluss über einen Bezugsrechtsausschluss die ausdrückliche vorherige **Bekanntmachung dieses Tagesordnungspunkts**. Bei Fehlen dieser Voraussetzung liegt ein – in aller Regel auch relevanter – Anfechtungsgrund vor.[76]

Ebenfalls Informations- und Warnfunktion hat § 186 Abs. 4 Satz 2 AktG. Der Vorstand muss demnach über den geplanten Bezugsrechtsausschluss und die Gründe dafür einen ausführlichen **schriftlichen Bericht** erstellen und zugänglich machen. Der Bericht muss Ausführungen enthalten zum Zweck des Bezugsrechtsausschlusses und warum dieser im Interesse der Gesellschaft ist, inwiefern der Ausschluss geeignet und erforderlich ist, um den mit ihm verfolgten Zweck zu erreichen, welche konkreten Auswirkungen der Ausschluss auf die Altaktionäre hat und warum deren Interessen in dem konkreten Fall hinter die Interessen der Gesellschaft zurücktreten müssen. Auch der vorgeschlagene Ausgabebetrag ist zu begründen.[77] Eine inhaltliche Grenze des Berichtsinhalts bildet jedoch die Geheimhaltungspflicht in Bezug auf Geschäftsgeheimnisse. Wenn der Vorstand zu einem

---

[74] KölnKomm-AktG/*Lutter*, § 186 Rn. 87; K. Schmidt/Lutter/*Veil*, § 186 Rn. 14; Spindler/Stilz/*Servatius*, § 186 Rn. 75.

[75] *Raiser/Veil*, § 20 Rn. 16.

[76] BGHZ 149, 158, 163 ff.; Hüffer/*Koch*, § 186 Rn. 22; Spindler/Stilz/*Servatius*, § 186 Rn. 24; Mü-Ko-AktG/*Schürnbrand*, § 186 Rn. 79.

[77] Zu Einzelheiten des Berichts vgl. BGHZ 83, 319, 325 („Holzmann"); BGHZ 120, 141, 155; K. Schmidt/Lutter/*Veil*, § 186 Rn. 16 ff.

konkreten Gesichtspunkt nach § 131 Abs. 3 AktG eine Auskunft verweigern dürfte, muss er dazu auch in dem Bericht keine Stellung nehmen.[78]

Der Beschluss über den Bezugsrechtsausschluss kann nur zusammen mit dem Beschluss über die Kapitalerhöhung gefasst werden und bedarf nach § 186 Abs. 3 Satz 2 AktG stets einer **Dreiviertelmehrheit** des bei der Beschlussfassung vertretenen Kapitals. Eine Herabsetzung dieses Mehrheitserfordernisses ist aufgrund der Schwere des Eingriffs in die Aktionärsrechte nach § 186 Abs. 3 Satz 3 AktG – anders als für die Kapitalerhöhung selbst – ausgeschlossen.

16.3.3.2 Materielle Voraussetzungen

Neben den formellen Anforderungen an einen Bezugsrechtsausschluss tritt seine **inhaltliche Beschlusskontrolle**. Das Gesetz bietet hier lediglich einen begrenzten Schutz im Rahmen des § 255 Abs. 2 Satz 1 AktG. Danach kann die Anfechtung eines Kapitalerhöhungsbeschlusses darauf gestützt werden, dass ein Aktionär durch den Bezugsrechtsausschluss Sondervorteile zu erlangen versucht oder wenn der Ausgabebetrag unangemessen niedrig ist. Darüber hinaus bietet der Gleichbehandlungsgrundsatz nach § 53a AktG zumindest davor Schutz, dass sich der Bezugsrechtsausschluss nur zugunsten einzelner Aktionäre auswirkt.

§ 255 Abs. 2 Satz 1 AktG erfasst unmittelbar Barkapitalerhöhungsbeschlüsse, in denen der Ausgabebetrag (oder ein Mindestbetrag dafür) bereits festgesetzt wurde. Eine analoge Anwendung des § 255 Abs. 2 Satz 1 AktG kommt in Betracht, wenn die AG ein genehmigtes Kapital geschaffen hat und der Ermächtigungsbeschluss Vorgaben an den Vorstand richtet, wie der Ausgabebetrag festzusetzen ist.[79] Ebenfalls analog gilt die Vorschrift nach h. M. bei der Sachkapitalerhöhung, wenngleich hier kein Ausgabebetrag festgesetzt, sondern ein Sacheinlagegegenstand bestimmt wird.[80] Denn auch bei Sachkapitalerhöhungen müssen die Aktionäre gegen eine Verwässerung ihrer Beteiligung geschützt werden. An die Stelle des „Ausgabebetrags" tritt dann der Wert der Sacheinlage.

Der gesetzliche Verwässerungsschutz der Altaktionäre durch § 255 Abs. 2 Satz 1 AktG wird durch eine **richterliche Beschlusskontrolle** ergänzt. In seiner grundlegenden „**Kali und Salz**"-Entscheidung hat der BGH § 186 Abs. 3 AktG um ein weiteres ungeschriebenes Tatbestandsmerkmal ergänzt, wonach erforderlich ist, dass die Gesellschaft „nach vernünftigen kaufmännischen Überlegungen ein dringendes Interesse daran [an dem Bezugsrechtsausschluss] hat und zu erwarten ist, dass der angestrebte Zweck den Beteiligungs-

---

[78] OLG München AG 1991, 210, 211; OLG Hamm AG 1989, 31, 32; GroßKomm-AktG/*Wiedemann*, § 186 Rn. 125 f.; Spindler/Stilz/*Servatius*, § 186 Rn. 27 ff.; MüKo-AktG/*Schürnbrand*, § 186 Rn. 81.

[79] BGH NZG 2009, 589, 590; GroßKomm-AktG/*K. Schmidt*, § 255 Rn. 4; Spindler/Stilz/*Stilz*, § 255 Rn. 10.

[80] BGHZ 71, 40, 50 ff. („Kali und Salz"); *Hüffer*, ZHR 172 (2008), 8, 16; GroßKomm-AktG/*K. Schmidt*, § 255 Rn. 5; K. Schmidt/Lutter/*Schwab*, § 255 Rn. 6.

16.3 Bezugsrecht und Bezugsrechtsausschluss

und Stimmrechtsverlust der ausgeschlossenen Aktionäre überwiegt".[81] Seither findet eine materiell-rechtliche Inhaltskontrolle des Beschlusses statt, die sich an den Kriterien der Gleichbehandlung aller Aktionäre, dem Unternehmensinteresse und der Verhältnismäßigkeit orientiert.[82]

Unumgänglich ist ein **Bezugsrechtsausschluss** in aller Regel bei der **Sachkapitalerhöhung**. Der Einlagegegenstand ist häufig ein ganzes Unternehmen, das naturgemäß immer nur von dem Unternehmenseigentümer selbst eingebracht werden kann. Wenn dieser jedoch als Gegenleistung für sein Unternehmen kein Geld, sondern eine Beteiligung an der Gesellschaft will, wird die Sachkapitalerhöhung sinnvoller Weise mit einem Bezugsrechtsausschluss verbunden. Die Gesellschaft muss aber ein hinreichendes Interesse am Erwerb des Einlagegegenstands haben[83] und dies im Bericht über den Bezugsrechtsausschluss nachvollziehbar dartun. Die Erforderlichkeit liegt nur vor, wenn der Gegenstand nicht durch Barmittel, die notfalls auch im Wege der Barkapitalerhöhung einzusammeln sind, zu vergleichbaren Konditionen käuflich erworben werden kann.[84]

Schwieriger zu begründen ist der **Bezugsrechtsausschluss** bei der **Barkapitalerhöhung**. Eine einfachere Abwicklung der Kapitalerhöhung und dadurch erzielte Zeit- bzw. Kostenersparnisse werden als alleinige Gründe nicht akzeptiert.[85] Als Rechtfertigung für einen Bezugsrechtsausschluss akzeptiert wurden etwa die Vermeidung von Spitzenbeträgen[86], unter bestimmten Voraussetzungen die Ausgabe von Belegschaftsaktien[87] sowie die Bedienung von Wandel- und Optionsanleihen[88]. Ferner kann die Sanierung des Gesellschaftsunternehmens ein legitimer Grund für einen Bezugsrechtsausschluss sein, wenn der potentielle Investor seine Sanierungsbemühungen von einer Mehrheitsbeteiligung abhängig macht und eine Zusammenarbeit mit diesem Investor für die Gesellschaft die einzige realistische Option darstellt.[89] Auch eine Börseneinführung kann unter Umständen einen Bezugsrechtsausschluss rechtfertigen, wenn ansonsten die nach § 9 BörsZulV erforderliche Aktienzahl nicht zur Verfügung gestellt werden könnte und es aus Gesellschaftssicht sachliche, die Interessen der Altaktionäre überwiegende Gründe für die Börsennotierung gibt. Ein solcher Grund kann die langfristige Erschließung des Marktes für Eigenkapital sein.[90]

---

[81] BGHZ 71, 40.

[82] *Raiser/Veil*, § 20 Rn. 19.

[83] BGHZ 71, 40, 46; *Bayer*, in: FS Westermann, 2008, S. 787, 789.

[84] MüKo-AktG/*Schürnbrand*, § 186 Rn. 107; Hüffer/*Koch*, § 186 Rn. 34.

[85] *Langenbucher*, § 10 Rn. 63.

[86] BGHZ 83, 319, 323 = NJW 1982, 2444 („Holzmann").

[87] BGHZ 83, 319, 323 („Holzmann"); BGHZ 144, 290, 292 = NJW 2000, 2356 („Adidas").

[88] BGHZ 83, 319, 323 („Holzmann"); LG Frankfurt AG 1984, 296, 299; MünchHdB-AG/*Scholz*, § 57 Rn. 119b.

[89] BGHZ 83, 319, 323 („Holzmann"); LG Heidelberg ZIP 1988, 1257, 1258; Marsch-Barner/Schäfer/*Busch*, § 42 Rn. 85; Hüffer/*Koch*, § 186 Rn. 31.

[90] MüKo-AktG/*Schürnbrand*, § 186 Rn. 118; GroßKomm-AktG/*Wiedemann*, § 186 Rn. 159; MünchHdB-AG/*Scholz*, § 57 Rn. 119 f.

16.3.3.3 Vereinfachter Bezugsrechtsausschluss

§ 186 Abs. 3 Satz 4 AktG sieht einen erleichterten Ausschluss des Bezugsrechts vor, wenn die Kapitalerhöhung gegen Bareinlagen zehn Prozent des Grundkapitals nicht übersteigt und der Ausgabebetrag den Börsenpreis nicht wesentlich unterschreitet. Bei Vorliegen dieser formellen Voraussetzungen ist eine materielle Beschlusskontrolle nicht erforderlich.[91] Das Erfordernis, dass der Ausgabebetrag möglichst in der Nähe des Börsenpreises festzusetzen ist, kann freilich nur erfüllt sein, wenn schon Aktien zum Handel im regulierten Markt (§§ 32 ff. BörsG) zugelassen oder in den Freiverkehr (§ 48 BörsG) einbezogen sind[92] und tatsächlich gehandelt werden.[93] Lässt sich ein Referenzkurs nicht feststellen oder findet kein Börsenhandel statt, kommt ein erleichterter Bezugsrechtsausschluss nach § 186 Abs. 3 Satz 4 AktG nicht in Betracht. Der Vorstandsbericht muss inhaltlich nur deutlich geringeren Anforderungen genügen als beim regulären Bezugsrechtsausschluss.[94]

16.4 Genehmigtes Kapital

Anders als bei der regulären Kapitalerhöhung nach §§ 182 ff. AktG entscheidet die Hauptversammlung beim genehmigten Kapital nicht abschließend selbst über die Erhöhung des Grundkapitals. Sie **ermächtigt** vielmehr den Vorstand, unter von ihr festgelegten Bedingungen zu einem Zeitpunkt, den der Vorstand als günstig erachtet, durch Ausgabe neuer Aktien das Eigenkapital zu erhöhen. Die Verwaltung verfügt mit dem genehmigten Kapital über ein Instrument, mit dem die Gesellschaft schnell und flexibel neues Kapital beschaffen kann.[95]

Die Erleichterung der Eigenkapitalbeschaffung durch die §§ 202 ff. AktG soll unter anderem börsennotierten Unternehmen die Gelegenheit bieten, ein günstiges Finanzierungsumfeld an den Kapitalmärkten zeitnah auszunutzen.[96] In seiner **„Siemens/Nold"**-Entscheidung hat der BGH insbesondere Unternehmenszukäufe vor Augen gehabt, für deren Finanzierung nach Ausnutzung des genehmigten Kapitals kurzfristig neue Aktien als Akquisitionswährung zur Verfügung stehen.[97] Ein weiterer Vorteil des genehmigten Kapitals gegenüber der regulären Kapitalerhöhung liegt darin, dass sich die Ermächtigung auf einen Zeitraum von fünf Jahren erstrecken und innerhalb des maximalen Umfangs von

---

[91] K. Schmidt/Lutter/*Veil*, § 186 Rn. 39; Spindler/Stilz/*Servatius*, § 186 Rn. 61; Hüffer/*Koch*, § 186 Rn. 39e.
[92] MüKo-AktG/*Schürnbrand*, § 186 Rn. 129; *Schlitt/Schäfer*, AG 2005, 67, 68.
[93] Spindler/Stilz/*Servatius*, § 186 Rn. 58.
[94] LG München I AG 1996, 138, 139; Hüffer/*Koch*, § 186 Rn. 39 f.; sehr eng K. Schmidt/Lutter/*Veil*, § 186 Rn. 39; Spindler/Stilz/*Servatius*, § 186 Rn 60 (gar kein Grund darzulegen).
[95] MüKo-AktG/*Bayer*, § 202 Rn. 1.
[96] BGHZ 136, 133 = NJW 1997, 2815 („Siemens/Nold").
[97] BGHZ 136, 133 = NJW 1997, 2815.

50 Prozent des Grundkapitals in jeder beliebigen Höhe von der Verwaltung ausgenutzt werden kann.

Der **Umfang** der dem Vorstand erteilten Ermächtigung ist in dem Hauptversammlungsbeschluss genau zu bestimmen. Die Ermächtigung kann sich darauf beschränken, eine Kapitalerhöhung mit vollem Bezugsrecht zu genehmigen, sie kann aber auch – etwa für Zwecke der Sachkapitalerhöhung – bestimmen, dass das Bezugsrecht (teilweise) ausgeschlossen wird.

Schließlich kann die Ermächtigung nach § 203 Abs. 2 AktG die Entscheidung, ob das Bezugsrecht ausgeschlossen werden soll auch dem Vorstand überlassen. Die zulässige Praxis, verschiedene Varianten eines genehmigten Kapitals (genehmigtes Kapital I, genehmigtes Kapital II usw.) zu schaffen,[98] indem innerhalb der Höchstgrenze des § 202 Abs. 3 Satz 1 AktG mehrere Ermächtigungen je nach verfolgtem Zweck unterschiedlich ausgestaltet werden, dient der Diversifizierung der Anfechtungsrisiken: so kann ein genehmigtes Kapital mit vollem Bezugsrecht unabhängig von einem genehmigten Kapital mit Bezugsrechtsausschluss, das angefochten worden ist, Bestand haben, wenn die beiden Ermächtigungen sich in unterschiedlichen Tagesordnungspunkten befunden haben. Anfechtungsrisiken lassen sich so auf einzelne Teilkapitalien begrenzen. Durch den vereinfachten Bezugsrechtsausschluss nach § 186 Abs. 3 Satz 4 AktG und die Reduzierung der Anfechtungsgefahr infolge der „Siemens/Nold"-Entscheidung ist die praktische Bedeutung des genehmigten Kapitals II allerdings zurückgegangen und es besteht wieder die Tendenz der Schaffung lediglich eines einzigen genehmigten Kapitals.[99]

Neues Eigenkapital mittels genehmigten Kapitals entsteht in **zwei Schritten**: Die Hauptversammlung fällt zunächst durch Beschluss die Grundlagenentscheidung über die Schaffung des genehmigten Kapitals; sodann nutzt der Vorstand – sofern und sobald er es für zweckmäßig erachtet – durch eine bloße Geschäftsführungsmaßnahme die ihm durch die Hauptversammlung eingeräumte Genehmigung aus und führt eine Kapitalerhöhung tatsächlich durch.

16.4.1 Schaffung des genehmigten Kapitals

Die Ermächtigung an den Vorstand, das Grundkapital zu erhöhen, bedarf einer **Satzungsregelung**, die entweder bereits in der Gründungssatzung enthalten ist (§ 202 Abs. 1 AktG) oder nachträglich durch Satzungsänderung nach §§ 179 ff. AktG in die Satzung eingefügt wird (§ 202 Abs. 2 Satz 1 AktG). Der Beschluss über die Schaffung des genehmigten Kapitals bedarf mindestens einer Mehrheit von drei Vierteln des vertretenen Grundkapitals (§ 202 Abs. 2 Satz 2 und 3 AktG). Bestehen mehrere Aktiengattungen, ist zudem nach §§ 202 Abs. 2 Satz 4, 182 Abs. 2 AktG ein Zustimmungsbeschluss der Aktionäre jeder Gat-

---

[98] KölnKomm-AktG/*Lutter*, § 202 Rn. 18, 31; GroßKomm-AktG/*Hirte*, § 202 Rn. 153; Hüffer/*Koch*, § 202 Rn. 5.
[99] Hüffer/*Koch*, § 202 Rn. 5; MüKo-AktG/*Bayer*, § 202 Rn. 78; Spindler/Stilz/*Wamser*, § 202 Rn. 8.

tung notwendig. Die Ermächtigung an den Vorstand darf für höchstens fünf Jahre erteilt werden (§ 202 Abs. 1 AktG) und ein Volumen von 50 Prozent des Grundkapitals, das zum Zeitpunkt der Ermächtigung vorhanden ist, nicht übersteigen (§ 202 Abs. 3 Satz 1 AktG).

Die **Bedingungen der Aktienausgabe**, also insbesondere der Ausgabebetrag, können entweder direkt im Ermächtigungsbeschluss festgelegt oder dem Vorstand überlassen werden (§ 204 Abs. 1 AktG). Werden sie dem Vorstand überlassen, bedarf dieser für die Festlegung der Zustimmung des Aufsichtsrats (§ 204 Abs. 1 Satz 2 AktG). Die Ausgabe von Aktien gegen Sacheinlagen ist zulässig, muss aber im Ermächtigungsbeschluss ausdrücklich bestimmt werden.

Die Bewilligung eines genehmigten Kapitals wird im Interesse schneller und flexibler Durchführung von Finanzierungsmaßnahmen in den meisten Fällen mit einem **Bezugsrechtsausschluss** verbunden, wobei die Entscheidung über den Ausschluss in der Regel gemäß § 203 Abs. 2 AktG dem Vorstand übertragen wird. In diesem Zusammenhang stellt sich die Frage, wie detailliert der Ermächtigungsbeschluss der Hauptversammlung sein muss, der die Entscheidung über den Bezugsrechtsausschluss an die Verwaltung delegiert. Ursprünglich waren die inhaltlichen Anforderungen der Rechtsprechung an den Ermächtigungsbeschluss hoch; die mit der Schaffung des genehmigten Kapitals in den Blick gefassten Vorhaben mussten im Vorstandsbericht bereits relativ konkret[100] benannt werden.[101] Schon bei der Beschlussfassung über die Ermächtigung mussten demnach Anhaltspunkte dafür vorliegen, dass ein Bezugsrechtsausschluss erforderlich und vertretbar sein werde. Freilich geht ein hoher Konkretisierungsgrad auf Kosten der mit dem genehmigten Kapital angestrebten Flexibilität der Verwaltung bei Finanzierungsentscheidungen.

Die Tendenz in der jüngeren Rechtsprechung geht indes zu einer nachgelagerten Kontrolle, die erst bei der Ausnutzung des genehmigten Kapitals ansetzt.[102] Die **Anforderungen an den Vorstandsbericht** sind nunmehr so gelockert, dass schon der allgemeine Hinweis im Vorstandsbericht ausreicht, das genehmigte Kapital und der damit verbundene Bezugsrechtsausschluss diene dem „Erwerb von Beteiligungen in geeigneten Einzelfällen".[103] Nicht mehr erforderlich ist nach der „Siemens/Nold"-Entscheidung, dass schon im Zeitpunkt des Ermächtigungsbeschlusses Eignung, Erforderlichkeit und Verhältnismäßigkeit, so wie es seit der „Kali und Salz"-Entscheidung[104] ungeschriebenes Tatbestandsmerkmal eines jeden zulässigen Bezugsrechtsausschlusses war, feststehen. Es genügt stattdessen, dass die Hauptversammlung über das verfolgte Vorhaben in **generell-abstrakter**

---

[100] Es musste anhand möglichst präziser Tatsachen dargelegt werden, dass etwa eine Unternehmensübernahme oder eine Börseneinführung im Ausland geplant sei.

[101] BGHZ 83, 319, 321, 325 („Holzmann").

[102] BGHZ 136, 133 („Siemens/Nold"); BGHZ 164, 241 („Mangusta/Commerzbank I"); BGHZ 164, 249 („Mangusta/Commerzbank II").

[103] BGHZ 136, 133 („Siemens/Nold"); BGHZ 144, 290 („Adidas").

[104] BGHZ 71, 40 („Kali und Salz").

Umschreibung informiert wird.[105] Der Ermächtigungsbeschluss kann damit den Vorstand praktisch auf Vorrat zum Ausschluss des Bezugsrechts ermächtigen.[106]

Die nunmehr den Schwerpunkt bildende **nachgelagerte Kontrolle** vollzieht sich dadurch, dass der Vorstand auf der Hauptversammlung, die der Ausnutzung des genehmigten Kapitals nachfolgt, ausführlich über die Maßnahme berichten muss. Aus diesem Bericht muss sich auch ergeben, warum ein Bezugsrechtsausschluss – sofern vom Vorstand im Rahmen der Kapitalerhöhung angeordnet – notwendig und vertretbar war. Eines Vorabberichts bedarf es nach der Rechtsprechung nicht, da anderenfalls dem Vorstand die Flexibilität genommen würde, die das genehmigte Kapital ihm gerade einräumen soll.[107]

16.4.2 Ausnutzung des genehmigten Kapitals

Liegt ein wirksamer Ermächtigungsbeschluss vor, kann der Vorstand im Rahmen pflichtgemäßen Geschäftsleiterermessens davon Gebrauch machen, muss es aber nicht. Er kann den gesamten Umfang der Ermächtigung ausüben oder nur Teile davon. Die neuen Aktien sollen nach § 202 Abs. 3 Satz 2 AktG nur mit Zustimmung des Aufsichtsrats ausgegeben werden. Wenn der Ermächtigungsbeschluss indes keine Vorgaben zu dem Inhalt der Aktienrechte und zu den Bedingungen der Ausgabe (insbesondere: dem Ausgabebetrag) enthält, ist die Zustimmung des Aufsichtsrats zwingend erforderlich.

Ob die erteilte Ermächtigung vom Vorstand ordnungsgemäß ausgenutzt worden ist, kann aufgrund der inzwischen zumeist abstrakt formulierten Ermächtigungsbeschlüsse nur im Wege einer **Missbrauchskontrolle** festgestellt werden. Sind dem Vorstand die Festsetzung des Ausgabebetrags und die Entscheidung über den Bezugsrechtsausschluss übertragen, hat er inhaltlich die Grenzen der §§ 9 Abs. 1, 255 Abs. 2 AktG sowie in Bezug auf den Bezugsrechtsausschluss auch die im Rahmen der „Kali und Salz"-Entscheidung entwickelten Grundsätze zur Prüfung von Geeignetheit, Erforderlichkeit und Verhältnismäßigkeit zu beachten.[108] Da es einen Vorabbericht des Vorstands vor der Ausnutzung des genehmigten Kapitals allerdings nach h. M. nicht geben muss[109] und er lediglich auf der nachfolgenden Hauptversammlung berichten muss, ist nicht dasselbe Maß an Aktionärsschutz gewährleistet wie im Rahmen einer präventiven Beschlusskontrolle. Wird die

---

[105] *Hüffer/Koch*, § 203 Rn. 11.
[106] Zustimmend *Bungert*, NJW 1998, 488; *Volhard*, AG 1998, 397, 403; Spindler/Stilz/*Wamser*, § 203 Rn. 26; ablehnend hingegen *Lutter*, JZ 1998, 47; *Bayer*, ZHR 163 (1999), 505, 512; *Zöllner*, AG 2002, 585.
[107] BGHZ 164, 241, 244 ff. = NJW 2006, 371 („Mangusta/Commerzbank I"); OLG Frankfurt AG 2011, 713, 714; MünchHdB-AG/*Scholz*, § 59 Rn. 31; *Bosse*, ZIP 2001, 104, 106 f.; *Cahn*, ZHR 164 (2000), 113, 118.
[108] *Hüffer/Koch*, § 203 Rn. 35; K. Schmidt/Lutter/*Veil*, § 203 Rn. 27.
[109] BGHZ 164, 249 („Mangusta/Commerzbank II"); *Happ*, in: FS Ulmer, 2003, S. 175, 184; MüKo-AktG/*Bayer*, § 203 Rn. 159 ff.

Kapitalerhöhung nach Ausnutzung durch den Vorstand in das Handelsregister eingetragen, wird sie auch wirksam, wenn sie auf einer ermessensfehlerhaften Ausnutzung der erteilten Ermächtigung beruht.[110] Der geschädigte Aktionär ist dann ggf. auf die Geltendmachung von **Schadensersatzansprüchen** verwiesen.

16.4.3 Fehler bei der Schaffung und der Ausnutzung des genehmigten Kapitals

Werden die in § 202 AktG geforderten Mindestangaben im **Hauptversammlungsbeschluss** nicht gemacht, ist dieser nach § 241 Nr. 3 AktG nichtig. Die Eintragung des Beschlusses ist vom Registergericht abzulehnen.[111] Wird der nichtige Beschluss dennoch eingetragen, greifen nach der mittlerweile h. M. die Grundzüge der **Lehre von der fehlerhaften Gesellschaft**; die Geltendmachung der Nichtigkeit hat somit keine Wirkung für die Vergangenheit, sondern gilt ex nunc.[112] Kommt es nicht zur Eintragung des fehlerhaften Beschlusses, kann die Gesellschaft den Zeichnern der neuen Aktien gegenüber zum Schadensersatz verpflichtet sein.[113]

Bei der **fehlerhaften Ausnutzung** bereits geschaffenen genehmigten Kapitals richten sich die Rechtschutzziele des Aktionärs nach dem Zeitpunkt, zu dem dieser von der Ausnutzung Kenntnis erlangt. Erlangt er rechtzeitig vor der Eintragung Kenntnis, kann er vorbeugende Unterlassungs- oder Feststellungsklage erheben. In Betracht kommt ein Antrag auf Erlass einer einstweiligen Verfügung. Rechtschutzziel ist die Verhinderung der Eintragung der Kapitalerhöhung in das Handelsregister bzw. die Feststellung, dass die Ausnutzung der Ermächtigung im konkreten Fall rechtswidrig ist.

Ist die Kapitalmaßnahme schon eingetragen, kommt nur noch eine auf Nichtigkeit des Verwaltungshandelns gerichtete **allgemeine Feststellungsklage** in Betracht.[114] Auch wenn hier primär das Rechtsverhältnis zwischen Gesellschaft und Verwaltung betroffen ist, ist anerkannt, dass auch der Aktionär ein rechtliches Interesse an der Klärung hat. Das Feststellungsinteresse lässt sich in erster Linie darauf zurückführen, dass der Ausgang der Feststellungsklage über Schadensersatzansprüche der Aktionäre gegenüber der Gesellschaft entscheidet und darüber hinaus auch auf der nächsten Hauptversammlung von Bedeutung sein kann, wenn es um Entlastung von Vorstand und Aufsichtsrat sowie die Wiederwahl von Aufsichtsratsmitgliedern geht.[115]

---

[110] BGHZ 164, 249 („Mangusta/Commerzbank II"); MüKo-AktG/*Bayer*, § 204 Rn. 29; KölnKomm-AktG/*Lutter*, § 204 Rn. 25 ff.; Hüffer/*Koch*, § 204 Rn. 9.

[111] Hüffer/*Koch*, § 202 Rn. 19.

[112] Spindler/Stilz/*Wamser*, § 202 Rn. 124; K. Schmidt/Lutter/*Veil*, § 202 Rn. 25; Hüffer/*Koch*, § 202 Rn. 19; a. A. KölnKomm-AktG/*Lutter*, § 202 Rn. 21 f.

[113] Hüffer/*Koch*, § 202 Rn. 19; Spindler/Stilz/*Wamser*, § 203 Rn. 124.

[114] BGHZ 164, 249, 253 ff. = NJW 2006, 372 („Mangusta/Commerzbank II").

[115] BGHZ 164, 249, 253 ff. („Mangusta/Commerzbank II").

16.5 Die bedingte Kapitalerhöhung

§§ 192 ff. AktG regelt die bedingte Kapitalerhöhung als Sonderform der Kapitalerhöhung. Sie ermöglicht die Schaffung eines Kapitals, dessen Höhe zum Zeitpunkt der Beschlussfassung noch nicht feststeht und das nur zur Erreichung bestimmter Zwecke eingesetzt werden darf. § 192 Abs. 2 AktG zählt – nach h. M. abschließend[116] – die Fälle auf, die zur Schaffung bedingten Kapitals legitimieren. Trotz abschließender Aufzählung kann in Konstellationen, die den in § 192 Abs. 2 AktG genannten Fällen in Inhalt und Auswirkungen weitgehend entsprechen, eine Analogie in Betracht kommen.[117]

Die mit einer bedingten Kapitalerhöhung zulässigerweise verfolgten **Zwecke** des § 192 Abs. 2 AktG können mit einer regulären Kapitalerhöhung oder unter Einsatz genehmigten Kapitals nicht erreicht werden, da das Bezugsrecht der Aktionäre entgegensteht und die hohen Anforderungen für dessen Ausschluss nicht immer erfüllt sind.[118] Bei der bedingten Kapitalerhöhung gibt es **kein gesetzliches Bezugsrecht**, weil damit ihr Zweck verfehlt würde.[119] Die Interessen der Aktionäre werden stattdessen durch das zwingende Erfordernis einer qualifizierten Kapitalmehrheit nach § 193 Abs. 1 AktG, durch den besonderen Beschlussinhalt nach § 193 Abs. 2 AktG, durch die Zweckbindung und bei Schuldverschreibungen oder Genussrechten auch durch ein Bezugsrecht nach § 221 Abs. 4 AktG geschützt. Rechtstatsächlich wird das bedingte Kapital am häufigsten zur Einräumung von Umtausch- und Bezugsrechten für Gläubiger von Wandelschuldverschreibungen oder Aktienoptionen genutzt.[120]

§ 192 Abs. 2 Nr. 1 AktG regelt die Schaffung eines bedingten Kapitals zur Gewährung von Umtausch- oder Bezugsrechten an Gläubiger von **Wandelschuldverschreibungen**. Die Vorschrift ist im Lichte des § 221 AktG auszulegen, so dass auch die weiteren dort genannten Finanzierungsinstrumente zur Schaffung bedingten Kapitals berechtigen (Parallelität der Anwendungsbereiche[121]). Wandelschuldverschreibungen i. S. d. § 221 Abs. 1 AktG sind alle Schuldverschreibungen der Gesellschaft, bei denen den Gläubigern ein Umtausch- oder Bezugsrecht auf Aktien eingeräumt wird. Der Gläubiger darf eine Geldforderung gegen die Gesellschaft im Wege einer ihm eingeräumten Ersetzungsbefugnis in eine Forderung auf Gewährung einer bestimmten Art von Aktien umwandeln. Optionsanleihen räumen dem Gläubiger ergänzend zu seinem Anspruch auf Rückforderung der Anleiheforderung das Recht zum Aktienerwerb ein. Schließlich kommt eine bedingte

---

[116] Hüffer/*Koch*, § 192 Rn. 8; Spindler/Stilz/*Rieckers*, § 192 Rn. 25 ff.; MüKo-AktG/*Fuchs*, § 192 Rn. 36; MünchHdB-AG/*Scholz*, § 58 Rn. 5; a. A. K. Schmidt/Lutter/*Veil*, § 192 Rn. 10.
[117] OLG Stuttgart ZIP 2002, 1807, 1808; Hölters/*v. Dryander/Niggemann*, § 192 Rn. 22; Groß-Komm-AktG/*Frey*, § 192 Rn. 49; MüKo-AktG/*Fuchs*, § 192 Rn. 37 f.
[118] Henssler/Strohn/*Hermanns*, § 192 Rn. 2.
[119] BGH AG 2006, 246, 247.
[120] Marsch-Barner/Schäfer/*Busch*, § 44 Rn. 2 f.; Hüffer/*Koch*, § 192 Rn. 3.
[121] K. Schmidt/Lutter/*Veil*, § 192 Rn. 12.

Kapitalerhöhung zur Bedienung von Gewinnschuldverschreibungen in Betracht, sofern diese zu Gunsten der Gläubiger ein Umtausch- oder Bezugsrecht vorsehen.[122]

§ 192 Abs. 2 Nr. 2 AktG erlaubt, die Schaffung eines bedingten Kapitals auch zur **Vorbereitung des Zusammenschlusses** mehrerer Unternehmen. Zu diesem Zweck kann bedingtes Kapital sinnvoll sein, wenn zum Erwerb eines anderen Unternehmens eigene Aktien der Gesellschaft als Akquisitionswährung eingesetzt werden soll.[123] Auch konzerninterne Umstrukturierungen können ein bedingtes Kapital notwendig machen. Die daraus entstehenden eigenen Aktien können zur Abfindung der Minderheitsaktionäre der abhängigen Gesellschaft dienen.[124]

§ 192 Abs. 2 Nr. 3 AktG erlaubt, die Schaffung eines bedingten Kapital zur **Gewährung von Bezugsrechten an Arbeitnehmer und Mitglieder der Geschäftsführung** der Gesellschaft oder eines verbundenen Unternehmens im Wege des Zustimmungs- oder Ermächtigungsbeschlusses zu fassen. Arbeitnehmer in diesem Sinne sind alle aktuell Beschäftigten der Gesellschaft, Mitglieder der Geschäftsführung sind alle Mitglieder des Vorstands der Gesellschaft, nicht jedoch Aufsichtsratsmitglieder.[125] Der Begriff des verbundenen Unternehmens, deren Arbeitnehmer und Geschäftsführungsmitglieder ebenfalls gemäß § 192 Abs. 2 Nr. 3 AktG zum begünstigten Personenkreis zählen, ist gemäß § 15 AktG zu verstehen.[126]

16.6 Die Kapitalerhöhung aus Gesellschaftsmitteln

Nach § 207 Abs. 1 AktG kann die Hauptversammlung die Erhöhung des Grundkapitals durch Umwandlung der Kapitalrücklage und von Gewinnrücklagen in Grundkapital beschließen (Kapitalerhöhung aus Gesellschaftsmitteln). Anders als bei den übrigen Formen der Kapitalerhöhung gegen Einlagen wird dabei kein neues Eigenkapital zugeführt, sondern in Rücklagen gebundenes Eigenkapital in Grundkapital umgewandelt. Bilanziell vollzieht sich dabei lediglich ein Passivtausch.[127] Häufig ist Beweggrund für eine Kapitalerhöhung aus Gesellschaftsmitteln die Stärkung der Grundkapitalbasis, was in der Regel mit einer besseren Bewertung der Gesellschaft am Kapitalmarkt einhergeht. Die Kapitalerhöhung aus Gesellschaftsmitteln kann zudem eingesetzt werden, um an die Aktionäre

---

[122] K. Schmidt/Lutter/*Veil*, § 192 Rn. 12; KölnKomm-AktG/*Lutter*, § 192 Rn. 5; *Werner*, ZHR 149 (1985), 236, 245; Hüffer/*Koch*, § 192 Rn. 9; MüKo-AktG/*Fuchs*, § 192 Rn. 44; a. A. GroßKomm-AktG/*Frey*, § 192 Rn. 53 mit dem Argument, die Bezugsrechte könnten durch ein ordentliches oder genehmigtes Kapital bedient werden.

[123] MüKo-AktG/*Fuchs*, § 192 Rn. 58; K. Schmidt/Lutter/*Veil*, § 192 Rn. 15.

[124] Vgl. für den Vertragskonzern § 305 Abs. 2 Nr. 1 und Nr. 2 AktG, für die Eingliederung § 320b Abs. 1 Satz 2 AktG.

[125] BGHZ 158, 122 = NJW 2004, 1109.

[126] Henssler/Strohn/*Hermanns*, § 192 Rn. 12.

[127] Bei den Kapitalerhöhungen gegen Einlagen findet hingegen eine Bilanzverlängerung statt.

anstelle einer Bardividende eine Dividende in Form von jungen Aktien auszuschütten (Aktiendividende).[128]

Das Verfahren ist maßgeblich an das Verfahren bei der regulären Kapitalerhöhung angelehnt. Die Altaktionäre erhalten anteilig (§ 216 Abs. 1 AktG) neue Aktien, müssen aber keine Gegenleistung entrichten (§§ 212 Satz 1, 214 Abs. 1 Satz 1 AktG). Bei Stückaktien müssen keine neuen Aktien ausgegeben werden. Stattdessen erhöht sich einfach der auf sie entfallende Anteil des Grundkapitals (§ 207 Abs. 2 Satz 2 AktG).

16.7 Kapitalherabsetzung

Bei der Kapitalherabsetzung kommen – wie auch bei der Kapitalerhöhung – eine **effektive und eine nominelle Herabsetzung** des Grundkapitals in Betracht. Die effektive Kapitalherabsetzung befreit überschüssiges Grundkapital von der Kapitalbindung und führt tatsächlich zu Auszahlungen an die Aktionäre (§§ 222 Abs. 3, 237 AktG); von den Wirkungen her ist die effektive Kapitalherabsetzung deshalb aus Aktionärssicht mit einer Dividende vergleichbar.

Bei der **nominellen** Kapitalherabsetzung wird indes lediglich die Grundkapitalziffer herabgesetzt, um auf der Aktivseite ausgewiesene Verluste auszugleichen. Die Auswirkungen sind also rein bilanzieller Natur. Auszahlungen an die Aktionäre erfolgen nicht. Die nominelle Kapitalherabsetzung spielt bei der **Sanierung** notleidender Unternehmen eine große Rolle. Da der Wert der Aktien fundamental ohnehin nur den Anteil am vorhandenen Gesellschaftsvermögen repräsentiert, ist eine nominelle Kapitalherabsetzung für die Aktionäre nicht mit einem Verlust verbunden.[129]

In **Sanierungsfällen** werden in der Praxis häufig **Kapitalherabsetzung und Kapitalerhöhung miteinander verbunden**.[130] Aus §§ 228, 235 AktG ergibt sich, dass es zulässig ist, das Grundkapital durch die nominelle Kapitalherabsetzung auf Null zu setzen und die Aktien untergehen zu lassen, sofern durch eine gleichzeitige Kapitalerhöhung das gesetzliche Mindestgrundkapital von 50.000 Euro wieder erreicht wird.[131] Auf Grundlage der gesellschafterlichen Treuepflicht ist der Mehrheitsaktionär gehalten, den Nenn- oder Ausgabebetrag auf das gesetzliche Minimum festzusetzen, um unverhältnismäßig hohe Spitzenbeträge zu vermeiden und zur Wahrung des Gleichbehandlungsgrundsatzes möglichst vielen Aktionären das Verbleiben in der Gesellschaft zu sichern.[132]

Das Aktiengesetz unterscheidet zwischen ordentlicher Kapitalherabsetzung (§§ 222 bis 228 AktG), vereinfachter Kapitalherabsetzung (§§ 229 bis 236 AktG) und Kapitalherabsetzung zwecks Einziehung (§§ 237 bis 239 AktG). Die vereinfachte Kapitalherabsetzung

---

[128] Spindler/Stilz/*Fock/Wüsthoff*, § 207 Rn. 4; Hüffer/*Koch*, § 207 Rn. 4 und § 208 Rn. 5 aE.
[129] BGHZ 138, 71, 75.
[130] BGHZ 119, 305 ("Klöckner"); BGHZ 129, 136 ("Girmes"); BGHZ 138, 71 ("Sachsenmilch").
[131] BGHZ 119, 305; BGHZ 142, 167.
[132] BGHZ 142, 167.

ist nach § 229 Abs. 1 AktG nur zu Sanierungszwecken zulässig. Die Kapitalherabsetzung durch Einziehung von Aktien ist dadurch gekennzeichnet, dass sie Mitgliedsrechte vernichtet und dabei Aktionäre ungleich behandelt.[133]

Literatur

Bayer, Transparenz und Wertprüfung beim Erwerb von Sacheinlagen durch genehmigtes Kapital, FS Ulmer, 2003, S. 21
Bayer, Kapitalerhöhung mit Bezugsrechtsausschluß und Vermögensschutz der Aktionäre nach § 255 Abs 2 AktG, ZHR 163 (1999), 505
Baums, Agio und sonstige Zuzahlungen im Aktienrecht, FS Hommelhoff, 2012, S. 61
Bungert, Die Liberalisierung des Bezugsrechtsausschlusses im Aktienrecht, NJW 1998, 488
Bosse, Informationspflichten des Vorstands beim Bezugsrechtsausschluß im Rahmen des Beschlusses und der Ausnutzung eines genehmigten Kapitals, ZIP 2001, 104
Cahn, Ansprüche und Klagemöglichkeiten der Aktionäre wegen Pflichtverletzungen der Verwaltung beim genehmigten Kapital, ZHR 164 (2000), 113
Dietz, Aktien als Akquisitionsgewährung, 2004
Fleischer, Börseneinführung von Tochtergesellschaften, ZHR 165 (2001), 513
Habersack/Verse, Europäisches Gesellschaftsrecht, 4. Auflage, 2011
Happ, Genehmigtes Kapital und Beteiligungserwerb, FS Ulmer, 2003, S. 175
Hoffmann-Becking, Fehlerhafte offene Sacheinlage versus verdeckte Sacheinlage, FS M. Winter, 2011, S. 237
Hoffmann-Becking, Münchener Handbuch des Gesellschaftsrechts, 4. Auflage, 2015
Habersack, „Holzmüller" und die schönen Töchter, WM 2001, 545
Kossmann/Heinrich, Durchführung einer regulären Kapitalerhöhung nach ARUG und zur Finanzierung eines Unternehmenskaufs, Der Konzern 2010, 27
Langenbucher, Aktien- und Kapitalmarktrecht, 3. Auflage, 2015
Lutter/Friedewald, Kapitalerhöhung, Eintragung im Handelsregister und Amtslöschung, ZIP 1986, 691
Lutter, Das Vor-Erwerbsrecht/Bezugsrecht der Aktionäre beim Verkauf von Tochtergesellschaften über die Börse, AG 2000, 342
Marsch-Barner/Schäfer, Handbuch börsennotierte AG, 3. Auflage, 2014
Priester, Die nicht placierte Kapitalerhöhung – „Abgelaufene" Hauptversammlungsbeschlüsse, FS Wiedemann, 2002, S. 1161
Priester, Kapitalaufbringungspflicht und Gestaltungsspielräume beim Agio, FS Lutter, 2000, S. 617
Raiser/Veil, Recht der Kapitalgesellschaften, 6. Auflage, 2015
Schürnbrand, Geschriebener und ungeschriebener Bestandsschutz beim aktienrechtlichen Zeichnungsvertrag, AG 2014, 73
Stein/Fischer, Umfang der Sacheinlageprüfung bei höherem Ausgabebetrag, ZIP 2014, 1362
Volhard, „Siemens/Nold" – Die Quittung, AG 1998, 397
Verse, (Gemischte) Sacheinlagen, Differenzhaftung und Vergleich über Einlageforderungen, ZGR 2012, 875
Werner, Schwerpunkte der Novellierung des Kreditwesengesetzes, ZHR 149 (1985), 236
Wieneke, Der Einsatz von Aktien als Akquisitionswährung, NZG 2004, 61
Zöllner, Gerechtigkeit bei der Kapitalerhöhung, AG 2002, 585

---

[133] Hüffer/*Koch*, § 222 Rn. 2.

Die Finanzierung durch Fremdkapital 17

Neben den Maßnahmen der Eigenkapitalfinanzierung stehen der Aktiengesellschaft verschiedene Möglichkeiten der Finanzierung mit Fremdkapital zur Verfügung. Dazu gehören Finanzierungsformen, die **von der Rechtsform der Aktiengesellschaft unabhängig** sind und keinen besonderen aktienrechtlichen Regeln unterworfen sind. Klassische Beispiele sind Bankkredite und Industrieobligationen. Dies sind Inhaber- oder Orderschuldverschreibungen, die zum Zwecke der mittel- oder langfristigen Deckung des Kapitalbedarfs auf dem Kapitalmarkt ausgegeben werden und den Regelungen der §§ 793 ff. BGB unterstehen.

Daneben gibt es Fremdfinanzierungsformen, die **spezifischen aktienrechtlichen** Regelungen unterstehen. Das ist dann der Fall, wenn es um Finanzinstrumente geht, die charakteristische Merkmale von Eigenkapital aufweisen. Zu nennen sind hier Wandel- und Optionsschuldverschreibungen, Gewinnschuldverschreibungen sowie Genussrechte. Aktienoptionsprogrammen kommt weniger eine Finanzierungs- als viel mehr eine Lenkungs- und Vergütungsfunktion zu.

17.1 Gewinnschuldverschreibungen

Gewinnschuldverschreibungen i. S. v. § 221 Abs. 1 Satz 1 AktG sind Obligationen, bei denen die Gläubiger anstelle eines festen Zinssatzes oder über einen solchen hinaus einen dividendenabhängigen Betrag erhalten. Gewinnschuldverschreibungen kommen wirtschaftlich Vorzugsaktien ohne Stimmrecht nah, wenngleich sie rechtlich rein schuldrechtlicher Natur sind.[1] Die Auszahlung der Verzinsung wird zumeist an die Auszahlung von Dividende des emittierenden Unternehmens geknüpft; der Gesetzeswortlaut steht jedoch

---
[1] Hüffer/Koch, § 221 Rn. 8; K. Schmidt/Lutter/Merkt, § 221 Rn. 37.

einer Anknüpfung an die Ausschüttung bei anderen Konzernunternehmen nicht entgegen. Wird die Höhe der Verzinsung an Bilanzgewinn oder Jahresüberschuss geknüpft, ist § 221 Abs. 1 Satz 1 AktG entsprechend anwendbar.[2]

17.2 Wandel- und Optionsanleihen

Die zweite in § 221 Abs. 1 Satz 1 AktG geregelte Finanzierungsform sind Wandelschuldverschreibungen (*convertible bonds*), die sich in Wandelanleihen (Wandelschuldverschreibungen im engeren Sinn) und Optionsanleihen unterteilen lassen. Der Gläubiger und Inhaber der Wandelanleihen hat während der Laufzeit der Anleihe ein Wahlrecht. Er kann von der Gesellschaft entweder eine feste Verzinsung beanspruchen oder seine Wandelanleihe in Aktien umtauschen und damit von der Fremd- auf die Eigenkapitalgeberseite wechseln.

Zeichner sog. Optionsanleihen (auch Bezugsanleihen genannt) müssen sich nicht zwischen den Varianten feste Verzinsung und Aktien entscheiden, sondern können beides miteinander kombinieren. Der Optionsanleihengläubiger kann die Aktien zu einem im Vorhinein bestimmten Emissionsbetrag beziehen.[3] Das Options- bzw. Bezugsrecht wird häufig in einem Optionsschein verbrieft und ist selbständig handelbar. Der Zeichner wird sich bei der Entscheidung, ob und in welchem Umfang er seine Option ausübt und dafür Aktien bekommt, von der wirtschaftlichen Lage der Gesellschaft leiten lassen. Bestehen gute Aussichten auf Dividendenzahlungen, die höher sind als die Verzinsung der Fremdkapitalkomponente in der Wandelanleihe, wird der Zeichner eher in größerem Umfang von seinem Optionsrecht Gebrauch machen. Sind hingegen die Dividendenaussichten eher schlecht, bezieht er zumindest seine garantierte Verzinsung, die wegen des spekulativen Elements in Wandelanleihen niedriger ausfällt als bei gewöhnlichen Schuldverschreibungen.

17.3 Genussrechte

Der in § 221 Abs. 3 AktG verwendete Begriff der Genussrechte hat keine gesetzliche Definition erfahren. Im Allgemeinen verbriefen Genussrechte schuldrechtliche Ansprüche auf aktionärstypische Vermögensrechte, wie etwa die Beteiligung am Gewinn oder Liquidationserlös der Gesellschaft.[4] Das Rechtsverhältnis zwischen Gesellschaft und Genussrechtsinhaber ist nach h. M. ein Schuldverhältnis *sui generis*.[5] Der Genussrechtsinhaber kann über die Ausgestaltung der Genussrechtsbedingungen wahlweise am Verlust der

---

[2] MüKo-AktG/*Habersack*, § 221 Rn. 55; KölnKomm-AktG/*Lutter*, § 221 Rn. 446; Hüffer/*Koch*, § 221 Rn. 8.

[3] K. Schmidt/Lutter/*Merkt*, § 221 Rn. 37; Spindler/Stilz/*Seiler*, § 221 Rn. 5 f.

[4] K. Schmidt/Lutter/*Merkt*, § 221 Rn. 41.

[5] BGHZ 119, 305 („Klöckner").

Gesellschaft beteiligt werden oder nicht. An einer Verlustbeteiligung fehlt es, wenn dem Genussrechtsinhaber die Rückzahlung des Nennbetrags seiner Einlage garantiert wird.[6]

Durch den Begebungsvertrag zwischen der Gesellschaft und dem ersten Genussrechtsinhaber lässt sich die vermögensrechtliche Stellung des Aktionärs zumindest nachbilden, indem die Verzinsung gewinnabhängig ausgestaltet und ein Rangrücktritt in der Insolvenz vereinbart wird.[7] Grenzen der Verbriefung bestehen jedoch bei den typischen Mitverwaltungsrechten, wie z. B. dem Stimm- und Anfechtungsrecht oder von Kontrollrechten.[8] Lediglich als zulässig erachtet wird die vertragliche Vereinbarung von Informationsrechte (z. B. Teilnahme an Hauptversammlungen ohne Rede- und Antragsrecht, Einsichtnahme in den Jahresabschluss).[9] Im Schrifttum umstritten ist, inwieweit Genussrechte darüber hinaus eigenkapitalähnlich ausgestaltet werden können. Eine Auffassung hält Genussrechte mit Eigenkapitalcharakter wegen Umgehung von § 139 AktG für ausnahmslos unzulässig;[10] die h. M. teilt diesen Standpunkt im Grundsatz, stützt ihn jedoch auf die allgemeinen zivilrechtlichen Verbotsnormen.[11]

17.4 Aktionärsschutz

Sowohl die Ausgabe von Wandelschuldverschreibungen als auch von Genussrechten haben Auswirkungen auf die Rechtsposition der Aktionäre. Aus diesem Grund handelt es sich bei der Ausgabe dieser Finanzinstrumente nicht mehr um reine Geschäftsführungsmaßnahmen.

Dies findet auch Niederschlag im Gesetz, das in § 221 Abs. 1, 3 AktG einen Hauptversammlungsbeschluss mit qualifizierter Kapitalmehrheit sowie in § 221 Abs. 4 Satz 1 AktG ein Bezugsrecht der Altaktionäre anordnet, das gemäß §§ 221 Abs. 4 Satz 2 i. V. m. 186 Abs. 3 ausgeschlossen werden kann. Die Anforderungen entsprechen weitgehend denen, die für einen Bezugsrechtsausschluss im Rahmen einer Kapitalerhöhung gelten.

Der **Bezugsrechtsausschluss** erfordert sowohl bei Wandelschuldverschreibungen als auch bei Genussrechten einen Vorstandsbericht über den Ausschlussgrund sowie den Ausgabe- und Umtauschbetrag. Wie die Ausgabe der Papiere selbst erfordert auch der Bezugsrechtsausschluss einen Hauptversammlungsbeschluss mit der qualifizierten Dreiviertelmehrheit (§ 186 Abs. 3, 4 AktG). In materieller Hinsicht muss der

---

[6] Henssler/Strohn/*Hermanns*, § 221 Rn. 8.
[7] *Langenbucher*, § 11 Rn. 8.
[8] Hüffer/*Koch*, § 221 Rn. 26.
[9] MüKoAktG/*Habersack*, § 221 Rn. 119 ff.; KölnKomm-AktG/*Lutter*, § 221 Rn. 220; offengelassen in BGHZ 119, 305, 317 („Klöckner").
[10] MüKo-AktG/*Habersack*, § 221 Rn. 123 ff.; KölnKomm-AktG/*Lutter*, § 221 Rn. 228.
[11] BGHZ 119, 305, 312 („Klöckner"); Hüffer/*Koch*, § 221 Rn. 35; Spindler/Stilz/*Seiler*, § 221 Rn. 29.

Bezugsrechtsausschluss bei Wandelschuldverschreibungen nach den Grundsätzen der **„Kali und Salz"**-Entscheidung[12] sachlich gerechtfertigt sein.[13]

Umstritten ist, ob dies auch bei Genussrechten gilt. Im Unterschied zu Wandelschuldverschreibungen, die sich potenziell nachteilig auf das Stimmgewicht des Aktionärs auswirken, ist bei Genussrechten typischer Weise nur der Wert der Aktie und damit die vermögensrechtliche Sphäre der Mitgliedschaft betroffen. Der h. M. zufolge kommt es auf die Ausgestaltung des in Frage stehenden Genussrechts an, ob eine materielle Beschlusskontrolle stattfindet.[14] In diesem Sinne hat auch der BGH in Sachen **„Bremer Bankverein"** entschieden. Für nur „obligationsähnliche" Genussrechte mit gewinnabhängiger Verzinsung soll das Erfordernis sachlicher Rechtfertigung nicht gelten. Ansonsten ist jedoch eine differenzierte Betrachtung der Ausgestaltung des jeweils in Frage stehenden Genussrechts erforderlich.[15]

Literatur

Langenbucher, Aktien- und Kapitalmarktrecht, 3. Auflage, 2015

---

[12] BGHZ 71, 40 („Kali und Salz").

[13] Vgl. dazu 5. Teil 16.3.3.2.

[14] Hüffer/*Koch*, § 221 Rn 43; K. Schmidt/Lutter/*Merkt*, § 221 Rn. 101; Spindler/Stilz/*Seiler*, § 221 Rn. 123; KölnKomm-AktG/*Lutter*, § 221 Rn. 58 ff., der indes einen engen Genussrechtsbegriff zugrundelegt.

[15] BGHZ 120, 141, 146 ff. = NJW 1993, 400; OLG München AG 1994, 372.

18 Rechnungslegung und Gewinnverwendung

18.1 Aufstellung des Jahresabschlusses

Der Jahresabschluss von Kapitalgesellschaften setzt sich nach § 242 Abs. 3 HGB aus der Bilanz und der Gewinn- und Verlustrechnung zusammen. Kapitalgesellschaften haben nach § 264 Abs. 1 Satz 1 HGB den Jahresabschluss um einen Anhang zu erweitern und zusätzlich einen Lagebericht aufzustellen. Auf die Bilanz finden die allgemeinen Gliederungsvorschriften (§§ 265, 266 ff. HGB) und speziell für die Aktiengesellschaft § 152 AktG Anwendung. Bei Erstellung der Gewinn- und Verlustrechnung gilt ergänzend § 158 AktG. § 160 AktG schreibt für den Anhang über die Pflichtangaben nach §§ 284 ff. HGB hinausgehende Angaben vor. Ausnahmen gelten für Kleinstkapitalgesellschaften im Sinne des § 267a HGB, die unter bestimmten Voraussetzungen auf die Erstellung eines Anhangs verzichten und Bilanz und Gewinn- und Verlustrechnung in verkürzter Form aufstellen können.[1]

Der Vorstand der AG hat gemäß § 91 Abs. 1 AktG dafür Sorge zu tragen, dass die Handelsbücher geführt werden. Nach § 170 Abs. 1 Satz 1 AktG stellt er den Jahresabschluss auf und kann dabei von einem Ermessensspielraum im Hinblick auf die Ansatz- und Bewertungsvorschriften des HGB Gebrauch machen. Er hat damit einen gewissen Einfluss auf die Bildung und Auflösung stiller Reserven[2] und dadurch mittelbar auf den Jahresüberschusses, der wiederum Ausgangspunkt der an die Aktionäre auszuschüttenden Dividende ist.

Nach Aufstellung des Jahresabschlusses hat der Vorstand ihn unverzüglich zusammen mit dem Lagebericht dem Aufsichtsrat vorzulegen (§ 170 Abs. 1 Satz 1 AktG) und ihm den Vorschlag vorzulegen, den er der Hauptversammlung zur Verwendung des Bilanzgewinns machen will (§ 170 Abs. 2 AktG). Auf dieser Grundlage ist der Aufsichtsrat verpflichtet,

---

[1] Überblick z. B. bei Ebenroth/Boujong/Joost/Strohn/*Böcking/Gros*, HGB, 3. Aufl. 2014, § 267a Rn. 1 ff.
[2] *Raiser/Veil*, § 18 Rn. 8.

den Jahresabschluss zu prüfen (§ 171 Abs. 1 AktG) und über seine Prüfung einen schriftlichen Bericht zu erstatten, dessen Adressat die Hauptversammlung ist.

18.2 Abschlussprüfung

Jahresabschluss und Lagebericht sind bei mittelgroßen und großen Kapitalgesellschaften im Sinne des § 267 Abs. 2 und Abs. 3 HGB gemäß §§ 316, 317 HGB von einem Abschlussprüfer auf deren Rechtmäßigkeit zu prüfen. Ohne diese externe und vom Gesetz als unabhängig ausgestaltete Prüfung darf der Jahresabschluss nicht festgestellt werden (§ 316 Abs. 1 Satz 2 AktG). Ein dennoch gefasster Feststellungsbeschluss der Hauptversammlung ist gemäß § 256 Abs. 1 Nr. 2 AktG nichtig.

Die Prüfung, die durch einen Wirtschaftsprüfer oder eine Wirtschaftsprüfungsgesellschaft zu erfolgen hat (§ 319 Abs. 1 HGB), ist so anzulegen, dass Unrichtigkeiten und Verstöße, die sich auf die Darstellung eines den tatsächlichen Verhältnissen entsprechenden Bildes der Vermögens-, Finanz- und Ertragslage des Unternehmens wesentlich auswirken, bei gewissenhafter Berufsausübung erkannt werden (§ 317 Abs. 1 Satz 3 HGB). Zudem hat der Abschlussprüfer bei börsennotierten Gesellschaften zu beurteilen, ob der Vorstand ein Frühwarnsystem nach § 91 Abs. 2 AktG in geeigneter Form eingerichtet hat (§ 317 Abs. 4 HGB). Bei der Prüfung handelt es sich um eine Rechtmäßigkeitskontrolle. Kardinalpflichten des Abschlussprüfers (gewissenhafte und unparteiische Prüfung sowie Verschwiegenheit) ergeben sich aus § 323 HGB, weitgehende Informations- und Einsichtsrechte aus § 320 HGB.

Die Abschlussprüfer werden gemäß § 318 Abs. 1 Satz 1 AktG von der Hauptversammlung gewählt; den Prüfungsauftrag erteilt gemäß § 318 Abs. 1 Satz 4 HGB i. V. m. § 111 Abs. 2 Satz 3 AktG der Aufsichtsrat. Die Prüfer unterliegen detaillierten, in §§ 319 ff. HGB niedergelegten Vorschriften zur Sicherung ihrer Unabhängigkeit. Bestehen Bedenken gegen die Unabhängigkeit des gewählten Prüfers, kann das Gericht auf Antrag von Vorstand, Aufsichtsrat oder einer Aktionärsminderheit im sog. Ersetzungsverfahren einen anderen Prüfer bestellen (§ 318 Abs. 3 HGB). In börsennotierten Gesellschaften wird die Einhaltung der gesetzlichen Vorschriften über die Abschlussprüfung von der unabhängigen Prüfstelle für Rechnungslegung überwacht (§ 342b HGB).

Über das Ergebnis der Prüfung ist ein schriftlicher Prüfungsbericht zu erstellen (§ 321 HGB). Bestehen keine Einwendungen, ist ein Bestätigungsvermerk zu erteilen. Dessen genauer Wortlaut ergibt sich aus § 322 HGB.

18.3 Feststellung des Jahresabschlusses

Die Billigung des Jahresbeschlusses vollzieht sich durch seine Feststellung gemäß § 172 AktG. Billigt der Aufsichtsrat den Jahresabschluss nicht oder beschließen Vorstand und Aufsichtsrat, die Feststellung der Hauptversammlung zu überlassen, stellt die Hauptversammlung den Jahresabschluss fest (§ 173 Abs. 1 AktG).

§ 256 Abs. 1 bis Abs. 5 AktG zählt abschließend Gründe auf, die zur Nichtigkeit des festgestellten Jahresabschlusses führen.[3] Auf Rechtssicherheit zielen die in § 256 Abs. 6 AktG geregelte Heilungsmöglichkeit ab sowie die in § 257 Abs. 1 Satz 2 AktG geregelte Möglichkeit zur Anfechtung eines Hauptversammlungsbeschlusses für die Fälle, in denen § 173 Abs. 1 AktG ausnahmsweise die Feststellung des Jahresabschlusses durch die Hauptversammlung anordnet. Eine Anfechtung aufgrund inhaltlicher Mängel des Jahresabschlusses scheidet demnach aus.

18.4 Die Entscheidung über die Gewinnverwendung

Die Hauptversammlung beschließt gemäß § 174 Abs. 1 Satz 1 und § 119 Abs. 1 Nr. 2 AktG über die Verwendung des Bilanzgewinns, wobei sie gemäß § 174 Abs. 1 Satz 2 AktG an den festgestellten Jahresabschluss gebunden ist. Die Hauptversammlung, die über die Gewinnverwendung entscheidet, muss nach § 175 Abs. 1 AktG in den ersten acht Monaten des Geschäftsjahres stattzufinden. § 175 Abs. 2 AktG ordnet an, dass dort näher bezeichnete Unterlagen auszulegen und in der Hauptversammlung zu erläutern sind.

§ 253 AktG enthält eine abschließende Aufzählung von Gründen, die den Gewinnverwendungsbeschluss nichtig machen. Ist die Feststellung des Jahresabschlusses nichtig, zieht dies zwingend auch die Nichtigkeit des Gewinnverwendungsbeschlusses nach sich.[4] Kann jedoch die Nichtigkeit des Jahresabschlusses nicht mehr geltend gemacht werden, so sperrt dies gemäß § 253 Abs. 1 Satz 2 AktG auch die Geltendmachung der Nichtigkeit eines darauf beruhenden Gewinnverwendungsbeschlusses. Zusätzlich nennt § 253 AktG weitere im AktG verstreute Gründe, die zur Nichtigkeit des Gewinnverwendungsbeschlusses führen.

Ein spezieller Anfechtungsgrund ist nach § 254 AktG eine übermäßige Rücklagenbildung. Die Vorschrift soll Minderheitsaktionäre davor schützen, dass die Mehrheit in einem Maße die Einstellung von Gewinnen in Rücklagen beschließt, die zu einer „Aushungerung" der Minderheitsaktionäre führt.[5] Ob sich die Mindestdividende in Höhe von vier Prozent auf das Verhältnis zwischen Gesamtausschüttung und Grundkapital[6] oder auf das Verhältnis zwischen dem Nennwert der einzelnen Aktie und dem auf sie entfallenden Gewinnanteil bezieht[7], ist in der Literatur umstritten.

Literatur

Raiser/Veil, Recht der Kapitalgesellschaften, 6. Auflage, 2015.

---

[3] Hüffer/*Koch*, § 256 Rn. 2; Spindler/Stilz/*Rölike*, § 256 Rn. 1.
[4] GroßKomm-AktG/*K. Schmidt*, § 253 Rn. 1 f.
[5] Spindler/Stilz/*Stilz*, § 254 Rn. 1 f.; Hüffer/*Koch*, § 254 Rn. 1.
[6] Spindler/Stilz/*Stilz*, § 255 Rn. 13; Hüffer/*Koch*, § 254 Rn. 3.
[7] So GroßKomm-AktG/*K. Schmidt*, § 254 Rn. 7; K. Schmidt/Lutter/*Schwab*, § 254 Rn. 3; KölnKomm-AktG/*Zöllner*, § 254 Rn. 13.

Anhang

Verzeichnis häufig zitierter Literatur

ArbHdB-HV/*Bearbeiter*	Semler/Volhard/Reichert, Arbeitshandbuch für die Hauptversammlung, 3. Aufl. 2011
BeckHdB-AG/*Bearbeiter*	Müller/Rödder, Beck'sches Handbuch der AG, 2. Aufl., 2009
Bürgers/Körber/*Bearbeiter*	Bürgers/Körber, Heidelberger Kommentar – Aktiengesetz, 3. Aufl., 2014
Emmerich/Habersack/*Bearbeiter*	Emmerich/Habersack, Aktien- und GmbH-Konzernrecht, 7. Aufl., 2013
Grigoleit/*Bearbeiter*	Grigoleit, Aktiengesetz Kommentar, 2013
GroßKomm-AktG/*Bearbeiter*	Hopt/Wiedemann, Aktiengesetz Großkommentar, 4. Aufl., 2012 ff.
Henssler/Strohn/*Bearbeiter*	Henssler/Strohn, Gesellschaftsrecht, 2. Aufl., 2014
Habersack/Mülbert/Schlitt/*Bearbeiter*	Habersack/Mülbert/Schlitt, Unternehmensfinanzierung am Kapitalmarkt, 3. Aufl. 2013
Hölters/*Bearbeiter*	Hölters, Aktiengesetz, 2. Aufl., 2014
Hüffer/*Koch*	Hüffer, Aktiengesetz, 11. Aufl., 2014
K. Schmidt, GesR	Schmidt, Gesellschaftsrecht, 4. Aufl., 2002
K. Schmidt/Lutter/*Bearbeiter*	Schmidt/Lutter, Aktiengesetz Kommentar, 3. Aufl., 2015
KölnKomm-AktG/ *Bearbeiter*	Zöllner/Noack, Kölner Kommentar zum Aktiengesetz, 3. Aufl., 2008 ff.
Langenbucher	Langenbucher, Aktien- und Kapitalmarktrecht, 3. Aufl. 2015
Lutter/Krieger/Verse	Lutter/Krieger/Verse, Rechte und Pflichten des Aufsichtsrats, 6. Aufl., 2014

Marsch-Barner/Schäfer/*Bearbeiter*	Marsch-Barner/Schäfer, Handbuch börsennotierte AG: Aktien- u. Kapitalmarktrecht, 3. Aufl., 2014
MüKo-AktG/*Bearbeiter*	Goette/Habersack/Kalss, Münchener Kommentar zum Aktiengesetz, Band 1, 3. Aufl., 2008; Band 2, 4. Aufl., 2014; Band 3, 3. Aufl., 2013; Band 4, 4. Aufl. 2016; Band 5, 4. Aufl. 2015
MünchHdB-AG/*Bearbeiter*	Hoffmann-Becking, Münchener Handbuch des Gesellschaftsrechts, Band 4, 4. Aufl., 2015
Raiser/Veil	Raiser/Veil, Recht der Kapitalgesellschaften, 5. Aufl., 2010
RKLW/*Bearbeiter*	Ringleb/Kremer/Lutter/v. Werder, Kommentar zum Deutschen Corporate Governance Kodex, 5. Aufl., 2014
Semler/Stengel/*Bearbeiter*	Semler/Stengel, Umwandlungsgesetz, 3. Aufl., 2012
Spindler/Stilz/*Bearbeiter*	Spindler/Stilz, Kommentar zum Aktiengesetz, 3. Aufl., 2015
VorstR-Hdb/*Bearbeiter*	Fleischer, Handbuch des Vorstandsrechts, 2006

Printed in Poland
by Amazon Fulfillment
Poland Sp. z o.o., Wrocław